"国家金融学"系列教材 / 陈云贤 主编

国家金融内外联动

GUOJIA JINRONG NEIWAI LIANDONG

周天芸 编著

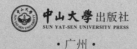

中山大学出版社
SUN YAT-SEN UNIVERSITY PRESS

·广州·

版权所有 翻印必究

图书在版编目（CIP）数据

国家金融内外联动/周天芸编著．—广州：中山大学出版社，2021.10
（"国家金融学"系列教材/陈云贤主编）
ISBN 978 - 7 - 306 - 07226 - 9

Ⅰ.①国⋯ Ⅱ.①周⋯ Ⅲ.①金融学—中国—教材 Ⅳ.①F832

中国版本图书馆 CIP 数据核字（2021）第 172816 号

出 版 人：	王天琪
策划编辑：	嵇春霞
责任编辑：	姜星宇
封面设计：	曾 婷
责任校对：	邱紫妍
责任技编：	靳晓虹
出版发行：	中山大学出版社
电　　话：	编辑部 020 - 84111946，84113349，84111997，84110779，84110776
	发行部 020 - 84111998，84111981，84111160
地　　址：	广州市新港西路 135 号
邮　　编：	510275　传　真：020 - 84036565
网　　址：	http://www.zsup.com.cn　E-mail: zdcbs@mail.sysu.edu.cn
印 刷 者：	佛山市浩文彩色印刷有限公司
规　　格：	787mm×1092mm　1/16　26.75 印张　450 千字
版次印次：	2021 年 10 月第 1 版　2021 年 10 月第 1 次印刷
定　　价：	79.00 元

如发现本书因印装质量影响阅读，请与出版社发行部联系调换

"国家金融学"系列教材

主 编 陈云贤

副主编 李善民 李广众 黄新飞

编 委 (按姓氏笔画排序)

王 伟 王彩萍 韦立坚 杨子晖

李小玲 李广众 张一林 周天芸

赵慧敏 黄新飞

"国家金融学"系列教材

总　序

国家金融与国家金融学，是两个需要清晰界定的概念和范畴。在现实中，当我们谈到金融时，大多是指国际金融或公司金融。有关国家金融的文章或书籍要在国外发表或出版，编辑提出的第一个问题往往是它与公共财政有什么区别。在理论上，现有的金融学科大致可划分为：以汇率和利率决定机制为主的国际金融学和货币金融学[①]，以资产价格决定机制为主的公司金融学和投资学[②]——还没有国家金融学。换句话说，现有的金融学研究大多聚焦于技术细节，即使有与国家金融相关的研究，也主要散见于对政策或市场的解读之中，理论性较弱且不成体系。而笔者所探讨的国家金融是聚焦于一国金融发展中最核心、最紧迫的问题，在此层面采取的政策与措施事关一国金融的健康稳定和经济的繁荣发展。因此，此处提出的国家金融学，是以现代金融体系下国家金融的行为及其属性为研究对象，从金融市场的要素、组织、法制、监管、环境和基础设施六个方面来探讨国家金融行为、维护国家金融秩序、提升国家金融竞争力。

关于现代金融体系，国内外理论界有"三体系论""四要素论"和"五构成论"等不同表述。"三体系论"认为，金融体系可大致划分为三个体系：一是金融的宏观调控和监管体系，二是金融的市场体系，三是金融的机构体系。其中，金融的市场体系包括交易对象、交易主体、交易工

[①] 参见陈雨露主编《国际金融》（精编版），中国人民大学出版社2008年版，前言。
[②] 参见王重润主编《公司金融学》，东南大学出版社2010年版，第1～8页。

具和交易价格。① "四要素论"认为，金融市场由四个要素构成：一是金融市场的参与者，包括政府部门、工商企业、金融机构和个人；二是金融工具，其特征包括偿还性、流动性、风险性和收益性；三是金融市场的组织形式，包括在固定场所内的集中交易方式、分散交易方式和场外交易方式；四是金融市场的管理，包括中央银行及有关监管当局的管理。② "五构成论"认为，金融市场的构成要素有五个：一是金融市场主体，即金融市场的交易者；二是金融市场工具，即金融交易的载体，金融市场工具可以理解为金融市场工具持有人对发行人的债权或权益；三是金融市场中介，通常是指为资金融通提供媒介服务的专业性金融机构或取得专业资格的自然人；四是金融市场组织方式，是指能够使金融市场成为现实的市场并正常运转的制度安排，主要集中在市场形态和价格形成机制两方面；五是金融市场监管，即对金融活动进行监督和调控等。它们在金融体系中共同发挥着作用。③ 与上述的"三体系论""四要素论""五构成论"相比，笔者更强调现代金融体系功能结构的系统性，并在其中探索国家金融行为对一国经济金融稳定和健康发展的影响。

一、国家金融行为是否存在，是个有争议的话题

西方经济学的传统理论认为，政府只能在市场失灵的领域发挥作用，比如需要提供公共物品时或存在经济的外部性和信息不对称时。但我们回望历史又不难看到，现实中的西方国家，尤其是一贯奉行自由主义经济的美国，每到关键时刻，政府都屡屡出手调控。下面仅举几个事例进行说明。

第一例是亚历山大·汉密尔顿（Alexander Hamilton）对美国金融体系的构建。早在美国建国之初，作为第一任财政部部长的汉密尔顿就着力建立国家信用，健全金融体系，完善财税制度，促进工商业发展，从而构建了美国财政金融体系的五大支柱——统一的国债市场、中央银行主导的银行体系、统一的铸币体系（金银复本位制）、以关税和消费税为主体的税

---

① 参见乔治·考夫曼著《现代金融体系——货币、市场和金融机构》（第六版），陈平等译，经济科学出版社2001年版，第3页。

② 参见黄达、张杰编著《金融学》（第四版），中国人民大学出版社2017年版，第286~293页。

③ 参见霍文文主编《市场金融学教程》，复旦大学出版社2005年版，第5~15页。

收体系，以及鼓励制造业发展的财政金融贸易政策。这些举措为美国的现代金融体系奠定了扎实的前期基础。对此，我们需要思考的是，在200多年前，为什么汉密尔顿已经对财政、金融有此思考，并高度强调"整体国家信用"的重要性？为什么他认为美国要成为一个繁荣富强的国家，就必须建立坚固的诸州联盟和强有力的中央政府？

第二例是1933年开始的"罗斯福新政"。其主旨是运用财政手段，结合金融举措，大力兴建基础设施项目，以增加就业、刺激消费和促进生产。其主要举措包括：第一，民间资源保护队计划。该计划侧重吸纳年龄在18岁至25岁之间的身强力壮且失业率偏高的青年人，参与植树护林、防治水患、水土保持、道路建筑、开辟森林防火线和设置森林瞭望塔等工程建设项目。到美国参与第二次世界大战（简称"二战"）之前，先后有200多万名青年参与过这些项目，他们开辟了740多万英亩①国有林区和大量国有公园。第二，设立了以着眼于长期目标的工程为主的公共工程署和民用工程署。民用工程方面，美国兴建了18万个小型工程项目，包括校舍、桥梁、堤坝、下水道系统、邮局和行政机关大楼等公共建筑，先后吸纳了400万人为此工作。后来，美国又继续建立了几个新的工赈机构。其中最著名的是国会拨款50亿美元兴办的工程兴办署和针对青年人的全国青年总署，二者总计雇用人员达2300万，占全国劳动力的一半以上。第三，至"二战"前夕，美国联邦政府支出近180亿美元，修建了近1000座飞机场、12000多个运动场、800多座校舍与医院，创造了大量的就业机会。其中，金门大桥和胡佛水坝至今仍是美国的标志性建筑。

第三例是布雷顿森林会议构建的国际金融体系。1944年7月，布雷顿森林会议在美国新罕布什尔州召开。时任英国代表团团长约翰·梅纳德·凯恩斯（John Maynard Keynes）在会前提出了"二战"后世界金融体系的"三个一"方案，即"一个世界货币""一个世界央行""一个世界清算体系"联盟。而以美国财政部首席经济学家哈里·德克斯特·怀特（Harry Dexter White）为会议主席的美国方面，则按照政治力量优先于经济实力的逻辑，采取政治与外交手段，在多国角力中最终促成了围绕美国政治目标而设立的三个工作委员会，分别讨论国际稳定基金、国际复兴开发银行和其他国际金融合作事宜。日后正式成立的国际货币基金组织、世界银行

---

① 1英亩≈4046.86平方米。

（国际复兴开发银行）和国际清算银行等奠定"二战"后国际金融秩序的组织均发端于此。可以说，这次会议形成了以美国为主的国际金融体系，左右着国际经济的运行。

第四例是通过马歇尔计划构建的以美元为主的国际货币体系。该计划由美国于1948年4月主导启动，欧洲国家成立了"欧洲经济合作组织"与之对接。"二战"后，美国对欧洲国家的援助包括资金、技术、人员等方面，其中资金援助的流向是：美国援助美元给欧洲国家，欧洲各国将美元作为外汇购买美国的物资；除德国外，欧洲国家基本上不偿还援助资金；除德国将援助资金用于私有企业再投资外，欧洲各国多数将其用于填补财政亏空。在这个体系中，美元滞留欧洲，形成"欧洲美元"。于是，国际货币体系在布雷顿森林会议和马歇尔计划的双重作用下，逐渐从"金银复本位制"发展到"金本位制"、"黄金—美元—他国货币"双挂钩（实施固定汇率：35美元＝1盎司黄金）、"美元与外国货币固定汇率制"（从1971年8月15日起黄金与美元脱钩）、"美元与外国货币浮动汇率制"（由1976年的《牙买加协定》所确立）。最终，美国运用"石油交易捆绑美元结算"等金融手段，形成了美元在国际货币体系中一家独大的局面，使其成为国际经济中的强势货币。

第五例是美国对2008年次贷危机的应对。美国联邦储备委员会（简称"美联储"）、财政部、联邦存款保险公司（Federal Deposit Insurance Corporation，FDIC）、证券交易委员会（Securities and Exchange Commission，SEC）、国会和相关政府部门联手，全力以赴化解金融危机。其主要举措有：第一，美联储作为独立于联邦政府和政党纷争的货币政策执行者，采取传统的激进货币政策和非常规、非传统的货币政策并行的策略，以市场化手段处置金融危机、稳定金融市场；第二，在美联储货币政策无法应对之际，财政部出台"不良资产救助计划"（Troubled Asset Relief Program，TARP），以政府直接投资的方式，援助主要金融机构和部分大型企业；第三，政府还采取了大幅快速减税、扩大赤字化开支等财政政策刺激经济增长；第四，美国国会参、众两院通过立法的方式及时完善法律环境，如政府协调国会参、众两院分别签署通过了《2008年紧急经济稳定法案》《2008年经济振兴法案》《2009年经济振兴法案》《2009年美国复苏与再投资法案》，以及自1929年大萧条以来最重要的金融监管改革法案之一——《多德－弗兰克华尔街改革与消费者保护法案》。可以说，美国采用货币政策、财政政策、监管政策、经济振兴计划及法制保障等多种措施，稳定了金融市场，刺激了经济发展。

第六例是2019年美国的2万亿美元巨额基础设施建设计划。该计划由特朗普政府发起，2019年4月30日美国参议院民主党和共和党就推进2万亿美元巨额基础设施建设计划达成共识，确定以财政手段结合金融举措，启用汽油税作为美国联邦政府投资的主要资金来源，并通过政府和社会资本合作的方式（Public-Private-Partnership，PPP）融资，通过大规模减税带来海外资金的回流和大量发行国债募集巨额资金投资基础设施建设，目标是创造经济增长的新动力。其主要举措包括重建高速公路、桥梁、隧道、机场、学校、医院等基础设施，并让数百万民众参与到这项工作中来；通过大规模的基础设施建设，打造和维持世界上最好的高速公路和航空系统网；等等。

由以上诸例可见，美国政府在历史进程中采取的国家金融行为，不仅包括处置国内的产业经济危机、助力城市经济和民生经济以促进社会发展，而且还包括强势介入国际经济运行，在打造国际金融体系方面有所作为。其他发达国家的此类案例也比比皆是。历史和现实告诉我们，从国家金融学的角度探讨国家金融行为及其属性，研究国家金融战略，做好国家金融布局，维护国家金融稳定，推动国家经济发展，既是一国政府在当代经济发展中面临的客观要求，也是金融理论界需要重视并深入研究的课题。

二、国家金融理论滞后于实践发展

事实上，通过采取国家金融行为以维护国家金融秩序、提升国家金融竞争力的事例，在各国经济实践中已经广泛存在，但对这些案例的理论总结与分析还远远不够。可以说，国家金融理论的发展是极大滞后于经济实践进程的。下面仅举两个案例予以说明。

案例一是美国资产重组托管公司[①]（Resolution Trust Corporation，RTC）与中国四大资产管理公司。

RTC是美国政府为解决20世纪80年代发生的储贷机构危机而专门成

[①] 参见郭雳《RTC：美国的金融资产管理公司（一）》，载《金融法苑》1999年第14期，第47～51页。

立的资产处置机构。1989年8月，美国国会通过《1989年金融机构改革、复兴和实施法案》(Financial Institutions Reform, Recovery, and Enforcement Act of 1989)，创立RTC，对国内出现问题的储贷机构进行重组处置。下面我们从六个方面来介绍RTC的具体情况。

（1）RTC设立的背景。20世纪70年代中后期，美国经济受到经济停滞和通货膨胀的双重冲击。政府对当时主要为低收入家庭买房、建房提供贷款的非银行储蓄机构及其储贷协会放松管制，扩大其业务范围，期望以此刺激经济恢复生机。然而，沉没在投机性房地产贷款与垃圾债券上的大量资金和不良资产使储贷机构严重资不抵债，走向破产的边缘。在这一背景下，RTC应运而生，对相关储贷机构进行资产重组。RTC被赋予五大目标：一是重组储贷机构；二是尽量减少重组损失，争取净现值回报最大化；三是充分利用募得资金处置破产的储贷机构；四是尽量减小处置过程中对当地房地产市场和金融市场的影响；五是最大限度地保障中低收入者的住房供应。

（2）RTC的组织架构。这分为两个阶段：第一阶段是1989年8月至1991年10月，RTC由美国联邦存款保险公司（FDIC）负责管理，财政部部长、美联储主席、住房和城市发展部部长和总统指派的两名私营部门代表组成监察委员会，负责制定RTC的运营策略和政策，任命RTC的总裁（由FDIC总裁兼任）和首席执行官，以开展日常工作。第二阶段是从1991年11月开始，美国国会通过《重组托管公司再融资、重构与强化法案》(Resolution Trust Corporation Refinancing, Restructuring, and Improvement Act)，原监察委员会更名为储贷机构存款人保护监察委员会，在调整相关成员后，确定RTC总部设立在华盛顿，在亚特兰大、达拉斯、丹佛和堪萨斯城设立4个地区办公室，在全国设立14个办事处和14个销售中心，RTC不再受FDIC管理。直至1995年12月RTC关闭解散后，其余下工作被重新划回FDIC继续运作。

（3）RTC的资金来源。在实际运营中，RTC的资金来源由四个方面构成：财政部拨款、资产出售后的回收资金、托管储蓄机构中的存款以及来自重组融资公司（Resolution Funding Corporation）和联邦融资银行（Federal Financing Bank）的借款。

（4）RTC的运作方式。这主要分为两类：对储贷机构实施援助和重组。援助主要是以现金注入方式帮助相关储贷机构摆脱困境，使其重获持续经营的能力。重组主要包括四个步骤：清算、托管、重组、资产管理与处置。其中，资产管理与处置主要是采用公开拍卖、期权销售、资产证券化等手段。

（5）RTC的资产定价方法。因为RTC处置的资产中近一半是商业和居民住房抵押贷款，其余是储贷机构自有房产、其他贷款及各类证券等，所以RTC在资产估价过程中结合地理位置、资产规模、资产质量、资产期限、偿付标准等因素，主要采用传统的净现值折现方法，同时结合运用推演投资价值（Derived Investment Value，DIV）工具完善估值。为防止不良资产被贱卖，RTC还会根据资产评估价格的一定比例设定保留价格作为投标底线。

（6）RTC的运作成效。从1989年8月至1995年12月底，RTC成功重组了747家储蓄机构。其中，433家被银行并购，222家被其他储蓄机构并购，92家进行了存款偿付，共涉及资产约4206亿美元，重组成本约为875亿美元。RTC的实践为清理破产金融机构、消化不良资产和化解金融危机提供了较为成功的范例。

美国RTC的成功经验也为中国所借鉴。1999年，中国政府在处置亚洲金融危机时，就参考了美国RTC的方式，剥离中国工商银行、中国农业银行、中国银行、中国建设银行四大银行的不良资产，组建了华融资产管理公司、东方资产管理公司、长城资产管理公司和信达资产管理公司来处理不良资产，参与资本市场运作。

可见，在美国、中国都存在这种典型的国家金融行为，但对于这类实践，理论界还缺乏系统性的探讨、总结，对这类问题的研究仍然是碎片化的、外在的，主要侧重于对技术手段的研究。在世界范围内，上述类型的不良资产处置公司应怎样定位，其功能和续存时间如何，这些都是亟待学界研究的课题。

案例二是沃尔克法则（Volcker Rule）与金融风险防范。

为了避免2008年次贷危机重演，2010年7月，美国颁布了《多德-弗兰克华尔街改革与消费者保护法案》，在政府监管机构设置、系统性风险防范、金融业及其产品细分、消费者保护、危机处置等方面设置了一系列监管措施。其中，沃尔克法则是最有影响的改革内容之一。①

---

① 参见姚洛《解读沃尔克法则》，载《中国金融》2010年第16期，第45～46页。

该法则的提出有着特殊的背景。美国的金融监管模式是在历史进程中逐渐形成的,是一个以联邦政府和州政府为依托、以美联储为核心、由各金融行业监管机构共同组成的双层多头金融监管体系。这一体系的弊端在2008年金融危机的爆发和蔓延过程中暴露无遗:一是监管体系无法跟上经济和金融发展的步伐;二是缺乏统一监管,难以防范系统性金融危机;三是监管职能重叠或缺位,造成监管死角;四是缺乏对金融控股公司的有效监管;五是分业监管体系与混业市场经营相背离;等等。保罗·沃尔克(Paul Volcker)对此曾经尖锐地指出,金融机构的混业经营和分业监管的错配是金融危机爆发的一个重大根源。

在这一背景下,沃尔克法则应运而生。其核心是禁止银行从事自营性质的投资业务,同时禁止银行拥有、投资或发起对冲基金和私募基金。其具体措施包括:第一,限制银行的规模,规定单一金融机构在储蓄存款市场上所占份额不得超过10%,从而限制银行通过过度举债进行投资的能力;第二,限制银行利用自身资本进行自营交易,规定银行只能在一级资本的3%以内进行自营投资;第三,限制银行拥有或资助对私募基金和对冲基金的投资,规定银行在每只基金中的投资比例不得超过该基金募集资本的3%;第四,控制资产证券化风险,规定银行销售抵押贷款支持证券等产品至少留存5%的信用风险;等等。

沃尔克法则的目标聚焦于金融市场"去杠杆化"。在该法则之下,国家可以将金融行业的风险进行隔离,简化风险管理的复杂度,提高风险管理和审慎监管的效率。这是一种典型的国家金融行为。在理论上,它涉及对一国的商业银行资产负债管理和投资银行风险收益关系的深化研究;在实践中,它关乎一国金融监管模式的选择和金融经济发展的方向。然而,学界对沃尔克法则的研究或借鉴,多数仍然停留在防范金融风险的技术手段上。

三、国家金融人才短缺,金融学需要细分

国家金融理论滞后于实践发展的直接后果是国家金融人才短缺。其原因主要有三:一是金融学缺乏细分,二是国内外金融学教研主要聚焦于微观金融领域与技术分析,三是国内外金融学学生大多偏重于微观金融的技术手段分析和操作。关于国内金融学研究的现状,我们以两个高校的例子予以说明。

第一例是以"金融"命名的某大学经济学科相关专业人才培养方案中

的课程设置（如图 1 所示）。

金融学专业
投资学专业
财政学专业
金融工程专业
保险学专业
国际经济与贸易专业
经济学专业
经济与金融专业
信用管理专业
经济统计学专业
金融数学专业
互联网金融专业

金融学专业：
- 金融学
- 金融市场与金融机构
- 商业银行经营学
- 信用担保
- 国际金融学
- 投资学
- 公司金融
- 金融工程学
- 金融风险管理等

经济与金融专业：
- 微观经济学
- 宏观经济学
- 金融经济学
- 投资经济学
- 区域经济学
- 产业经济学
- 计量经济学
- 金融工程学
- 商业银行经营学
- 银行会计
- 国际金融学
- 金融市场学

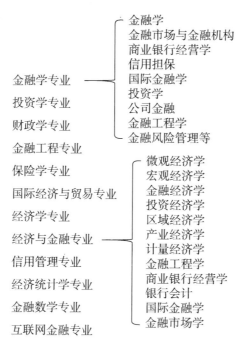

图 1　某金融大学经济学科相关专业人才培养方案中的课程设置

由图 1 的经济学科人才培养方案中的课程设置可知，该大学设置的 12 个经济类专业，涉及宏观金融学科的只有两个：金融学专业和经济与金融专业。前者的 9 门课程中只有国际金融学涉及少量宏观金融的概念，后者的 12 门课程中只有金融经济学与国际金融学涉及一些宏观金融的内容，其余多数为微观金融或部门金融的范畴。

第二例是某综合性大学金融学院金融学专业人才培养方案中的核心课程（如图 2 所示）。

专业核心课程：
- 货币金融学
- 公司金融
- 证券分析与实证分析
- 金融衍生工具
- 国际金融
- 金融机构与市场
- 投资与资产组合管理

图 2　某综合性大学金融学院金融学专业人才培养方案中的核心课程

由图 2 可知，该综合性大学金融学院金融学专业 7 门核心课程中只有国际金融涉及少量的宏观金融知识，其余均为微观金融或部门操作性金融技术的范畴。

上述两个案例告诉我们，国内的金融学教研基本上没有涉及国家金融层面的理论，缺乏对国家金融行为取向的研究与教学。

那么，国外金融学研究的情况如何呢？我们可以回顾一下 1991 年至 2020 年诺贝尔经济学奖获奖者概况（见表 1）。

表 1　1991 年至 2020 年诺贝尔经济学奖获奖者概况

年　份	获奖者（中译名）	主要贡献
1991	罗纳德·科斯	揭示并澄清了交易费用和产权在经济的制度结构和运行中的重要性
1992	加里·贝克	将微观经济理论扩展到对人类行为及互动的分析上，包括非市场行为
1993	罗伯特·福格尔、道格拉斯·诺斯	运用经济理论和定量方法来解释经济和制度变迁，更新了经济史研究
1994	约翰·海萨尼、小约翰·纳什、莱因哈德·泽尔腾	在非合作博弈的均衡分析理论方面做出了开创性贡献
1995	小罗伯特·卢卡斯	发展并应用了理性预期假说，由此重塑了宏观经济学研究并深化了人们对经济政策的理解
1996	詹姆斯·莫里斯、威廉·维克瑞	对信息不对称条件下的经济激励理论做出了基础性贡献
1997	罗伯特·默顿、迈伦·斯科尔斯	为金融衍生品的定价问题贡献了新方法
1998	阿马蒂亚·森	对福利经济学做出了贡献
1999	罗伯特·蒙代尔	分析了不同汇率制度下的货币政策与财政政策，并分析了最优货币区
2000	詹姆斯·J. 赫克曼、丹尼尔·L. 麦克法登	前者发展了分析选择性抽样的理论和方法，后者发展了分析离散选择的理论和方法

续表1

年 份	获奖者（中译名）	主要贡献
2001	乔治·阿克尔洛夫、迈克尔·斯彭斯、约瑟夫·斯蒂格利茨	分析了充满不对称信息的市场
2002	丹尼尔·卡尼曼、弗农·史密斯	前者将心理学的研究成果引入经济学研究中，特别侧重于研究人在不确定情况下进行判断和决策的过程；后者为实验经济学奠定了基础，发展了一整套实验研究方法，并设定了经济学研究实验的可靠标准
2003	罗伯特·恩格尔、克莱夫·格兰杰	前者创立了描述经济时间序列数据时变波动性的方法：自回归条件异方差；后者发现了根据共同趋势分析经济时间序列的方法：协整理论
2004	芬恩·基德兰德、爱德华·普雷斯科特	在动态宏观经济学领域做出了贡献，揭示了经济政策的时间连贯性和商业周期背后的驱动力
2005	罗伯特·奥曼、托马斯·谢林	通过对博弈论的分析，加深了对冲突与合作的理解
2006	埃德蒙·费尔普斯	分析了宏观经济政策中的跨期权衡问题
2007	莱昂尼德·赫维茨、埃里克·马斯金、罗杰·迈尔森	为机制设计理论奠定了基础
2008	保罗·克鲁格曼	分析了贸易模式和经济活动的地域
2009	埃莉诺·奥斯特罗姆、奥利弗·威廉森	分析了经济管理行为，尤其是前者研究了公共资源管理行为，后者分析了公司治理边界行为
2010	彼得·戴蒙德、戴尔·莫滕森、克里斯托弗·皮萨里季斯	分析了存在搜寻摩擦的市场
2011	托马斯·萨金特、克里斯托弗·西姆斯	对宏观经济中的因果关系进行了实证研究

续表1

年 份	获奖者（中译名）	主要贡献
2012	埃尔文·罗斯、罗伊德·沙普利	在稳定配置理论及市场设计实践上做出了贡献
2013	尤金·法玛、拉尔斯·彼得·汉森、罗伯特·席勒	对资产价格做了实证分析
2014	让·梯若尔	分析了市场力量与监管
2015	安格斯·迪顿	分析了消费、贫困和福利
2016	奥利弗·哈特、本格特·霍姆斯特罗姆	在契约理论上做出了贡献
2017	理查德·H. 塞勒	在行为经济学领域做出了贡献
2018	威廉·诺德豪斯、保罗·罗默	前者将气候变化引入长期宏观经济分析中，后者将技术创新引入长期宏观经济分析中
2019	阿比吉特·巴纳吉、埃丝特·迪弗洛、迈克尔·克雷默	在减轻全球贫困方面探索了实验性做法
2020	保罗·米尔格龙、罗伯特·B. 威尔逊	对拍卖理论的改进和发明了新拍卖形式

[资料来源：《盘点历届诺贝尔经济学奖得主及其贡献（1969—2019）》，见新浪财经网（https://tinance.sina.cn/usstock.mggd.2019-10-14/detail-iicezuev2135028.d.html），2019年10月14日。]

在30年的时间跨度中，只有少数几位诺贝尔经济学奖获奖学者的研究是关于金融问题的：1997年获奖的罗伯特·默顿和迈伦·斯科尔斯研究了金融机构新产品的期权定价公式，1999年获奖的罗伯特·蒙代尔讨论了不同汇率制度下的货币政策与财政政策以及最优货币区，2003年获奖的罗伯特·恩格尔和克莱夫·格兰杰在计量经济学领域的开拓性贡献为金融分析提供了不可或缺的工具，2013年获奖的尤金·法玛、拉尔斯·彼得·汉森和罗伯特·席勒的贡献主要是对资产价格进行了实证分析；其余的获奖者则基本上没有直接触及金融问题。而在上述涉及金融问题的诺贝尔经济学奖获奖人中，只有罗伯特·蒙代尔一人在理论上探讨了国际金融问题，其他人则主要侧重于金融资产定价或金融实践的成效。

综上可见，无论是国内还是国外的金融学，都缺乏对国家金融的理论研究，且相关人才匮乏。与之相对的是，世界范围内重大的金融变革与发展，多是由不同国家的金融导向及其行为所推动的。因此，国家金融学研究不但应该引起学界重视，而且应该在一个更广阔的维度获得深化和发展。

笔者呼吁，要培养国家金融人才，就需要对现有的金融学研究和教学进行细分。以美国与中国高校金融学教学中普遍使用的教材为例，美国的常用教材是弗雷德里克·S. 米什金的《货币金融学》①，中国则是黄达、张杰编著的《金融学》（第四版）②。这两种教材的优点是全面、系统：从货币起源讲到金融中介、金融体系，从金融市场讲到金融机构、金融监管，从中央银行讲到货币政策、外汇市场和国际金融，从金融运行的微观机制讲到资产组合与定价、业务管理与发展，等等。然而，为了满足当今经济发展对国家金融理论研究、实践管理和人才培养的需求，有必要在此类金融学教科书的基础上强化对国家金融学的研究与教学。因此，笔者建议在金融学原理的基础上，将金融学科细分为三类，具体如图3所示。

$$\text{金融学原理}\begin{cases}\text{公司金融学}\\\text{国家金融学}\\\text{国际金融学}\end{cases}$$

图3　金融学科分类

上述分类要求现有的各类大学金融学科在国内层面的教学与研究，不能仅仅局限在金融学基础理论和公司金融学两个领域，还应该包含国家金融学的设置、研究与教学发展。其中，国家金融学属于宏观金融管理范畴，研究并指导国家金融行为，即立足于一国金融发展中最核心、最紧迫的问题，要解决的是国家金融顶层布局、国家金融政策组合、国家金融监管协调、国家金融层级发展、国家金融内外联动、国家金融弯道超车、国家金融科技创新、国家金融风险防范和国家金融国际参与等课题。

公司金融学属微观金融管理范畴，研究并指导公司金融行为，即立足于企业金融行为中急需探讨和解决的问题，如公司治理结构（企业管理）、财税管理（会计学、税法）、公司理财（投资学）、风险管理（审计、评

---

① 弗雷德里克·S. 米什金著：《货币金融学》，郑艳文译，中国人民大学出版社2006年版。
② 黄达、张杰编著：《金融学》（第四版），中国人民大学出版社2017年版。

估)、战略管理(决策运营)、公司融资(金融中介)、金融工程(产融开发)、法律责任(法学、信息经济学)和国际投资(兼并收购)等课题。

金融学各门学科从不同的定位出发,阐述其主要原理和应用这些原理的数理模型,并在演绎或归纳中探讨、解说案例,最终达到引导学生学习、思考的目标。金融学原理、国家金融学和公司金融学(当然也包括国际金融学)等各门学科定位不同,相互渗透,有机组成了完整的金融学科体系。

世界各国的国家金融如果要在国内实践中有效运行,首先要在理论上创设国家金融学的同时弄清楚它与金融学(基础理论)和公司金融学的联系与区别。世界各国的国家金融如果要在国际体系中有序参与,首先也应在理论上弄清楚国家金融学与国际金融学的联系和区别,同时看清楚国际金融体系在现实中的运行与未来的发展方向,只有这样,才能在实践中不断地推动其改革、创新与发展。世界各国都希望在国际金融体系中拥有自己的立足点和话语权,这也是其在国家金融行为属性中需要去面对和解决的事宜。

中国对此已有布局。① 2017 年,中国召开全国金融工作会议,提出遵循金融发展规律,紧紧围绕服务实体经济、防控金融风险、深化金融改革三项任务,创新和完善金融调控,健全现代金融企业制度,完善金融市场体系,推进构建现代金融监管框架,加快转变金融发展方式,健全金融法治,保障国家金融安全,促进经济和金融良性循环与健康发展。同时,中国成立国务院金融稳定发展委员会,并强调了四个方面:第一,回归本源,把更多金融资源配置到经济社会发展的重点领域和薄弱环节;第二,优化结构,完善金融市场、金融机构、金融产品体系;第三,强化监管,提高防范与化解金融风险的能力;第四,市场导向,发挥市场在金融资源配置中的决定性作用。中国已从国家金融顶层设计的角度,一方面提出了急需国家金融人才来构建现代金融体系、维护国家金融秩序、保障并提升国家金融竞争力,另一方面也催生了国家金融学的设立、教研与发展。

四、国家金融学的研究对象

创设国家金融学的目的、意义及其他,这里不多阐述。笔者认为,国

---

① 参见新华社《全国金融工作会议在京召开》,见中华人民共和国中央人民政府网(http://www.gov.cn/xinwen/2017-07/15/content_5210774.htm),2017 年 7 月 15 日。

家金融学的体系至少包括五个层面的内涵，有待我们去研究和深化。

第一层面：国家金融学研究对象①。

国家金融学以现代金融体系条件下的世界各国国家金融行为属性为研究对象，以探讨一国金融发展中最核心而又最紧迫的问题为导向，研究政策，采取措施，促进一国金融健康稳定，推动一国经济繁荣发展。

第二层面：现代金融体系结构②。

国家金融学以现代金融体系条件下的国家金融行为属性为研究对象，从现代金融体系结构中的金融市场要素、金融市场组织、金融市场法制、金融市场监管、金融市场环境和金融市场基础设施六个子体系去探讨世界各国的国家金融行为，维护国家金融秩序，提升国家金融竞争力。

第三层面：现代金融体系内容③。

现代金融体系强调功能结构的系统性，并在其中探讨国家金融行为对一国金融稳定和经济健康发展的影响。现代金融体系至少包括六个子体系：第一，金融市场要素体系。它既由各类市场（包括货币市场、资本市场、保险市场、外汇市场和衍生性金融工具市场等）构成，又由各类市场的最基本元素即价格、供求和竞争等构成。第二，金融市场组织体系。它由金融市场要素与金融市场活动的主体或管理机构构成，包括各种类型的市场主体、各类市场中介机构以及市场管理组织。第三，金融市场法制体系。金融市场具有产权经济、契约经济和规范经济的特点，因此，规范市场价值导向、交易行为、契约行为和产权行为等法律法规的整体就构成了金融市场法制体系。它包括金融市场相关的立法、执法、司法和法制教育等。第四，金融市场监管体系。它是建立在金融市场法制体系基础上的、符合金融市场需要的政策执行体系，包括对金融机构、业务、市场、政策法规执行等的监管。第五，金融市场环境体系。它主要包括实体经济基础、现代产权制度和社会信用体系三大方面。对这一体系而言，重要的是建立健全金融市场信用体系，以法律制度规范、约束金融信托关系、信用工具、信用中介和其他相关信用要素，以及以完善金融市场信用保障机制为起点建立金融信用治理机制。第六，金融市场基础设施。它是包含各类

---

① 参见陈云贤著《国家金融学》，北京大学出版社2018年版，序言。
② 参见陈云贤著《国家金融学》，北京大学出版社2018年版，第8～10页。
③ 参见陈云贤著《国家金融学》，北京大学出版社2018年版，第8～11页。

软硬件的完整的金融市场设施系统。其中，金融市场服务网络、配套设备及技术、各类市场支付清算体系、科技信息系统和金融行业标准的设立等都是成熟的金融市场必备的基础设施。

第四层面：政府与市场在现代金融体系中的作用①。

现代金融体系的六个子体系中，金融市场要素与金融市场组织是其体系中的基本元素，它们的行为导向更多地体现为市场的活动、市场的要求、市场的规则和市场的效率；而现代金融体系中的金融市场法制、金融市场监管、金融市场环境和金融市场基础设施，是其体系中的配置元素，它们的行为导向更多地体现为对市场的调节、对市场的监管、对市场的约束和对市场原则的规范。世界各国国家金融行为导向，表现在现代金融体系中，应该是市场决定金融资源配置，同时更好地发挥政府的作用。只有这样，现代金融体系六个子体系作用的发挥才是健全的和完整的。

第五层面：国家金融行为需要着手解决的问题②。

在现有的国际金融体系中，处于领先地位的国家总是力图保持强势有为，处于附属前行的国家总是希望弯道超车以后来居上。世界各国就是国际金融体系演进"马拉松"中的"参赛者"。对于大多数发展中国家而言，在这场世界级的金融体系演进的"马拉松赛跑"中，一国的国家金融行为取向表现在现代金融体系的逐渐完善进程中。第一，应加强金融顶层布局的政策探讨；第二，应加强金融监管协调的措施探讨；第三，应加强金融层级发展的规则探讨；第四，应加强金融离岸与在岸对接的模式探讨；第五，应加强金融弯道超车的路径探讨；第六，应加强金融科技创新的趋势探讨；第七，应加强金融危机化解的方式探讨；第八，应加强金融国际参与的方案探讨；等等。这些需要着手解决的问题，厘清了世界上大多数发展中国家金融行为的目标和方向。

五、现代金融体系演进与国家金融行为互动

国家金融学研究对象五个层面的内涵，构成了国家金融学体系的主要框架。其中，现代金融体系的演进及其与国家金融行为的互动呈现出五大

---

① 参见陈云贤著《市场竞争双重主体论》，北京大学出版社 2020 年版，第 179～182 页。
② 参见陈云贤著《国家金融学》（第二版），北京大学出版社 2021 年版，第 18～19 页。

特点。①

（1）现代金融体系的六个子体系的形成是一个渐进的历史过程。以美国为例，在早期的市场经济发展中，美国主流认可自由放任的经济理念，金融市场要素体系与金融市场组织体系得到发展和提升，反对政府干预经济的理念盛行。1890年，美国国会颁布美国历史上第一部反垄断法《谢尔曼法》，禁止垄断协议和独占行为。1913年，美国联邦储备委员会正式成立。1914年，美国颁布《联邦贸易委员会法》和《克莱顿法》，对《谢尔曼法》进行补充和完善。在"大萧条"之后的1933年，美国颁布《格拉斯－斯蒂格尔法案》。此后，美国的反垄断制度和金融监管实践经历了近百年的演进与完善，整个金融市场形成了垄断与竞争、发展与监管动态并存的格局。从20世纪90年代开始，美国的通信、网络技术爆发式发展，金融市场创新驱动能力和基础设施升级换代成为市场竞争的主要表现。与此同时，美国政府反垄断的目标不再局限于简单防止金融市场独占、操纵价格等行为，金融市场的技术垄断和网络寡头垄断也被纳入打击范围。这一时期，通过完善金融市场登记、结算、托管和备份等基础设施，提高应对重大金融灾难与技术故障的能力，提升金融市场信息系统，完善金融信用体系建设，实施金融市场监管数据信息共享等，美国的金融市场环境体系和金融市场基础设施得到了进一步完善与发展。这一切将美国的金融市场体系推向现代高度，金融市场竞争发展到了全要素推动和系统参与的飞跃阶段。

（2）现代金融体系的六个子体系是统一的。一方面，六个子体系相互联系、相互作用，有机结合成一个成熟的金融市场体系。在金融市场的实际运行中，缺少哪一个子体系，都会导致市场在那一方面产生缺陷，进而造成国家经济损失。在世界各国金融市场的发展过程中，这样的典型案例比比皆是。另一方面，在现代金融体系的六个子体系内，各个要素之间也是相互联系、相互作用、有机统一的。比如，在金融市场要素体系中，除了各类货币市场、资本市场、保险市场、外汇市场等互相联系、互相作用外，规范和发展利率市场、汇率市场等，逐步建立离岸与在岸统一的国际化金融市场，积极发展一国金融产品和金融衍生产品市场，努力提升一国

---

① 参见陈云贤著《经济新引擎——兼论有为政府与有效市场》，外语教学与研究出版社2019年版，第137～141页。

金融的国际话语权和竞争力，等等，都是相互促进、共同完善现代金融体系的重要举措。

（3）现代金融体系的六个子体系是有序的。有序的金融市场体系才有效率。比如，金融市场价格机制的有序。这主要体现在利率、汇率、债券、股票、期货、期权等投资价格的形成过程中，应充分发挥市场在资源配置中的基础性作用，根据市场反馈的供求状况形成市场定价，从而推动现代金融体系有序运转。又比如，金融市场竞争机制的有序。竞争是金融市场的必然产物，也是实现市场经济的必然要求。只有通过竞争，金融市场要素的价格才会产生市场波动，金融资源才能得到有效配置，从而实现市场主体的优胜劣汰。再比如，金融市场开放机制的有序。现代金融体系是开放的，但这种开放又必定是渐进的、安全的、稳定有序的。这又再次表明，现代金融体系的六个子体系既相互独立又相互制约，它们是对立统一的完整系统。

（4）现代金融体系六个子体系的功能是脆弱的。其原因主要有三个方面。首先是认识上的不完整。由于金融市场主体（即货币市场、资本市场、外汇市场等参与主体）有自己的利益要求，因此在实际的市场运行中，它们往往只讲自由、竞争和需求，避讲法治、监管和均衡，这导致现代金融体系六个子体系的功能常常出现偏颇。其次是政策上的不及时。金融市场的参与主要依靠各类投资者，金融市场的监管主要依靠世界各国政府。但在政府与市场既对立又统一的历史互动中，由于传统市场经济理论的影响，政府往往是无为的或滞后的，或在面临世界金融大危机时采用"补丁填洞"的方式弥补，等等，这使得现代金融体系六个子体系的功能往往无法全部发挥。最后是金融全球化的冲击。在金融立法、联合执法、协同监管措施还不够完善的全球金融体系中，存在大量金融监管真空、监管套利、金融投机、不同市场跨界发展，以及造假、诈骗等行为。因此，现代金融体系的健全及六个子体系功能的有效发挥，还需要一个漫长的过程。

（5）现代金融体系六个子体系的功能正在或即将逐渐作用于世界各国乃至国际金融市场的各个领域。也就是说，在历史进程中逐渐形成和完善的现代金融体系，不仅将在各国金融市场上发挥作用，而且伴随着二十国集团（G20）金融稳定委员会作用的发挥和国际金融监管协调机制的提升与完善，在国际金融体系中也将发挥作用。世界各国的金融领域，不仅需要微观层面投资主体的参与，而且需要宏观层面国家金融行为的引导。在世界各国的理论和实践中，这都是正在逐渐完善的现代金融体系的客观、必然的发展趋向。

在当代中国，要加强国家金融学研究，就需要围绕现代金融体系六个子体系的功能，探讨在国内如何建立、完善现代金融体系，在国际上如何定位中国金融的作用。这必然会从国家行为属性的角度，进一步厘清中国国家金融的目标和作用。这其中涉及诸多重大课题：如何协调财政政策与货币政策？如何推进强势人民币政策？中国拥有现行世界金融体系中最优的金融监管架构，如何发挥其作用？中国在探讨国家与地方金融的层级发展时，如何避免要么"金融自由化"、要么"金融压抑"的老路，在"规则下促竞争、稳定中求发展"的前提下闯出一条新路？如何确定粤港澳大湾区离岸与在岸金融对接的路径及切入点？如何发挥中国"碳金融"的作用，在国际金融体系中实现弯道超车？金融科技尤其是网络金融与数字货币在中国如何健康发展？如何坚持金融服务实体经济，并在金融产业链中有效防范系统性或区域性金融风险？在国际金融体系的变革中，如何提出、推动和实施"中国方案"？等等。可见，现代金融体系的建设与完善，在中国乃至世界各国的发展进程中，始终映射着一国的国家金融行为的特征与取向。这些就是国家金融学需要深入研究的对象。

在现代金融体系下，国家金融学的研究与公司金融学、国际金融学和金融科技发展等密切相关、相互渗透。因此，可以预言国家金融学研究的现状与未来，取决于一国在金融理论和实践层面对国家金融与公司金融、离岸金融与在岸金融、金融科技创新发展、金融监管与风险防范，以及国际金融体系改革创新的探研和实践。国家金融学学科的创设，为从理论上探讨国家金融行为对一国乃至国际现代金融体系的影响拉开了一个序幕。它对中国维护金融秩序、提升国家金融竞争力也将发挥重要的推动作用。

《国家金融学》（陈云贤著）已在北京大学、复旦大学、中山大学、厦门大学、暨南大学等10所高校开设的课程中作为教材使用。师生们在教与学的过程中，一方面沉浸于《国家金融学》带来的国家金融领域全方位的知识盛宴，认为教材新颖、视野开阔、知识广博；另一方面又提出了对未来课程的更多设想，希望能有更多材料参考、案例剖析、课后阅研等内容。

鉴于此，中山大学高度重视，组织了以陈云贤为主编，李善民、李广众、黄新飞为副主编的"国家金融学"系列教材编委会。本系列教材共9本。其中，陈云贤负责系列教材的总体设计、书目定排、统纂定稿等工作；9本教材的撰写分工如下：王彩萍、张龙文负责《国家金融体系结构》，赵慧敏、陈云贤负责《国家金融体系定位》，黄新飞、邓贵川负责《国家金融政策组合》，李广众、李光华、吴于蓝负责《国家金融监管协调》，周天芸负责《国家金融内外联动》，李小玲、魏守道负责《国家金融弯道超车》，韦立坚负责《国家金融科技创新》，杨子晖、王姝黛负责《国家金融风险防范》，王伟、张一林负责《国家金融国际参与》。

"国家金融学"系列教材，系中山大学21世纪金融学科重点教材，是中山大学文科重点建设成果之一。它作为一套面向高年级本科生和研究生的系列教科书，力求在现代金融体系条件下探讨国家金融行为属性，从而在一国金融顶层布局、大金融体系政策组合、国家地方金融发展以及国家金融监管协调、内外联动、弯道超车、科技创新、风险防范、国际参与等领域做出实质性探研。本系列教材参阅、借鉴了国内外大量的专著、论文和相关资料，谨此特向有关作者表示诚挚的谢意。

当今世界，全球经济一体化、金融市场国际化的客观趋势无一不要求国际金融体系要更加健全、国际货币体系要改革创新，它需要世界各国国家金融行为的取向能够符合这一潮流。但愿"国家金融学"系列教材的出版，能够助力健全国家金融业乃至国际金融业的体系，开拓全球经济的未来。

2020 年 10 月

陈云贤 北京大学客座教授，中山大学国际金融学院和高级金融研究院名誉院长、博士研究生导师，广东省人民政府原副省长。电子邮箱：41433138@qq.com。

目 录

前 言 ··· 1

第一章 汇率制度及其选择 ··· 1
第一节 汇率制度的形成 ·· 1
第二节 汇率制度的分类及其特点 ································· 7
第三节 汇率制度选择的传统理论 ································· 16
第四节 汇率制度选择理论的新发展 ······························ 26
思考讨论题 ··· 36

第二章 汇率决定的理论与模型 ····································· 37
第一节 购买力平价理论 ·· 38
第二节 利率平价理论 ·· 43
第三节 资产市场模型 ·· 47
第四节 汇率决定理论的进展 ··· 56
思考讨论题 ··· 65

第三章 在岸市场：国内外汇市场 ································ 67
第一节 外汇市场的起源与功能 ····································· 67
第二节 外汇市场的环境与结构 ····································· 70
第三节 外汇交易活动与交易方式 ································· 75
第四节 世界外汇交易中心 ·· 81
思考讨论题 ··· 85

第四章 离岸货币市场 ··· 86
第一节 离岸货币市场及其特点 ····································· 86

1

第二节　离岸货币市场的运行机制 …………………………………… 90
　　第三节　离岸货币市场的信用创造 …………………………………… 95
　　第四节　离岸货币市场的模式及其选择 ……………………………… 105
　　第五节　离岸货币中心的发展历程 …………………………………… 110
　　思考讨论题 ……………………………………………………………… 130

第五章　离岸市场与在岸市场的联动：国际比较 …………………… 131
　　第一节　欧洲美元市场成就美元霸权 ………………………………… 131
　　第二节　美元在岸市场、离岸市场的利率联动 ……………………… 145
　　第三节　日元离岸市场与在岸市场的不均衡发展 …………………… 161
　　第四节　泰铢离岸市场与在岸市场的货币错配 ……………………… 175
　　第五节　离岸市场与在岸市场联动小结 ……………………………… 180
　　思考讨论题 ……………………………………………………………… 183

第六章　人民币汇率制度与外汇市场 ………………………………… 184
　　第一节　人民币汇率制度及其演进 …………………………………… 184
　　第二节　国家安全与人民币汇率制度选择 …………………………… 192
　　第三节　外汇市场与人民币汇率水平 ………………………………… 197
　　第四节　影响人民币汇率的因素及其检验 …………………………… 210
　　第五节　人民币汇率与货币政策独立性 ……………………………… 222
　　思考讨论题 ……………………………………………………………… 247

第七章　人民币离岸市场与离岸汇率 ………………………………… 248
　　第一节　人民币离岸交易中心 ………………………………………… 248
　　第二节　离岸市场的人民币汇率决定 ………………………………… 260
　　第三节　离岸人民币的回流机制 ……………………………………… 269
　　第四节　离岸人民币市场的货币创造机制 …………………………… 277
　　第五节　人民币离岸汇率与央行调控 ………………………………… 282
　　思考讨论题 ……………………………………………………………… 288

第八章　人民币离岸市场与在岸市场的联动 ………………………… 289
　　第一节　人民币离岸市场与在岸市场间的流动渠道 ………………… 289

   第二节　人民币离岸市场与在岸市场的套利形式 …………… 299
   第三节　人民币汇率的离岸与在岸价差 ………………………… 307
   第四节　人民币离岸市场与在岸市场的联动 …………………… 319
   第五节　人民币 DF 和 NDF 汇率关系的检验 ………………… 330
   思考讨论题 …………………………………………………………… 337

第九章　人民币国际化：基于离岸市场的视角 ………………… 339
   第一节　人民币国际化的理论研究 ……………………………… 339
   第二节　人民币国际化的路径 …………………………………… 349
   第三节　人民币国际化的市场和机制基础 ……………………… 355
   第四节　设立离岸人民币在岸中心的构想 ……………………… 364
   思考讨论题 …………………………………………………………… 371

参考文献 ……………………………………………………………… 372

后　记 ………………………………………………………………… 395

前　言

本书是"国家金融学"系列教材之一，基于离岸、在岸金融市场的形成和发展，探讨国家金融的内外联动问题。本书从理论视角和历史视角着手，将定性分析与定量研究相结合，把现实描述和政策选择作为重点，对人民币离岸市场与在岸市场的联动关系、内在机制及政策含义进行了比较深入的分析和比较系统的讨论。

本书将人民币离岸市场与在岸市场的联动作为研究对象，梳理了离岸市场和在岸市场的联动渠道，探讨了人民币离岸金融市场的业务特点和趋势，分析了当前人民币离岸市场、外汇市场、债券市场发展中面临的主要问题；将人民币汇率与中国的金融改革、资本项目可兑换、人民币利率市场化、汇率市场化等问题紧密联系并展开分析，通过探讨人民币离岸市场的发展，解析了国家金融内外联动的方式、渠道、影响。

本书由两部分9章组成，第一部分是理论基础、国际经验，第二部分是中国实际问题。首先，本书对离岸和在岸市场相关问题进行全面回顾，介绍了汇率决定的利率平价理论、国际收支理论、金融创新理论、货币危机理论，梳理了离岸、在岸市场的联动渠道。其次，本书探讨香港等人民币离岸金融市场的业务、特点和趋势，分析人民币离岸货币市场发展，从离岸、在岸市场的角度研究国家金融的内外联动，对理论界和业界关于国家层面的金融问题的研究有所助益。

本书的编著出版得到相关专家、学者的指导和帮助，我们表示深深的谢意！同时，特别感谢2019级的刘亦轩、赵晨雨、王凯月、高启桓、刘智超等研究生同学对本书所做的资料收集和整理工作。

本书的写作参考并引用了国内外已出版的有关著作，书后列出了主要参考文献，在此向文献的作者表示感谢！我们欢迎读者对本书提出意见和建议，以便我们继续修改完善。

编著者
2021年3月

第一章　汇率制度及其选择

在一个开放的经济体中，汇率是处于核心地位的经济变量，汇率制度是一国经济实现内外均衡的桥梁和纽带。国际汇率制度是国际货币制度的核心内容，它总是随着国际货币制度的变革而发生相应的变化。伴随着现代国际货币制度的变革，国际汇率制度先后经历金本位制下的固定汇率制、纸币本位制下的可调整的固定汇率制（布雷顿森林体系）和浮动汇率制（《牙买加协议》）。

第一节　汇率制度的形成

一、国际金本位制度下的固定汇率制度

历史上最早的汇率制度是金本位制度下的固定汇率制。在这一制度下，大多数国家的货币都与黄金挂钩，从而国与国之间在金本位制的基础上建立了固定的汇率体系。这是因为在金本位制下，黄金与金币可在国与国之间自由地输出与输入，一旦外汇市场上外汇价格偏离铸币平价太远，超过黄金输送点，这一机制就会自动发挥作用，从而使外汇汇率始终在黄金输送点的范围内波动。

从1816年英国开始实行金本位制度，到第一次世界大战爆发以前，世界各主要资本主义国家几乎都实行金本位制度。1914年"一战"爆发后，由于各国相继放弃金本位制，利用纸币的大量发行来弥补巨额的军费支出和财政赤字，致使汇率脱离黄金平价而处于剧烈波动状态，这种新的货币条件促使经济学家们对汇率制度进行了新的研究，提出了最早的浮动汇率理论，并进而引发了早期的"固定汇率"和"浮动汇率"两种汇率制度模式的争论。以霍特里（R. G. Hawtrey）为代表的古典派或旧派主张

恢复战前的金本位制度，他们认为金本位制度是完美无缺、自动均衡的理想制度，在这种制度下，所有的贸易差额、资本差额都会由利率或汇率的波动所抵销。同时，金本位制度使货币币值在时间和空间上保持不变，因而不会引起汇率的剧烈波动。以卡塞尔（Gustav Cassel）等人为代表的新派主张对汇率制度进行改革，他们认为货币的金平价是可以改变的，一成不变的固定货币平价无法长期维持，应当实行浮动汇率制。

然而，在这一争论过程中，20世纪30年代爆发的一场世界性经济大危机，给这一争论注入了新的内容。在这一背景下，各国为了尽早地摆脱危机，竞相采取货币贬值的方法，各国货币的汇率完全脱离黄金平价，汇率制度实际上处于浮动汇率制中，这种状况一直持续到1944年布雷顿森林体系的建立。在这一时期，各国的通货膨胀政策、货币倾销政策、贸易限制政策和关税壁垒，使正常的货币汇率的积极作用受到了极大的限制，世界经济秩序出现一种无序的混乱状态，这一时期史称货币的国家主义时期。面对这样的现实，固定汇率和浮动汇率之争又有了新的发展，从最早期的是否应当恢复金本位制度的争论，发展到如何促进国际合作，稳定国际经济秩序，以避免经济混乱和减少大萧条的影响等问题上来。支持固定汇率制的凯恩斯提出著名的均衡汇率理论，他认为，如果一种汇率能使就业处于正常水平，而且使国际收支、资本余额都不发生变动，那么这样的汇率就是均衡汇率，他主张根据均衡汇率来确立一个固定的货币平价，据此可以使各国的国际收支稳定，从而使国际经济体系趋于均衡状态。但主张实行浮动汇率制的经济学家并不同意凯恩斯的均衡理论，他们认为固定的货币平价很难实现，利率、工资率、有效需求水平、国际储备水平等因素中任何一个因素的变动，都会导致汇率的波动，但主张浮动汇率制的经济学家却提不出更好的解决方案。

二、布雷顿森林体系下可调整的固定汇率制度

为构筑一个新的国际经济秩序，1944年7月，美国、英国、苏联、法国等44个国家的代表在美国新罕布什尔州布雷顿森林镇召开"联合国货币金融会议"（又称"布雷顿森林会议"）。在这一划时代的会议上，在英国经济学家凯恩斯和当时的美国财政部部长助理哈里·怀特的影响下，通过了《联合国货币金融会议最后决议书》及由美国提出的设立"国际货币基金组织"和"国际复兴开发银行"两个协议，从而确立了布雷顿森

林体系。

在布雷顿森林体系之下，黄金与美元一起构成"二元君主"，黄金不再是唯一的国际货币。布雷顿汇率体系实际上是以美元为基准通货的国际金汇兑本位制，虽然这一体系的建立最初曾极大地促进了"二战"后世界经济的增长，但这一体系本身所存在的缺陷却在实施后不久就受到严峻挑战。

首先，这种以美元为中心的固定汇率制存在一个自身难以克服的矛盾，就是所谓的"特里芬难题"（Triffen dilemma）。特里芬（Robert Triffen）教授指出，美国在布雷顿森林体系中有两个基本责任：①保证美元按固定官价兑换黄金，维持各国对美元的信心；②提供足够的国际清偿能力，即美元。但这两方面责任同时实现是有矛盾的。美元供给太多就会有不能兑换黄金的危险，从而发生信心问题；美元供给太少则不能满足国际经济发展对清偿能力的需求。事实上，"特里芬难题"不仅是布雷顿森林体系的缺陷，也是任何以一种货币为国际储备货币的弱点。

其次，汇率过于僵化，国际收支调节的责任不对称，使这种汇率制度在实施的过程中，各国之间充满了矛盾。美国作为当时唯一的储备货币发行国，可以利用发行的美元作为对外支付手段，扩大资本输出，对本国的国际收支赤字则无须采取特别的纠正措施。而非储备货币发行国出现国际收支赤字，则必须在外汇市场上抛出美元买入本币，并在国内实行紧缩性货币政策，以维持固定汇率，从而导致国内经济停滞、失业率增加。或者，当非储备货币发行国国际收支盈余过大时，如20世纪50年代中期的联邦德国，政府不愿让马克升值而减少出口，引起国内失业率增加，便在外汇市场上抛出马克购进美元，结果引起国内货币供给增加和通货膨胀。因此，非储备货币发行国承担着大部分调节国际收支的责任，并往往需要牺牲国内经济目标。此外，僵化的汇率制度和利用汇率浮动解决国际收支不平衡成为一句空谈。国际货币基金组织（International Monetary Fund, IMF）有限的信贷资金，对巨额国际收支失衡无法起到作用。因此，在布雷顿森林体系运行的20多年中，国际收支失衡的问题并未得到真正解决。

最后，布雷顿森林体系是建立在美国经济实力雄厚、国际收支保持大量顺差、黄金储备充足的基础上的。在该体系建立初期，美国经济实力雄厚、国际收支年年顺差、黄金储备约占世界的3/4，1947年欧洲的国际收支逆差总额达76亿美元，1948年的欧洲国际储备仅为97亿美元；美国在

1947年有101亿美元的贸易顺差，在1949年有60亿美元的国际储备，此时布雷顿森林体系的基础是牢靠的。但从20世纪50年代开始，美国经济实力逐渐下滑，1960年美国的短期外债余额（210亿美元）第一次超过美国黄金储备（178亿美元）。在此期间，美国实行的"廉价货币"政策和赤字财政政策，造成国内通货膨胀，人们普遍对美国维持美元与黄金之间官价的能力产生怀疑，对美元的信心出现动摇，由此爆发了1960年10月第一次美元危机，伦敦市场上的金价猛涨至41.5美元/盎司黄金，高出官价20%左右。为了维持布雷顿森林体系正常运转，欧美各国及IMF先后采取了许多措施，如建立黄金总库，签订货币互换协定、一般贷款协定等。这些措施尽管使国际金融局势得到暂时缓解，但引起美元危机的根本原因并没有消除：美国国际收支逆差的实质是其国力的相对下降，具有长期性，而以上措施却旨在共同提供资金，通过在外汇、黄金市场上的买卖来稳定汇率，只能产生短期效应。20世纪70年代，美国国力进一步下降，1971年8月，尼克松总统宣布实行"新经济政策"，停止按35美元/盎司黄金的官价兑换各国中央银行持有的美元，1973年年初第八次美元危机后，美元对黄金再度贬值，各国先后放弃"史密森协议"规定的新汇价，实行浮动汇率，至此，布雷顿森林体系彻底解体。

三、《牙买加协议》下的浮动汇率制度

布雷顿森林体系崩溃以后，国际金融秩序又持续动荡，国际社会及各方人士也纷纷探析能否建立一种新的国际金融体系，并提出许多改革主张，如恢复金本位、恢复美元本位制、实行综合货币本位制及设立最适货币区等，但均未能取得实质性进展。国际货币基金组织于1972年7月成立一个专门委员会，具体研究国际货币制度的改革问题，由11个主要工业国家和9个发展中国家共同组成。委员会于1974的6月提出一份"国际货币体系改革纲要"，对黄金、汇率、储备资产、国际收支调节等问题提出一些原则性的建议，为以后的货币改革奠定基础。1976年1月，国际货币基金组织理事会"国际货币制度临时委员会"在牙买加首都金斯敦举行会议，讨论国际货币基金协定的条款，签订并达成《牙买加协议》。《牙买加协议》的主要内容包括：

第一，实行浮动汇率制度的改革。《牙买加协议》正式确认了浮动汇率制的合法化，承认固定汇率制与浮动汇率制并存的局面，成员可自由选

择汇率制度。同时 IMF 继续对各国货币汇率政策实行严格监督，并协调成员的经济政策，促进金融稳定，缩小汇率波动范围。

第二，推行黄金非货币化。协议做出了逐步使黄金退出国际货币的决定，并规定：废除黄金条款，取消黄金官价，成员中央银行可按市价自由进行黄金交易；取消成员相互之间以及成员与 IMF 之间须用黄金清算债权债务的规定，IMF 逐步处理其持有的黄金。

第三，增强特别提款权的作用。主要是提高特别提款权的国际储备地位，扩大其在 IMF 一般业务中的使用范围，并适时修订特别提款权的有关条款。

第四，增加成员基金份额。成员的基金份额从原来的 292 亿特别提款权增加至 390 亿特别提款权，增幅达 33.6%。

第五，扩大信贷额度，以增加对发展中国家的融资。《牙买加协议》其中一个重要内容就是确立了浮动汇率合法化的地位，同时赋予各成员在汇率制度选择上的自由。在这一原则背景下，一般发达国家大多选择浮动汇率制，而大多数发展中国家继续实行与某种货币或合成货币保持钉住汇率的制度。然而，在世界上主要国家货币实行浮动汇率制的背景下，这种钉住汇率的安排已经有别于原先的钉住汇率制。一国货币不可能同时与所有相互之间汇率波动的主要货币都保持固定的比价，选择钉住其中任何一种主要货币，便意味着本币的汇率将对其他主要货币浮动。从这个意义上讲，1973 年以后的汇率制度为浮动汇率制，但这个时期的汇率并不是仅仅由市场供求力量决定的。由于许多国家中央银行不时介入外汇市场买卖外汇，以实现其政策目标，这种汇率制度实际上是一种有管理的浮动汇率制。《牙买加协议》下的汇率制度安排，顺应了世界经济动荡、多变和多极化发展的特点，因而在一定程度上促进了世界经济向前发展。

牙买加体系多元化的储备结构摆脱了布雷顿森林体系下各国货币间的僵硬关系，为国际经济提供了多种清偿货币，在较大程度上解决了储备货币供不应求的矛盾；牙买加体系多样化的汇率安排适应了多样化的、不同发展水平的各国经济，为各国维持经济发展与稳定提供灵活性与独立性，同时有助于保持国内经济政策的连续性与稳定性。但牙买加体系在多元化国际储备格局下，储备货币发行国仍享有"铸币税"等多种好处，在多元化国际储备下，缺乏统一的稳定的货币标准，这本身就可能造成国际金融的不稳定。汇率大起大落，汇率体系的极不稳定，导致外汇风险增大，一定程度上抑制了国际贸易与国际投资活动,这种负面影响对于发展中国家来说尤为突出。

如果布雷顿森林体系下的国际金融危机是偶然的、局部的,那么牙买加体系下的国际金融危机则成为经常的、全面的和影响深远的。1973年浮动汇率普遍实行后,西方外汇市场货币汇价的波动、金价的起伏经常发生,小危机持续不断,大危机则时有发生。1978年10月,美元对其他主要西方货币汇价跌至历史最低点,引起整个西方货币金融市场的动荡,这就是著名的1977—1978年西方货币危机。由于金本位与金汇兑本位制的瓦解,信用货币无论在种类上、金额上都大大增加,信用货币占西方各通货流通量的90%以上,各种形式的支票、支付凭证、信用卡等种类繁多,现金在某些国家的通货中占比非常之低。货币供应量和存放款的增长大大高于工业生产增长速度,国民经济的发展对信用的依赖程度越来越深。总之,现有国际货币体系被人们普遍认为是一种过渡性的、不健全的体系,需要进行彻底的改革。

三种汇率制度的特点总结在下表1-1中。

表1-1 三种汇率制度的特点

制度	国际金本位制度下的固定汇率制度	布雷顿森林体系下的可调整固定汇率制度	《牙买加协议》下的浮动汇率制度
特点	①黄金成为两国汇率决定的实在的物质基础	①汇率的决定基础是黄金平价,但货币的发行与黄金无关	①汇率浮动形式多样化,可包括自由浮动、管理浮动、钉住浮动、联合浮动以及单独浮动等。每个国家根据自己的国情,选择适宜的汇率浮动形式
	②汇率仅在铸币平价上下各6‰左右波动,幅度很小	②波动幅度小,但仍超过了黄金输送点所规定的上下限	②汇率不是纯粹的自由浮动,而是有管理的浮动
	③汇率的稳定是自动而非依赖人为的措施来维持	③汇率不具备自动稳定机制,汇率的波动与波幅需要人为的政策来维持	③汇率波动频繁且幅度大,从一个较长的时期来考察,这个特点更加明显

续表 1-1

制度	国际金本位制度下的固定汇率制度	布雷顿森林体系下的可调整固定汇率制度	《牙买加协议》下的浮动汇率制度
特点	—	④央行通过间接手段而非直接管制方式来稳定汇率	④影响汇率变动的因素多元化，其中一国国际收支的变化所引起的外汇供求关系的变化，则成为影响汇率变化的主要因素，汇率随外汇市场供求关系的变化而上下浮动
	—	⑤只要有必要，汇率平价和汇率波动的界限可以改变，但变动幅度有限	⑤特别提款权（special drawing right，SDR）等"一篮子"汇价成为汇率制度的组成部分

（资料来源：据公开资料整理。）

第二节　汇率制度的分类及其特点[①]

在布雷顿森林体系运行的早期，成员很难找到一个与其国际收支均衡相一致的平价，以及伴随货币危机而来的对平价的重新调整，人们由此开始对固定汇率和浮动汇率的持久争论。

传统上的汇率制度分类是两分法，即固定汇率制和浮动汇率制，但汇率固定或浮动的程度很难掌握，在固定汇率或浮动汇率之间还存在众多的中间制度。在20世纪90年代早期，有两种方法运用于事实上的汇率制度分类，一种是通过官方储备和利率的变化来分析中央银行的干预行为，另外一种是通过检验汇率平价的变化，对汇率政策的结果进行经验性分析。之后的汇率制度分类方法，除RR分类（Reinhart和Rogoff的分类）以外，主要是这两种分类方法的应用和延伸。

---

①　参照360百科词条"汇率制度"，https：//baike.so.com/doc/6060080-6273134.html 整理。

汇率制度分类最根本的问题是基于何种汇率进行分类，现有文献对汇率制度分类的归纳，一般有两种方法，一种是基于事实上的分类，另一种是基于各国公开宣称的法定分类。由于这两种分类都是基于官方汇率的分类，所以这一归纳存在局限性，应进一步扩展。从经济学一个核心命题，即"市场调节还是国家干预"出发，最根本的出发点应该是基于市场汇率还是基于官方汇率来进行分类。

一、分类方法[①]

（一）IMF 的分类

在布雷顿森林体系时代，IMF 把汇率制度简单地分为钉住汇率制和其他；而在布雷顿森林体系崩溃以后，IMF 则不断地细化汇率制度分类。IMF 原来对各成员汇率制度的分类，主要依据的是各成员所公开宣称的汇率制度；但纯粹依赖各成员所宣称的汇率制度的分类，具有事实做法和官方宣称经常不符的局限性。IMF 在 1997 年和 1999 年分别对基于官方宣称的汇率制度分类方法进行了修正，其 1999 年的分类是：①无独立法定货币的汇率安排，主要有美元化汇率和货币联盟汇率；②货币局汇率；③传统的钉住汇率；④有波幅的钉住汇率；⑤爬行钉住汇率；⑥有波幅的爬行钉住汇率；⑦管理浮动汇率；⑧完全浮动汇率。

IMF 强调，它的分类体系是基于各成员真实的、事实上的安排，这一安排已被 IMF 认可，而不同于各成员官方宣称的安排。这一分类方案的基础是汇率弹性，以及各种正式的与非正式的对汇率变化路径的承诺。引人注目的是，IMF 从 2001 年开始将汇率制度分类与货币政策框架联系起来，在对各成员进行汇率制度分类的同时，也对其货币政策框架进行分类。IMF 认为，不同汇率制度的划分还有助于评价汇率制度选择对于货币政策独立性程度的含义。该分类体系通过展示各成员在不同货币政策框架下的汇率制度安排以及使用这两个分类标准，从而使得分类方案更具透明性，以此表明不同的汇率制度可以和同一货币政策框架相容。据此，IMF 对其分类做了调整，如 2005 年的分类是：①无独立法定货币的汇率安排（41 个成员），主要有美元化汇率和货币联盟汇率；②货币局安排汇率（7 个

[①] 参见胡列曲《汇率制度分类述评》，载《当代财经》2007 年第 11 期，第 123～128 页。

成员）；③其他传统的固定钉住安排（42个成员）；④水平带内钉住汇率（5个成员）；⑤爬行钉住汇率（5个成员）；⑥爬行带内浮动汇率（1个成员）；⑦不事先公布干预方式的管理浮动制（52个成员）；⑧独立浮动汇率（34个成员）。

如果将上述汇率制度划分为硬钉住汇率制、中间汇率制和浮动汇率制，那么硬钉住汇率制包括①和②，中间汇率制包括③—⑥，浮动汇率制包括⑦和⑧。按照IMF的分类，自20世纪90年代以来，中间汇率制的比重在不断缩减，并逐渐向硬钉住汇率制和浮动汇率制集聚。但中间汇率制仍然没有消失，如2005年中间汇率制在IMF成员中的比重为28.4%，足以否定"中间汇率制度消失论"。

（二）Ghosh、Guide、Ostry和Wolf的分类（GGOW分类）

Ghosh等[①]认为，事实分类和法定分类各有优缺点，他们试图综合两种分类方法。实际上，他们主要采用的还是基于IMF各成员中央银行所公开宣称的法定分类，其宏观经济数据也主要来源于IMF的数据库。

GGOW分类有两种：一种是三分法，即钉住汇率制、中间汇率制和浮动汇率制；另一种是更加细致的九分法，即钉住汇率制包括钉住单一货币、钉住SDR、其他公开的一篮子钉住和秘密的一篮子钉住，中间汇率制包括货币合作体系汇率、无分类的浮动汇率和预定范围内的浮动汇率，浮动汇率制包括无预定范围内的浮动汇率和纯粹浮动汇率。Ghosh等人并没有对各国汇率制度进行具体分类，其主要目的是检验汇率制度与宏观经济表现之间的关系。

（三）Frankel的分类

Frankel[②]认为，汇率制度是一个连续统一体，最具刚性的到最具弹性的汇率安排依次是：货币联盟汇率（包括美元化汇率）、货币局汇率、"真实固定"的汇率、可调整的钉住汇率、爬行钉住汇率、一篮子钉住汇

---

① A. R. Ghosh et al., "Does the Exchange Regime Matter for Inflation and Growth?" *International Monetary Fund*, 1997.

② J. A. Frankel, "No single currency regime is right for all countries or at all times," *NBER Working Paper Series*, 1999.

率、目标区或目标带汇率、管理浮动汇率和自由浮动汇率。随后，Frankel①又对汇率制度分类做了调整和细化，按照通常的三分法，最具弹性的到最具刚性的汇率安排依次是：浮动汇率，包括自由浮动汇率和管理浮动汇率两类；中间汇率，包括目标区或目标带汇率（细分为Bergsten-Williamson 目标区和 Krugmen-ERM 目标区两种）、爬行钉住（细分为指数化的钉住和预先申明的爬行）、一篮子钉住和可调整的钉住四类；严格固定，包括货币局汇率、美元化汇率（或欧元化汇率）和货币联盟汇率三类。

Frankel 认为，中间和浮动的分界线在于中央银行的外汇干预是否有一个明确的目标，中央银行虽然偶尔干预外汇市场，但并没有声明任何目标的国家应当归类为浮动。严格固定和中间的分界线，在于对固定汇率是否有一个制度性承诺，若有的话，就是严格固定。但 Frankel 的分类只是对 IMF 分类的一种修正和理论描述，并没有自己分类的详细标准，更没有据此对各成员的汇率制度进行具体分类。按照 Frankel 的看法，"中间汇率制度消失论"和世界上的货币会越来越少的观点是完全站不住脚的，世界货币池的变化类似于马尔可夫静态平衡过程，独立的货币总是会被创造、消失或在汇率制度之间转换，但池子里的货币大体保持稳定。

（四）Levy-Yeyati 和 Sturzenegger 的分类（LYS 分类）

Levy-Yeyati 和 Sturzenegger②的分类是基于事实上的分类，它与 IMF 早期基于各成员所公开宣称的法定上的分类不同，三个分类变量是：名义汇率的变动率、汇率变化的变动率、国际储备的变动率。

分类的依据是：在固定汇率制下，国际储备应有较大变化，以减少名义汇率的变动性；而弹性汇率制则以名义汇率的持续变动和相对稳定的国际储备为特征，这三个变量的组合足以决定各个国家的汇率制度归属。LYS 分类使用聚类分析方法，计算了 1974—2000 年向 IMF 报告的所有 183 个国家的数据，避免了研究者选取分类变量时的随意性。LYS 分类有两

---

① J. A. Frankel, "Experience of and lessons from exchange rate regimes in emerging economies," *IDEAS Working Paper Series*, 2003.

② E. Levy-Yeyati and F. Sturzenegger, "To Float or to Fix: Evidence on the Impact of Exchange Rate Regimes on Growth," *The American economic review* 93, no. 4 (2003), pp. 1173～1193; "Classifying exchange rate regimes: Deeds vs. words," *European Economic Review* 49, no. 6 (2005), pp. 1603～1635.

个：一个是四分法，即浮动汇率、肮脏浮动汇率、爬行钉住汇率和钉住汇率；另一个是三分法，即浮动汇率、中间汇率和硬钉住汇率。

LYS 分类和 IMF 分类高度一致，大约 2/3 的观测值是相同的。LYS 分类发现以下事实：

第一，在布雷顿森林体系崩溃后的 20 年间，固定汇率制的数量确实在下降；但在 20 世纪 90 年代，相比较 IMF 的分类而言，固定汇率制却相对稳定，他们把这一现象叫作"隐蔽钉住"（hidden pegs）或"害怕钉住"。在他们的研究中，公开报告中采取中间汇率制或弹性汇率制而实际上采取钉住汇率制的国家比例，已从 20 世纪 80 年代的 15% 上升至 90 年代的 40%。但"害怕浮动"和"隐蔽钉住"是不同的，前者是指想要浮动，但为了通货膨胀目标和金融稳定性而将浮动限制在一定范围内；后者是指想要钉住，但为了使投机性冲击的成本更高而允许一定程度的汇率波动。许多使用汇率作为名义锚的国家，特别是小型开放经济体，为了避免投机性冲击所带来的汇率制度的脆弱性，倾向于回避对汇率水平的公开承诺。

第二，传统的或爬行的钉住等中间汇率变得越来越少，证实了"中空论"①或"两极论"②的存在，但"中空论"对于非新兴市场、非工业化国家是不成立的，这表明国际资本流动的开放对于经济发展是必需的。

第三，"事实"上的浮动，其汇率的变化率很小。那些宣称浮动的国家，为了稳定汇率而经常性地使用很多干预措施，从而证实"害怕浮动"的存在，而且"害怕浮动"在 20 世纪 70 年代初期就已是普遍现象。③通过 2291 个分类观测值的分布情况，并与 IMF 的分类进行比较，可以看出工业化国家更倾向于使用浮动汇率制，而非工业化国家更倾向于中间和固定汇率制，31.8% 的工业化国家是固定汇率制，而非工业化国家的这个比例是 48.1%。总的来说，Levy-Yeyati 和 Sturzenegger 支持"两极论"的

---

① 参见 B. Eichengreen, "International monetary arrangements for the 21st century," *Center for International and Development Economics Research (CIDER) Working Papers*, University of California-Berkeley, Department of Economics, 1993。

② 参见 Stanley Fischer, "Exchange Rate Regimes: Is the Bipolar View Correct?" *Journal of Economic Perspectives* 25, no. 2 (2001), pp. 3～24。

③ 参见 G. A. Calvo and C. M. Reinhart, "When Capital Inflows Come to a Sudden Stop: Consequences and Policy Options," *MPRA Paper*, University Library of Munich, Germany, 2000。

观点。

相比较其他分类，LYS分类有如下进展：①通过聚类数据的识别，使分类方法更具客观性；②权衡了分类结果和政策变量的关系；③为进一步经验分析提供了综合数据库；④对汇率制度做出实际的评估；⑤通过两轮的分类步骤，可以辨别不同汇率制度所面临的冲击强度，从而克服了无关性假设带来的偏差，特别是汇率制度对其他变量的影响只有在较高变动率水平上才显著这样的假设。但由于LYS分类是基于日历年度的，所以在汇率制度发生变化或货币贬值的年度，就不是很可靠。另外，许多观察值的分类也受到质疑，甚至有6%的观测值无法分类，例如中国和印度的汇率制度在20世纪90年代有许多年份是不能确定的。

（五）Reinhart和Rogoff的分类（RR分类）

无论是基于法定的汇率制度分类还是基于事实的汇率制度分类，都仅仅依赖于官方汇率的分类，Reinhart和Rogoff[①]认为，复汇率制度无论是在布雷顿森林体系期间还是之后都广泛存在，他们使用1946—2001年153个国家由市场决定的平行汇率的月度数据（以五年为计算期限），对汇率制度进行分类。

RR分类在方法上有两个创新：

第一个创新是首次采用平行和双重市场汇率的数据，这些市场不但在发展中国家，在一些发达国家也相当重要。Reinhart和Rogoff认为，在大部分复汇率或双重汇率经济体中，双重汇率或平行汇率相比较官方汇率而言，不仅是更好的货币政策的风向标，而且是最具经济意义的汇率，因此，RR分类的主要依据是由市场决定的汇率，而不是官方汇率。

第二个创新是发展了各国详细的汇率制度安排和相关因素（例如汇率管制和货币改革）的历史年表，并通过一套描述性统计学方法，区分了官方宣称的法定汇率和事实汇率之间的差别。RR分类把这种分类命名为自然分类，并把汇率制度划分为14种类型（如果把超级浮动作为一种独立的类别，则有15种），并把这14种类型再归纳为五大类，便于与IMF的分类做比较。RR分类最有特色的分类是增加了自由跌落，其数据来源与其他分类方法有很大的不同，主要是"Pick货币年鉴""Pick黑市年鉴"

---

① C. M. Reinhart and K. S. Rogoff, "The Modern History of Exchange Rate Arrangements: A Reinterpretation," *Quarterly Journal of Economics* 119, no. 1 (2004), pp. 1~48.

"世界货币报告"、IMF 和各国央行的数据。

从 RR 的自然分类看到,布雷顿森林体系瓦解后,1974—1990 年和 1991—2001 年两个阶段的发展趋势。

第一,自由跌落在两个时期的汇率制度中都是重要的种类,在前一阶段占 12%、后一阶段占 13%。对于 20 世纪 90 年代的转型国家而言,40% 的国家是属于自由跌落的。

第二,与官方汇率的世界货币发展史不同,汇率制度倾向于向弹性汇率制聚集。有限的弹性,在自然分类中主要是实际爬行钉住,变得更加重要,而在官方汇率分类体系(指 IMF 分类)中是微不足道的。在 1991—2001 年,钉住制是最为重要的,其次就是有限的弹性;另一个令人吃惊的差异是自由浮动的重要性在下降,在 1991—2001 年,按照官方汇率分类,30% 的国家属于自由浮动,而按照自然分类,只有不到 10% 的国家属于自由浮动,进一步证明"害怕浮动"的存在。实际上,自由跌落的国家要多于自由浮动的国家。另外,无论考不考虑自由跌落,RR 分类并不支持"中间汇率制度消失论"。

自然分类与官方汇率分类存在很大差异,两者的相关系数为 0.42,特别是对发展中国家的汇率制度分类上分歧巨大,充分说明在发展中国家平行市场的普遍性。RR 分类还得出一个截然不同的结论:在布雷顿森林体系瓦解前和瓦解后,汇率制度的变化很小,说明布雷顿森林体系的瓦解对汇率制度的影响不大。RR 分类的最大优点是克服了分类者的主观判断,并对汇率制度的细微差别做了区别,特别重要的是,它对历史事实做了一个详细的梳理,纵横结合较为合理。

(六) Courdert 和 Dubert 的分类(CD 分类)

Courdert 和 Dubert[①] 的分类发展了事实分类方法,提出区分事实汇率制度的统计方法,并将汇率制度分为浮动汇率、管理浮动汇率、爬行钉住汇率和钉住汇率四种类型,如果按照三分法,中间汇率制包括管理浮动和爬行钉住。其分类的依据和 LYS 分类相似,主要考虑名义汇率和官方储备的变动率,并通过四个分类步骤检验数据的序贯性。

在 CD 分类中,浮动汇率的国家比 IMF 和 LYS 分类要少得多,这进一

---

① V. Coudert and M. Dubert, "Does exchange rate regime explain differences in economic results for Asian countries?" *Journal of Asian Economics* 16, no. 5 (2004), pp. 874~895.

步证明"害怕浮动"的存在。同时，CD 分类还证实亚洲国家的货币普遍钉住美元，几乎 65% 的汇率制度是钉住或是爬行钉住美元的。与 RR 分类不同，CD 分类使用的是季度数据，所以能够观察到汇率制度的年内变化，并将时间序列数据处理为不同的分布情形，在一定的自由度下检验原假设是否成立。CD 分类结果与 RR 分类很相近，这一分类的特点是区分爬行钉住和管理浮动，并确认了贬值的存在。

（七）Dubas、Lee 和 Mark 的分类（DLM 分类）

DLM 分类是基于有效汇率的事实的分类，Dubas、Lee 和 Mark[①] 的创新点在于将有效汇率的变动率作为分类的决定因素，而以往的文献强调的是相对于锚定货币的双边汇率的变化。他们提出三个理由，第一，一些保持硬钉住的国家，其有效汇率比双边汇率更不稳定，例如阿根廷；第二，那些与锚定货币国双边贸易额较小的国家，双边货币汇率的变动是无关紧要的；第三，在各国中央银行逐渐分散它们的主要以美元标价的储备资产时（例如韩国），评价汇率稳定性的多边方法是有用的。根据他们的计算，在 172 个可获得数据的国家中，有 92 个国家的有效汇率变动率大于双边汇率变动率，其中有 12 个是经济合作与发展组织（Organization for Economic Co-peration and Development，OECD）的成员。从汇率制度的发展来看，在 20 世纪 70 年代，固定汇率的比例有减少的趋势，但在 80 年代和 90 年代却保持稳定，并一直在各种汇率制度中占最大比重。

相比较 LYS 或 IMF 分类，DLM 分类与 RR 自然分类的一致性较高，LYS 或 IMF 分类与有效汇率变动性不相关。基于 Ghosh 等人的法定分类，DLM 分类按照逐渐增强的汇率稳定性将汇率制度分为 6 种：①独立浮动；②管理浮动汇率；③按照既定指标的调整；④合作安排；⑤有限弹性；⑥货币钉住。如果按照通常的三分法，①和②属于浮动汇率，③和④属于中间汇率，⑤和⑥属于固定汇率。按照这一分类，不同组别的分类结果显示，非工业化国家采用的汇率制度中，比率较高的是有限弹性和合作安排；而工业化国家则是合作安排和有限弹性。没有发生危机的汇率制度中，有限弹性和合作安排的比率较高；而独立浮动和管理浮动下，危机发生的比率较高。

[①] J. M. Dubas, B. J. Lee and N. C. Mark, "Effective Exchange Rate Classifications and Growth," *NBER Working Papers*, 2005.

二、各种汇率制度分类方法的比较

以上汇率制度的分类都有一定程度的相似性或共同点。

首先，基本上都承认浮动汇率、中间汇率和硬钉住三种基本汇率制度的划分，这在学术界和政策界都取得了共识，同时在很大程度上增加了汇率制度分类的可比性。

其次，各种汇率制度分类均充分证明了"害怕浮动"现象的存在。

最后，基本上都朝着事实分类的方向收敛，至少是考虑到了汇率制度上"做的"（deeds）和"说的"（words）的差异性。

然而，不同之处也是显而易见的，表现在以下四个方面。

第一，各种汇率制度分类的相关性较低。RR 分类与 DLM 分类的相关度最高（0.527），RR 分类与 IMF 分类的相关度最低（0.184），这说明现有的各种分类方法存在很大的差异性。

第二，CD 分类与 IMF 和 LYS 分类由于在方法上和考察样本范围上的差异，所以分类结果也有所不同。

第三，IMF 分类，由于主要是基于各国的官方声明，因此与其他分类方法相比高估了纯粹浮动的比例（因为有"害怕浮动"的广泛存在）。

第四，IMF 和 LYS 分类都没有考虑到货币贬值或自由跌落的特殊情形。当这两种情况发生时，往往伴随着激烈的经济衰退。

总的来说，IMF 分类、RR 分类和 LYS 分类是最为详尽的汇率制度分类，RR 分类还兼具事实分类的优点，故一些经验性研究均采用 RR 分类结果；DLM 分类对大国的汇率制度研究有一定的参考意义，因为大国的贸易伙伴的多样化程度要比小国复杂得多，考虑多边汇率而不仅仅是考虑与主要货币的双边汇率十分重要。但有效汇率的概念需要进一步拓展，DLM 分类使用的权重是商品贸易地理分布的比例，然而在当今服务贸易快速发展，特别是国际资本市场日益一体化的情况下，计算有效汇率也应包括服务贸易和资本流动地理分布的权重。

现有汇率制度分类还存在如下缺陷。

第一，没有共同的、核心的分类标准和分类方法，相互之间可比性较差。哪些核心因素决定汇率制度的变化，这应该是汇率制度分类理论的基础，但由于汇率决定理论还不成熟，汇率制度分类方法还有待发展和创新。

第二，主要是运用统计学方法进行事后分类，而统计检验的一个弱点是：哪怕是自由浮动的汇率，如果它反映了经济的基本面，其变动率也有可能较低；而钉住汇率如果脱离了经济的基本面，也难免会频繁变动，甚至出现自由跌落或贬值。同时，国际储备不仅仅是一种外汇干预资产，还是一种支付手段，与汇率制度的关系有可能是间接的，这一点在发展中国家更为明显。因此，以汇率或国际储备的变动率作为统计分类的标准难免会出现偏差。

第三，现有分类存在一个共同的缺点，都只是考虑了名义汇率而不是实际汇率；如果考虑实际汇率的话，结论可能又有所不同。

第三节　汇率制度选择的传统理论

汇率制度选择是一国经济发展的重要议题，合适的汇率制度会促进一国经济的发展，不合适的汇率制度则可能导致金融危机。传统汇率制度选择理论的关注点为固定汇率制和浮动汇率制的优劣之争，而新兴汇率制度选择理论的关注点则为中间汇率制和两极汇率制的优劣之争，由此派生出各种汇率制度选择理论。

一般认为，汇率制度理论起源于第一次世界大战之后，当金本位制度崩溃，纸币泛滥成灾，严重影响到了正常的国际贸易往来的时候，经济学家们认识到进行汇率制度变革的迫切性与重要性，并开始从一国和世界范围内研究汇率制度选择的理论和现实问题。从那时起，汇率制度的选择问题一直是国际金融理论和实践中的核心问题之一，受到政府、投资者和学者的高度关注。

现代汇率制度选择理论在阐释不同汇率制度形式优劣的基础上，试图从不同角度为不同国家选择"合意"的汇率制度提供理论依据。由于受到理论分析视角的限制，各种汇率制度选择理论只能为世界各国现实的汇率安排提供局部的解释，现代汇率制度选择理论本身也处于不断发展和完善的过程当中。

一、统一货币论

部分经济学家从统一货币的角度出发，试图消除汇率制度的选择，这一研究方向由凯恩斯（John Maynard Keynes）于1943年在"凯恩斯方案"中提出世界货币"班考"（bancor）所开创，其后特里芬在1961年沿着凯恩斯的设想，针对IMF以一国货币（美元）与有限黄金储备并列作为国际储备资产的弊端，提出国际储备资产多元化或国际化的方案。根据特里芬在20世纪60年代初所倡导的这种方案，IMF于1969年创立"特别提款权"（SDRs），并从1970年1月起IMF成员正式以SDRs形式持有储备资产。按照特里芬原有的设想，实际上是让IMF转换角色，充当世界中央银行；同时，让特别提款权充当世界货币。但让世界中央银行凌驾于各主权国家政府之上，协调各国之间的经济利益关系，不仅在第二次世界大战后的10余年中难以实现，就是在当今世界也难以想象。尽管特里芬方案中有许多不切实际的设想，但其理论精髓在区域货币一体化中已被逐渐地采纳，欧元就是世界货币在区域范围内的一种缩影。

二、政策搭配论

这种观点认为，汇率制度的选择要注意与宏观经济政策（财政政策和货币政策）以及与相关制度安排和资本管制制度的合理搭配，"蒙代尔－弗莱明模型"奠定了这一类问题的基本分析框架。蒙代尔－弗莱明模型是开放经济条件下，采用短期需求分析法，引入对外贸易和资本流动因素，分析固定汇率和浮动汇率制度下货币政策和财政政策的不同作用。

该模型的假设前提是：

（1）经常账户和资本账户开放。
（2）国内外所有货币、证券资产充分替代。
（3）国内产出供给富有弹性。
（4）小国开放模型。

在给定的假设前提下，固定汇率制下财政政策有效，货币政策无效；而浮动汇率制下货币政策有效，财政政策无效。尽管该模型的原意是要分析不同的汇率制度下宏观经济调节政策对保证内外经济均衡的效应，然而这一结论也为汇率制度的选择提供一个独特视角，即在汇率制度的选择过程中，必须注意汇率制度与宏观经济调节政策和资本流动管理的协调和搭配。根据这一观点，固定汇率、资本的自由流动和货币政策的独立性三者之间存在难以调和的矛盾，即所谓的"三元悖论"（Trilemma），这一理论含义被克鲁格曼（Paul R. Krugman）进一步诠释，即资本自由流动、固定汇率与货币政策独立性三者之间存在着"不可能三角"(impossible triangle)。在开放经济中，一国只能同时实现其中一个或两个目标，而不可能同时实现三个，如果一国实施资本管制政策，又想保持货币政策的独立性，那么它适宜选择固定汇率制；反之，如果一国意欲放松资本管制，实现资本流动自由化，同时又想保持货币政策的独立性的话，那么适宜选择浮动汇率制。弗兰克尔[1]将其发展为"不可能三角"模型，同时提出了"半独立、半稳定"组合的可能性。

三、经济结构特征论

这一观点认为，汇率制度的选择取决于一国的经济结构特征。在"固定对浮动"优劣之争相持不下的情况下，蒙代尔(Robert A. Mundell)认为不能笼统而抽象地谈论汇率制度的优劣，应当结合一国的经济特征来进行汇率制度的选择。在他 1961 年提出"最优货币区理论"(the theory of optimum currency area，OCA)后，麦金农(Ronald I. McKinnon)在 1963 年也提出最优货币区的思想。这一理论研究的是在什么条件下一国可以加入固定汇率的货币区，货币区在什么条件下是可行的，即最优货币区的标准。最优货币区理论由蒙代尔开创，其后凯南[2]、英格拉姆[3]、哈伯勒[4]、肖[5]、布莱克[6]、赫勒[7]等分别从不同角度补充和发展了最优货币区理论。

最优货币区是指采用单一货币或者几种货币、汇率永久固定、对外统一浮动的区域。"最优"是从宏观经济目标，保持经济的内外均衡的角度

---

[1] J. A. Frankel, "No single currency regime is right for all countries or at all times," *NBER Working Paper Series*, 1999.

[2] Peter B. Kenen, "The Theory of Optimum Currency Area: An Eclectic View," in *Monetary Problems of the International Economy*, eds. R. Mundell and A. Swoboda (Chicago: University of Chicago Press, 1969).

[3] J. C. Ingram, "Comment: the currency area problem," in *Monetary problems of the international economy*, eds. R. Mundell and A. Swoboda (Chicago: University of Chicago Press, 1969).

[4] G. Haberler, "Incomes policies and inflation: an analysis of basic principles. With a prologue on the new economic policy of August 1971," American Enterprise Institute for Public Policy Research, 1971.

[5] E. S. Shaw. *Financial deepening in economic development* (New York: Oxford University Press, 1973).

[6] S. W. Black, "Exchange policies for less developed countries in a world of floating rates," International Finance Section, Dept. of Economics, Princeton University, 1976.

[7] G. Heller, "Reflections on the Economics of International Monetary Integration," in *Verstehen und Gestalten der Wirtschaft*, ed. W. Bickel (Tubingen, 1978).

来定义的。内部均衡在通货膨胀率和失业率的最佳置换点上取得,外部均衡是指国际收支的平衡,这一领域的研究集中于最优货币区的经济特征,或者说建立在对最优货币区的必备条件以及成本和收益的分析上。

蒙代尔提出,以"生产要素流动性"作为建立最优货币区的标准,在生产要素可以自由流动的区域内实行固定汇率制是可行的;如果一个区域范围很大,生产要素不能自由流动,经济发展不平衡,就不宜采用固定汇率制,在这种情况下,需要以货币币值的变动去促使生产要素流动、发展经济和解决就业问题,所以浮动汇率制更合意。建立最优货币区的"生产要素流动性"标准意味着货币区内的价格和工资应具有弹性,实际上,价格与工资具有弹性抑或缺乏弹性,正是固定汇率与浮动汇率之争的中心问题。价格和工资缺乏弹性的假定是弗里德曼倾向于浮动汇率的基础,而价格和工资弹性假定则是最优货币区理论的前提条件,在此情况下,如果经济出现内部或外部失衡,工资和价格将会发生相应变化,从而有效地发挥价格机制的调节作用。除此以外,其他须具备的条件还包括:要素市场的高度一体化①、商品市场的高度一体化②、金融市场的高度一体化③以及生产结构多样化等。

克鲁格曼和奥伯斯法尔德④将成本收益分析法与经济一体化特征相结合来研究一国汇率制度的选择问题,即是否应加入一个固定汇率区(或共同货币区)。研究表明,如果一国与其所在的固定汇率区(或共同货币区)经济一体化程度越高,那么该国加入固定汇率区(或共同货币区)对本国货币状况的益处就越大,而且在产出市场波动时,其遭受的经济稳定性损失成本就越小,反之亦然。

1973 年麦金农和肖提出"金融抑制论"和"金融深化论",之后,经

---

① 参见 R. A. Mundell and A. Robert, "A Theory of Optimum Currency Areas," *The American Economic Review* 51, no. 4 (1961), pp. 657~665。

② 参见 Ronald I. McKinnon, "Optimum Currency Areas," *The American Economic Review* 53, no. 4 (1963), pp. 717~725。

③ 参见 J. C. Ingram, "Comment: the currency area problem," Peter B. Kenen, "The Optimum Currency Area: An Eclectic View," in *Monetary problems of the international economy*, eds. R. Mundell and A. Swoboda (Chicago: University of Chicago Press, 1969)。

④ 保罗·克鲁格曼、茅瑞斯·奥伯斯法尔德:《国际经济学:第四版》,中国人民大学出版社 1998 年版。

济学家开始关注发展中国家汇率制度的选择。肖[①]指出,"如果小型经济体想比外部世界更好地对付通货膨胀,那么唯有浮动汇率才是正确的选择";布莱克[②]提出用"贸易加权有效汇率"考察发展中国家汇率制度的选择,并认为无论选择何种汇率制度,都必须在汇率制度的成本和收益之间进行权衡。从实践来看,20世纪70年代中期以后,发展中国家的汇率制度安排较为复杂,大多数国家一直在改变其汇率制度,从钉住单一货币转变为或是钉住一篮子货币,或是采用更加灵活的汇率制度。于是在最优货币区理论的基础上,汇率制度的选择理论得到进一步的发展。Heller[③]提出发展中国家的选择与以下结构性因素有关:国家规模、开放程度、国际金融一体化程度、相对于世界平均水平的通货膨胀率、贸易格局。一般而言,小型的开放经济及出口产品结构较为单一的国家,实行固定汇率制为好;如果一国与某发达国家的贸易较多,则采取钉住该发达国家的汇率制度为上;如果一国经济综合实力较强,贸易依存度较低,进出口商品多样化或地域分布较分散,国际金融一体化程度较高,国内通货膨胀与其他主要国家不一致的国家,则倾向于实行浮动汇率制。也有一些发展中国家经济学家提出"依附论"(dependent theory),认为发展中国家汇率制度的选择取决于其经济、政治、军事等对外的依赖关系,至于采用哪种货币作为被钉住的"参照货币",则取决于该国对外经济、政治关系的集中程度。

在更新的文献中,尼尔森等[④]分析发展中国家出口易受汇率失调和汇率易变性影响的两个原因:一是发展中国家出口的主要是原材料和农产品,缺乏市场控制力,对汇率失调反应脆弱;二是发展中国家欠发达的金融市场以及对资本流动的控制使发展中国家出口应收货币无法得到套期保值,对汇率易变性反应脆弱。发展中国家在无法获取市场控制力情况下,为规避汇率易变性对出口应收货币的风险,往往不得不选择钉住汇率制。

---

① 爱德华·肖:《经济发展中的金融深化》,邵伏军等译,三联书店上海分店1988年版。

② S. W. Black, "Exchange policies for less developed countries in a world of floating rates," International Finance Section, Dept. of Economics, Princeton University, 1976.

③ G. Heller, "Reflections on the Economics of International Monetary Integration," in *Verstehen und Gestalten der Wirtschaft*, ed. W. Bickel (Tubingen, 1978).

④ K. Nilsson and L. Nilsson, "Exchange Rate Regimes and Export Performance of Developing Countries," *World Economy* 23, no. 3 (2000), pp. 331～349.

阿伊兹曼和胡斯曼①提出，汇率制度的选择与金融结构交织在一起，国内资本市场与全球金融市场的割裂程度越大，钉住汇率制越适合；反之，与全球资本市场一体化程度越高，则更加灵活的汇率制度越适合，并能减少对国际储备的需求。IMF 在《世界经济展望》（*World Economic Outlook*，1997）中总结了选择汇率制度应考虑的 12 项因素，即经济规模、国内通货膨胀率与国际通货膨胀率的差距、产品多样化/出口结构、开放程度、贸易地理集中度、资本流动性、国外名义货币的震荡、国内名义货币的震荡、经济发展程度、劳动力流动性、实际部门的震荡、政策制定者的可信度等。

波伊尔森②的研究表明，影响汇率制度选择的决定性因素主要有：通货膨胀率、外汇储备水平、生产和产品多样化、贸易冲击脆弱性、政治稳定性、经济规模或 GDP 大小、资本流动、通货膨胀诱因或失业率、外币定值债务等。如果一国通货膨胀率、生产多样化、贸易冲击脆弱性、政治不稳定、经济规模、资本流动和本币定值债务程度越高，那么该国就越适宜选择浮动汇率制。如果一国外汇储备水平、GDP 增长率、通货膨胀率和美元化程度越高，那么该国就越适宜选择固定汇率制。

四、成本-收益决定论

这种观点认为，一个开放经济国家选择何种特定的汇率制度，取决于实行这一制度所产生的经济利益与成本的比较。关于浮动汇率制的收益方面的分析，比较著名的有弗里德曼③和约翰逊④，他们认为浮动汇率制能获得以下两方面的收益：一是浮动汇率能提供更有效的国际调节体系，并因此能促进国际贸易更加自由；二是能够自由地运用货币政策和财政政策来实现国内目标。弗里德曼指出"浮动汇率不必是不稳定的汇率，即使汇率不稳定，也主要是因为主导国际贸易的经济条件的基础是不稳定，固定

---

① J. Aizenman and R. Hausmann, "Exchange Rate Regimes and Financial-Market Imperfections," *NBER Working Paper*, 2000.

② Helene Poirson Ward, "How Do Countries Choose Their Exchange Rate Regime?" *IMF Working Papers*, 2001.

③ M. Friedman, "The Case for Flexible Exchange Rates," in *Exchange Rate Economics*, 1953.

④ H. G. Johnson, "The case for flexible exchange rates, 1969," *Federal Reserve Bank of St. Louis Review*, 1969.

汇率尽管名义上是稳定的，但它可能使经济中其他因素的不稳定性变得持久和强化"。而且"汇率不稳定是基本经济结构不稳定的一种表征，通过官方固定汇率来消除这种表征是无法治愈任何基础性经济结构失衡的，并只会使调整变得更加痛苦"。他们认为，在外界经济条件发生变化的情况下，固定汇率由于无法进行适时的纠偏性行动会带来显著的成本，如导致汇率严重高估或低估，造成国际收支严重失衡，结果非均衡累积最终会酿成货币危机。

克鲁格曼和奥伯斯法尔德[1]将支持浮动汇率制的观点总结为三条，一是货币政策的自主性，如果各国中央银行不再为固定汇率而被迫干预货币市场，政府就能够运用货币政策来达到国家内部和外部的平衡，并且各国不再会因为外部因素导致本国出现通货膨胀或通货紧缩；二是对称性，在浮动汇率制下，布雷顿森林体系所固有的不对称性消失，美国不再能够决定世界货币状况。同时，美国也有与其他国家一样的机会来影响本国货币对外国货币的汇率；三是汇率具有自动稳定器的功能，在世界总需求不稳定的情况下，即使没有有效的货币政策，由市场决定的汇率迅速调整也能帮助各国保持内部和外部的平衡。

关于浮动汇率制成本的分析较早的有纳克斯[2]，他认为浮动汇率等同于波动的、不稳定的汇率，是干扰和不稳定的根源，而不是有效的调节机制；多恩布什[3]进一步分析浮动汇率的不稳定性，他观察到实际商品市场调整缓慢，而金融市场调整速度非常之快这一事实，通过建立具有凯恩斯传统的强调商品价格黏性特征的汇率动态模型，分析汇率调整的动态过程和原因，由于商品市场的价格刚性和金融市场的价格灵敏性，可能会导致汇率的过度调整（overshooting），或称汇率超调。汇率超调导致汇率的易变性，并进而导致不稳定的投机行为和货币市场的动荡，这种动荡和不稳定反过来又可能对各国的内部和外部平衡产生消极影响，而且浮动汇率使国际相对价格变得更加无法预测，从而对国际贸易和国际投资产生不利影响。此外，由于浮动汇率增加经济中的不确定性，这种不确定性会对宏观

---

[1] 保罗·克鲁格曼、茅瑞斯·奥伯斯法尔德：《国际经济学：第四版》，中国人民大学出版社1998年版。

[2] R. Nurkse, *International currency experience* (Geneva: League of Nations, 1944).

[3] R. Dornbusch, "Expectations and Exchange Rates Dynamics," *Journal of Political Economy* 84, no. 6 (1976), pp. 1161~1176.

经济产生巨大影响,原因是汇率波动同资本市场波动有关,不免影响到生产活动,使中央银行不得不对外汇市场进行大量干预,而并没有给予宏观经济政策更大的自主权。

以金德尔伯格(Charles P. Kindleberger)为代表的学者极力推崇固定汇率制,他们认为固定汇率制能够带来显著的收益,如能够规避汇率风险,有助于促进贸易和投资等;而浮动汇率制由于汇率不稳定带来显著成本,增大经济活动的不确定性,不利于国际贸易和投资等。

关于固定汇率制收益的分析则以蒙代尔等[①]倡导的"最优货币区理论"为代表,蒙代尔、麦金农、金德尔伯格等指出,建立最优货币区的最大收益在于提高货币的有用性。在货币区内采用单一货币,首先,消除汇率波动引起的风险,从而消除为避免汇率风险而套期保值所付出的成本,使交易最大化和分工的收益得以实现,提高资源配置的效率;其次,强化货币作为记账单位的职能,从而减少包括信息和计算在内的交易成本;最后,还免除了外汇交易的成本,并通过集中外汇储备以促成外汇储备的节约,从而减少资源闲置的成本。除此之外,金融市场高度一体化的货币区将提供一种风险分摊机制,区内各地区间收支失衡可立即由金融交易来弥补,这使得逆差国可暂时利用顺差国的资源,为经济结构调整争取到时间。参加货币区也要付出一定成本,如失去本国货币政策的独立性,这也是货币区参加国最大的成本,为了保持汇率的固定,一国不得不牺牲内部均衡,这是实行固定汇率制的缺陷。

五、BBC 制度

这一研究方向由威廉姆森[②]提出的爬行钉住(crawling peg)和汇率目标区(exchange rate target zones)理论所开创,其后克鲁格曼[③]、多恩布什

---

① R. A. Mundell and A. Robert, "A Theory of Optimum Currency Areas," *The American Economic Review* 51, no. 4 (1961), pp. 657~665.

② John Williamson, "The Crawling Peg," *Princeton Essays in International Finance*, 1965.

③ P. R. Krugman, "Target Zones and Exchange Rate Dynamics," *Quarterly Journal of Economics* 106, no. 3 (1991), pp. 669~682.

和帕克①以及威廉姆森②进一步发展了爬行钉住和目标区理论。威廉姆森认为"可调整钉住不可能无限期可行,因为如果钉住汇率易于变动,则不稳定投机将会发生;如果僵化不动,则可调整又形同虚设",据此,他提出采用一种不易遭受投机压力的汇率钉住制。

20世纪80年代初,浮动货币之间反复出现爬行汇率失调,人们深信问题不是出在有管理的浮动汇率,而是出在浮动汇率完全没有管理,市场并没有力量将汇率推向均衡。在此背景下,威廉姆森③主张建立一个中心汇率,上下各10%的汇率目标区,他认为对汇率区间的设置要有足够的宽度,以避免政府卷入一场必输的捍卫错误平价的战斗;足够的宽度允许平价作出调整,从而不会引起平价大幅波动的预期;宽的区间也使货币政策具有一定的灵活性来处理周期不同步的问题。总之,宽的目标区的维持不需要太多的努力,货币当局的干预只是偶尔为之。

汇率目标区就是允许汇率在一定的区间内自由地浮动,但当汇率接近区间边缘时进行干预的汇率制度,克鲁格曼④把这种汇率目标区概念加以理论化,形成汇率目标区理论模型。假定汇率像其他资产价格依赖于一些即期的基本因素和对汇率未来的预期值,基本因素包括产量、货币供应、价格水平等因素,货币当局能够通过控制货币供应量影响这些因素,并进而影响汇率的走势。

汇率目标区理论的提出大大增加了汇率制度选择的空间,汇率制度选择不再是非固定即浮动的模式,以基本汇率目标区模型为基础可以演化多种不同的汇率目标区,依据不同的规则设置或调整中心汇率平价与区间,存在大量的中间汇率制可供选择。从各国的实践来看,大部分的固定汇率制都带有或大或小的浮动区间,甚至在布雷顿森林体系下的典型的固定汇率制也带有一个很窄的浮动区间。另外,实行浮动汇率制的国家也鲜有对汇率波动不加干预的,在这个意义上,实行中间汇率制的国家应是大多

---

① R. Dornbusch and Y. C. Park, "Flexibility or Nominal Anchors," *Exchange Rate Policies in Emerging Asian Countries*, 1999.

② John Williamson, *Exchange Rate Regimes for Emerging Markets: Reviving the Intermediate Option* (Washington, DC: Peterson Institute Press, 2000).

③ John Williamson, *The Exchange Rate System* (Institute of International Economics, 1985).

④ P. R. Krugman. "Target Zones and Exchange Rate Dynamics," *Quarterly Journal of Economics* 106, no. 3 (1991), pp. 669~682.

数。按克鲁格曼模型的分析，汇率目标区中汇率变动的行为优于完全固定和完全自由浮动制，在一定范围内汇率相对自由浮动可以及时和低成本地吸收外部冲击，无须像固定汇率制下由货币当局承担全部的调整，随时进行干预；而汇率在边界平缓波动，又可避免浮动汇率大幅波动带来的各类风险损失。从这一理论出发，选择中间汇率制似乎优于选择两极汇率制。

1997年亚洲金融危机后，有关汇率制度的选择研究又形成高潮，其中沿着爬行钉住和目标区理论路径，有经济学家提出爬行带（crwaling bands）以取代爬行钉住和汇率目标区。之后多恩布什和帕克[1]将篮子钉住、爬行钉住、目标区和爬行带统称为BBC制度（the BBC Rules），第一个B指一篮子（basket），第二个B指区间（band），C指爬行（crawling）。威廉姆森[2]从防范危机的角度出发，对角点汇率制（corner solutions）和中间汇率制（interior solutions）进行深入研究，发现角点汇率制（货币局和浮动汇率制）同样难以避免危机形成；中间汇率制中，参照汇率（reference）、监控汇率带（monitoring bands）和BBC制度相比较，参照汇率最不易受冲击影响，但汇率可能会失调，因为当局只设一个参照均衡汇率，却没有义务捍卫它；BBC制度易受冲击影响，但政府干预可能使汇率保持在汇率带内；监控汇率带则具有两者的优点，当局没有义务捍卫汇率带，但却暗含一种假定行动来防止汇率偏离均衡汇率。至于另一种中间汇率制——管理浮动，威廉姆森认为其有两大缺陷，一是缺乏透明度，二是没有预期的中心汇率。据此，他主张实行监控汇率带，但奥伯斯法尔德和罗格夫[3]认为，汇率目标区虽然可以减少中央银行承受单方面博弈的风险，同时排除极端的汇率波动，但是汇率目标区仍然只能够推迟汇率遭受攻击的时间，而无法规避之，当汇率达到目标的界限时，便面临着与钉住汇率同样的问题。

---

[1] R. Dornbusch and Y. C. Park, "Flexibility or Nominal Anchors," Exchange Rate Policies in Emerging Asian Countries, 1999.

[2] John Williamson, *Exchange Rate Regimes for Emerging Markets: Reviving the Intermediate Option* (Washington, DC: Peterson Institute Press, 2000).

[3] M. Obstfeld and K. Rogoff, "The Mirage of Fixed Exchange Rates," *Journal of Economic Perspectives* 9, no. 4 (1995), pp. 73～96.

第四节 汇率制度选择理论的新发展

传统的汇率制度理论基本形成汇率制度选择的理论体系,并从不同的角度探寻和分析汇率制度选择的某个方面,成为指导各国安排汇率制度的理论基础。随着国际金融的高度一体化和金融创新的不断出现,国际资本,尤其是短期资本在国际资本市场上非常活跃,并引发一系列货币危机和金融动荡,20世纪90年代中期以后,学术界对汇率制度的研究又有了新的发展。

一、害怕浮动论

卡尔弗和莱茵哈特[1]提出"害怕浮动论",所谓的"害怕浮动"是指这样一种现象,一些归入弹性汇率制的国家,却将其汇率维持在对某一货币(通常为美元)的一个狭小幅度内,这反映这些国家对大规模的汇率波动存在一种长期的恐惧。

"害怕浮动论"发现,那些声称允许其货币自由浮动的国家中,实际上其大部分货币并未真正浮动,似乎传染了一种"恐惧浮动症",在这些国家实际观察到的汇率变动相当低。这种很低的汇率波动性,并不是因为这些经济体未受到实际或名义的冲击,而是有意识政策行为造成的结果。因为它们的国际储备波动性相当高,并且这些国家名义和实际利率的波动也异乎寻常地高,其利率的高度波动性,可能有两种原因:

第一,这些国家不但在外汇市场进行干预,也利用利率变动来进行干预。

第二,这些国家存在着长期的公信力问题。

那些按国际货币基金组织1999年前的分类属于管理浮动制的国家,其表现与实行一种不具公信力的钉住汇率制的表现非常相似,因此,所谓的"固定汇率制已死"的说法是一种不切实际的说法。相反,害怕浮动的现象非常普遍,甚至在一部分发达国家中也存在。

---

[1] G. A. Calvo and C. M. Reinhart, "When Capital Inflows Come to a Sudden Stop: Consequences and Policy Options," *MPRA Paper*, University Library of Munich, Germany, 2000.

"害怕浮动"的原因在升值和贬值时也有所不同。在升值情形下，当情况比较有利时，比如资本流入或贸易条件改善，新兴市场国家不愿让其货币升值，原因可能是害怕"荷兰病"①，担心由有利情况造成的"荷兰病"会损害其国际竞争力和破坏出口多样化的努力；当存在贬值压力时，这些国家会强烈抵制本币大幅贬值，因为这些国家政府和私人部门的债务主要用硬外币计值（部分美元化），贬值具有紧缩效应，不仅会导致经济衰退，而且可能造成通货膨胀的后果，侵蚀政府信誉，这与这些国家的经济政策长期缺少公信力有关。

二、货币危机与汇率制度

有观点认为，选择汇率制度要考虑一国可能遭受的危机冲击类型：商品市场的实际冲击（如生产力的影响或贸易条件的变化）、货币市场的货币性冲击（如对货币需求的意外变化）。吉富胜和施拉尔②认为，如果干扰源是货币性因素，比如货币需求的变化和影响价格水平的冲击，那么就应偏向固定汇率制，因为所有商品和服务的价格成比例变动不会改变它们的相对价格，使用汇率变动作为改变支出的政策是不必要的。相比而言，如果干扰源主要是实质性因素，比如偏好的改变或者影响国内商品与进口商品相对价格的技术变化，那么更加灵活的汇率制度是合适的，因为相对价格的频繁变动有必要使用汇率作为政策工具，调整经济以便对实质性干扰作出反应。

虽然依据干扰源的类型考虑合意的汇率制度选择在理论上是可行的，但实际中由于很难区分各种干扰源类型，因而也难以确定选择哪种汇率制度更优。同样，如果干扰源来自外部冲击，那么浮动汇率制是合意的，因为浮动汇率能够隔离国内经济，降低外部冲击的影响。相比而言，如果干扰源来自国内，如不稳定的财政政策和货币政策，那么钉住汇率制是合意的，因为钉住汇率有助于对政府财政政策和货币政策形成外部硬约束，部分限制政府政策的随意性，从而降低政策不稳定带来的负面效应。

---

① 指当条件发生某种有利的变化时，某一部门的繁荣会损害其他部门的发展，因为大量资源被吸引到该部门，结果资源流出部门的发展受到影响。

② M. Yoshitomi and S. Shirai, "Policy Recommendations for Preventing Another Capital Account Crisis," Asian Development Bank Institute, 2000.

英国的格雷厄姆·伯德①将经济结构特征与经济冲击结合起来，提出10个因素作为发展中国家是否采用浮动汇率制的参考标准，包括一国经济的波动主要来自国内还是国外、经济开放程度、商品的多样化程度、贸易的地理分布情况、国内外资金市场一体化程度、相对通货膨胀率、进出口价格弹性、国际储备水平、社会对收入稳定和收入增长的偏好、是否存在较为完善的远期外汇市场等。经济波动主要来自国外、经济开放程度不高、商品多样化、贸易分布广、资金市场一体化程度高、相对通货膨胀率差异大、进出口价格弹性高、国际储备少、社会更倾向于收入增长、存在完善的远期外汇市场，一国如果具备这些因素中的多数，则适宜选择浮动汇率制，反之则相反。

以博多和舒瓦茨②、米什金③、卡尔夫和莱茵哈特④为主要代表的学者，从金融脆弱性角度研究货币危机与汇率制度的选择。博多和舒瓦茨通过对金本位制度下、布雷顿森林体系下、欧洲和拉丁美洲钉住汇率制下的货币危机进行比较研究，认为货币危机反映经济基本面与固定汇率之间的冲突，如果政府宏观政策与钉住汇率不一致，那么货币投机性攻击必定会发生。米什金认为，虽然坚持固定或钉住汇率制对于控制通货膨胀可能是成功的，但如果一国银行体系脆弱，并存在大量以外币计值的债务，那么实行钉住汇率制非常危险，它可能会增加金融体系的不稳定性，使发生金融危机的可能性更大。

许多研究认为钉住汇率制是东南亚货币危机的罪魁祸首，新兴市场国家应该选择浮动汇率制。卡尔弗和莱茵哈特对此提出新的看法：汇率制度选择在新兴市场国家与发达国家中起关键作用的因素完全不同，在新兴市场国家中，货币冲击是收缩的，经常账户调整剧烈，信用等级、利率行为、获得的信誉及市场准入很容易受到贬值或升值的不利影响，汇率波动对贸易的损害更大，汇率波动传递比通货膨胀更高，因而浮动汇率制对新

---

① Bird Graham and D. Rowlands, "Does IMF Conditionality Signal Policy Credibility to Markets?" *SCIES Working Paper*, 1999.

② M. D. Bordo and A. J. Schwartz, "Why Clashes Between Internal and External Stability Goals End in Currency Crises, 1797 – 1994," *NBER Working Papers*, 1997.

③ F. S. Mishkin, "Lessons from the Asian crisis," *Journal of International Money and Finance* 18, no. 4 (1999), pp. 709～723.

④ G. A. Calvo and C. M. Reinhart, "When Capital Inflows Come to a Sudden Stop: Consequences and Policy Options," *MPRA Paper*, University Library of Munich, Germany, 2000.

兴市场国家也不是万灵之药。

三、经济绩效与汇率制度

关于汇率制度与宏观经济的表现，一般集中在考察通货膨胀和经济增长这两项指标。Ghosh 等[①]研究发现，实行钉住汇率制的国家，通货膨胀率要低得多，其波动性也较小。这种反通货膨胀的积极成效来自两个渠道，即"纪律效应"和"公信力效应"，前者使货币供应的增长率变得较低，后者则在给定货币增长率时，使货币流通速度的增长率较低。但在经济增长方面，名义汇率制度的弹性程度与产出和就业的波动性负相关，也就是说，在实行钉住汇率制的国家，产出和就业的波动较大，这意味着实行钉住汇率制国家的低通货膨胀，是以实体经济较大的起落波动为代价的。此外，实行不同汇率制度的国家之间，人均经济增长率只有很小的不同。事实上，钉住汇率制国家的增长率要稍低些，尽管这些国家的投资率稍高。进一步的研究发现，实行货币局制度的国家，其通货膨胀表现要优于实行"软"钉住汇率制的国家，在经济增长方面，实行货币局和自由浮动的国家都优于"软"钉住国家。

Levy-Yeyati 和 Sturzenegger[②]以各国事实上实行的汇率制度为研究对象，考察 1974—2000 年 180 多个国家实际实行的汇率制度，并对此进行重新分类，建立 LYS 数据库，据此对各国的汇率制度与经济绩效的联系进行分析，发现实行固定汇率制和浮动汇率制的国家的通货膨胀率没有明显的区别，但实行中间汇率制的国家通货膨胀率略高，这可能是实行固定汇率制的国家获得了轻微的正面"公信力效应"，但也可能表明存在逆向因果关系，即由于通货膨胀率较高以及受到实体经济的冲击，一些国家被迫放弃固定汇率制或积极干预外汇市场，变为中间汇率制国家。在人均经济增长方面，实行钉住汇率制的发展中国家表现较差，增长低而波动大。此外，实行固定汇率制的国家实际利率低于浮动汇率制的国家，那些声称钉住而实际实行中间汇率制的国家，其实际利率也较低。

---

① A. R. Ghosh et al., "Does the Exchange Regime Matter for Inflation and Growth?" International Monetary Fund, 1997.

② E. Levy-Yeyati and F. Sturzenegger, "Exchange Rate Regimes and Economic Performance," *IMF Staff Papers*, 2001.

四、"两极"汇率制度的选择

(一) 严格固定汇率制度的利益与成本

严格固定汇率制包括货币局制度、美元化等。货币局没有制定与实施货币政策的权力,也不扮演商业银行的最后贷款者的角色,并拥有百分之百的外汇储备,本质上无异于外币本位制(美元化或欧元化)。在货币局制度下,如果本币钉住的外币是美元,实际上就是变相的美元化。虽然在本国或本地区还保留本币,但本币与非货币局制度下的本币已有本质区别,该国或该地区的货币当局已经没有独立的货币政策,而美元化则是一种更彻底的货币局制度。在美元化的制度下,美元不仅仅是发行本币的保证,而且取代了本币的职能,货币局制度与美元化的差别主要是美元发挥作用的程度,以及存在单一货币还是两种货币的差别,两种制度都属于完全或超级固定汇率制,利弊表现也十分相似。

利益之一,严格财政纪律,抑制通货膨胀的发生。虽然政府赤字财政的政策短期内能刺激社会总需求,导致产量的增长,但许多国家的经验表明,政府对赤字财政政策的依赖是通货膨胀的重要根源。在货币局制度下,政府必须以外汇储备为保证发行本币,无法利用发行本币的方式弥补财政赤字,在政府需要扩大支出时,只能通过向国内外发行政府债券来筹措资金。在这种强有力的货币约束下,通货膨胀的根源得到较好的抑制,进而为经济的长期稳定发展创造良好的政策条件。同样,美元化也为美元化经济带来更严格的金融纪律,由此得到的推论是,许多政治家之所以反对外币本位体制,原因在于在美元化或欧元化过程中他们的权力将大为削弱,一旦如此,其所犯的政治错误便会被立刻揭露出来,从而迫使他们为其不当的政策承担责任,这反过来成为超级固定汇率制不被看好的一个原因。

利益之二,保持本币汇率的稳定,减少汇率风险,节约为防范汇率风险而支付的成本,促进该国经济与世界经济的融合。币值的稳定为美元化经济体带来一个良好的发展环境,其积极影响首先表现为汇率风险消失或极大地降低,从而交易成本大大降低。交易成本包括货币兑换的手续费,因汇率风险的存在而放弃的贸易机会之收益,以及为规避汇率风险而采取的措施所引发的成本,也有助于这些国家的实际利率降低。同时,它还使汇率波动或投机行为造成经济动荡的可能性大为降低，有助于人们行为的长期化。在货币局制度下，本币与某种国际储备货币保持固定汇率，基本消除汇率变化的风险，也免除了为减少汇率风险而进行套期保值的成本，这将推动该国与世界各国的贸易和投资的发展。

利益之三，在价格具有充分弹性和国际经济活动具有充分自由的条件下，形成国际收支的自动调节机制。在货币局制度下或美元化后，当该国出现国际收支逆差时，国际储备货币减少，基础货币收缩，价格水平下降，这将会增加出口而减少进口。当该国出现国际收支顺差时，国际储备货币增加，基础货币扩张，价格水平上升，这将减少出口而增加进口。

实行美元化制度，除具有货币局制度的全部优点以外，还具有避免国际资本投机性冲击的特殊益处。货币局制度存在一个内在的缺陷，即本币的发行以某一种国际储备货币作保证，但本币毕竟在本国或本地区具有购买力，由于本国或本地区经济、贸易或投资的发展与国际储备货币国的不一致，本币高估或低估的情况将不断发生。在国际资本流动自由化程度不高的条件下，这个问题可以通过货币局制度的机制来调节，但在国际资本流动自由化程度较高的情况下，很容易导致国际资本的投机性冲击。如果实行美元化制度，将避免外汇市场投机可能造成的金融危机，从而有助于保持经济的稳定。也有经济学家认为货币局制度优于美元化，因为实行货币局制度的经济体可以用其对储备货币的选择来约束储备货币的发行国，一旦美国（或欧盟）采取不负责任的货币政策，它们可以放弃美元（或欧元）而选择欧元（或美元）为储备货币，结果是世界货币体系将更加稳定和高效。

实行货币局和美元化制度有助于经济的稳定和发展，但实行国需要为此付出代价。

实行货币局和美元化制度的代价之一是铸币税收益的损失。铸币税是货币当局发行本币所具有的购买力减去铸币费用后的差额，它形成政府的收入。随着经济的发展和交易量的扩大，流通中货币的需求量在增加，当货币当局发行新的纸币和硬币时，便获得铸币税收益。铸币税收益是发展中国家政府的一项重要收益。

但在实行货币局或美元化制度以后，政府或者以储备货币作为保证发行本币，或者直接用美元取代本币，两者都会造成铸币税收益的损失，但货币局和美元化制度造成的铸币税收益的损失是不同的。实行货币局制度的条件下，货币当局不能通过购买政府债券或向商业银行发放贷款的方式增加基础货币的数量，只能以100%的某种国际储备货币作为保证来发行货币，而国际储备货币是依靠经常项目或资本项目的顺差取得的，即依靠提供本国商品或投资收益取得的，这意味着铸币税收益的损失。但作为货币发行保证的国际储备货币通常是以商业银行存款和政府债券的形式保存的，而存款和债券可以取得收益，所以货币局制度造成的铸币税收益的损失相对较少。从广义上看，美元化经济体损失的铸币税还包括它们所拥有的、被用来实施美元化的外汇储备。这笔储备资产或来源于经常项目盈余，或来源于资本项目盈余，且构成未美元化的经济体对美国或其他接受美元化经济体的债权。一旦实施美元化，不仅以储备资产之利息表现的狭义铸币税消失，而且这笔至少理论上可动用的储备资产本身，广义铸币税也荡然无存，铸币税收益完全丧失。

  实行货币局和美元化制度的代价之二是失去货币政策的独立性，使本国或本地区经济不得不适应被钉住国经济的变化，从而有可能对本国或本地区经济产生不利影响。首先，分析货币局制度的影响。第一，在货币局制度下，由于钉住汇率固定不变，本币与被钉住货币利率不能出现差异，否则将会发生套利。当被钉住货币发行国与本国或本地区经济出现相反的变化趋势时，本币将不得不随着被钉住货币调整利率，从而加剧本国或本地区经济的衰退或通货膨胀。第二，在货币局制度下，由于钉住汇率固定不变，当被钉住货币发行国与本国或本地区的国际收支出现相反的变化趋势时，本币将不得不随被钉住货币对其他货币升值或贬值，从而扩大本国或本地区国际收支的逆差或顺差。第三，在货币局制度下，货币当局只能通过保留或不保留超额国际储备货币这个狭小的空间调整货币供给量，而不能利用货币政策对经济进行调节。其次，分析美元化的影响。在美元化的制度下，已不存在本币，利率和汇率的变化完全取决于美国，因而存在货币局制度所存在的全部问题。美元化使美元化经济体的汇率政策不复存在，当美元化经济体遇到"不对称冲击"而使经济变化对美元区内各不同成员的影响各异时，无法采取积极的、有针对性的措施加以应对。这里问题的核心在于"实质冲击"使对甲经济某种商品的需求转移到乙经济，其将对前者的就业造成威胁，扩张的货币政策将有助于减轻甲经济的失业压力，但却会加剧乙经济的通货膨胀压力，紧缩的货币政策之影响恰恰相反。此时，汇率政策便是一个很好的调整机制，即甲经济相对于乙经济的货币贬值,将会在降低甲经济失业压力的同时减轻乙经济的通货膨胀压力。[①] 与之密切相关的是,实施美元化或建立美元区后,其主要是以美国利益为优先考虑的货币政策,可能因发展不平衡和周期因素而损害美元化经济体的利益。

实行货币局和美元化制度的代价之三是中央银行对商业银行不能发挥最后贷款人的作用,从而减弱对银行体系的救助和控制能力。在独立的货币制度下,如果商业银行出现暂时困难和挤提风潮,中央银行可以通过增发货币对商业银行提供紧急援助,通过稳定银行体系来稳定经济。但在货币局和美元化制度下,中央银行只能通过持有超额外汇储备或向外国争取紧急贷款的方式对商业银行进行救助,其效率和强度都不高,从而难以对商业银行提供有效的救助。卡尔弗[②]建议通过建立特别基金或提供信贷保证来解决这个问题,得到铸币税收益的美国应向该基金提供美元支持或按保证提供美元贷款,但这种解决方法是否可行取决于美国的意愿。实行美元化制度除付出与货币局制度相同的代价以外,还要付出失去货币主权的代价,即一个国家没有作为国家标志物之一的本国的货币。

(二) 浮动汇率制度的选择约束

浮动汇率制存在一些缺陷,第一,由于存在多重均衡,在完全依靠汇率自动调节的汇市中,外汇资源的配置可能不是最优的;第二,汇市中的多重均衡使得汇率可能被严重高估或低估,造成汇率的过度波动;第三,存在货币替代的情况下,浮动汇率制有助于保持货币政策的独立性的优点也大打折扣。因此,即便在全球金融一体化的背景下,开放经济选择更有弹性的汇率制度是基本趋势,一些国家,尤其是一些发展中国家,也未必有条件选择浮动汇率制。

选择浮动汇率制存在一些约束条件,按照购买力平价(purchasing power parity, PPP)理论,外汇供求是由对商品与服务的供求派生出来的,因而货币的对内价值决定对外价值,即汇率的变化率决定于两国物价水平之差。在浮动汇率制下,要使汇率的波幅较小,减轻其易变性,必须使本

---

① 参见 R. A. Mundell, "What the euro means for the dollar and the international Monetary system," *Atlantic Economic Journal* 26 (1998), pp. 227~237。

② G. A. Calvo, "Capital Market and the Exchange Rate," *Journal of Money, Credit and Banking* 33, no. 2 (2001), pp. 312~334.

国的通货膨胀率接近于外国的通货膨胀率。首先，当本国物价水平接近于外国物价水平时，人们会预期本国货币的价值相对稳定，从而不会出现大规模的货币替代行为，减少由货币替代而产生的汇率过度波动现象；其次，当本国物价水平接近外国物价水平时，投资者对本国货币的价值稳定有了信心，这种信心会抑制在短期内打破市场稳定性的投机行为，防止汇率的过度波动；最后，即使商品市场与金融市场的调整速度不一致而发生汇率超调，投资者也能预期汇率会自动恢复到均衡的汇率水平。因此，国内与国外通货膨胀率的接近，是防止浮动汇率制下由商品服务派生的外汇供求所决定的汇率过度波动的前提条件之一，也是选择浮动汇率制的前提条件之一。

金融一体化背景下，外汇供求不仅仅取决于由商品服务供求派生的部分，更多取决于资本的流动。国际间资本流动的重要目的之一是套利，而套利资本流动产生的外汇供求均衡需要非抵补的利率平价成立，即预期汇率变化率等于国内外利率之差。当本国利率等于国外利率时，$\Delta S^e = 0$ 意味着预期汇率变化率为零。如此推论，国内外利率的接近是浮动汇率制下防止由资本流动引起汇率过度波动的前提条件之一。如果非抵补的利率平价成立则意味着，第一，套利交易中的交易成本为零；第二，信息是完备的；第三，套利资金的供给弹性无穷大；第四，没有外汇管制，资本是完全流动的，国内外资产是完全替代的。前三项假设暗含前提是金融市场的有效性，金融市场的有效性则意味着投资者基本是理性投资者，市场中交易工具是多样化的，健全的法规，利率由市场供求决定。

综上，开放经济体选择浮动汇率制的约束条件为：

（1）国内物价水平保持稳定，或者国内物价水平接近于外国物价水平，即本国的通货膨胀率等于外国的通货膨胀率。

（2）国内外利差趋于一致，资本套利空间很小，抑制短期国际资本流动。

（3）金融市场是有效的，市场中的投资者基本上是较为成熟的理性投资者；市场中交易工具的多样化；有健全的法规；利率市场化。

（4）基本没有外汇管制，资本是完全流动的，国内外资产是完全替代的。

如果一国基本满足这些前提，那么选择浮动汇率制所带来的益处可能高于由此带来的成本和风险，但大多数发展中国家还满足不了这些条件，不适宜选择浮动汇率制。

约束发展中国家选择浮动汇率制还有一些其他的原因。

首先，发展中国家多为小型开放的经济实体。所谓小型是指其国民生产总值与国际贸易额在世界经济总量中的权重微乎其微，开放是指其国际贸易额占GNP的比重大，远远超过经济大国的这一指标。根据传统汇率制度选择理论，小而开放的经济体应采用固定汇率制，而不适用浮动汇率制。这一定律尤其适用于发展中国家，这些国家的进出口结构比较单纯，出口的主要是初级产品，进口的则基本上是本国经济发展急需的高技术产品，由此导致出口供给弹性不足，进口需求的价格弹性也很低；加上它们只是国际价格的接受者，不能通过汇率政策影响以外币表示的进口价格，从而汇率变动对促进资源配置和改善国际收支的效果并不明显，经济的开放性使汇率的频繁波动对其经济的其他方面的消极作用相当明显，容易波及整个国民经济。

其次，浮动汇率制通常被认为具有诱发一国内部通货膨胀的倾向，这在发展中国家具有至关重要的含义。政府出于加速发展经济、缩小同其他国家差距的迫切愿望，通常采用"赶超"发展战略。由于发展中国家并不存在一个庞大而有活力的私人部门，或者私人部门的投资由于金融市场不健全、产业结构不合理等多种因素而难以迅速产生绩效，政府往往推行扩张财政和货币政策刺激甚至替代私人部门的投资，"双扩张"政策一方面隐含需求拉动型通货膨胀，另一方面容易引起财政和货币政策纪律的丧失，诱发信用下降，从而汇率呈现连续下降的趋势。汇率下降导致进口品价格上升，推动国内其他商品价格上涨，从而一般物价水平的上涨，容易陷入"通货膨胀—货币贬值—通货膨胀"的恶性循环，这也是20世纪80年代许多国家重新实行钉住汇率制的主要原因，即抑制通货膨胀。

最后，发展中国家不具备实行浮动汇率制的市场条件。浮动汇率制的正常运行，需要以国内金融市场的开放性为前提，因为货币交易通常表现为金融资产的交易，如果一国金融市场与国际金融市场有紧密联系，在短期内其货币汇率就由国内外金融市场的均衡条件所决定。一般来说，一种金融资产在国外金融市场的替代性越强，其稳定性就越容易得到保证，汇率波动的频率与幅度也越小。此外，广大发展中国家，国内发行的证券不仅种类少，规模小，更缺乏外向性，各种规避外汇风险的金融工具有限。金融市场的封闭性与不健全性使得这些国家的短期汇率的稳定性，无法通过资本市场得到保障，而必须取决于马歇尔－勒纳条件，但在"J曲线"效应的作用下，任何市场力量的变动都很难在短期内满足这一条件，从而汇率的短期稳定难以维持。

综上所述，各国的汇率选择会综合考虑各种因素。各国的汇率制度选择不会只考虑一期，也并不是一次性的，它是一个动态变化的过程。从中长期看，各国经常自愿或非自愿地改换其汇率制度。但在发展中国家，由于缺乏发育良好的金融市场和机构，以及浮动汇率制本身的一些局限性，实行自由浮动并不一定是最好的选择，而选择超级固定汇率制的巨大政治和经济上的代价，也使得很多发展中国家望而却步，故其汇率制度实际常于灵活性不同的各种中间制度之间变动。

◆思考讨论题◆

1. 请简述现代汇率制度的主要形成过程。
2. 汇率制度分类方法繁多，有何相似之处？又有何缺陷之处？
3. 实行严格固定汇率制有何利弊？
4. 为什么大多数发展中国家没有选择浮动汇率制？结合实际，谈谈你对中国现行汇率制度的理解。

第二章 汇率决定的理论与模型

汇率的决定基础是两国货币各自所具有的或所代表的价值之比。在不同的货币制度下，汇率的决定基础有所不同。金本位制度下，两国货币的价值量之比表现为含金量之比，称作铸币平价，它构成金本位制度下汇率的决定基础；纸币流通条件下，纸币是价值的符号，两国纸币所代表的实际价值量决定两国货币的汇率。

长期以来，各国学者致力于研究和探讨汇率决定基础，产生了各种各样的汇率理论，在经典的购买力平价理论提出之前，主要是国际收支理论、汇兑心理说等。

国际收支说是从国际收支角度分析汇率决定的一种理论，与其他汇率决定理论相比，以国际收支解释汇率决定的思想源远流长。早在1861年，英国经济学家葛逊（George Goschen）就对此进行了系统的阐述，并提出了国际借贷说。[①] 实行浮动汇率制后，一些学者运用凯恩斯主义的国际收支均衡分析法分析汇率的决定，提出国际收支说。国际收支说实际是国际借贷说的现代形式，该理论认为汇率决定于外汇供求，而外汇供求又是由国际借贷所引起的，商品的进出口、债券的买卖、利润、捐赠和旅游的收支以及资本交易等都会引起国际借贷关系。

国际借贷分为固定借贷和流动借贷两种，前者指借贷关系已形成，但未进入实际支付阶段的借贷，后者指已进入支付阶段的借贷。只有流动借贷才会影响外汇供求。当一国的流动债权（即外汇收入）大于流动债务（即外汇支出）时，外汇的供给大于需求，因而外汇汇率下降；反之，则外汇汇率上升。当一国的流动借贷平衡时，外汇收支相等，汇率便处于均衡状态。这一学说用外汇的供求解释汇率，具有重要的意义，但它主要说

---

① 参见 George Goschen, *The Theory of the Foreign Exchange* (New York: Aron Press, 1861), pp. 65～106。

明短期汇率的变动，对于汇率决定的基础并未详加论证，对于影响汇率的其他重要因素，也没有提出充分的解释。

汇兑心理说是从主观心理方面说明汇率变动的一种理论，最初是杜尔提出基本思想，由法国学者艾伯特·阿夫达里昂于1927年完成理论体系。汇兑心理说以主观的边际价值论为基础，阿夫达里昂指出，人们之所以需要外国货币是为了满足购买、支付、外汇投机、资本逃避等需要，这些需要是外币具有价值的基础，因此，外币的价值决定于外汇供需双方对外币所作的主观评价。[1]

汇兑心理学由质和量两个方面的因素决定，质的因素是指外国货币的购买力、对债务的偿付能力、外汇投资的收益、政治稳定的程度、资本外逃的状况和投机活动，量的因素是指国际收支大小、正负以及通货膨胀、资本流入流出的情况。外汇供给增加，边际单位的效用就递减，个人所做的主观评价就降低。虽然个人对外币的主观评价不同，但在外汇市场上供需将达到均衡，供需均衡时的价格就是实际的汇率。尽管汇兑心理说是以人们主观评价作为汇率决定和变动的基础，但投资者正是根据各自的心理预期来决定资本转移的数量和方向的，从而对外汇市场造成很大的冲击，汇兑心理说是较早把预期因素导入汇率分析的学说，为"二战"后的预期理论奠定了基础。

第一节 购买力平价理论

购买力平价理论（theory of purchasing power parity）是西方国家汇率理论中最具有影响力的理论之一，由瑞典经济学家卡塞尔[2]总结前人研究而系统提出。该理论的基本思想是，本国人需要外国货币或外国人需要本国货币，是因为这两种货币在各自发行国均具有对商品的购买力，以本国货币交换外国货币，其实质是以本国的购买力去交换外国的购买力。因此，两国货币购买力之比就是决定汇率的基础，而汇率的变化也是由两国

---

[1] 参见 A. Afalion, *Monnaie, "prix et change: Expérences récentes et théorie"* (Paris: Recueil Sirey, 1927)。

[2] G. Cassel, *Money and Foreign Exchange After 1914* (New York: Mac Millan, 1922), pp. 35~96.

购买力比的变化而引起的。

从短期看,浮动汇率的波动性很大,并且通常很难确定其波动的原因;而从长期看,汇率主要由经济基本面来决定,经济基本面为汇率的长期变化趋势提供了"锚定"。对长期汇率的理解基于一个命题,即产品价格水平和汇率之间存在一种可预测的关系。这种关系依赖于一个事实,即人们会根据自己所必须支付的价格来选择购买哪个国家的货物及服务。对于这一关系,可以从以下三个角度考察:①从一种产品或一篮子产品的角度考察汇率;②从静态的角度考察产品价格与汇率的关系;③从动态角度研究产品价格和汇率随时间变化的特征。

1. 一价定律

一价定律(law of one price)认为,一种商品如果能在完全竞争的国际市场上自由买卖,那么该种商品在不同地方使用同一种货币表示的价格应当相等,而考虑汇率的因素,由一价定律可知,用本国货币表示的某种商品的国内价格(P)应该等于通过即期汇率(e,本币/外币)换算得到的该种商品的外币价格(P_f)

$$P = e \times P_f$$

无论考察的是某一时点还是一段时间内的变化,只要政府取消贸易壁垒,允许自由贸易,一价定律对于大宗"可贸易品"都是成立的,比如黄金、其他金属、原油和各种农产品等大宗商品。

以芝加哥美国2号软红冬小麦为例,假定它在芝加哥的价格为4.8美元/蒲式耳。如果小麦从芝加哥运往伦敦的运费很便宜,那么小麦在伦敦市场的美元价格就不会高很多。为了简化问题,假设不考虑运输费用。如果汇率为1.6美元/英镑,那么这种小麦的英镑价格为3英镑/蒲式耳。在伦敦,小麦的美元价格应该是4.8美元/蒲式耳(=3×1.6)。如果两地小麦用相同货币表示的价格存在差异,就会有人在芝加哥和伦敦之间贩运小麦而获利。假设伦敦市场上对小麦的需求突然增加、伦敦的小麦价格上涨到3.75英镑/蒲式耳,汇率仍为1.6美元/英镑,则小麦在伦敦的美元价格为6美元/蒲式耳,只要允许自由贸易,可以预期两地价格很快会趋于一致,大概会处于4.8美元到6美元之间的某一水平。在这个小麦(一种标准化商品,并拥有全球性的完全竞争市场)的案例中,套利活动将使两地小麦实现"一价"。

然而,一价定律并不适用于国际贸易中大多数的商品,包括几乎所有的制造品,原因在于,首先国际运输成本并不能忽略不计,其次各国政府通常采取非自由贸易政策,而且许多产品的市场并非完全竞争。掌握市场力量的企业会在不同国家的市场上实行不同的价格,利用价格歧视以增加利润。一项研究表明,美国和加拿大之间的贸易壁垒对价格差异产生的影响相当于将两国间的距离增加了数千千米。总之,"一价定律"对于许多产品并不适用。

2. 绝对购买力平价

绝对购买力平价(absolute purchasing power parity)指一组或一篮子可贸易产品在不同国家以同种货币表示的价格是相同的。本质上,用不同货币表示的这些产品的平均价格(通常称为价格水平或产品价格水平)等于通过汇率换算成用同一种货币表示的平均价格:

$$P = e \times P_f$$

式中,P 是用本币表示的产品平均价格水平,P_f 是用外币表示的产品平均价格水平。

对这一公式加以变换,就可以得到与绝对购买力平价理论相一致的即期汇率的计算公式:

$$e = P/P_f$$

绝对购买力平价与一价定律明显密切相关,两个等式相同,只是价格变量在一价定律中是指某种商品的价格,而在绝对购买力平价定理中,指一组商品的平均价格水平。如果一价定律对于所有产品均成立的话,那么绝对购买力平价也成立(只要两个国家的产品组合相同),即使一价定律不完全成立,由于产品组合中不同产品的价格差异可能相互抵销而趋于平均数,绝对购买力平价也可以作为计算汇率的重要依据。

研究表明,现实中的绝对购买力平价理论并不比"一价定律"表现得更出色,在任一时点上,购买力平价理论偏离汇率的幅度都可能很大。此外,当数据来源(比如各国政府)使用不同的产品组合编制价格指数时,对它们进行比较就会陷入技术难题。事实表明,对于可贸易品而言,随着考察期的延长,现实的汇率与绝对购买力平价理论所计算出的汇率之间的偏离趋于缩小。

3. 相对购买力平价

无论是一价定律还是绝对购买力平价,都是对于某一时点而言成立的,而购买力平价理论的另一个版本则更具体地研究汇率在一段时期内的变化趋势。相对购买力平价（relative purchasing power parity）是指一段时期内，两国间产品价格水平的差异会被同期内汇率的变化抵销，相对购买力平价的计算公式如下：

$$\left(\frac{e_t}{e_0}\right) = \frac{(P_t/P_0)}{(iP_{f,t}/P_{f,0})}$$

对于每个变量，下标为 0 的表示基期变量，下标为 t 的表示报告期（此后某个时刻）变量，括号内的比率都是变量从基期到报告期的增长率。将该式与绝对购买力平价的第二个公式比较，可以发现，如果绝对购买力平价在基期和 t 期都成立，那么相对购买力平价也将成立。即使在某些情况下，绝对购买力平价不完全成立，相对购买力平价也可以很好地解释汇率随时间变化的原因。

相对购买力平价常用的近似表达式如下：

$$外币升值率 = \pi - \pi_f$$

式中 π 为国内的通货膨胀率（以产品价格表示），π_f 为外国通货膨胀率（以产品价格表示），因此，相对购买力平价公式指出了汇率在一段时间内的变化率等于同一时间内两国通货膨胀率之差。

相对购买力平价理论为预测汇率的波动趋势尤其是长期趋势，提供强有力的工具。

（1）通货膨胀率相对较低国家的货币在外汇市场上趋于升值。

（2）通货膨胀率相对较高国家的货币在外汇市场上趋于贬值。

一项对相对购买力平价理论的严格运用研究表明，在其他国家通货膨胀率既定时，国内年通货膨胀率每增加一个百分点，会导致同期本币贬值率增加一个百分点（或者本币升值率减少一个百分点）。因此，相对购买力平价理论对于瑞士之类的国家具有重要意义，因为这类国家寻求在全球性通货膨胀的背景下保持国内物价稳定。就长期而言，如果其他国家的物价每年上涨10%，一国为保持国内物价稳定，只有与通货膨胀国家保持步调一致，接受其货币升值 10%。

4. 对购买力平价理论的评价

购买力平价理论提出后，在西方学术界引起很大争论，但不可否认的是该学说在外汇理论中的重要地位。购买力平价理论揭示汇率变动的长期原因。从根本上说，一国货币的对外价值是货币对内价值的体现。一国物价上涨、纸币对内贬值，在短期内可能不会引起纸币对外贬值，但在长期内必然会引起纸币对外贬值。在西方各国普遍实行浮动汇率的今天,这一汇率理论一定程度上仍然符合汇率波动的现实,尤其是在物价剧烈波动、通货膨胀严重的时期,购买力平价理论具有相当强的解释能力。

但是,作为一个主要的西方汇率理论,购买力平价理论也存在一些缺陷。

第一,从理论基础看,购买力平价是以货币数量论为前提的,其认为两国纸币的汇率取决于纸币的购买力,纸币购买力取决于货币的数量,而不是取决于它所代表的价值。事实上,纸币所代表的价值并不取决于纸币的购买力,相反,纸币购买力取决于纸币所代表的价值。

第二,购买力平价理论把汇率变动归结于购买力的变化,不但忽视国民收入、国际资本流动、生产成本、市场结构、贸易条件、技术水平以及政治经济局势等对汇率变动的影响,而且忽视了汇率变动对购买力的反作用。实际上,货币购买力是影响汇率变化的因素,但不是唯一因素。

第三,购买力平价理论建立在"一价定律"的假设之上,但这一假设条件很难实现。首先,一价定律的基础是所有商品都是国际贸易商品,这样国际市场上的套购活动才会使国际贸易商品的价格趋于一致,但事实上,对世界上绝大多数国家来讲,非贸易商品在国民生产总值中所占的比重大于贸易商品所占的比重,而非贸易商品的价格虽然通过国际贸易商品的价格而相互联系,但其价格形成基础在各国国内市场而不在国际市场。因此,包含国际贸易商品和非国际贸易商品价格在内的一般物价水平便不可能保持一致,这不仅产生物价指数选择问题,而且使购买力平价理论的运用陷入两难境地。如果所用的指数包括非贸易商品,则使购买力平价关系难以实现和维持"一价定律"的市场机制,完全的价格趋同就不可能实现,如果只用贸易商品的物价指数来决定汇率,又不能完全代表一国的物价水平,所谓的购买力平价就无从谈起。其次,一价定律的存在是以自由贸易和无贸易成本为前提的,但在现实的国际贸易中,却存在着种种人为的障碍(如关税壁垒、进口配额、许可证制和外汇管制等),再加上贸易本身所涉及的运输成本和其他交易费用,贸易商品的价格也不可能完全趋同。

第四,购买力平价理论在计算汇率时存在三个问题。一是物价指数的选择。选择不同的物价指数,将导致不同的购买力平价,采用消费品物价指数还是采用批发价格指数,或是采用其他指数难以确定;二是商品的分类。运用购买力平价来计算汇率，要求不同国家在商品的分类上达到一致性和可操作性，否则就缺乏可比性，而商品分类的依据包括进口、出口、贸易、非贸易等，不同国家由于价格体系、经济体制、统计口径上的差异以及人们知识、信息和主观解释上的差异，使商品分类的一致性要求难以实现；三是基期年的选择。在计算相对购买力平价时，基期年的选择至关重要，因为相对购买力平价学说实际上隐含基年汇率是均衡汇率的假设，准确选择一个汇率达到或基本达到均衡的基年，是保证以后一系列计算结果正确的必要前提，但研究人员可能因主观判断的失误、观察能力和技术的不足、数据的不完整以及各取所需之故，难以实现对基年的正确选择。

第二节 利率平价理论

汇率与利率之间存在极为密切的关系，这种关系是通过国际间的套利性资金流动而产生的，凯恩斯和爱因齐格①通过分析抛补套利而引起的外汇交易提出了利率平价说，说明远期汇率的决定与变动。与购买力平价说相比，利率平价说是一种短期的分析，两者之间的关系如图2-1所示。

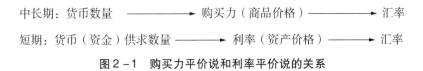

图 2-1 购买力平价说和利率平价说的关系

利率平价说的基本观点是，外汇市场上远期汇率与即期汇率之间的差价是由两国利差决定的。在两国利率存在差异的情况下，资金将从低利率国流向高利率国谋取利润，但套利者在比较金融资产的收益率时，不仅要考虑两种资产所提供的收益率，而且要考虑两种资产因汇率变动而产生的收益变动。为避免外汇风险，套利者往往将套利与掉期相结合，进行抛补套利，即在将低利率货币转换成高利率货币进行跨国投资

---

① J. M. Keynes, *A Tract on Monetary Reform* (London: Macmillan, 1923), pp. 75～139; P. Einzig, *The Theory of Forward Exchange* (London: Macmillan Press, 1937).

的同时，购进一笔相应数额的远期低利率货币，以确保其交易的收益。

利率平价理论可分为无抛补利率平价（uncovered interest rate parity，UIRP）和抛补利率平价（covered interest rate parity，CIRP）两种，两者不同之处在于对投资者的风险偏好所做的假定。对投资者按风险进行分类，风险厌恶者需要获得一定的风险报酬才愿意持有风险资产；与此相反，风险爱好者愿意获得承担风险的权利，但其会付出一定代价；而风险中立者则愿意在没有风险收益的情况下承担风险。

一、无抛补利率平价

在资本具有充分国际流动性的条件下，投资者的套利行为使得国际金融市场上以不同货币计价的相似资产收益率趋于一致，也就是说，套利资本的跨国流动保证了"一价定律"适用于国际金融市场。

无抛补利率平价的决定机制是利率变化取决于无风险条件下投资者的投机决策，即：

（1）在年终，若持有单位本币的存款与收益额大于持有外币的存款与收益额按预期汇率折算成的本币款，则在本国存款。

（2）在年终，若持有单位本币的存款与收益额小于持有外币的存款与收益额按预期汇率折算成的本币款，则在外国存款。

（3）在年终，若持有单位本币的存款与收益额等于持有外币的存款与收益额按预期汇率折算成的本币款，则在任何一国存款均可。

无抛补利率平价过程如下：

如果 r 表示以本币计价的资产收益率（年率），r^* 表示外币计价的相似资产的平均收益率，S 表示即期汇率（直接标价），S^e（expected future spot rate）表示预期将来某个时点（比如年末）的预期汇率，假设投资者是风险中性（risk neutral）。

本国居民持有一单位本国货币，既可以将其存放于国内银行按国内利率取得收益，也可以将其按即期汇率 S 兑换成外国货币投放国外银行，按外国利率取得收益，如图 2-2 所示。

在风险中性的前提下，投资者只需比较两种资产的收益，如果收益不等，投资者就会涌向一种资产，资本涌入国会因投资的增加而收益率递减，而流出国的收益率则可能会升高，最终两种选择的收益趋于相等：

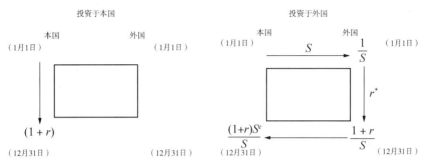

图 2-2 利率平价理论

$$(1 + r) = (1 + r^*)\frac{S^e}{S} \quad (2-1)$$

如果预期汇率的变动率为 ΔS^e，则

$$\frac{S^e}{S} = 1 + \frac{S^e - S}{S} = 1 + \Delta S^e \quad (2-2)$$

那么式（2-1）可表述为

$$(1 + r) = (1 + r^*)(1 + \Delta S^e) = 1 + r^* + \Delta S^e + r^* \Delta S^e$$

其中，$r^* \Delta S$ 是两个比率的积，是一个"二阶小量"，可忽略不计，于是上式变为

$$\Delta S^e = r - r^* \quad (2-3)$$

无抛补利率平价的含义是：本国利率高于（低于）外国利率的差额，等于本国货币的预期贬值（升值）幅度。

二、抛补的利率平价

抛补利率平价并未对投资者的风险偏好做出假定，即套利者在套利的时候，可以在期汇市场上签订与套利方向相反的远期外汇合同（掉期交易），确定在到期日交割时所使用的汇率水平。

通过签订远期外汇合同，按照合同预先规定的远期汇率进行交易，以达到套期保值的目的。由于套利者利用远期外汇市场固定了未来交易时的汇率，避免了汇率风险的影响，整个套利过程可以顺利实现。

如果套利者在即期达成一笔一年期的外汇交易，那么抛补利率平价就意味着：

（1）本国利率高于（低于）外国利率的差额等于本国货币的远期贴

水（升水）。

（2）高利率国的货币在远期外汇市场上必定贴水，低利率国的货币在该市场上必定升水，如果国内利率高于国际利率水平，资金将流入国内牟取利润。

（3）抛补利率平价中，套利者不仅要考虑利率的收益，还要考虑由于汇率变动所产生的收益变动。

无抛补的利率平价计算过程：

$$(1+r) = (1+r^*)\frac{F}{S} \qquad (2-4)$$

其中 F（forward rate）表示在即期（比如1月1日）公布的在1年后（比如12月31日）交割的远期汇率，实际上是替代公式（2-1）中的 S^e。令 f（forward premium）表示远期的升水（或贴水），即一国远期汇率超过（低于）即期汇率的比率，则

$$\frac{F}{S} - \frac{F-S}{S} + 1 = f + 1 \qquad (2-5)$$

那么，抛补的利率平价可以更清楚地表达为

$$f = r - r^* \qquad (2-6)$$

在推算中，r^*f 同样被作为二阶小量而被省去。

在资本具有充分国际流动性的前提下，抛补和无抛补的利率平价都表明，如果本国利率上升，超过利率平价所要求的水平，本币将会预期贬值；反之则升值。

三、对利率平价理论的评价

利率平价理论的研究对象是因利差而引起的资本流动与汇率决定之间的关系，它从一个侧面阐述短期汇率变动的原因，即资本在国际间的流动，利率平价理论于20世纪20年代提出后，得到不少西方经济学家的重视。

首先，利率平价说从资金流动的角度指出了汇率和利率之间的密切关系，有助于正确认识现实外汇市场上汇率的形成机制。

其次，利率平价说不是一个独立的汇率决定理论，它只描述了汇率与利率之间的相互作用关系，并不是谁决定谁的问题，实际上它们都受到更为基本的因素的作用而发生变化，利率平价只是在这一过程中表现出来的

利率与汇率之间的关系。因此，经常把利率平价作为一种基本关系式而运用在其他汇率决定理论的分析中。

最后，利率平价说具有特别的实践价值。由于利率的变动非常迅速，同时利率又可对汇率产生立竿见影的影响，利率与汇率间存在的这一关系就为中央银行对外汇市场进行灵活的调节提供了有效的途径。例如，当市场上存在着本币将贬值的预期时，就可以相应提高本国利率以抵消这一贬值预期对外汇市场的压力，维持汇率的稳定。

但这一理论也存在一些缺陷，表现为：

（1）理论上的最大不足之处是未能说明汇率决定的基础，只是解释在某些特定条件下汇率变动的原因。

（2）利率平价实现的先决条件是资金能不受限制地在国际间自由流动。但事实上，许多国家还实行外汇管制和对资本流动的限制，因而利率平价事实上难以实现。

（3）利率平价成立的另一个条件是：在达到利率平价之前，套利活动不断进行。但实际上，在跨国投资中存在着一些额外风险和费用，如政治风险、各种交易费用、税收差异和流动性差异等，都会影响套利收益，使抛补套利活动在达到利率平价之前停止。因此，现实世界中，利率平价往往难以成立。

（4）在实际应用中，很多人往往混淆期汇汇率与预期未来汇率的关系，夸大利率平价对汇率预期的作用，忽略市场对外汇风险溢价的反应。

第三节　资产市场模型

随着国际商品和资本流动的高度发展，国内外商品市场、货币市场和证券市场之间的相互联系和相互作用日益加强，使传统的汇率决定理论难以解释变幻莫测的汇率剧烈变动。在此背景下，20世纪70年代中期后经济学家提出资产市场模型，该理论对汇率理论的突破在于它将商品市场、货币市场和证券市场结合起来进行汇率决定分析，尤其重视金融资产市场均衡对汇率变动的影响。资产市场模型的基本原理是将外汇看成一种资产，汇率是两国资产的相对价格，汇率变动是对外国资产的需求与供给之间的变动引起的，均衡汇率就是指两国资产市场供求存量保持均衡时的两国货币之间的相对价格。资产市场说一定程度上与现代汇率变动的特征相符，受到西方学术界和实际部门的青睐，成为当今汇率理论的主流。

资产市场说隐含设定三个重要假设：①一国的资产市场包括本国货币市场、本币资产（主要是本国债券）市场和外币资产市场（包括外国债券和货币存款市场），并且这三种市场均相当发达，对利率和汇率的变动十分敏感；②三个市场紧密联系，资金可在三个市场自由流动；③货币自由兑换。

根据对本、外币资产可替代性的不同假设，资产市场说可分为货币分析法（monetary approach）与资产组合分析法（portfolio approach）。货币分析法假定本、外币资产可完全替代，而资产组合分析法则反之。在货币分析法内部，又根据对价格弹性的假定不同，分为弹性价格货币分析法（flexible-price monetary approach）与黏性价格货币分析法（sticky-price monetary approach）。

一、货币分析法

购买力平价理论表明，汇率与不同国家的价格水平在长期内是密切相关的，但紧接的问题是，什么因素决定一国的平均物价水平及其变化率（即通货膨胀率）？经济学家认为长期内货币的供给（或其增长率）决定价格水平（或通货膨胀率），说明不同国家间的货币供给与其国内价格水平和通货通胀率密切相连，并决定着长期汇率。汇率本身是一种货币对另一种货币的价格，考察汇率或国际收支也必须考虑国内的货币供求。

（一）货币数量理论方程

货币与国内价格水平（或通货膨胀率）之间的关系是由货币的供给与需求之间的关系决定的，人们"需要"并持有货币的原因在于货币是一种交换媒介。交易所需支付的货币数量不确定，居民以及企业需要持有一定数量的货币，以应对不时之需。对货币的这种交易需求随着每年交易量的变化而变化，这种交易量可以用国内生产总值（GDP）的货币价值表示。

货币需求数量理论的关键是找出国内生产总值和一国货币需求之间的关系，货币数量理论方程（quantity theory equation）表明，任何国家的货币供给都等于货币需求，并与国内生产总值的货币价值成正比。对本国和

世界上其他国家而言，货币数量理论方程分别为

$$M^s = K \cdot P \cdot Y$$
$$M_f^s = K_f \cdot P_f \cdot Y_f$$

上式中，M^s 和 M_f^s 分别为本国和外国货币供应量（分别以美元和外币衡量）；P 和 P_f 分别代表本国和外国的价格水平；Y 和 Y_f 分别表示本国和外国实际（按照不变价格计算的）国内产出。对每个国家而言，名义 GDP 或 GDP 的货币价值等于价格水平乘以实际产出（$P \cdot Y$ 与 $P_f \cdot Y_f$），其中 k 和 k_f 分别表示本国和外国的货币持有量与其名义 GDP 之间的比例关系，这代表人们的行为方式。如果 GDP 增加，交易量上升，k 代表人们为进行更大规模的经济活动所需要增持的货币数量。

有时货币数量理论假定 k 为常数，有时则不是（事实证明，k 随时都在变化）。对于长期的分析，一般通常的假定是，货币供应量（M^s 和 M_f^s）仅由各国的货币政策决定，而各国实际产出（Y 和 Y_f）由该国要素供应量、技术水平及生产率等总供给方面的因素决定。

通过采用上面两个方程的比率并加以整理，即可利用货币数量理论方程得到两国间的物价水平比率：

$$P/P_f = (M^s/M_f^s) \cdot (k_f/k) \cdot (Y_f/Y)$$

（二）货币方程与购买力平价的综合运用

将绝对购买力平价方程与货币数量理论方程结合起来，以本国与世界其他国家的货币供应量及国内产出数据为基础，可以得到汇率的预测公式：

$$e = P/P_f = (M^s/M_f^s) \cdot (k_f/k) \cdot (Y_f/Y)$$

假设一种外币（如英镑）与其他货币（假设美元是本例中的本币）之间的汇率（e）仅与 M^s，k 及 Y 有关，价格比（P/P_f）则作为中间变量，在长期内由 M^s、k 及 Y 决定。

这一方程表明，当外国的货币供给增长放缓（M^s/M_f^s 的比率上升）、外国实际产出增长加快（Y_f/Y 的比率上升）或 k_f/k 比率上升时，外国货币将会升值；反之，当外国货币供应急剧增长且实体经济停滞不前时，外国货币将会贬值。

进一步地，利用这一方程还可定量考察货币供应量或国内产出的变化率对汇率的影响。方程假设一些变量的弹性系数等于 1，这意味着如果比率（k_f/k）保持不变，在以下情况下，汇率将上升 1%：

(1) 本国货币供应量（M）增长1%。

(2) 外国货币供应量（M）下降1%。

(3) 本国的实际 GDP（Y）下降1%。

(4) 外国的实际 GDP（Y_f）增长1%。

根据汇率弹性还可以得出另一个结论：在平稳增长的情况下，汇率将不会被影响，如果所有国家的货币供应量都以同样速度增长，即 M^s/M_f^s 保持不变，或各国国内产出也以同样速度增长，即 Y_f 保持不变，那么汇率就不会发生变动。具体地如下。

1. 货币供给对汇率的影响

本例中的美国为本国，英国为外国。假设英镑的货币供应量缩减了10%，英镑将变得更加稀缺，且购买力更强。英镑数量的减少可以通过英国紧缩的货币政策实现，这种紧缩政策会收紧英国银行系统的准备金，并迫使银行紧缩信贷，减少英镑存款账户下发行的债券（这些构成英镑货币供给的主要部分）。紧缩信贷使得从银行贷款变得更加困难，会抑制消费，降低英国的总需求、总产出、就业率，物价水平也会下降。随着时间的推移，产出与就业率将会止降回升，物价将下跌10%。在此变化过程中，根据相对购买力平价理论的预测，英镑将会升值。因此，英镑供应量10%的缩减最终导致英镑汇率升值10%。

美元的供应量增加10%会产生与上述相同的结果。假设美国中央银行增加货币供应量10%，额外的美元流入市场，最终将会使得美国国内的物价上涨10%。国内物价的上涨暂时导致国际市场上以英镑标价的货物及服务的需求量增加，因为此时这类货物及服务更加便宜，最终汇率（e）将上升10%，相对购买力平价重新得到满足。随之得到的另一个预测结果就成为结论：如果前面的方程正确，且英镑和美元的货币供给都同样增长10%，那么对汇率将不会产生任何影响。

2. 收入对汇率的影响

用同样的方法也可以探究实际收入和产出的长期变化将怎样影响汇率。假定英国的实际收入水平与其正常情况相比突然增加10%，这可能是该国生产率提高的结果，英国产出和收入的提高将伴随着交易规模的扩大，这会导致对英镑需求的增长。如果生产率的突然提高使英国的实际国民收入增长10%，根据货币数量理论方程，英镑的交易需求也会上升10%。假定英国的货币总量不增加，那么增加的交易需求量就无法得到满足,于是英国的物价水平必须下降 10%,以保证国民收入的货币价值总量不变。实质上,本例中生产率的增长以更低的产品价格的方式传递给购买者。根据相对购买力理论,物价的下降导致英镑的升值,且升值的幅度也应是 10%。此外,从方程中还可以得到两个推论:如果美国的实际收入下降 10%,也将推动汇率上升 10%;如果英国和美国的收入同样增长 10%,那么汇率将保持不变。

必须强调的是,如果只注意到"收入对汇率产生影响"这一点,将会产生误导。收入不是一个简单的自我变化的独立变量,导致其变化的因素也会对汇率产生重要影响。在前面英国生产率提高的案例中,英国实际收入的增长源于供给方面的贡献,即在有限的资源条件下,英国有能力实现更多的产出。无论是根据货币数量理论方程,还是通过其他思路(英国生产率提高导致出口增加,增加的出口需要其他国家用英镑支付),这些都将使英镑更加坚挺。但假如英国实际收入的增长是由政府支出扩大的凯恩斯效应(Keynesian effect)或其他一些提高总需求的政策实现的,那么这种实际收入的增长,就不一定会使得英镑更加坚挺,如果主要效应是加重英国的通货膨胀(或使英国人购买更多的进口品),那么有理由相信,总需求的额外增长实际上会使英镑贬值。

总需求的变动主要是在短期内对汇率的波动产生影响,而供给的变动则在长期主导汇率的走势,货币数量理论方程可以用于判断汇率的长期变化,更高的产出或收入意味着该国货币的升值。

二、资产组合分析法

资产组合平衡理论产生于 20 世纪 70 年代中期。1975 年,美国普林斯顿大学教授布兰森(W. Branson)在托宾的货币模型的基础上,建立初步的资产组合分析模型,资产组合平衡论是一种影响很大的汇率理论,在现代汇率研究领域占有重要地位。该理论认为,各种资产之间(本国资产和外国资产之间)并不能够完全替代,因此,存在着资产收益率的差别。人们最愿意选择的是三种资产:本国货币、本国债券、外国债券,这三种资产在各投资者财富总额中所占的比例大小,取决于各种资产收益率和财富总量。汇率是在两国资本相对流动过程中有价证券市场上达到均衡时决定的,一切影响资产收益率的因素都会通过影响证券市场上资产的组合而决定汇率水平及其变动。

（1）资产组合分析法的基本模型。假定本币资产和外币资产不能完全替代，资产总量（W）由三部分构成：本国货币（M）、本国资产（B）和外国资产（F）。其中本国货币不产生利息；本国债券带来国内利率 i；外国债券带来利率 i^*，则投资者资产总量为

$$W = M + B + eF$$

其中，e 为直接标价法时的汇率。

在短期内不考虑持有本国债券及外国债券的利息收入给资产总量的影响，以及假定预期未来汇率不发生变动，这样影响持有外国债券的收益率的因素仅仅是外国利率的变动。由于每一种资产的需求是该种资产自身的利率、其他资产的利率和资产总量（W）的函数，则这种资产供给与需求相等时的均衡条件为

$$\frac{M}{P} = m(i, i^*)\left(\frac{M}{P}\right)$$

$$\frac{B}{P} = b(i, i^*)\left(\frac{W}{P}\right)$$

$$\frac{F}{P} = f(i, i^*)\left(\frac{W}{P}\right)$$

从货币市场看，货币供给是政府控制的外生变量，货币需求则是本国利率、外国利率的减函数和资产总量的增函数。这就是说，本国货币的需求随着 i 和 i^* 的提高而减少，随资产总量的增加而增加；从本国债券市场看，本国债券供给量是由政府控制的外生变量，本国债券需求是本国利率和资产总量的增函数，外国利率的减函数；从外国债券市场看，外国债券的供给是通过经常账户的盈余获得的，假定短期内经常账户不发生变动，因此它是一个外生的固定值，外国债券的需求是本国利率的减函数，是外国利率和资产总量的增函数。当上面三个等式同时成立时，表明资产市场达到总体平衡，如图2-3所示。

图中横坐标表示国内利率，纵坐标表示汇率，MM、BB、FF 分别表示本国货币、国内债券与外国债券的供求关系，它们的交点 A 表示资产市场达到总体平衡，i_0 和 e_0 为此时的均衡利率和均衡汇率。图中的 MM 线的斜率为正，BB 线和 FF 线的斜率为负。

（2）资产供给变动与资产市场的短期调整。货币供给变动分为相对量变动和绝对量变动，相对量变动包括公开市场操作、购买国债和购买外国

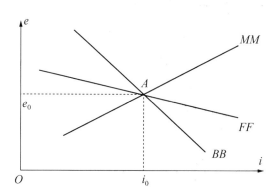

图 2-3 资产市场的短期平衡

债券,资产总量保持不变,是两种资产的互换;绝对量变动包括财政赤字增加货币供给和国际收支顺差形成外汇供给,资产总量发生变动。

1. 对供给相对量变动的分析(以公开市场操作为例)

假设政府在本国债券市场上进行公开市场操作,买入国债,则本国债券供给减少,使 BB 曲线左移到 $B'B'$;本国货币供给增加,使本国的 MM 曲线左移至 $M'M'$,外币资产供给不发生变动。在新的均衡点 B 上,均衡利率变为 i_1,均衡汇率变为 e_1,表现为本币贬值、本国利率水平下降,如图 2-4 所示。

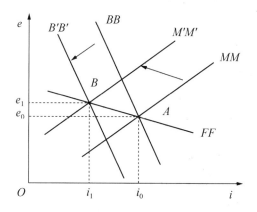

图 2-4 在本国债券市场进行公开操作的经济效应

假设政府在外国债券市场上进行公开市场操作，买入外国国债，则外国债券供给减少，使 FF 曲线右移到 $F'F'$，本国货币供给增加，使本国的 MM 曲线左移至 $M'M'$，外币资产供给不发生变动。在新的均衡点 B 上，均衡利率变为 i_1，均衡汇率变为 e_1，表现为本币贬值、本国利率水平下降，如图 2-5 所示。

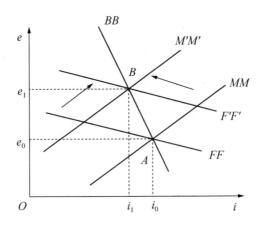

图 2-5　在外国债券市场进行公开操作的经济效应

2. 对供给绝对量变动的分析

（1）央行赤字预算而导致的货币供给量增加。假设央行为财政赤字融资而增加本国货币供给，使本国货币市场均衡 MM 曲线左移至 $M'M'$，因为本国货币供给的增加，使一国资产总量增加，要求三种资产按原比例增加，而由于本国债券市场和外国债券市场的短期供给不变，所以本国债券市场和外国债券市场产生超额需求，因此本国债券和外国债券价格上升，利率下降，BB 曲线左移至 $B'B'$，同时对外国债券的超额需求导致本币贬值，FF 曲线右移至 $F'F'$，达到新的均衡点 B，利率下降，本币贬值，如图 2-6 所示。

（2）经常账户顺差导致的外国债券供给增加。假设经常账户顺差，从而外国债券供给增加，外国债券市场超额供给，FF 曲线左移至 $F'F'$。同时，外国债券供给的增加使一国资产总量增加，应该增加相应比例的本国货币和本国债券，而由于本国货币和本国债券的短期供给不变，所以产生超额需求。此时保持利率不变，需要本币升值以使本国资产总量恢复到原有水平，维持本国货币市场和本国债券市场的平衡，于是 MM 曲线右移至

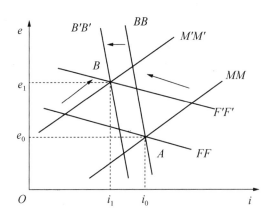

图2-6 央行融通赤字导致货币供给增加的经济效应

$M'M'$，BB 曲线左移至 $B'B'$，达到新的均衡点 B，利率不变，本币升值，如图2-7所示。

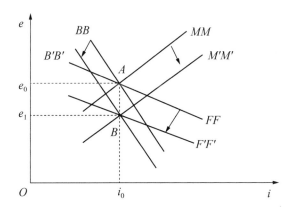

图2-7 经常账户顺差导致外国债券供给增加的经济效应

（3）资产市场长期平衡及调整机制。在某一特定时点上，当汇率和利率达到均衡时，经常账户可能为顺差，也可能为逆差。在浮动汇率制和政府不干预外汇市场的情况下，经常账户的顺差（逆差）意味着资本账户的逆差（顺差），同时又意味着外币资产存量的增加（减少），这反过来又影响到汇率，使本币形成对汇率升值（贬值）。这种不断的反馈过程，对汇率产生不间断的影响，从而形成对汇率的动态调节，直到外币资产存量不再增加（减少），即经常账户差额为零。

当经济在短期平衡位置存在经常账户赤字或盈余时，由短期平衡向长期平衡的调整机制就体现为经常账户差额与汇率互相作用的动态反馈机制。例如经常账户逆差时，会造成本币汇率下浮，而本币汇率的下浮又会影响到经常账户的变动，这种反馈过程将会持续进行。长期平衡能否达到，关键在于本币汇率变动能否增加（减少）经常账户盈余，这意味着要符合马歇尔-勒纳条件。当这一条件满足时，经济的动态调整必然会实现经常账户平衡，此时经济处于长期平衡状态，调整结束。

（四）对资产市场理论的评价

资产市场理论是资产组合选择理论的运用，在现代汇率研究领域占有重要地位。该理论一方面承认经常项目失衡对汇率的影响，另一方面也承认货币市场失衡对汇率的影响，很大程度上摆脱了传统汇率理论和货币主义汇率理论的片面性，具有一定的积极意义。同时，该理论对汇率研究方法进行重大变革，用一般均衡分析代替局部均衡分析，用存量分析代替流量分析，用动态分析代替静态分析，将长短期分析结合起来，对汇率剧烈波动现象提出独到见解，尤其是强调货币因素和预期因素在其中的作用。

但该理论也存在三方面的问题，一是在论述经常项目失衡对汇率的影响时，只注意资产组合变化所产生的作用，而忽略商品和劳务流量变化所产生的作用；二是只考虑当前汇率水平对金融资产实际收益产生的影响，而未考虑汇率将来的变动对金融资产的实际收益产生的影响；三是理论的实践性较差，因为有关各国居民持有的财富数量及构成的资料有限、不易取得。

第四节 汇率决定理论的进展

汇率决定是国际经济学的根本问题，现代经济学尚未给出完美的答案，现有研究判断汇率决定模型有效性的标准依然是随机游走模型，这意味着对汇率动态演化规律的认识还没有超过随机游走模型。正是因为汇率决定机制及其动态演进规律的复杂性，给研究留下较大的突破空间，自2008年全球金融危机以来，基于购买力平价、利率平价、泰勒规则、动态随机一般均衡模型等探讨汇率决定机制的研究取得了值得关注的进展。

一、基于购买力平价理论的汇率决定机制研究的新进展

购买力平价理论是最古老的汇率决定理论之一,虽然其清楚易懂,但所谓的"购买力平价之谜"一直困扰着学术界。"购买力平价之谜"是指在短期存在价格黏性的情况下,各种名义冲击导致实际汇率大幅度地偏离购买力平价汇率,而且实际汇率收敛到购买力平价汇率的速度显著慢于黏性价格调整时间。

针对购买力平价理论的新进展主要来自从微观层面和异质性视角来解释"购买力平价之谜",英国学者 Imbs 等[1]将购买力平价理论的研究由宏观视角深入到部门商品的微观层面,提出部门价格的异质动态性是导致实际汇率波动大、收敛慢的原因,这种异质性使实际汇率的动态调整不再是各个部门价格动态的简单加总,而是一个更加复杂、均值收敛速度更加缓慢的过程。部门间的价格动态调整存在异质性显而易见,也被诸多研究所证实,异质性的来源包括部门商品可贸易性、关税、生产链的市场权力、价格黏性等,然而以往对 PPP 的实证研究都忽略了异质性。在排除这种异质性效应以后,Imbs 等发现,实际汇率的半衰期减少到与价格黏性调整时间一致的数量级。

Imbs 等的研究虽然指出部门价格动态的异质性是导致"购买力平价之谜"的重要原因,但并没有解释清楚如下问题:当存在这种异质性时,部门价格异质性的加总过程是如何导致实际汇率产生更大的偏离持续性和更复杂的运动的?Carvalh 和 Nechio[2] 通过比较新凯恩斯主义多部门模型和单部门模型来研究这一问题,单部门模型和多部门模型分别对应 Imbs 等的研究中排除部门价格异质性效应和未排除异质性两种情况,并演示了从单部门模型扩展至多部门模型过程中,实际汇率的波动性和偏离持续性是如何逐步增大的。

有别于使用部门价格异质性模型来解释"购买力平价之谜",也有文献认为产生"购买力平价之谜"的原因在于微观价格和宏观价格层面受到的冲击不同。购买力平价汇率的调整既可能来自商品市场,也可能来自名

---

[1] J. Imbs et al., "PPP Strikes Back: Aggregation and the Real Exchange Rate," *Quarterly Journal of Economics* 120, no. 1 (2005), pp. 1~43.

[2] C. Carvalho and F. Nechio, "Aggregation and the PPP Puzzle in a Sticky-price Model," *American Economic Review* 101, no. 6 (2011), pp. 2391~2424.

义汇率,但 Bergin 等①通过实证研究发现,购买力平价汇率主要通过名义汇率的调整来实现。进一步的发现是,微观价格和宏观价格受到的冲击不同,两者的调整机制也不同。微观层面的商品价格调整受一价定律的约束,当进行加总时,对商品价格异质性的微观冲击有正有负,它们对宏观价格的效应会被中和为零,因此,宏观价格偏离由宏观冲击决定,跟微观价格异质性无关,且宏观价格的调整通过名义汇率渠道来实现。这一结论跟黏性价格模型和部门价格异质性模型得出来的实际汇率偏离原因相悖,二者的区别在于,价格动态异质性在加总过程中到底是起中和效应还是放大效应。

二、基于利率平价理论的汇率决定机制研究新进展

利率平价分为抛补利率平价(covered interest rate parity,CIRP)和非抛补利率平价(uncovered interest rate parity,UIRP),区别在于是否使用远期汇率合约。2008 年全球金融危机是学界对于 CIRP 认识的一个分水岭,不少研究发现,全球金融危机之前,CIRP 条件基本成立。从后布雷顿森林体系到 2008 年全球金融危机之前这段时间,CIRP 是国际金融领域最为稳定、可靠的平价条件之一,也是 CIRP 约束条件被广泛运用于主流宏观模型的原因之一。但全球金融危机期间和之后,CIRP 出现显著的、持续性的偏离,Ivashina 等②认为,这种偏离是由合约的对手方风险增加、美元流动性短缺和国家风险差异引起的。但随着市场的恢复,美元流动性的改善和各国重回正常增长轨道,CIRP 的偏离并没有消失,并且在 2014 年后还有所扩大。Avdjiev 等③认为,CIRP 的偏离应该从银行业找原因,CIRP 的偏离意味着套利行为无法进行,而套利行为能否顺利进行与跨境银行的美元借贷能力(做市能力)密切相关,美元走强会提高银行美元杠杆的"影子价格",进而遏制银行的借贷能力,所以美元的走强和 CIRP

---

① P. R. Bergin, R. Glick and J. L. Wu, "The Micro-macro Disconnect of Purchasing Power Parity," *Review of Economics and Statistics* 95, no. 3 (2013), pp. 798~812.

② V. Ivashina, D. S. Scharfstein and J. C. Stein, "Dollar Funding and the Lending Behavior of Global Banks," *Quarterly Journal of Economics* 130, no. 3 (2015), pp. 1241~1281.

③ S. Avdjiev et al., "The Dollar, Bank Leverage and Deviations from Covered Interest Parity," *American Economic Review: Insights* 1, no. 2 (2019), pp. 193~208.

的偏离程度是正相关的；Du 等①同样从银行业视角来解释，认为《巴塞尔协议Ⅲ》及《多德－弗兰克法案》对银行杠杆率、经营业务等的监管要求大大限制了银行参与套利的能力和意愿，并发现那些需要出现在季度末资产负债表上的一月期互换合约，要比那些不出现的一月期合约表现出更大的 CIRP 偏离，期限为一周的互换合约也表现出这种状况；Iida 等②则认为，全球金融危机后各国货币政策的分歧对各自金融市场和金融机构造成的不同影响是 CIRP 偏离的原因。

全球金融危机前后对于 UIRP 的认识与 CIRP 相反，较早的实证研究大都拒绝 UIRP 假设，但得益于不断丰富的长期远期汇率合约和债券数据以及新兴市场数据，2008 年以来的研究得出了一些对 UIRP 有利的结论，如 Lothian 和 Wu③、Chinn 和 Quayyum④ 发现，UIRP 条件在长期中表现更好；Frankel 和 Poonawala⑤ 指出，以往的研究都是基于发达国家的数据，他们利用新兴经济体的数据发现，UIRP 条件在新兴经济体货币上的表现要优于发达国家货币，虽然总体上 UIRP 偏离依然存在。

最新文献对 UIRP 偏离有不同的解释。从风险溢价和理性预期等传统视角出发，Colacito 和 Croce⑥、Bansal 和 Shaliastovich⑦ 认为，风险溢价源于经济增长、通胀等的不确定性以及国内外消费的条件方差的差异，进而导致 UIRP 偏离；Chen 和 Tsang⑧ 提出，以往 UIRP 的研究中用于表示市场期望的变量不准确，而采用收益率曲线推测市场期望能得到更好的结果。

---

① W. Du, A. Tepper and A. Verdelhan, "Deviations from Covered Interest Rate Parity," *Journal of Finance* 73, no. 3 (2018), pp. 915～957.

② T. Iida, T. Kimura and N. Sudo, "Regulatory Reforms and the Dollar Funding of Global Banks: Evidence from the Impact of Monetary Policy Divergence," Bank of Japan, 2016.

③ J. R. Lothian and I. Wu, "Uncovered Interest-rate Parity over the Past two Centuries," *Journal of International Money and Finance* 30, no. 3 (2011), pp. 448～473.

④ M. D. Chinn and S. Quayyum, "Long Horizon Uncovered Interest Parity Reassessed," *National Bureau of Economic Research*, 2012.

⑤ J. Frankel and J. Poonawala, "The Forward Market in Emerging Currencies: Less Biased than in Major Currencies," *Journal of International Money and Finance* 29, no. 3 (2010), pp. 585～598.

⑥ R. Colacito and M. M. Croce, "International Asset Pricing with Recursive Preferences," *Journal of Finance* 68, no. 6 (2013), pp. 2651～2686.

⑦ R. Bansal and I. Shaliastovich, "A Long run Risks Explanation of Predictability Puzzles in Bond and Currency Markets," *Review of Financial Studies* 26, no. 1 (2013), pp. 1～33.

⑧ Y. Chen and K. P. Tsang, "What does the Yield Curve Tell us about Exchange Rate Predictability?" *Review of Economics and Statistics* 95, no. 1 (2013), pp. 185～205.

还有一些研究从外汇市场的微观结构、市场信息和市场参与者展开，这类研究认为宏观模型的失败一定程度上意味着汇率决定因素或许不是宏观经济因素，而可能是微观结构。Evans 和 Lyons[1] 对外汇市场订单流的研究是这一方向的开创性工作；Breedon 等[2]在此基础上指出 UIRP 不成立的原因在于订单流可以预测汇率利差；市场参与者行为因素也被认为是导致 UIRP 偏离的重要原因，Bacchetta 和 van Wincoop[3]、Ilut[4] 以及 Burnside[5] 等分别考察了不频繁做决策、厌恶模糊、过度自信的投资者是如何导致外汇市场失灵，进而导致 UIRP 无法成立的。

三、基于泰勒规则或开放动态随机一般均衡模型的汇率决定机制研究

如果两国的央行根据泰勒规则设定名义利率，且名义汇率遵循 UIRP 条件，那么实际汇率就由预期通胀差异和产出缺口差异决定，这是基于泰勒规则的汇率决定机制。在此基础上，一些开放动态随机一般均衡（dynamic stochastic general equilibrium，DSGE）文献，假定 UIRP 条件成立和央行实行泰勒规则，在一般均衡框架中研究除贸易套利和利率套利之外的其他众多因素对汇率决定机制的影响。

Molodtsova 和 Papell[6] 在给定央行遵循泰勒规则的前提下，证明名义汇率变动由两国之间的实际汇率、通胀差、产出缺口差和名义利差决定。实证研究表明，泰勒规则下的汇率决定模型相较于其他汇率决定模型，在样本内和样本外均有更好的预测表现，这些研究均使用全球金融危机之前的数据，而一般认为泰勒规则的确能较好刻画美国次贷危机之前 20 年的货

---

[1] M. D. Evans and R. K. Lyons, "Order Flow and Exchange Rate Dynamics," *Journal of Political Economy* 110, no. 1 (2002), pp. 170~180.

[2] F. Breedon, D. Rime and P. Vitale, "Carry Trades, Order Flow, and the Forward Bias Puzzle," *Journal of Money, Credit and Banking* 48, no.6 (2016), pp. 1113~1134.

[3] P. Bacchetta and E. Van Wincoop, "Infrequent Portfolio Decisions: A Solution to the forward Discount Puzzle," *American Economic Review* 100, no. 3 (2010), pp. 870~904.

[4] C. Ilut, "Ambiguity Aversion: Implications for the Uncovered Interest Rate Parity Puzzle," *American Economic Journal: Macroeconomics* 4, no. 3 (2012), pp. 33~65.

[5] C. Burnside, "The Cross Section of Foreign Currency Risk Premium and Consumption Growth Risk: Comment," *American Economic Review* 101, no. 7 (2011), pp. 3456~3476.

[6] T. Molodtsova and D. H. Papell, "Out-of-sample Exchange Rate Predictability with Taylor Rule Fundamentals," *Journal of International Economics* 77, no. 2 (2009), pp. 167~180.

币政策。

但为了应对全球金融危机中流动性枯竭和经济衰退等问题，美、欧、日等主要经济体纷纷出台量化宽松等非传统的货币政策，也出现零利率下限的现象，这对传统泰勒规则的适用性提出质疑。为了适应新情况，Curdia 和 Woodford[①] 提出泰勒规则需要纳入金融条件以及对利差项进行调整等。Taylor[②] 还指出，美国央行的泰勒规则由金融危机前的线性形式转变成危机后的非线性形式，如果泰勒规则本身需要调整和修改，那么基于泰勒规则的汇率决定模型是否还表现良好则需要重新验证。Molodtsova 和 Papell[③] 将代表全球金融危机期间金融压力的指标纳入泰勒规则，这些指标包括 Libor-OIS 利差、Euribor-OIS 利差、彭博（Bloomberg）和 OECD 金融条件指数、TED 利差等，发现基于修正的泰勒规则的汇率决定模型在预测上有更好的表现；Adrian 等[④] 利用流动性等指标也得出类似结论；Byrne 等[⑤] 使用贝叶斯方法对具有时变参数特征的非线性泰勒规则进行检验，发现其预测能力比随机游走模型强 50% 以上。

DSGE 模型是当前开放宏观研究中的主流模型，虽然 2008 年全球金融危机以来学界和政策界对 DSGE 模型的质疑声不断，但一些观点认为 DSGE 框架本身没有重大缺陷，它在全球金融危机上的失败只是因为没有考虑日益复杂的金融行业，而且目前也没有模型像 DSGE 模型那样同时具备坚实的微观基础、灵活性和可拓展性，因此，越来越多的研究借助 DSGE 框架更细致地考察汇率决定因素，如微观个体行为、消费偏好、价格黏性、不完全竞争、资本管制、技术冲击等，这种细微程度是其他模型

---

① V. Curdia and M. Woodford, "Credit Spreads and Monetary Policy," *Journal of Money, Credit and Banking* 42, no. 6 (2010), pp. 3～35.

② J. B. Taylor, "The Financial Crisis and the Policy Responses: An Empirical Analysis of What Went Wrong," *NBER Working Papers*, 2009.

③ T. Molodtsova and D. Papell, "Taylor Rule Exchange Rate Forecasting during the Financial Crisis," *National Bureau of Economic Research*, 2012.

④ T. Adrian, E. Etula and H. S. Shin, "Risk Appetite and Exchange Rates," *FRB of New York Staff Report*, 2010.

⑤ J. P. Byrne, Korobilis and P. J. Ribeiro, "Exchange Rate Predictability in a Changing World," *Journal of International Money and Finance* 62 (2016), pp. 1～24.

所不及的。Alvarez等[①]和 Verdelhan[②] 研究了当本国和外国消费者及投资者拥有不同的风险偏好及效用函数，或者面临不同冲击时，这些差异如何导致资产风险溢价变化，进而导致 UIRP 失效的；Adolfson 等[③]使用欧元区的数据，对含有名义刚性和真实摩擦的 DSGE 模型进行贝叶斯估计发现，实际汇率变动主要来源于"开放经济"的冲击，也就是进出口加价（import and export markup）、风险升水、非对称技术冲击等，只有很少一部分来自产出的波动，这为汇率与经济基本变量不相关之谜提供了一个解释。

四、其他汇率决定机制研究的进展

购买力平价和利率平价是认识汇率决定机制的两块基石，它们分别从贸易套利和资金套利的视角描述了驱动市场均衡汇率的两股基本力量，除了这两大基础汇率理论（以及基于此的泰勒规则汇率决定机制等）的进展之外，全球金融危机以来还有学者从不同角度提出了一些富有启发性的汇率决定机制的新观点。

（一）共同因子模型

大量文献表明，双边汇率之间存在着联动效应，Greenaway-McGrevy 等[④]发现，在控制双边国家的宏观经济变量后，双边汇率仍受一些共同因子的影响，这些共同因子驱动汇率联动变化，这就是共同因子模型的出发点。这类研究在技术层面运用的是统计学上的因子分析法，研究者把双边汇率矩阵中一些信息重叠、具有错综复杂关系的变量，归结为少数几个不相关的综合因子，然后根据经验挑选出一些可能的经济学变量，赋予这几个因子以经济学含义（如全球风险因子、美元因子、欧元因子），这种方法也常常被应用于其他商品价格的动态分析。

共同因子模型的优点在于，它考虑现代国际汇率体系是一个多边汇率

[①] F. Alvarez, A. Atkeson and P. J. Kehoe, "Time varying Risk, Interest Rates. and Exchange Rates in General Equilibrium," *Review of Economic Studies* 76, no. 3 (2009), pp. 851～878.

[②] A. Verdelhan, "A Habit based Explanation of the Exchange Rate Risk Premium," *Journal of Finance* 65, no. 1 (2010), pp. 123～146.

[③] M. Adolfson et al., "Evaluating an Estimated New Keynesian Small Open Economy Model," *Journal of Economic Dynamics and Control* 32, no. 8 (2008), pp. 2690～2721.

[④] R. Greenaway-McGrevy, C. Han and D. Sul, "Estimating the Number of Common Factors in Serially Dependent Approximate Factor Models," *Economics Letters* 116, no. 3 (2012), pp. 531～534.

体系，不像传统研究只研究两国之间的汇率而忽视第三国或共同因子的影响，但共同因子模型的缺点在于，研究者依据自己的经验来确定共同因子的经济学意义，缺少清晰、明确的理论支持。Parker 和 Sul[①] 试图通过计量方法解决这一问题；Berg 和 Mark[②] 则构建了一个三国汇率模型，尝试理论化共同因子模型，其中第三国就是影响双边汇率的公共因子。总体上，共同因子模型在理论基础方面还需更多的进展。

（二）基于外部失衡说的汇率决定模型

从宏观层面，经常账户失衡及资本账户失衡无疑是影响汇率的重要因素，因此有文献从外部失衡的视角来探讨汇率的决定机制，Gourinchas 和 Rey[③] 就考虑了美国的外部失衡对于美元汇率的重要影响。假设经济体遵循均衡的增长路径，那么当前的外部失衡意味着未来净出口和外国资产回报的调整，Gourinchas 和 Rey 模型将这两条调整渠道分别称为贸易渠道和价值渠道，而汇率是贸易渠道和价值渠道发挥作用的关键因素，因此可以得到的结论是，当前的对外部门经济条件已经蕴含未来汇率的变动信息，这是基于外部失衡说的汇率决定模型的基本思想。Della Corte 等[④] 的实证研究均表明，Gourinchas 和 Rey 模型在样本外的预测能力显著优于随机游走模型，Alquist 和 Chinn[⑤] 则发现 Gourinchas 和 Rey 模型对于某些国家来说在短期中要优于随机游走模型，在长期中的优势则没有那么显著。与 Gourinchas 和 Rey 模型从存量角度分析外部失衡不同的是，Gabaix 和 Maggiori[⑥] 从流量的角度分析资本流动对汇率的影响机理，他们认为世界各国对金融资产的供需失衡导致跨国资本流动，处理这些流动资本的金融中介

---

① J. Parker and D. Sul, "Identification of Unknown Common Factors: Leaders and Followers," *Journal of Business: Economic Statistics* 34, no. 2 (2016), pp. 227~239.

② K. A. Berg and N C. Mark, "Third country Effects on the Exchange Rate," *Journal of International Economics* 96, no.2 (2015), pp. 227~243.

③ P. O. Gourinchas and H. Rey, "International Financial Adjustment," *Journal of Political Economy* 115, no.4 (2007), pp. 665~703.

④ P. Della Corte, L. Sarno and G. Sestieri, "The Predictive Information Content of External Imbalances for Exchange Rate Returns: How much is it Worth?" *Review of Economics and Statistics* 94, no. 1 (2012), pp. 100~115.

⑤ R. Alquist and M. D. Chinn, "Conventional and Unconventional Approaches to Exchange Rate Modelling and Assessment," *International Journal of Finance & Economics* 13, no. 1 (2008), pp. 2~13.

⑥ X. Gabaix and M. Maggiori, "International Liquidity and Exchange Rate Dynamics," *Quarterly Journal of Economics* 130, no. 3 (2015), pp. 1369~1420.

对于吸收源于失衡货币风险的意愿决定他们对不同货币的风险标价,从而形成汇率。

(三) 基于大宗商品价格的汇率决定模型

Chen 等[1]提出,大宗商品的价格可以作为大宗商品出口国(如加拿大、新西兰、澳大利亚等国)货币汇率的解释变量,这些小型开放经济体采取浮动汇率制,其货币汇率较少受到干预,且大宗商品出口占它们总出口的份额都比较大,但它们在国际大宗商品市场上又是价格接受者,因此以美元计价的大宗商品价格变动对于它们的汇率是较大的外生冲击。Chen 等发现,当大宗商品价格上升时,这些经济体的货币会经历贬值,但基于大宗商品价格的汇率决定模型的实证检验结果不甚理想,原因可能是商品价格和汇率之间的因果关系方向并不明确;Lizardo 和 Mollick[2]也指出,大宗商品的价格可以预测汇率走势,但另外的研究结论则支持两者可以互为因果关系。

五、关于汇率传递研究的新进展

从理论上讲,在开放经济环境下,各国的汇率水平和物价水平都是内生决定的,购买力平价理论实际上隐性假定各国物价水平相对外生(或黏性较强),物价水平决定汇率水平。另一类文献研究的是相反方向的传导问题,即汇率变动怎样传导到物价水平,也即汇率传递(exchange rate pass-through)研究,这类研究虽然不直接探讨汇率的决定机制,但其有助于理解汇率的本质,并且也是全球金融危机后学术界关注的前沿问题。

汇率传递对于贸易收支调节、货币政策传导等方面有着较大的影响,王晋斌和李南指出,在全球金融危机之前,对于汇率传递的理论和实证研究主要聚焦一价定律、价格黏性和盯市定价三个方面,但随着企业日益成为国际贸易研究中的主体,以及进出口数据的精细化,对于汇率传递机制的研究进入包含价格黏性、多个行业、异质性企业和产品等的特征框架

---

[1] Y. C. Chen, K. S. Rogoff and B. Rossi, "Can Exchange Rates Forecast Commodity Prices?" *Quarterly Journal of Economics* 125, no. 3 (2010), pp. 1145~1194.

[2] A. Lizardo and A. V. Mollick, "Oil Price Fluctuations and US Dollar Exchange Rates," *Energy Economics* 32, no. 2 (2010), pp. 399~408.

中；Auer 和 Chaney①、Chen 和 Juvenal② 利用细分的进口数据发现，当汇率升值时，进口商会用对汇率冲击不敏感的优质商品来替代敏感的非优质商品，换言之，使用未细分的进口数据做研究会高估汇率的传递效应；而 Berman 等③利用法国出口商的层级数据发现，生产效率高的企业，面对本币的贬值会倾向于增加利润率而不是出口量，而出口额往往集中在这些生产效率高的企业上，这能部分地解释为什么出口价格的汇率传递效应较高而进口价格的汇率传递效应较低；Gopinath 等④研究了货币选择和汇率传递效应的关系，发现美元标价和非美元标价商品的平均汇率传递效应存在显著差异，表明标价货币的选择是内生性选择的结果，而大多数模型研究则假定货币选择为外生给定；Gopinath 和 Itskhoki⑤ 研究价格调整频率和汇率传递效应的关系，发现进出口企业的利润函数决定价格偏离时的调整频繁程度，进而决定汇率传递效应的大小。

综上，2008 年全球金融危机以来，得益于微观数据的丰富和建模技术的进步，学术界基于多种视角对汇率决定机制进行了新的研究和探索。虽然贸易套利和资金套利是驱动汇率动态变化的重要力量，但现实数据对购买力平价理论和利率平价理论并不完全支持。基于泰勒规则或开放动态随机一般均衡模型的汇率决定模型以及全球共同因子模型等新的研究，进一步揭示了汇率决定机制的复杂性，也预示了汇率决定理论在未来依然有较为广阔的研究空间。

◆思考讨论题◆

1. 购买力平价公式的推导及评述购买力平价说的主要观点。
2. 简述资产组合平衡汇率决定理论。

---

① R. Auer and T. Chaney, "Exchange Rate Pass through in a Competitive Model of Pricing to market," *Journal of Money, Credit and Banking* 41, no. 1 (2009), pp. 151～175.

② N. Chen and L. Juvenal, "Quality, Trade, and Exchange Rate Pass through," *Journal of International Economics* 100 (2016), pp. 61～80.

③ N. Berman, P. Martin and T. Mayer, "How do Different Exporters React to Exchange Rate Changes?" *Quarterly Journal of Economics* 127, no. 1 (2012), pp. 437～492.

④ G. Gopinath, O. Itskhoki and R. Rigobon, "Currency Choice and Exchange Rate Pass through," *American Economic Review* 100, no. 1 (2010), pp. 304～336.

⑤ H. Gopinath and O. Itskhoki, "Frequency of Price Adjustment and Pass through," *Quarterly Journal of Economics* 125, no. 2 (2010), pp. 675～727.

3. 根据汇率货币模型，分析当国际收支逆差时，一国政府可采取何种经济政策来解决问题？

4. 试分析影响汇率变动的主要因素。

第三章 在岸市场：国内外汇市场

在国际债权债务清偿时，首先要解决各国货币之间的兑换问题，由此产生各国的外汇交易市场。外汇市场是从事外汇交易的市场，包括金融机构之间的同业外汇市场（或称批发市场）和金融机构与客户之间的外汇零售市场。在岸市场（onshore）相对于离岸市场而言，也就是传统的国内外汇市场，金融机构从事的金融活动要受货币发行国的中央银行管辖和干预。

第一节 外汇市场的起源与功能

一、外汇市场的起源

外汇市场是指从事外汇买卖的交易场所，或者说是各种不同货币相互之间进行交换的场所，外汇市场的形成主要是经济发展的需要，主要是以下原因：

第一，贸易和投资的需要。进出口商在进口商品时支付一种货币，而在出口商品时收取另一种货币，这意味着进出口商在结清账目时收付不同的货币。因此，他们需要将自己收到的部分货币兑换成可以用于购买商品的货币。与此相类似，一家买进外国资产的公司必须用东道国的货币进行支付，因此也需要将本国货币兑换成东道国的货币。

第二，投机的需要。两种货币之间的汇率会随着这两种货币之间供需变化而变化，投机者可以在某个汇率水平上买进一种货币，在更有利的汇率上卖出该货币而获得盈利。投机占了外汇市场交易的绝大部分。

第三，对冲的需要。由于两种货币之间兑换价格的波动，国际投资者将国外资产折算成本国货币时可能面临不确定性而遭受风险。当以外币计值的国外资产在一段时间内价值不变时，如果汇率发生变化，以国内货币折算这项资产的价值时就会产生损益，投资者可以通过对冲交易来消除这种潜在的损益，这就需要一笔外汇交易，其交易结果刚好抵销由汇率变动而产生的外币资产的损益。

二、外汇市场的功能

外汇市场作为国际经济联系的纽带，集中地反映国际经济、国际金融的动态和各国汇率变化的趋势，外汇市场为促进国际贸易的发展、国际投资和各种国际经济往来的实现提供便利条件。外汇市场的功能表现在以下方面。

1. 反映和调节外汇供求

一国对外经济、贸易的收支以及资本金融项目的变化最终都会反映到外汇市场的供求水平上，政府、企业、个人通过外汇市场可以解决自己的外汇供求问题。

2. 形成外汇价格体系

银行接受顾客买卖外汇的指令后，在银行间外汇市场进行买卖，因而形成外汇市场的供需关系，加上银行本身自发性的外汇供需，通过市场的竞价过程便会产生均衡的市场汇率，市场汇率水平由银行对顾客交易的汇率和银行间成交汇率共同确定。

3. 实现购买力的国际转移

国际经济交易必然会产生国家之间的债权债务关系，从而需要进行国际支付，把货币购买力从债务人所在国向债权人所在国转移。进行国际支付时，债务人一般通过外汇市场把本国货币兑换为债权人所在国货币，将其汇兑和支付给债权人，使国际经济交易得以进行。结清国际债权债务关系，实现货币购买力的国际转移是外汇市场的基本功能。

4. 提供外汇资金融通

外汇市场通信设施完备，经营手段先进，资金融通便捷，是理想的外汇资金集散中心，从而成为世界资本再分配的重要渠道，为银行外汇业务提供平衡头寸的蓄水池作用。由于闲置的外汇资金大量涌向外汇市场，为外汇需求者提供越来越多的可筹资金，还对促进国际贸易发展、促进投资的国际化起着不可忽视的作用。同时，外汇市场也为金融资本的输出、国际垄断资本的对外扩张和外汇投机等提供角逐场所。

5. 防范外汇风险

浮动汇率制下，汇率经常性的剧烈波动直接影响国际贸易和国际资本流动。外汇市场通过各种外汇交易活动（如远期外汇买卖、期货或期权交易等），可以减少或消除外汇风险，促进国际贸易的发展。

三、世界外汇市场的特征

世界外汇市场是由各国际金融中心的外汇市场构成的，这是一个庞大的体系，随着各国外汇市场的发展，世界外汇市场出现了一些新的特征，如全球外汇市场交易量加速增长；外汇交易主要集中于欧洲和美国；外汇市场上即期交易的重要性在下降，电子经纪的市场份额和影响在上升；外汇市场集中程度趋强；等等，具体表现如下。

1. 由区域性发展到全球性，24小时连续交易

由于时区的关系，世界上任何地方任何时间都伴有外汇交易的发生，因此外汇市场是个24小时不间断的市场，全球不同地区的市场相互衔接和重叠使整个外汇市场持续运转（如图3-1所示）。相对于整个外汇市场来说，没有开盘与收盘之分，只能对个别的市场区分开盘与收盘。外汇市

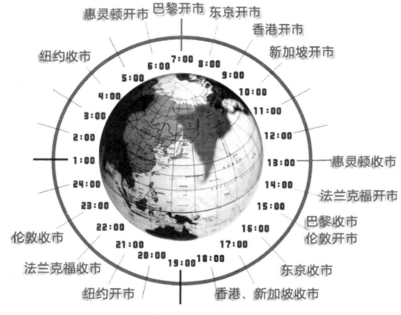

图3-1 世界主要汇市交易时间表（北京时间）

场是比较特别的市场,虽然24小时不间断,但不同时间段的不同市场行情不一样,由整个市场的活跃情况而定。

2. 交易规模加速增长,但市场集中程度趋强

从外汇交易的地理分布来看,大部分外汇交易发生在少数区域内,英国和美国市场上的交易超过全球外汇交易的一半。

3. 全球范围的市场汇率趋向一致

套汇交易使汇率趋于国际上普遍一致的水平,最终导致各个外汇市场的汇率趋同。但由于现实交易存在成本,不同市场间的汇率可以存在一定差额,但不足以抵补套汇的成本,同样不存在套汇机会。

4. 电子经纪的市场份额和影响提升

艾特集团(Aite Group LLC)根据国际清算银行(Bank for International Settlement, BIS)的统计数据分析认为,电子化交易占所有外汇交易的比重,5年内有望从2013年的6%攀升至76%,客户要求银行报价与收取的交易费等更加透明。长远看,外汇交易将更多转向电子化平台交易。

5. 即期交易的重要性降低

远期交易的特点是提前确定未来的货币兑换比率,自1995年以来,衍生交易一直高于即期交易量,并稳步上升。衍生品占全部外汇交易量的比重从1995年4月的58%,上升到2004年的68%,其交易量是同期即期交易量的两倍多;2016年外汇衍生品的交易量占全部外汇交易量的六成多,是外汇即期交易量的近三倍。

第二节 外汇市场的环境与结构

一、外汇市场环境

外汇市场通常是一个分散的,由经纪商、交易员、通信设备、电脑终端、电脑键盘以及坐落在世界各地的商业银行所组成,24小时不间断的,非主权货币头寸交易活动的市场,这些市场间的地理差异对应着重要的经济上的差异。

外汇与交易股票、期货这类单一报价的集中型市场不同,外汇市场通常没有固定的交易场所,由于外汇市场是分散的,交易者可以在任何地方进行外汇交易,外汇市场是去中心化的市场,如图3-2所示。

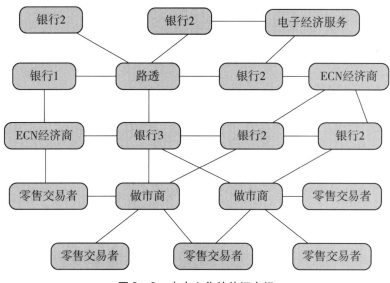

图3-2 去中心化的外汇市场

外汇市场中某一货币在任何时间都没有单一的价格，货币的报价会因货币交易者不同。外汇市场像一个庞大的买卖货币的"集市"，有许多买卖货币的交易者，交易者对每种货币提供不同的报价。在集中交易市场中，获知一种证券的价格相对比较容易，而在一个地理位置比较分散的市场上，要获得最佳外汇价格相对较难。

一个交易商如何确信自己在众多的交易商之间获得最有利的价格呢？每家银行的外汇报价往往是"仅供参考"，即实际交易有可能是按照这些价格进行，也有可能不按照这些价格进行。在这种分散的市场环境中，经纪人（代替买方或卖方调查市场的代理人，以降低搜寻的经济成本）的作用十分重要。因为存在着搜寻成本，可能产生一些价格上的差别，导致外汇交易价格离散现象的存在。由于市场的分离，同时发生的外汇市交易也可能有不同的价格记录。这些交易中的另一方各不相同，对手风险也不同。当关注银行风险时，重要的是要知道对方的身份及资信等级，因为所有做市商的资信品质并不相同，它们报价的质量也可能不同，这些因素也导致价格的差别。从另一个角度看，外汇市场的环境也使外汇交易具有很强的灵活性，能满足不同客户的需求。买方可以签订任何规模的即期合约和任何到期日的远期合约，也可以根据自己的实际情况选择不同报价进行交易。

二、外汇市场的结构

外汇市场的交易者、交易对象和交易方式构成外汇市场的要素。

(一) 外汇市场的交易者

图 3-3 外汇市场的交易者

参与外汇市场交易的主体如上图 3-3 所示,主要包括:

(1) 商业银行。各发达国家的商业银行通常都有外汇买卖以及承办外汇存款、汇兑、贴现等业务。在实行外汇管制的国家中,外汇业务由各国中央银行确定或授权经营外汇业务的银行办理,这些银行通常是本国的商业银行,在本国的外国银行分支机构和其他一些金融机构。商业银行不仅受进出口商的委托,办理进出口结汇业务,充当外汇买卖的中介人,还通过自行买卖外汇来获取利润。商业银行作为中间媒介进行外汇交易时,通常保持买卖平衡,从进出差价中获取利润,不冒积存的风险。如果它卖出的外汇多于买进的外汇时,商业银行将使用自身的外汇账户出售自己的外汇以弥补差额。它也可以和其他银行进行交易,以保持原有的外汇平衡。在某种情况下,如商业银行预期外汇将升值的时候,它也可以用以保持自己外汇的不平衡地位,或者留有"敞口",如果外汇升值,商业银行通过这一操作而获取利润。商业银行对各种必要的外汇均保持一定水平,并随时根据情况进行各种买卖外汇的活动，商业银行是重要的经营外汇的场所。

（2）中央银行及政府主管外汇的机构。各国中央银行参与外汇市场的活动有两个目的，一是储备管理，二是汇率管理。一般来说，中央银行或直接拥有，或代理财政经营本国的官方外汇储备，中央银行这时在外汇市场的角色与一般参与者相同。另外，在外汇市场汇率急剧波动时，中央银行为稳定汇率，控制本国货币的供应量，实现货币政策，也经常通过参与市场交易进行干预，在外汇过多时买入或在外汇短缺时抛出。中央银行在外汇市场发挥的这种监督市场运行、干预汇率走势的作用表明，中央银行不仅是一般的外汇市场参与者，一定程度是外汇市场的实际操纵者。中央银行并不直接参与外汇市场上的活动，而是通过经纪人和商业银行进行交易。

（3）外汇经纪商。这是专门从事介绍成交或代客买卖外汇，从中收取手续费的公司或汇兑商。外汇经纪商主要是依靠其与外汇银行的密切联系，熟知外汇供求情况的优势，利用现代化的通信工具，接洽外汇交易，促使多种多样的市场参与者找到合适的交易价格和合适的交易对手成交。由于外汇经纪商大都从事数额较大的外汇买卖，故它们与商业银行的交易往来最密切，商业银行一般通过经纪商调整其外汇存量。相比之下，外汇经纪商与实际外汇需求者和供给者接触不多。经纪商分两种，凡是用自己的资金参与外汇买卖，并自己承担外汇买卖的损益者，是一般经纪商；仅以收取佣金为目的，代客买卖外汇者，称为跑街或掮客。

（4）外汇交易商。这是指专门从事外汇交易，经营外国票据业务的公司或个人。外汇交易商大多从事数额较大的外汇买卖，利用时间与空间的差异，获取外汇买卖价格上的差额。

（5）外汇的实际供给者和需求者。从事进出口贸易的工商企业、旅行者、投资者、投机者、留学生、移民等都是外汇的最终需求者或供给者，他们通过外汇市场进行买卖，以获得或兑换外汇，个人需求者大多是通过外汇专业银行进行买卖。

（6）外汇投机者。外汇投机者是专门利用不同货币在不同时间、不同地点的外汇市场上汇率的变动，进行买空卖空、套汇套利的投机活动，承担一定风险以获取利润。

（二）外汇市场的层次

外汇市场的参与者构成外汇市场的三个层次，银行与客户之间，银行同业之间，商业银行与中央银行之间，这三个层次具有不同的交易功能（如图3-4所示）。

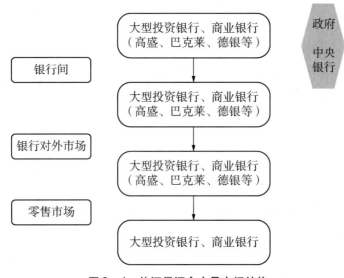

图3-4　外汇保证金交易市场结构

（1）银行与客户之间的外汇交易。客户出于各种各样的动机，需要向外汇银行买卖外汇。非投机性外汇买卖是与国际结算联系在一起的，主要是本币与外币之间的相互买卖。银行在与客户的交易中，一方面从客户手中买入外汇，另一方面又将外汇卖给客户。实际上，它是在外汇的供给者与需求者之间起中介作用，赚取外汇的买卖差价。

（2）银行同业之间的外汇交易。商业银行在经营外汇业务时，不可避免地出现买卖外汇的不平衡情况。如果卖出多于买进则为"空头"，如果进多于卖出则为"多头"。商业银行为避免因汇率波动造成的损失，在经营外汇业务时，遵循"买卖平衡"的原则。当一种外汇出现"多头"时，则将多余部分的外汇卖出，当出现"空头"时，则将短缺部分的外汇买进。当然，这并不意味商业银行在买卖外汇以后立即进行，它们根据各国的金融状况、本身的资金实力以及对汇率变动趋势的预测，或者决定立即平衡，或者加以推迟。银行在经营外汇业务中出现多头或空头，需要卖出或买进外汇进行平衡时必须利用外汇市场。此外，银行还出于投机、套利、套汇等目的从事同业外汇交易。银行间的外汇交易构成绝大部分的外汇交易，同业交易占外汇交易总额90%以上。

（3）商业银行与中央银行之间的外汇交易。中央银行干预外汇市场所进行的交易是在它与商业银行之间进行的。通过调节外汇市场上的货币求量，中央银行可以使外汇的市场汇率相对地稳定在某一界限上。如果某种外币兑本币的汇率低于界限值，中央银行就会向外汇市场购入这种货币，增加市场对该外币的需求量，促使银行调高其汇率；反之，如果中央银行认为该外币的汇率偏高，就会向银行出售该外汇的储备，促使其汇率下降。

以上三个层次构成外汇交易的市场结构。此外，外汇市场还有双向式报价的价格结构，即期和远期的品种价格，直接询价、间接询价、柜台式交易、计算机集中撮合式交易等交易模式结构。

第三节　外汇交易活动与交易方式

一、外汇市场的交易活动

参与外汇市场交易活动的交易者众多，其交易动机不同，因此外汇交易活动呈现多样化。商业银行在外汇市场上的活动离不开其交易动机，它们根据不同的动机产生不同的交易活动，主要包括套期保值、投机获利、调剂头寸、融通资金等。

中央银行或外汇管理当局是市场活动的领导者，它在外汇市场价格出现异常变化时，或朝一个方向连续几天剧烈波动时，往往会干预外汇市场，以试图缓解外汇行市的剧烈波动。所谓干预外汇市场是指货币当局在外汇市场上的任何外汇买卖，以影响本国货币的汇率。其途径可以是用外汇储备、中央银行之间调拨或官方借贷等。要真正分析中央银行干预外汇市场的性质和效果，还必须研究这种干预对该国货币供应及政策的影响。因此，央行干预外汇市场的手段，可以分为"消毒的干预"和"不消毒的干预"。

所谓"消毒的干预"，即不改变现有货币政策的干预。它是指中央银行认为外汇价格的剧烈波动或偏离长期均衡是一种短期现象,希望在不改变现有货币供应量的条件下,改变现有的外汇价格。换言之,一般认为利率变化是汇率变化的关键,而中央银行试图不改变国内的利率而改变本国货币的汇率。

中央银行进行这种干预时通常"双管齐下",一是在外汇市场上买进或卖出外汇,同时在国内债券市场上卖出或买进债券,从而使汇率变化而利率不变化;二是央行可以在外汇市场上通过查询汇率变化情况,发表声明等做法影响汇率的变化,达到干预的效果,它被称为干预外汇市场的"信号效应",中央行这样做是希望外汇市场能得到这样的信号:央行的货币政策将发生变化,或者说预期中的汇率将有变化等。一般来说,外汇市场在初次接受这些信号时总会做出反应。如果中央银行经常靠"信号效应"来干预市场,而这些信号又不全是真的,就会在市场上造成"狼来了"的效果,很可能达不到干预市场的目的。

所谓"不消毒的干预"就是改变货币政策的干预,它是指中央银行直接在外汇市场买卖外汇,而听任国内货币供应量和利率朝有利于达到干预目标的方向变化,这种干预方式一般非常有效,但其代价是国内既定的货币政策会受到影响,这种干预是中央银行看到本国货币的汇率长期偏离均衡价格才可能采取的。

二、外汇市场的交易方式

外汇市场的交易产品主要有以下几种交易方式(如图3-5所示)。

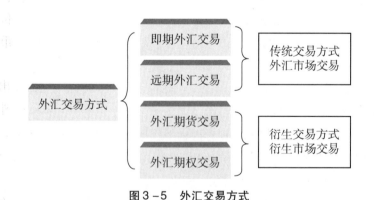

图3-5 外汇交易方式

（一）即期交易

所谓即期外汇交易，是指在外汇买卖成交后，原则上在两个工作日内办理交割的外汇交易。实际上，一般是在成交后的第二个营业日进行。如果交割的那一天正逢银行节假日则顺延。即期交易采用即期汇率，通常为经办外汇业务银行的当日挂牌牌价，或参考当地外汇市场主要货币之间的比价加定的手续费。

即期交易方式可分为汇出汇款、汇入汇款、出口收汇和进口付汇四种类型。

（1）汇出汇款。需要对外国支付外币的客户，如有外币，可向银行直接支付；如无外币，则要支付本币兑换成外币，委托银行向国外的收款人汇出外汇。银行接受了汇款人的委托，便请求收款人的往来银行从本行的外币结算账户中借记相应金额支付给收款人。

（2）汇入汇款。汇入汇款是指收款人从国外收到以外币支付的款项后，可以存入自己的外币账户，也可将外汇收入结售给银行取得本币。通常，办理汇款的外国银行事先就将外币资金转入结售汇款银行的结算账户中。

以上两类是单纯而又基本的外汇交易方式，可以用于一切目的经济活动，如交易结算、资本投资、投机等。由于银行间的汇款方法不同，又可以分为电汇信汇、票汇等。

（3）出口收汇。出口商将出口货物装船后，立即开立以双方商定的结算货币计价的汇票，并在汇票下面附上有关单证，请银行议付，以便收回出口货款。银行将汇票等单据寄往开证行，按照汇票即期支付的条件，接受以外币支付的款项，并让支付行将应付款记入自己的外币结算账户中。

（4）进口付汇。进口付汇是为进口商开出信用证的银行，按照出口商开出的附有全部单证的即期汇票条件，将外币计价的进口货款通过外币结算账户垫付，然后向进口商提示汇票，请其按照即期付款条件支付。进口商以本币（或外币）向银行支付进口货币，完成进口结汇。

（二）远期交易

远期外汇交易与即期交易不同，交易货币的交割通常在两个工作日以后进行。外汇市场上的远期外汇交易最长可达一年，但以 1～3 个月的远期交易最为常见。远期买卖成交后，双方必须按约定的日期和约定的汇率进行交割。由于这种交易提前将未来的汇率确定，因此买方实际上把未来的外汇风险转嫁给卖方。当然，对方银行也会调整自己的头寸，或者通过货币市场的借贷防范风险，或者将风险再转嫁给别人。

例如，美国某进出口公司计划从日本进口一套设备，预计3个月后付款11200000日元，为防止日元升值、美元贬值带来的汇率损失，该公司向银行购买3个月的远期日元。假定当时3个月的远期日元汇率为112.00日元/美元，那么该客户只需准备100万美元，这样无论未来汇率如何变化，客户的成本是锁定的，既得的利润也可保留。如果不购买远期日元，如果美元对日元又持续下跌，假设下跌到102.00日元/美元，该客户就要多付出近10万美元。

当然，另一种可能是3个月后美元升值、日元贬值，如果这样，到付款时再购入日元会比较便宜。但汇率的变化总存在两种可能，预测汇率非常困难，对于正常进行交易的公司、企业乃至个人来说，应当从外汇保值的目的出发，考虑进行远期买卖，特别是付款时间较长的，更应该进行外汇套保，因为时间越长，越难以预测汇率。

远期外汇交易的汇率是以在即期汇率上加减升水和贴水的方法表示。某种货币的远期汇率大于即期汇率时，其差额就是升水；远期汇率小于即期汇率时，其差额就是贴水。甲种货币对乙种货币的远期汇率有升（贴）水，就是乙种货币对甲种货币的远期汇率有贴（升）水。

$$远期汇率 = 即期汇率 \pm 升（贴）水$$

升水和贴水程度取决于两种货币的利率，利率较高的货币在远期市场上表现为贴水，利率较低的货币在远期市场上表现为升水。

例如，假设美元3个月的存款利率为10%，欧元3个月的存款利率为5%，客户向银行购买3个月的远期欧元（即卖出3个月的远期美元）。银行如果用美元按即期汇率买入欧元，存放出去3个月以备交割时付给客户，那么银行在这3个月中就要放弃美元的高利率而收取欧元的低利率，亏损5%的利差，银行把这个因素计入远期欧元价格，远期欧元就比即期欧元贵，欧元在远期市场上交易呈升水，也就是远期美元贴水。

如果不是这样，而是欧元以贴水卖出，美元以升水卖出，投资者就可按即期汇率卖出欧元买入美元，然后在远期市场上卖出美元，换回欧元获得利润。同时，投资者还能获得5%的利差，这在自由竞争的外汇市场上是不可能出现的。

两种货币的利差是决定它们远期汇率的基础，市场上的汇率是围绕它上下波动。因此，货币市场上利率的变化会影响升水和贴水的大小。当甲、乙两种货币的相同期限利率水平无差异时，理论上，升水和贴水就等于零，也就是远期汇率等于即期汇率，这种情况称为平价。当然，这是一种理论上的假设，在现代外汇市场上是很难出现的。

（三）外汇期货交易

外汇期货交易是在期货交易所内，交易双方通过公开竞价达成在将来规定的日期、地点、价格，买进或卖出规定数量外汇的合约交易。外汇期货交易与远期外汇交易都是载明在将来某一特定日期，以事先约定的价格付款和交割某种特定标准数量外币的交易。但外汇期货交易与远期外汇交易不同。

（1）外汇期货交易是一种设计化的期货合约，表现在交易币种、交易数量等都是设计化的。设计化表现在两点：一是交易币种的设计化。例如，在芝加哥的国际货币市场期货交易所开业时只有美元、英镑、加拿大元、德国马克、日元、瑞士法郎、荷兰盾、墨西哥比索八种货币。二是合同金额的设计化。不同外汇期货合约的交易金额有特殊规定，如一份期货合同，英镑为25000、日元为12500000、瑞士法郎为125000、加拿大元为100000、德国马克为125000。三是交割期限和交割日期固定化。交割期一般与日历月份相同，多为每年的3月份、6月份、9月份和12月份。一年中其他月份可以购买但不交割。交割日一般是到期月份的第三个星期的星期三，环球金汇网提供外汇交易。

（2）外汇期货价格与现货价格相关。期货价格与现货价格变动的方向相同，变动幅度也大体一致，而且随着期货交割日的临近，期货合同所代表的汇率与现汇市场上的该种货币汇率日益缩小，在交割日，两种汇率重合。

（3）外汇期货交易实行保证金制度。在期货市场上，买卖双方在开立账户进行交易时，都必须交纳一定数量的保证金。缴纳保证金的目的是确保买卖双方能履行义务。清算所为保证其会员有能力应付交易需要，要求会员开立保证金账户，储存一定数量的货币，同时会员也向他的客户收取一定数量的保证金。保证金分为初始保证金和维持保证金。初始保证金是订立合同时必须缴存的，一般为合同价值的3%～10%，根据交易币种汇率的易变程度来确定。维持保证金指开立合同后，如果发生亏损，致使保证金的数额下降，直到客户必须补进保证金时的最低保证金限额。一旦保证金账户余额降到维持水平线以下，客户必须再交纳保证金，并将保证金恢复到初始水平。

(4) 外汇期货交易实行每日清算制度。当每个营业日结束时，清算所要对每笔交易进行清算，即清算所根据清算价对每笔交易结清，盈利的一方可提取利润，亏损一方则需补足头寸。由于实行每日清算，客户的账面余额每天都会发生变化，每个交易者都清楚自己在市场中所处的地位。如果想退出市场，则可做相反方向的交易来对冲。

（四）外汇期权交易

外汇期权买卖的是外汇，即期权买方在向期权卖方支付相应期权费后获得一项权利，即期权买方在支付一定数额的期权费后，有权在约定到期日，按照双方事先约定的汇率和金额，和期权卖方买卖约定的货币。不同于远期外汇合约，后者有义务在到期日执行买卖外汇合约，外汇期权合约则随合约持有人意愿选择执行或不执行合约。合约的终止日称为期满日。每个期权合约具体规定交易外币的数量、期满日、执行价格和期权价格（保险费）。

按合约的可执行日期，期权交易分美国式期权和欧洲式期权。如果期权能够在期满日之前执行，称为美国式期权；若只能在期满日执行，称欧洲期权。外汇期权持有人在期满日或之前执行买或卖期权时的商定汇率称为执行价格（exercise price）或协定价格（strike price）。执行价格（汇率）是经选择后才预定的，这同远期汇率不同，远期贴水或升水是由买卖外汇的银行决定。购买外汇期权者向出售者支付一笔费用，称期权价格（option price）或保险费（premium）。

根据外汇交易和期权交易特点，外汇期权交易可以分为现汇期权交易和外汇期货期权交易。现汇期权交易（options on spot exchange）是指期权买方有权在期权到期日或以前以协定汇价购入一定数量的某种外汇现货，称为买进选择权（call option），或售出一定数量的某种外汇现货，称为卖出选择权（put option）。经营国际现汇期权的主要是美国的费城证券交易所。芝加哥国际货币市场和英国的伦敦国际金融期货交易所。外汇期货期权交易是指期权买方有权在到期日或之前,以协定的汇价购入或售出一定数量的某种外汇期货,即买入延买期权可使期权买方按协定价取得外汇期货的多头地位;买入延卖期权可使期权卖方按协定价建立外汇期货的空头地位。买方行使期货期权后的交割同于外汇期货交割,而与现汇期权不同的是,外汇期货期权的行使有效期均为美国式,即可以在到期日前任何时候行使。

自从1982年美国费城股票交易所(Philadelphia Stock Exchange,PHLX)成交第一笔外汇期权合约,伴随着金融衍生品交易的不断成长,期权交易进入一个爆炸性的增长阶段。

第五节 世界外汇交易中心

世界范围内有众多的外汇交易市场,但交易量大、交易品种齐全,并且进行离岸人民币交易的外汇中心主要是伦敦、纽约、新加坡、东京、中国香港等。

一、伦敦外汇市场

伦敦是历史悠久的国际金融中心,其货币市场、资本市场都是国际化的市场。其外汇的成交额一直占据全球市场的1/3左右,2013年的成交量在40.8%,2016的成交量在36.9%。尽管英国在当今世界经济中的地位已无法与"二战"前相提并论,英镑的地位也不如以前,但伦敦全球最大的外汇交易中心的地位没有变,其交易量大,拥有先进的现代化电子通信网络,是久负盛名的外汇市场。伦敦外汇市场是一个典型的无形市场,没有固定的交易场所,只是通过电话、电传、电报完成外汇交易。

世界最大的100家商业银行几乎都在伦敦设立了分行,它们向顾客提供各种外汇服务,并相互间进行大规模的外汇交易。伦敦外汇市场上的外汇经纪人有90多家,这些外汇经纪人组成经纪协会,支配了伦敦外汇市场上银行间同业之间的交易。

伦敦外汇市场没有固定的交易场所,而是用电传、电报、电话及电子计算机控制系统进行交易,因此它是一个抽象市场。市场上的交易货币几乎包括所有的可兑换货币，规模最大的是英镑兑美元的交易，其次是英镑兑欧元和日元的交易。此外，像美元兑欧元、欧元兑日元、日元兑美元等多边交易，在伦敦外汇市场上也普遍存在。

在伦敦外汇市场上的外汇交易类别有即期外汇交易、远期外汇交易和掉期外汇交易等。除了外汇现货交易外，伦敦也是最大的外汇期货和期权交易市场。伦敦外汇市场上，参与外汇交易的外汇银行机构约有600家，包括本国的清算银行、商人银行、其他商业银行、贴现公司和外国银行。

在伦敦外汇市场上，约有250多个指定经营商。在英国实行外汇管制期间，外汇银行间的外汇交易一般都通过外汇经纪人进行。1979年10月英国取消外汇管制后，外汇银行间的外汇交易就不一定通过外汇经纪人了。

伦敦外汇市场作为一个世界性的外汇中心，并无一个具体的外汇交易场所，它与欧洲大陆某些国家的外汇市场固定在一定的场所进行交易有所不同。在伦敦外汇市场，被批准的外汇经纪商，包括清算银行、商业银行、外国银行设在伦敦的分支行及其他金融机构之间，有十分完整的电讯网络设备，专用的对讲电话，灵敏的电子装置，迅速灵活地处理着各种即期和远期外汇买卖业务。

伦敦外汇市场的交易时间是北京时间17:00至次日1:00。

二、纽约外汇市场

纽约外汇市场是世界第二大外汇市场，主要建立在美国的综合国力以及美元的地位之上，2016年BIS的调查显示，美国的外汇成交量在全球市场中占19.5%。纽约外汇市场是与伦敦外汇市场平分秋色的世界主要外汇市场，它不但是美国国内外汇交易中心，而且是世界各地外汇结算的枢纽。

纽约外汇市场也是一个无形市场，外汇交易通过现代化通信网络与电子计算机进行，其货币结算都可通过纽约地区银行同业清算系统和联邦储备银行支付系统进行。

由于美国没有外汇管制，对经营外汇业务没有限制，政府也不指定专门的外汇银行，所以几乎所有的美国银行和金融机构都可以经营外汇业务。纽约外汇市场的参与主体包括美国联邦储备体系的成员银行和非成员银行（商业银行、储蓄银行等）、外国银行在纽约的分支机构、境外银行的代理行和代表处、证券公司、保险公司以及股票和外汇经纪商等，以商业银行为主。银行同业间的外汇买卖大部分是通过外汇经纪人来办理，经纪人的业务不受任何监督，对其安排的交易也不承担任何经济责任，只是在每笔交易完成后收取卖方的佣金。在外汇市场上，小部分外汇市场经纪商专门买卖某种外汇，但大部分还是同时从事多种货币的交易。

纽约外汇市场交易非常活跃，但是与进口贸易相关的外汇交易量比较小，相当部分外汇交易和金融期货市场密切相关。纽约外汇市场上的外汇交易分为三个层次：银行与客户间的外汇交易、本国银行间的外汇交易以及本国银行和外国银行间的外汇交易。

美国外汇交易包含了绝大多数的货币。FXC调查显示，外汇交易以欧元对美元、美元对日元、英镑对美元、加元对美元等为主流。

三、新加坡外汇市场

新加坡外汇市场是在20世纪70年代初亚洲美元市场成立后，才逐渐成为国际外汇市场。根据国际清算银行于2016年9月所公布的央行调查数据，新加坡以每日现货外汇交易量5170亿美元居亚洲首位，全球外汇交易量达7.9%，比2013年调查时的5.7%提高2.2个百分点。外汇交易实力的持续增强，既辅助了新加坡资本市场和资产管理活动的发展，也为亚洲企业更好地提供了投资和风险管理服务。

新加坡地处欧亚非三洲交通要道，时区优越，上午可与香港、东京、悉尼进行交易，下午可与伦敦、苏黎世、法兰克福等欧洲市场进行交易，还可以中午同中东的巴林、晚上同纽约进行交易。根据交易需要，一天24小时都同世界各地区进行外汇买卖。新加坡外汇市场除了保持现代化通信网络外，还直接同纽约清算所银行同业支付系统（Clearing House Interbank Payment System，CHIPS）和欧洲的环球银行金融电信协会（Society for Worldwide Interbank Financial Telecommunications，SWIFT）系统连接，货币结算十分方便。

新加坡在金融衍生品方面也同样增长强劲，全球大宗商品的定价一直取决于纽约及伦敦市场，瑞士则是头号大宗商品交易中心。随着中国等新兴市场的兴起，大宗商品的定价、交易重心逐渐开始东移，新加坡由于复制瑞士的优势，如中心的位置、金融融资的便利、较低的大宗商品交易税率等，正成为新的大宗商品交易重镇。

新加坡外汇市场的参加者由经营外汇业务的本国银行、经批准可经营外汇业务的外国银行和外汇经纪商组成，其中外资银行的资产、存放款业务和净收益都远远超过本国银行。

新加坡外汇市场是一个无形市场，大部分交易由外汇经纪人办理，并通过他们把新加坡和世界各金融中心联系起来。交易以美元为主，约占交易总额的85%左右，大部分交易都是即期交易，掉期交易及远期交易合计占交易总额的1/3。汇率均以美元报价，非美元货币间的汇率通过套算求得。

四、香港外汇市场

香港外汇市场是20世纪70年代以后发展起来的国际性外汇市场。自1973年香港取消外汇管制后，国际资本大量流入，经营外汇业务的金融机构不断增加，外汇市场越来越活跃，发展成为国际性的外汇市场。

香港外汇市场是一个无形市场，没有固定的交易场所，交易者通过各种现代化的通信设施和电脑网络进行外汇交易。香港地理位置和时区条件与新加坡相似，可以十分方便地与其他国际外汇市场进行交易。

香港外汇市场的参加者主要是商业银行和财务公司。该市场的外汇经纪人有三类：当地经纪人，其业务仅限于香港本地；国际经纪人，是70年代后将其业务扩展到香港的其他外汇市场的经纪人；香港本地成长起来的国际经纪人，即业务已扩展到其他外汇市场的香港经纪人。

市场参与者分为商业银行、存款公司和外汇经纪商三大类型。商业银行主要是指由汇丰银行和恒生银行等组成的汇丰集团、外资银行集团等。市场交易绝大多数在银行之间进行，约占市场全部业务的80%，存款公司作为独特的金融实体对香港外汇市场的发展起到一定的积极作用。

香港外汇市场上的交易可以划分为两大类：一类是港元和外币的兑换，其中以和美元兑换为主；另一类是美元兑换其他外币的交易。

五、东京外汇市场

东京外汇市场是随着日本对外经济和贸易的发展而发展起来的，东京外汇交易与日本金融自由化、国际化的进程相联系。东京外汇市场已从一个区域性外汇交易中心发展为当今世界仅次于伦敦和纽约的第三大外汇市场，年交易量居世界第三。

东京外汇市场是一个无形市场，交易者通过现代化通信设施联网进行交易。东京外汇市场进行交易的货币种类较为单一，由于日本进出口贸易多以美元结算，所以东京外汇市场90%以上是美元对日元的买卖，日元对其他货币的交易较少；交易品种有即期、远期和掉期等，即期外汇买卖又分为银行对客户的当日结算交易和银行同业间的次日结算交易。东京外汇市场即期、远期交易的比重不高，外汇交易掉期业务量很大，而其中又以日元/美元的掉期买卖数量为最大。

由于美国经济增长缓慢，随着日元对美元的交易增幅下降，日元对欧元交易量大幅增加。由于日本是典型的出口加工型国家，东京外汇市场受进出口贸易集中收付的影响较大。由于日本工商业界习惯在月末和企业结算期间进行结算，出口换汇时间比较集中，东京外汇市场具有明显的季节性特点。

东京外汇市场的交易者是外汇银行、外汇经济商、非银行客户和日本银行。在交易中，一般行情比较平淡，但要注意日本出口商的投机作用，因为日本出口商的投机交易可能使日元在汇市上出现大幅波动。

◆思考讨论题◆

1. 什么是外汇市场？世界主要外汇市场有哪些？
2. 请简述外汇市场的层次以及各层次功能差异。
3. 如何理解"消毒的干预"？
4. 如何推进中国外汇市场的发展？

第四章 离岸货币市场

离岸货币市场（offshore currency markets）或欧洲货币市场（Euro-Currency markets）是指在发行国以外存放并进行交易，且不受货币发行国金融法令管制的货币市场。需要注意的是，在境外流通的本国现金货币不是离岸货币。

离岸货币的经营游离于发行国境外，因此其不受货币发行国的法律法规和监管的约束，也被称为"自由货币"。离岸货币交易双方均为非本地居民的业务被称为离岸金融业务，所有以外币为交易（或存贷）标准币、以非本国居民为交易对象的，其本地银行与外国银行所形成的银行体系，都可称为离岸金融中心。

离岸货币的形成是各种经济与政治因素促使其生成的，"二战"之后，各国金融机构从事本国货币之外的其他外币的存贷款业务逐渐兴起，有些国家的金融机构因此成为世界各国外币存贷款中心，"冷战"时期因为美国金融市场的监管，东欧国家都不愿把美元存放在美国转而存放在欧洲，因此，欧洲美元市场也是第一个离岸货币市场，最早的离岸货币出现在欧洲。

第一节 离岸货币市场及其特点

一、离岸货币市场

在发达的国际金融市场上，货币离岸经营是非常普遍的现象，离岸经营的货币称为离岸货币（offshore money），指存放在货币发行国境外银行的货币存款，如伦敦巴克莱银行吸收的美元存款就是离岸美元，新加坡某银行吸收的英镑存款就是离岸英镑，上海某银行吸收的港元存款就是离岸港元。由于最早的离岸货币出现在欧洲，因此也称作欧洲货币（Euro-Currency）。伦敦和新加坡经营离岸货币借贷和交易的金融市场称为离岸金融中心（offshore market or offshore center），相对应地，没有离岸的传统货币存款称为在岸货币（onshore money），如纽约某银行的美元存款、伦敦某银行的英镑存款等，纽约的美元借贷市场、伦敦的英镑借贷市场称为在岸金融市场（onshore market）。

离岸货币交易是指在货币发行国境外进行的货币兑换，最初是欧洲美元交易，随后扩展到所有可兑换货币交易。在地域概念上，市场先是由伦敦扩展到巴黎、法兰克福，接着是新加坡、加勒比海、列支敦士登、开曼群岛、巴哈马等。

欧洲美元市场是指美国境外（最初在欧洲）的银行吸存和贷放美元资金的业务，主要包括境外货币的借贷业务，发行以境外货币表示的债券，各种境外货币之间的兑换等三种交易。

离岸货币交易是国际经济、科技发展及相应的经济和金融国际化的结果和步骤，同时又加重资本外逃的趋势。许多离岸货币交易中心许诺对外国人的投资实行低税率，或者不征税，且对于任何泄露客户身份的行为都要严加惩罚，因此，像开曼群岛、巴哈马等离岸外汇交易中心变成国际逃税中心，被投机资本称作"绿洲"。

二、离岸货币市场的特点

随着欧洲美元市场的不断发展，市场规模从欧洲扩展到亚洲和美洲，欧洲美元市场其他欧洲货币在美元危机中逐渐形成，但欧洲美元市场是当今最具规模的国际金融市场。1993 年，在广义的欧洲货币市场上，欧洲美元市场国际银行存款总额已达 68396 亿美元，巴拿马、巴林、开曼群岛、香港、新加坡的负债总额为 14332 亿美元，占 21%；伦敦和卢森堡的负债总额为 11341 亿和 3206 亿美元，分别占 16.6% 和 4.07%，1993 年日本离岸金融市场和美国国际银行设施（International Banking Facility，IBF）的资金总量分别为 4850 和 2510 亿美元。

离岸货币市场的发展，对全球经济资源的合理配置、促进资金的使用效率和资金的快速流动以及国际贸易的发展起到了积极的推动作用，促进了全球经济和金融的一体化和自由化发展。离岸货币市场是一个真正的完全自由的国际资金市场，与传统的国际金融市场相比，具有许多突出的特点。

(1) 摆脱了任何国家或地区政府法令的管理约束。传统的国际金融市场，必须受所在地政府的政策法令的约束，而离岸货币市场则不受国家政府管制与税收限制。一方面，这个市场本质是为了避免主权国家干预而形成的"超国家"的资金市场，它在货币发行国境外，货币发行国无权施以管制；另一方面，市场所在地的政府为了吸引更多的离岸货币资金，扩大借贷业务，采取种种优惠措施，尽力创造宽松的管理气候。因此，离岸货币市场的经营非常自由，不受任何管制。

(2) 突破了国际贸易与国际金融业务汇集地的限制。传统的国际金融市场，通常是在国际贸易和金融业务极其发达的中心城市，而且必须是国内资金供应中心，但离岸货币市场则超越了这一限制，只要某个地方管制较松、税收优惠或地理位置优越，能够吸引投资者和筹资者，即使其本身并没有巨量的资金积累，也能成为离岸金融中心。这个特点使许多原本并不著名的国家或地区，如卢森堡、巴哈马、开曼群岛、巴拿马、巴林及百慕大等发展成为国际金融中心。

(3) 建立了独特的利率体系。离岸货币市场利率较之国内货币市场的独特性表现在，其存款利率略高于国内金融市场，而放款利率略低于国内金融市场。存款利率较高，是因为一方面国外存款的风险比国内大，另一方面不受法定准备金和存款利率的限制；而贷款利率略低，是因为欧洲银行享有所在国的免税和免缴存款准备金等优惠条件，贷款成本相对较低，能够以降低贷款利率来招徕顾客。存放利差很小，一般为 $0.25\% \sim 0.5\%$，因此，离岸货币市场对资金存款人和资金借款人都极具吸引力。

(4) 完全由非居民交易形成的借贷关系。欧洲货币市场的借贷关系，是外国投资者与外国筹资者的关系，也就是非居民之间的借贷关系。国际金融市场通常有三种类型的交易活动：①外国投资者与本国筹资者之间的交易，如外国投资者在证券市场上直接购买本国筹资者发行的证券；②本国投资者与外国筹资者之间的交易，如本国投资者在证券市场上购买外国筹资者发行的证券；③外国投资者与外国筹资者之间的交易，如外国投资者通过某一金融中心的银行中介或证券市场向外国筹资者提供资金。第一种和第二种交易是居民和非居民间的交易，这种交易形成的关系是传统国际金融市场的借贷关系。第三种交易是非居民之间的交易，又称中转或离岸交易，这种交易形成的关系，才是欧洲货币市场的借贷关系。

(5) 拥有广泛的银行网络与庞大的资金规模。离岸货币市场是银行间的市场，具有广泛的经营离岸货币业务的银行网络，它的业务一般都是通过电话、电报、电传等工具在银行间、银行与客户之间进行；欧洲货币市场是以批发交易为主的市场，该市场的资金来自世界各地，数额极其庞大，各种主要可兑换货币应有尽有，充分满足各国不同类型的银行和企业对不同期限和不同用途的资金的需求。

(6) 具有信贷创造机制。离岸货币市场不仅是信贷中介机制，而且也是信贷创造机制。进入该市场的存款，经过银行之间的辗转贷放，使信用得到扩大，这些贷款如果存回离岸货币市场，便构成货币市场派生的资金来源，把其再贷放出去，则形成离岸货币市场派生的信用创造。

三、离岸货币市场的功能

（一）离岸货币市场的积极作用

离岸货币市场建立在传统的国际金融市场的基础之上，对于推进国际金融的发展，以及一国经济和贸易的繁荣都起到了极其重要的作用：

(1) 提供便利畅通的融资渠道，推动经济发展。离岸金融市场促进了资金运用效率的提高，其减免税政策、宽松的管制以及其他金融优惠措施，更进一步降低了全球性资金调拨、借贷资本的国际流通以及产业资本的国际移动的成本。

(2) 缓和国际收支失调，促进各国国际收支平衡。离岸金融市场为各国资金余缺的调配提供了场所和条件。

(3) 提供就业机会，刺激所在地经济增长。

(4) 提高所在国的金融业的竞争力。Andrew K. Rose 和 Mark M. Spiegel[①] 通过研究 221 个国家和地区的银行业，认为离岸金融中心的建立可以在一定程度上减弱国内银行业的垄断程度，引入竞争机制，对其金融深化有正面效应。

(5) 加速全球金融创新的进程，为各国提供丰富的国际清算和风险防范工具。

---

① A. K. Rose and M. M. Spiegel, "Offshore Financial Centers: Parasites or Symbionts?" *Working Paper Series*, 2006.

（二）离岸货币市场的消极影响

毋庸置疑，离岸货币市场在积极作用于各国经济的同时，必然也存在一些消极的影响，主要表现如下：

（1）给一国国内货币政策的独立制定与实施增加难度。各国居民在各国银行系统的外币存款，逐渐在本国货币总量中占据不可低估的比例，一定程度上侵蚀各国货币政策制定与实施的独立性。此外，非居民的国内账户与离岸账户的相对分离，对国内信用规模产生影响，进而影响国内的货币政策实施。

（2）离岸金融市场的开办影响该国的宏观经济体系。离岸货币市场会使所在国引入"输入性通货膨胀"，同时加剧货币汇价的不稳定，刺激外汇投机。另外，离岸金融业务在增加一国财政收入的同时，也存在货币替代以及铸币税的损失风险，一些非主流货币的国家和地区尤其如此。

（3）给国际金融秩序的稳定带来潜在冲击。部分离岸货币市场存贷资金期限结构上存在不平衡性，即"借短放长"，一旦发生集中大量挤兑，可能造成银行的资金周转不灵。此外，各国金融市场对外短期债务的日益积累而造成的流动性风险及兑换风险的剧增，其中巨额贷款和投资的来源和去向与离岸货币中心密不可分。

第二节 离岸货币市场的运行机制

离岸货币市场具有独特的利率结构和资金流动方式，并且与在岸市场差别并存。离岸货币市场利率以伦敦银行同业拆借利率为标准，一般来说，其存款利率略高于国内金融市场，而放款利率又略低于国内金融市场，资金的借贷利差很小，更富吸引力和竞争性。

一、离岸金融市场的交易成本和利率

离岸货币市场具有相对独立和灵活的利率结构，其利率和利率水平的变动主要受世界范围资金供求的制约，而不受一国金融当局的影响。由于离岸货币市场不受有关法律法规的限制，通常以较高的存款利率吸收存放，并以较低的贷款利率放款，尤其是在进行大额贷款时，这一特点更为明显，其市场具有独特的利率结构，具体如图4-1所示。

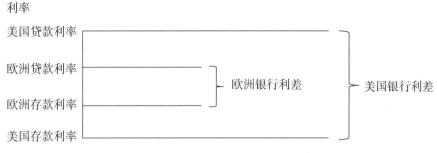

图4-1 美国和欧洲美元的利差比较

此外，由于其借贷的货币资金均须跨越国界进行流动，这意味着比普通的银行存款还多面临着一种风险，即由于国家限制资本流动和控制外汇交易而造成的风险，所以对欧洲存款支付的利率通常高于同等条件的国内存款。

这可能引起两个方面的问题，第一，离岸货币利率完全是自由竞争形成的一种货币的资金价格，利率水平随着境外货币资金的供求关系自由浮动，而不受任何一国金融当局货币政策的影响，真实反映全球范围内资金的供求状况。因此，离岸货币利率以更为准确的价格引导着资源的优化配置，获得更高的效率。第二，离岸货币利率不受任何国家的法律限制，完全由市场供求来决定，而各种货币的利率又是各国金融政策的主要工具之一，必然受各国经济发展状况影响。各国为了刺激本国经济增长，鼓励资本投资，利率水平往往偏低；反之，为了抑制通货膨胀，往往采取提高利率的措施。而这些措施容易受到离岸货币利率的干扰，因为二者并不总是呈同方向、同水平变化，所以，离岸货币国的国内政策目标往往难以实现，对其国内经济的影响比较明显。

Hewson认为，离岸货币市场的快速发展是由于它们同国内市场相比具有交易成本优势，这种优势主要源于以下因素：①区位优势；②管制优势；③运营效率。左连村、王洪良[①]分析离岸金融市场的交易成本，他们将银行的交易成本分为政府管制成本、信息成本和风险成本。政府管制成

---

① 左连村、王洪良：《国际离岸金融市场理论与实践》，中山大学出版社2002年版。

本是指由于政府的各种管制措施而使银行增加的负担，一定的管制措施会提高某类金融活动的交易成本，降低其交易利润，追求利润最大化的银行必然会在既定的管理框架内发现最新的交易机制和交易形式，降低交易成本；信息成本是交易双方互寻交易伙伴、发现价格、传递信息和交换信息的费用，信息成本限制了离岸市场的规模和扩展速度，并使全球离岸市场分解为几个区域金融中心；与信息成本相关联的另一类交易成本是风险成本，风险成本推动离岸业务从高风险地区转移到低风险地区。他们认为，交易成本的节约是离岸市场存在和发展的理由，也是微观主体从事离岸金融业务的目的所在。

二、欧洲美元市场与境内美元市场的关系[①]

欧洲美元市场产生于美国境内的美元市场，两者存在着非常密切的联系。Dufey 和 Giddy[②]认为，离岸市场与在岸银行体系的联系是离岸市场迅速发展的必要条件，如果离岸金融机构与货币所在国境内银行能够就该国货币维持自由的账户往来和头寸调拨，那么该离岸金融市场就可以繁荣发展。但是，欧洲美元市场与境内美元市场在交易特点、存贷款特征、准备金要求等存在显著不同，其差异见表 4-1。

表 4-1 欧洲美元市场与境内美元市场的比较

项目		欧洲美元市场	境内美元市场
交易特点		以大宗批发交易为主的银行	零售、批发
存款	存款人	外国央行为主，个人、企业为辅	个人、企业为主
	存款期限	均为定期，以超短期限为主	以活期为主
存款	借款人	公共机构为主	个人、企业
	贷款利率	LIBOR 加点，浮动为主	固定、浮动
	贷款形式	以银团贷款为主	单笔、银团

[①] 参见伍戈、杨凝《离岸市场发展对本国货币政策的影响———一个综述》，载《金融研究》2013 年第 10 期，第 81～100 页。

[②] G. Dufey and I. H. Giddy, *The International Money Market* (Hoboken, New Jersey: Prentice-Hall, 1978).

续表 4-1

项目		欧洲美元市场	境内美元市场
准备金要求	法定准备金	无	有
	其他准备金	审慎准备金（precautionary reserve）	超额准备金（excessive reserve）
资金传导链		通过一系列银行中介，链条较长	一般仅通过一家银行，链条较短

[资料来源：根据 O. L. Altman, "Foreign Markets for Dollars, Sterling, and Other Currencies," *Staff Papers* 8, no. 3 (1961), pp. 313～352; Swoboda Alexander, "Essays in International Finance," in *The Princeton University library chronicle*, 1968; P. Einzig, "Floating Rates between Currency Areas," in *The Case against Floating Exchanges* (London：Palgrave Macmillan, 1970); E. Frydl, "The Debate over Regulating the Eurocurrency Markets," *Federal Reserve Bank of New York Quarterly Review*, 1979 等文献整理。]

欧洲美元利率与境内美元利率之间的相互关系也是学术界所关心的重要问题，且存在诸多不同观点。一种观点认为，境内美元利率引导欧洲美元利率，如 Hendershott[①]；另一种观点认为，境内美元利率对欧洲美元利率是单向的引导关系，如 Kaen 和 Hachey[②]；还有观点认为两者的关系与汇率制度有关，汇率自由浮动时，境内货币市场利率和欧洲货币市场利率之间相互影响，汇率不能自由浮动时，欧洲货币市场影响境内货币市场。[③]

三、欧洲美元市场的资金流动

欧洲美元市场的货币供应最初源于美国在岸银行体系的资金流出，而欧洲美元市场的资金支付结算最终仍需通过美国境内的银行账户完

---

① P. H. Hendershott, "The Structure of International Interest Rates：The U. S. Treasury Bill Rate and the Eurodollar Deposit Rate," *Journal of Finance* 22, no. 3 (1967), pp. 455～465.

② Fred R. Kaen, "Financial Management by Stephen H. Archer, G. Marc Choate, George Racette," *The Journal of Finance* 38, no. 5 (1983), pp. 1686～1688.

③ 参见 N. Apergis, "Domestic and eurocurrency yields：Any exchange rate link? Evidence from a VAR model," *Journal of Policy Modeling* 19, no. 1 (1997), pp. 41～49。

成。① 欧洲美元市场与美国在岸市场之间的资金流动具体过程如图4-2所示。

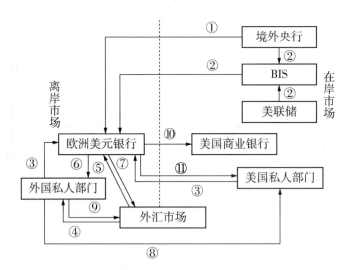

图4-2 欧洲美元市场与美元在岸市场之间的资金流动

图4-2表明,欧洲美元银行体系的初始美元资金来源包括:第一,各国央行或货币当局的美元外汇储备。各国央行和货币当局通过与其商业银行进行货币互换(图4-2中①),在其商业银行直接存放美元;通过国际清算银行(BIS)在他国商业银行存放美元(图4-2中②)等方式,向美国境外的银行体系提供美元资金,BIS自身也可通过与美联储的货币互换获取美元存放于美国境外的商业银行。第二,企业和个人等私人部门(包括美国居民和非居民)的美元存款(图4-2中③)。这部分存款来自其在美国境内的现有美元存款、外汇市场兑换(图4-2中④)或出售商品、服务及金融资产所得美元。私人部门将美元转移至美国境外市场存放的动机主要包括境外利率更高、存款规模和期限更为灵活、降低货币兑换成本以及规避政治风险等。第三,美国境外商业银行以美元形式持有的其自身的超额现金储备(图4-2中⑤)。

欧洲美元银行体系的美元资金的主要用途包括:第一,转存至其他的

---

① 参见 D. He and R. N. McCauley, "Transmitting Global Liquidity to East Asia: Policy Rates, Bond Yields, Currencies and Dollar Credit," *BIS Working Papers*, 2013。

欧洲美元银行。这在欧洲美元市场很普遍，通常是为了赚取利差。第二，向外国私人部门发放贷款，包括直接发放美元贷款（图4-2中⑥）或在外汇市场上兑换成本币后发放本币贷款（图4-2中⑦）。美元贷款中一部分用于进出口企业支付从美国的进口（图4-2中⑧），一部分兑换成本币为外国企业的国内交易提供支持（图4-2中⑨）。第三，运用于美国境内，包括存放于或借款给美国境内银行（图4-2中⑩）、向美国私人部门发放贷款及在美国金融市场进行投资。

从上述用途看，"大部分欧洲美元资金都是用于美国境内的存贷款操作，而不是用于美国境外的贷款和投资交易"①。从另一个角度看，对于美国境外商业银行而言，欧洲美元也是其进行流动性管理的新兴的、不受管制的、灵活的、国际化的货币市场工具。

He 和 McCaule② 根据 Dufey 和 Giddy③ 的研究，总结了上述欧洲美元流动过程的四种类型：一是纯离岸交易，即欧洲美元的来源和用途均在美国境外；二是纯环流交易，即欧洲美元的来源和用途均在美国境内；三和四是单向的净国际借贷，包括流出和流入两个方向，即欧洲美元从美国居民流向非居民或从非居民流向美国居民。在欧洲美元资本流动的过程中，前两种类型占主导地位，后两种类型占比很小。

第三节　离岸货币市场的信用创造④

欧洲美元市场的早期研究侧重市场结构、运行特点、发展意义等问题，包括欧洲美元市场与境内美元的关系、欧洲美元市场的资金流动等问题。随着对欧洲美元市场运行机制和特点了解的逐步深入，学术界开始构建欧洲美元市场的理论模型，探讨欧洲美元市场存款创造，涉及欧洲美元

---

① 参见 F. H. Klopstock, *The Euro-dollar Market: Some Unresolved Issues*. Princeton (New Jersey: Princeton University Press, 1968)。

② G. Dufey and I. H. Giddy, *The International Money Market* (New Jersey: Prentice-Hall, 1978)。

③ Dong He and Robert N. McCauley, "Eurodolar Banking and Currency Internationalisation," *BIS Quarterly Review*, no. 4 (2012), pp. 33~46.

④ 参见伍戈、杨凝《离岸市场发展对本国货币政策的影响——一个综述》，载《金融研究》2013年第10期，第81~100页。

市场迅速增长的内在动因、欧洲美元市场存款准备金率、货币乘数等问题。

一、欧洲美元存款规模增长的原因

关于欧洲美元市场存款创造的早期研究主要回答这一问题：欧洲美元存款规模为什么会迅速增长？Yeager① 的文献有所涉及，但较有代表性的是弗里德曼（M. Friedman）的部分准备金（fractional reserve）银行制度理论和 Klopstock 的非银行金融中介（nonbank financial intermediary）理论。前者认为欧洲美元存款迅速增长的主要原因在于离岸市场的存款创造，后者认为主要原因在于在岸市场的初始资金转移。

（一）Friedman 的部分准备金银行制度理论

Friedman② 认为，欧洲美元市场的存款创造过程与美国银行体系类似，是部分准备金银行制度的产物。欧洲美元存款迅速增长的主要原因不在于美国国际收支赤字、外国央行持有的美元储备或发行欧洲美元债券的收益，而在于欧洲美元银行只需保留很小比例（远小于法定存款准备金比率）的审慎准备金。随后，他运用三个典型案例描述欧洲美元市场存款创造过程，并进一步区分欧洲美元的货币创造与货币乘数的概念。如图4-3、图4-4、图4-5 所示。

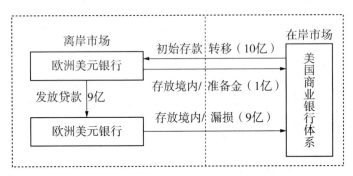

图4-3 欧洲美元市场的存款创造流程（情形1）

---

① L. B. Yeager, "International Monetary Relations: Theory, History and Policy," *Economic Journal* 76, no. 304 (1966), p. 893.

② Milton Friedman, "The Euro-dollar Market: Some Frist Principhes," *Morgan Guaranty Survey*, 1969.

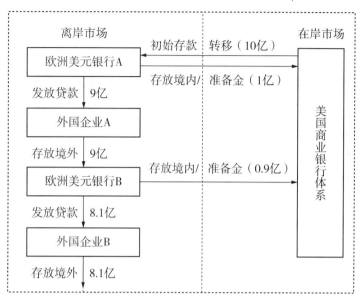

图 4-4 欧洲美元市场的存款创造流程（情形 2）

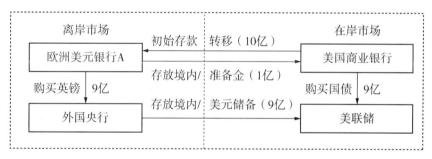

图 4-5 欧洲美元市场的存款创造流程（情形 3）

通过上述分析，Friedman 得出结论：欧洲美元市场的存在增加了美联储体系创造的每一单位货币，全世界非银行主体所能持有的美元总量增加了美元的名义货币供给，并推高了世界价格水平；如果将欧洲美元存款排除在美元供给之外，则欧洲美元市场在不改变货币供应量的同时，将提高世界货币供给的周转率。但他认为上述影响从数量上而言是微小的，同时他指出，尽管准备金率很小但由于存在从欧洲美元市场回流境内的存款"漏损"，欧洲美元市场不可能无限创造美元存款。

(二) Klopstock 的非银行金融中介理论

Klopstock[①] 对弗里德曼的部分准备金理论提出了异议，他认为欧洲美元体系与美国银行体系的货币扩张背后的实际运作是截然不同的。Friedman 在文中强调了存款漏损问题：在美国银行体系中以非银行公众持有现金的形式漏损的存款很有限，且可以预测；而欧洲美元银行更像存贷款协会等非银行金融中介，其贷款和投资中只有一小部分能够作为存款留在欧洲美元体系，大部分都回流美国境内，存款漏损规模非常庞大。Friedman 认为，欧洲美元存款迅速增长的原因在于：存款创造之外的货币过程，通过提供更具吸引力的投资便利以及优于美国境内的利率水平，使欧洲美元银行能够吸引世界各地的银行和非银行公众将美元存款集中至其账户；此外，外国央行也往往出于货币政策的原因，将其大量美元储备转移至欧洲美元银行，或通过货币互换操作将美元储备卖给其本国商业银行，从而形成欧洲美元存款。因此，欧洲美元市场的美元存款，主要都是由美国银行体系而非欧洲美元银行体系创造的。

二、欧洲货币市场的信用扩张

在西方经济学中，倍数原理或乘数原理是指准备金持有量和全部存款之间的倍数关系，其公式为

$$M = \frac{1}{1 - (1-r)(1-L)}$$

其中，r 表示存款准备金比率；L 表示漏损率；$1-L$ 表示再存款率，即一笔存款贷放后又回到银行体系的比率。

欧洲货币市场的迅速发展以及它所产生的影响，引起人们对它的信用创造能力的广泛关注，这也是一个长期争论的问题。由于欧洲货币市场没有严格的存款准备金制度，人们担心其存款创造能力会对一国货币供应量产生影响，从而导致通货膨胀的压力。对此，目前学术界有两种不同的看法。一种以 Friedman 为代表，认为欧洲美元市场应是美国银行制度的延伸，就像一家国内银行创造信用的能力取决于现金对存款的比例和在国内银行准备金的数量一样，欧洲银行的信用创造能力也如此。由于欧洲货

---

① F. H. Klopstock, "Money Creation in the Euro-Dollar Market," *Review of the Federal Reserve Bank of New York* 52, no. 3 (1970), pp. 51~68.

币市场的存款准备金率较低,因此欧洲货币市场会产生扩张性影响。麦金农认为,欧洲银行增加美元供应的净额是决定欧洲银行能否导致信用扩张的关键,这需要比较全球美元供应增加额与没有欧洲银行情况下美元的供应量;麦金农提出两个倍数,欧洲美元信贷倍数和欧洲美元货币倍数;由于倍数大于1,欧洲美元市场对世界货币供应量将产生扩张性的影响;约翰·马金通过实证研究得出欧洲货币乘数大概在7~20之间。

另一种观点认为,欧洲美元源于美国国内的美元存款,必然以美国国内银行体系为基础,与美国国内的美元市场有着十分密切的关系,欧洲美元市场规模仅会内定会适度增加,但不可能高倍数扩张。货币乘数的大小取决于欧洲银行体系的储备率和再存款率两个因素。F. H. Klopstock① 指出,虽然欧洲银行体系的储备率一般处于较低水平,但再存款率也不高。美国学者奥尔林·格莱比②通过实证方法测算出1978年美国每转移1美元至欧洲美元市场,欧洲美元市场总量增加1.10美元。G. Dutey 和 I. Giddy③ 认为,欧洲美元市场主要是国内美元市场存款方面的替代物,它们吸引的存款基本是从美国银行体系来的,而提供的贷款也是美国银行贷款的替代物。因此,欧洲美元倍数并不是一个特殊的概念。W. P. Hogan 和 I. F. Pearce④从国际收支角度探讨欧洲货币市场的信用扩张问题,认为欧洲货币市场的增长速度取决于国际收支失衡的规模以及政府当局在欧洲货币市场上借款的意愿,欧洲银行主要起着金融中介的作用,欧洲货币市场并不负责创造额外的美元。

现有研究普遍认为,欧洲美元市场一般没有法定存款准备金要求,欧洲美元银行自发持有的审慎准备金比率较低。如 Schaffner⑤ 提出,欧洲美元银行在美国持有的准备金相对于其存款很低,原因包括没有法定存款准

---

① F. H. Klopstock, *The Euro-dollar Market: Some Unresolved Issues* (Princeton, New Jersey: Princeton University Press, 1968).
② J. 奥尔林·格莱比:《国际金融市场(第三版)》,中国人民大学出版社1998年版。
③ G. Dutey and I. H. Giddy, *The International Money Market* (Upper Saddle River: Prentice Hall International, 1978).
④ W. P. Hogan and I. F. Pearce, *The Incredible Eurodollar* (3rd ed) (London, New York: Routledge, 1982).
⑤ P. P. Schaffner, "Euro-bank Credit Expansion," *Euromoney* (July, 1970).

备金要求、欧洲美元银行能够从美国的美元资本市场上获得应急储备等；Aliber[1]也认为，离岸市场实际降低了有效准备金比率或者提高了给定的银行准备金的货币乘数，但对于欧洲美元准备金率较低的原因以及准备金率变化的动因，学术界存在不同意见。

Makin[2]认为，欧洲美元银行以在美国商业银行的活期存款形式持有审慎准备金，并使用Whalen[3]的预防性现金需求理论，建立了欧洲美元银行最优审慎准备金模型，其结论为1964—1970年准备金率下降是因为随着金融机构收支规模的上升，对审慎准备金的有效管理实现了规模经济；而持有准备金的原因在于金融中介"借短贷长"，需要持有准备金以应对提款风险。但Niehans[4]和Pollitzer等[5]则认为，欧洲美元银行的资产负债期限结构基本匹配，不需要针对净提款持有准备金，低准备金率使欧洲美元银行在美国银行存款仅仅出于交易目的，即用于欧洲美元银行的清算。

对于欧洲货币市场的信用创造问题，应当注意两点：

第一，欧洲货币市场虽没有准备金的强制性要求，但银行存款不可能全部贷出。影响存款准备金比率除了官方存款准备金率外，还有净存款流量的不确定性、银行发生资金短缺时的借贷成本、持有准备金所放弃的利息收入及机会成本三个因素[6]，这些因素的存在限制欧洲货币市场信用膨胀。

第二，开放经济与封闭经济对货币乘数的作用有较大区别。国内银行体系是一个封闭的体系，虽然当一家银行将存款贷出时，只有小部分回流到原来的银行，但从整个银行体系看，这笔存款不会消失。但欧洲货币市场是一个开放的市场，同各主要国家的国内金融市场有着密切的联系，资金经常会从该市场流入或流出，所以欧洲货币市场贷出去的资金不一定会

---

[1] R. Z. Aliber, "The integration of the offshore and domestic banking system," *Journal of Monetary Economics* 6, no. 4 (1980), pp. 509～526.

[2] John H. Makin, "Identifying a Reserve Base for the Euro-Dollar System," *Journal of Finance* 28, no.3 (1973), pp. 609～617.

[3] E. L. Whalen, "A Rationalization of the Precautionary Demand for Cash," *Quarterly Journal of Economics* 80, no. 2 (1966), pp. 314～324.

[4] Jürg Niehans, "*The Theory of Interest* by Friedrich A. Lutz, C. Wittich," *Econometrica* 39, no. 1 (1971), pp. 189～191.

[5] E. Pollitzer, V. Haensel and J. Hayes, "New Developments in Reforming," *Federal Reserve Bulletin*, 1971.

[6] 参见陈焕永、代美芹《离岸金融市场与中国战略选择》，载《中央财经大学学报》1998年第1期，第3～5页。

自动地以再存款的形式返回，这意味着欧洲货币市场的"漏损"很大且变动不定，对信用膨胀程度难以准确估计。因此，经济社会开放程度越高，倍数分析就越难。

三、欧洲美元的货币乘数

为了更准确地测算欧洲美元市场的存款创造过程，20世纪70年代上半期，大量文献从不同的角度运用理论和实证的方法对欧洲美元货币乘数进行了探讨和估算，比较有代表性的是固定系数乘数模型和一般均衡模型。

（一）固定系数乘数模型

固定系数乘数模型认为：整个美国商业银行体系充当欧洲美元体系的"央行"，欧洲美元银行在美国银行的存款充当欧洲美元市场的准备金，且准备金率很低，存在资金回流美国境内形式的存款漏损；准备金率和漏损率相对稳定，因而可以推算出较为稳定的欧洲美元存款乘数。

Friedman 和 Klopstock 都是固定系数乘数模型的支持者，但两人对于欧洲美元乘数的大小存在分歧。Friedman 认为由于没有存款准备金要求，欧洲美元市场的潜在货币乘数是相当大的；而 Klopstock 则认为，欧洲美元银行体系的存款漏损率非常高，其货币乘数的数值可能仅在 0.5～0.9 的区间内。Clendemming 试图协调这两种相反的观点，进一步提出如果外国央行（指美国以外的其他国家央行，下同）不将其部分美元储备存放于欧洲美元市场，乘数可能较小；而当外国央行存放时，将会显著减少欧洲美元体系的现金漏损，从而提高乘数值。

固定系数乘数模型的后续研究沿用 Clendemming 的思路，即考虑外国央行在欧洲美元市场再存款（redepositing）的影响，如 Makin[1] 和 Lee[2]。Lee 认为从美国银行体系转移到欧洲美元银行的初始美元存款构成了欧洲美元体系的基础货币，且假设基础货币外生给定，他将欧洲美元体系的存款漏损细化为两种形式，非美国居民获得欧洲美元贷款并存放于美国银行账户或进行货币市场投资，类似于国内银行体系的现金提款；美国居民获得

---

[1] John H. Makin, "The Problem of Coexistence of SDRs and a Reserve Currency," *Journal of Money Credit & Banking* 4, no. 3 (1972), pp. 509～528.

[2] B. E. Lee, "The Euro-Dollar Multiplier," *Journal of Finance* 28, no. 4 (1973), pp. 867～874.

欧洲美元资金并存放于美国银行，类似于国内银行体系的准备金损失。通过设定一些假设，Lee 估算出欧洲美元乘数从 1963 年的 1.26 上升至 1969 年的 1.92，外国央行对欧洲美元乘数稳定增长的作用最大，因为外国央行倾向于将其部分超额美元储备存放于欧洲美元市场而非在美国货币市场进行常规投资，从而实质上提高美元存款留在欧洲美元市场的可能性。但同样考虑了央行再存款因素的 Makin 却估算出 1964 年第三季度至 1970 年第四季度之间，欧洲美元体系的"长期存款扩张乘数"高达 18.45。

（二）一般均衡模型

利用固定系数乘数模型得出的迥异的实证结果引起了对该理论框架的质疑。如 Machlup[①] 认为，欧洲美元银行并不持有明确界定（well-specified）的储备资产，也不需遵守任何统一或稳定的存款准备金要求，因此我们"既不知道乘数，也不知道被乘数"。Niehans[②] 则指出该模型的固定漏损率假设是不恰当的，并阐述如果再存款比率（redeposit ratio）及存贷款规模不是外生给定的，而是利率水平的函数，那么将如何影响固定系数乘数，从而提供了一条不完全资产组合研究途径（partial portfolio approach）。Masera[③] 也对欧洲美元体系存在"固定"或"稳定"的漏损率和确定的"外生"欧洲美元基础货币这两个假设提出了质疑，并认为在解释现有欧洲美元总量时必须同时考虑借款人和贷款人的偏好问题。但上述研究都没有提出可以替代固定系数乘数模型的根本性解决方案。

20 世纪 70 年代中期，Hewson 及其合作者的一系列文章运用资产组合选择及一般均衡理论，从新的视角对欧洲美元市场存款创造过程进行了阐释。Hewson 和 Sakakibara[④] 认为，在存在显著管制的国内银行体系中，固定系数乘数模型可能在某些情况下是对货币供给过程的有用近似，但对于欧洲美元市场这样的无管制竞争性市场，可能是不合适的；在无管制情况

[①] F. Machlup, "The Eurodollar System and its Control," *International Monetary Problems*, Papers and Proceedings of a Conference, 1972.

[②] J. Niehans, "The Theory of Interest by Friedrich A. Lutz, C. Wittich," *Econometrica* 39, no. 1 (1971), pp. 189~191.

[③] R. S. Masera, *The Term Structure of Interest Rates: An expectations model tested on post-war Italian data* (Oxford: Clarendon Press, 1972).

[④] John Hewson and Eisuke Sakakibara, "The Euro-Dollar Deposit Multiplier: A Portfolio Approach," *IMF Staff Papers*, 1974.

下,乘数甚至可能变成除数。该文提出欧洲美元体系的漏损率并非固定,而是市场参与者进行资产组合选择的结果,该比率的数值可能随市场利率的变化而变化。资金从美国到欧洲美元市场的初始转移将降低欧洲美元市场的相对利率水平,从而降低欧洲美元存款的相对吸引力,导致资金流出欧洲美元市场因此存在第三种存款"漏损"形式,即"利率漏损"(interest rate leakage)。该文运用资产组合方法,建立两地区、七部门的一般均衡模型,在此基础上估计欧洲美元存款乘数值,得出在没有外国央行在欧洲美元银行再存款的情况下,欧洲美元市场对于初始存款流入的乘数介于0和1之间,存款的初始转移将被净"利率漏损"抵销,这源于财富所有者对初始存款流入导致的相对利率变动进行的资产组合调整,如果存在外国央行再存款,则乘数介于0和$1/(1-cd)$之间,其中cd为外国央行将其美元储备存放于欧洲美元市场的固定比例。

综上所述,欧洲美元市场存款创造过程本身并不"可怕"。Niehans[①]就认为,欧洲美元市场形成了近似的完全市场,降低金融交易成本,对于本国货币当局没有危害,对于全球货币和资本配置而言也是有效率的,而且欧洲美元市场几乎没有创造新的全球货币或信贷。Swoboda[②]也同意欧洲美元市场仅创造很少的新增货币和贷款,但强调其在货币存量创造上的次要作用并不意味着没有潜在问题,欧洲美元市场的发展可能影响不同类型金融中介之间有效合理的信贷分配,进而影响银行间市场的审慎和稳定。

四、欧洲美元回流对美国货币政策的影响

20世纪60年代末,在美联储紧缩货币政策和规定存款利率上限的Q条例的双重压制下,美国银行存款证出现大量流失。为了补充存款,许多美国银行转而让其境外分支机构以较高利率在欧洲美元市场上吸收存款,再以从分支机构借款的方式将欧洲美元转移至境内,由此导致年间欧洲美元借款(即美国银行从其境外分支机构借入的欧洲美元)规模迅速增长。欧洲美元资金以上述方式回流境内引发了学术界对美货币政策有效性的担忧,也使得美联储于1968年8月发布规定,要求对欧洲美元借款征收准备金,且不允

---

① Jürg Niehans, "*Open Economy Macroeconomics. Rudiger Dornbusch,*" *Journal of Political Economy* 90, no. 3 (1982), pp. 658~660.

② A. K. Swoboda, "Credit creation in the Euromarket: Alternative Theories and Implications for Control," *Vestnik Oftalmologii* 124, no. 5 (1980), pp. 35~39.

许在计算准备金时将欧洲美元相关的现金项目从活期存款总额中剔除。

作为研究该问题的基础，Klopstock 从实务操作层面深入阐释了这一时期美国银行从其境外分支机构借入欧洲美元的动因及具体途径；Black[1] 则从银行流动性管理的角度，推导欧洲美元借款的供给和需求函数，解释欧洲美元供求规模与国内存款证规模、欧洲美元利率、联邦基金利率、美国国债利率、其他货币利率等因素的关系，并使用 1966—1968 年间的周度时间序列数据对上述因素的影响进行实证检验。

部分美国银行对于欧洲美元作为资金来源的强烈依赖会产生哪些直接后果呢？一方面，对境内而言由于境外银行在美国银行的存款不需缴纳准备金，因而欧洲美元回流使得给定的国内准备金可以支持更大规模的货币总量，并导致准备金和存款在不同美国银行之间的不均衡分布，从而削弱美联储对国内的货币调控。另一方面，对境外而言，美国银行吸收欧洲美元存款将消耗外国央行的美元储备，从而减少其可用于投资美国国债的美元资产以及全球外汇市场上的美元供给；但也有观点认为，这种状况反而保证了美国国际收支的强势地位，否则外国央行的这部分美元就要用于消耗美国黄金存量或互换额度，此外欧洲美元回流也确实为美国银行缓解存款证流失的压力提供了安全渠道。

现有研究普遍认为欧洲美元回流会增加美国货币调控的复杂性，如 Brimmer[2] 指出，拥有境外分支机构的美国银行可能通过求助于欧洲美元而推迟或规避紧缩货币政策的影响，但这并不意味着美联储没有能力控制银行储备规模，反而其有能力随时抵销欧洲美元流入所导致的贷款和投资总量的扩张。但他也担心，欧洲美元的流入使得美联储可能需要施加更大的压力以实现既定的货币政策目标，且无法从欧洲美元市场获得资金的美国银行将承受不合理的政策压力，因为其他银行可以享有欧洲美元流入的缓冲效应，欧洲美元回流境内确实使得美国货币调控更加复杂化。

Gibson[3] 也针对"资金短缺的美国银行购买欧洲美元并转回境内发放

---

[1] F. Black, "Banking and Interest Rates in a World Without Money: The Effects of Uncontrolled Banking," in *Business Cycles and Equilibrium*, Updated Edition (Wiley, 1970).

[2] A. F. Brimmer, "Euro-Dollar Flows and the Efficiency of U. S. Monetary Policy," presented before a Conference on Wall Street and the Economy, New School for Social Research, 1969.

[3] W. E. Gibson, "Eurodollars and U. S. Monetary Policy," *Journal of Money, Credit and Banking* 3, no. 3 (1971), pp. 649~651.

贷款的行为降低了美联储货币调控的有效性"这一逻辑提出了类似观点，认为欧洲美元市场发展及资金回流对美国国内货币总量的影响有限，且美联储能很迅速地察觉并通过公开市场操作等方式抵消这方面的影响。但他也强调，欧洲美元市场对美国货币调控最严重的威胁在于其可能引起美国货币存量与收入等其他变量的关系发生变化，欧洲美元存款的变动可能导致货币流通速度发生意料之外的波动，从而增加货币调控的难度。

第四节 离岸货币市场的模式及其选择

离岸货币市场根据不同划分标准可以分为不同的类型。根据从事的业务范围，分为混合型、分离型、避税型等离岸货币市场；根据市场形成的动力，分为自然渐成型和政府推动型离岸货币市场；根据市场的功能，分为世界中心、筹资中心、供资中心以及簿记中心等。下面根据市场业务范围的标准，划分离岸金融市场的类型。

一、混合型离岸金融市场

混合型离岸金融市场是指该市场的业务和国内金融市场市场的业务不分离，目的在于发挥两个市场资金和业务的相互补充和相互促进作用。混合型离岸金融市场是最早出现的离岸金融市场，伦敦是世界著名的内外混合型离岸金融市场。市场的主体包括居民和非居民；交易的币种是除东道国货币以外的可自由兑换货币；该市场的业务经营非常自由，不受东道国国内金融法规的约束，国际和国内市场一体化。

从理论的角度分析，内外业务混合型模式利弊参半，这种市场模式的优点是可以便于离岸业务与在岸业务的相互转换，使两者能够彼此补充和促进。但弊端也非常明显，离岸业务与在岸业务不分，不仅可能促使有关金融机构利用两种业务的混合逃避监管（比如任意挪用离岸账目的资金从事在岸业务），而且可能使离岸货币与国内货币体系之间的间接联系升格为直接联系，增加国内货币体系的不稳定。当时离岸金融市场之所以采用内外业务混合的形式，是为了方便当事人在两种业务之间转换，这在经济稳定增长、金融危机不频繁、全球金融市场彼此分隔的年代是可以接受的。但在金融危机频发、全球金融市场"牵一发而动全身"的时代，这种模式只有实力雄厚的国际金融市场才会选择。

目前只有为数不多的、金融发达的国家和地区,由于历史原因而沿用了内外业务混合型离岸金融市场模式。但在实践中,采用内外业务混合方式的国家或地区在运作本国或本地区离岸金融市场时,也都采取种种措施以使离岸业务和在岸业务相区别。比如英国政府规定,离岸英镑业务不能在伦敦进行,而只能通过英属海峡群岛的离岸金融中心达成;同时该国尽管允许非居民经营在岸业务,但规定必须缴纳存款准备金和有关税款,而且严格控制"全面业务"执照的发放量。

(一) 伦敦内外混合型离岸货币市场

伦敦的离岸货币市场就是伦敦欧洲货币市场,伦敦的离岸货币市场有以下特点:

(1) 离岸金融交易的币种是市场所在地国家以外的货币(即英镑以外的欧洲货币)。1979年在伦敦的银行也可以经营欧洲英镑的存款业务,只是这种交易仍然只能通过英属海峡群岛的离岸货币中心达成。银行在那里设立机构,通过电信设备进行交易,所以从立法角度,在伦敦是不能直接经营欧洲英镑业务的。

(2) 除离岸货币业务以外,还允许非居民经营在岸业务和国内业务,但必须缴纳存款准备金和有关税款,而且金融机构严格控制"全面业务"执照的发放量,所以在这类市场上的在岸业务远远小于离岸业务规模。

(3) 国际特征明显。伦敦离岸货币市场是国内货币市场和国际货币市场的一体化,无论在货币市场、证券市场或外汇市场,都有这种表现。欧洲货币市场发展之后,不同市场的界限就被打破,银行业的英镑业务和外国通货业务很快连成一体,证券交易所改组成国际证券交易所之后,便成为世界上最国际化的交易所。

(二) 香港内外混合型离岸金融市场

香港离岸货币市场具有以下特点:

(1) 金融机构丰富多样。众多的金融机构组成金融市场,除正规金融机构以外,还有非银行机构,包括保险公司(人寿保险和非人寿保险)、证券经纪人、单位信托、养老基金和信用合作社等。此外,长期以来,这些非银行金融机构一直为中小型企业和私人发挥重要作用。

(2) 银行体制完备。香港实行三级银行体制,由执照银行、限制性执照银行和存款公司等三种正规金融机构组成。这三种机构由港府审批，其他机构不准在香港接受存款。这些正规机构在港内和离岸金融交易中发挥着至关重要的作用。执照银行是从事全能银行业务的商业银行，这些银行除从事存放款业务外，还从事外汇业务、信托业务、证券和离岸银行业务。限制性执照和存款公司通常被称为财务公司，由于它们具有商人银行的职能，可以承担银团贷款和认购小型信贷公司，在很多情况下，它们是执照银行的附属机构。

（3）外资银行云集。外资银行在香港银行业中居主导地位，按其在香港的重要性可分为六大集团：①英资集团（包括汇丰银行集团及其在香港的英资银行）；②中资集团（包括中银集团及其在港的中资银行）；③日资集团；④美资集团；⑤欧洲银行集团；⑥香港华资集团。

（4）金融业务品种多样。香港银行业务不断进行引进和创新，品种多种多样，世界各大国际金融中心银行业所经营的业务品种，香港的银行业基本都有经营。香港银行业为了适应客户的需要，自身也常有创新，提供各种客户需要的业务和金融服务。

二、分离型离岸金融市场

分离型离岸金融市场是指境内业务和境外业务严格分离，对外资银行和金融机构与本国居民之间的金融业务活动加以限制，只准许非居民参与离岸货币业务，目的在于防止离岸货币交易活动影响或冲击本国货币政策的实施。美国纽约离岸金融市场设立的"国际银行设施"（IBF）、日本东京离岸市场和新加坡都属此类。

离岸业务所经营的货币可以是境外货币，也可以是本国货币，但离岸金融业务和传统业务必须分别设立账户；经营离岸业务的本国银行和外国银行，必须向金融当局申请批准；经营离岸业务可获得豁免交纳存款准备金、存款保险金的优惠，并享有利息预扣税和地方税的豁免权。

世界上多数的离岸货币市场都属于这种人为创设、政府推动的内外业务分离型市场，这种离岸货币市场是专门为了进行非居民之间的金融交易而人为创设的。管理当局对非居民间的金融交易予以优惠待遇，对境外资金的流入不实行国内金融市场上的限制，但监管当局通常要求非居民的金融交易必须与国内账户严格分离，并禁止非居民从事在岸业务。

分离型离岸货币市场的创设是为了既保障离岸货币业务的发展，又适当分隔离岸货币市场和国内货币市场以防范金融风险、避免金融机构轻而易举地逃避监管。为了最大限度地利用外资以及平衡国际收支，一些内外分离型离岸市场所在国也允许离岸账户与在岸账户一定程度的渗透。因此，内外业务分离型市场可以根据其分离的程度分为两类：严格的内外业务分离型和内外业务渗透的分离型。

严格的内外业务分离型市场模式主要由发达国家的离岸金融市场所采用，这一模式要求离岸账户与在岸账户实施隔离，离岸交易与在岸交易分开，严禁资金在离岸账户与在岸账户间流动。美国国际银行业务设施（IBF）和日本东京离岸金融市场（Japan Offshore Market，JOM）的海外特别账户都属于此种类型。例如，美国规定IBF可以接受外国居民、外国银行和公司、美国境外公司的存款，也可以向这些外国居民和其他国际银行设施提供贷款，但不得接受美国居民存款或向美国居民贷款，不得向居民发行可转让的定期存款单，也不得做银行承兑业务或其他可转让票据业务。

日本在分离离岸业务与在岸业务方面更加严格，按照日本法律的规定，市场的当事者中的非居民只限于在日本的外汇银行，交易对象中的非居民也只限于在境外的法人以及外汇银行的海外分行；从事境外业务的银行或机构要确保交易对方确实是非居民以及所贷款项用于境外的营业活动，可以进入JOM的机构仅包括外汇专业银行、外汇指定银行和外国银行在日本的分行，也即是说，JOM的交易对象仅仅指法律限定下的部分非居民（包括外国法人、外国政府、国际机构、外汇银行的海外分行），即便同样具有非居民身份的本国企业的海外分支机构以及个人，由于本国控股以及个人非居民身份难以确认等原因，也都被日本法律排除在交易对象之外。东京市场的离岸业务都是由经过大藏省批准后设立的"特别国际金融离岸账户"进行的。在模仿IBF设立的中国台湾地区的离岸市场上，也实行内外业务分离管理，各国际金融业务分行的境内外业务会计账户必须相互独立。

三、渗透型离岸金融市场

内外业务渗透的分离型市场模式主要由发展中国家的离岸金融市场所采用。在这一模式之下，尽管离岸账户与在岸账户分立，居民交易和非居民交易基本分开运作，但法律允许两个账户之间有一定程度的渗透。很多建立离岸金融市场的亚洲国家采取这一模式，这既可以避免过大的风险，又可以充分利用资金。具体做法上，有的国家仅允许离岸账户向在岸账户渗透，也就是非居民存款可以向在岸账户贷放，但资金不能从在岸账户流入离岸账户，泰国曼谷国际银行设施（Bangkok International Banking Facilities，BIBF）、马来西亚纳闽离岸金融市场、印度尼西亚雅加达离岸金融市场就是如此；有的为了限制外资内流，仅允许在岸账户向离岸账户渗透，但禁止离岸账户向境内放贷；还有的国家允许两者之间的双向渗透，即居民既可以用离岸账户投资，也可以用离岸账户获得贷款，如新加坡亚洲货币单位（Asian Currency Unit，ACU）。

这些国家尽管在离岸账户与在岸账户之间是否渗透存在不同，但离岸金融市场内外业务分离始终是核心，因此都属于同一类型。发达国家基于其在国际金融领域内的广泛优势，其金融市场只需回流部分本币，而不需要更多地引资，故而严格执行离岸业务与在岸业务的分离，以便充分保障金融秩序、防范金融风险；而发展中国家为更好地吸引和利用本国经济建设所急需的资金，也有必要做一些调整。对于发展中国家来说，离岸市场可以成为利用外资的渠道，故而过分严格的内外分离会使创建离岸金融市场的意义打折扣。无论如何，内外业务分离型的市场模式，是当今离岸金融市场模式的主流。

四、避税港离岸金融市场

避税港型离岸金融市场是指没有实际的离岸资金交易，只是办理其他市场交易的记账业务而形成的一种离岸金融市场。这种类型的离岸市场的特点是：市场所在地政局稳定，税赋低，没有金融管理制度，可以使国际金融机构达到逃避资金监管和减免租税的目的。典型的避税型离岸金融市场有加勒比海的开曼群岛和巴哈马，以及百慕大和西欧的海峡群岛等。

20世纪60年代各国政府纷纷提高税率，大规模的私人企业和巨额收入者为减轻税收负担，寻求可以合法避税的地方。与此同时，若干小国或海岛为了繁荣经济，常用减免所得税及其他税收优惠方式吸引国际资金，逐渐形成一种新型的离岸金融中心，避税港型离岸金融中心。这类离岸金融中心分布很广，但因不具备构成国际金融与外汇市场的条件，所以多为簿记中心，国际间交易的功能仍依赖伦敦、纽约、法兰克福等功能型中心。

加勒比海离岸市场属于典型的避税港型离岸金融中心。它形成于20世纪70年代，以中小发展中岛国为特征的加勒比海地区，虽然政治经济不甚发达，但远离政局动荡和战乱地区，具有"世外桃源"的优势，特别是在不征或极少税费的条件下，能吸引大量境外资产。从根本上说，加勒比海避税港的发展是由于美国银行资产的大量转移。由于缺乏金融市场的基础设施和条件，加勒比海离岸市场通常是记账中心而不进行实际交易。

加勒比海地区的离岸金融市场除了政局稳定、税赋低、没有金融管制等优势，还有一个吸引外资银行的重要因素就是银行享有保密权。一般来讲，如果法院或政府调查有关客户的资料，要求银行提供，银行必须照办，但在加勒比海的离岸金融市场，当地的避税港法院会阻止美国银行向美国法院或政府提供客户资料。

第五节 离岸货币中心的发展历程

无论是客观上具备大量资金交易中心的必要条件，从而自发形成欧洲最早、最著名的伦敦离岸金融中心，还是美国、日本、新加坡等国顺应国际金融市场的发展趋势，利用政府支持，实施有效措施推动离岸金融中心的形成与发展，世界主要离岸金融中心都遵循着一定的发展路径，优越的自然条件与成熟稳定的社会条件是离岸金融中心形成的前提，而系统和规范的管理制度则是离岸金融中心发展的关键。

离岸金融中心的形成和发展主要取决于发展模式、区位选择、制度要素、监管体系、业务发展战略、发展步骤等因素，这些因素在世界各离岸货币中心的发展过程中具有不同的表现和影响。

一、发展模式

离岸金融中心的发展模式包括模式选择和发展策略两方面内容。

（一）模式选择

模式选择的关键在于处理在岸业务和离岸业务的关系，即前述的内外混合型、内外分离型和避税港型三种模式。内外混合型的特点是离岸账户与在岸账户并账操作，资金的出入境不受限制。内外混合型是最早出现的管理模式，是各类离岸金融中心中管制最少的一种，由于这种模式在同一账户上同时运作本国或本地区的居民与非居民的金融业务，因此蕴涵着极大的风险。一方面，巨额的国际资本流动会影响市场所在国国内货币政策的效果，使得市场所在国在一定程度上丧失货币政策的自主性；另一方面，资本账户的完全放开容易引发所谓的"过度借贷综合征"，即外国资本的过量流入使得国内资金状况变得过于宽松，导致国内信贷扩张，结果是国内需求远远超出供给，引起经常项目的巨额逆差，而一旦外国资本停止流入或大量撤离，整个金融体系就会面临崩溃的危机。由此，内外混合型的离岸货币市场对所在地的经济及管理能力都提出较高要求，不仅要求所在地拥有发达的金融市场，还要求政府能够实施有效监管，及时发现投机行为并实施有力的干预。

在伦敦离岸货币中心之后发展起来的离岸金融中心，大多采用内外分离型的管理模式，只是分离的程度有所不同。严格的内外分离型模式以日本的离岸金融市场（JOM）最为典型，日本的离岸金融市场规定，禁止资金净流入（入超），即从非居民吸收的存款只能向非居民放贷，超出的存款必须放给其他金融机构的离岸账户，严格限制离岸资金向国内渗透。此外，根据内外隔断的原则，离岸账户不能保持结算性存款，不具有独立对外清算职能，故交易清算必须通过母银行的国内普通账户进行。

比较宽松的内外分离型模式（渗透式模式）允许在岸和离岸账户之间有一定程度的渗透，新加坡的亚洲货币单位（ACU）渗透程度最深。新加坡政府多次放宽政策限制，该国居民既可以通过离岸账户获得贷款，也可以利用离岸账户进行投资。而如马来西亚、泰国曼谷等地的离岸金融中心都是单向渗透的管理模式，即禁止在岸账户的资金流入离岸账户。

内外分离型的管理模式优点在于降低国际资本流动对离岸金融中心所在国或地区经济的冲击，有效阻挡国际金融市场动荡对国内金融市场的冲击，适用于小国和新兴市场经济国家。在宏观调控机制和政府干预能力尚不成熟的前提下，通过发展内外分离型的离岸金融市场，既可以避免较高的金融风险，又可以为本国金融市场的开放带来契机。但越来越多的发展中国家致力于发展离岸货币市场，即使采用内外分离型的管理模式，由于国家的经济实力不够强大，国内的制度体系比较脆弱，一旦受到国际资本的冲击，动荡往往在所难免。20世纪90年代以来，离岸货币中心在亚洲金融危机和拉丁美洲债务经济危机中的作用就是最好的例证。

避税港型离岸中心主要利用其作为交易的登记地点，不发生实际业务，只通过所在国账户处理境外交易从而达到避税的目的。

三种类型的离岸市场是与不同的经济调控水平和金融监管水平相协调的，从实践看，各国根据自身的条件，包括经济市场化程度、金融业发达程度、监管水平等选择不同的管理模式。基于世界主要国家的离岸金融中心的发展历程，市场化程度较低且干预能力有限的发展中国家多选用内外分离型，而美国、日本等发达国家由于其货币充当"境外货币"，为了防止本币资金的流出入干扰国内货币政策的实施，不得不对在国内从事的本币业务和本币境外业务严加隔离。

（二）发展策略

世界主要离岸货币中心的发展路径主要有自然形成和政府推动两种，在欧洲货币市场产生和发展的过程中，市场力量起着决定性作用。但在欧洲美元市场诞生之后，美国国际银行设施、新加坡亚元债券市场和日本东京离岸金融市场等离岸金融中心，都是政府为适应经济、金融发展的客观要求而推动形成的，其中政府的积极作用不可小视，有时甚至可能影响一个新兴市场的发展轨迹。政府有能力、有可能通过采取积极措施，消除影响离岸市场发展的约束条件和不利因素，推动离岸市场的健康、快速发展。

二、区位选择

菲利普·戴维斯（Philip Davis）利用工业选址理论，揭示金融机构选择在某个中心城市而不是其他地方开业和经营的原因。他认为金融机构的选址取决于需求因素、供给因素和沉淀成本，能否进入市场并获得客户是金融机构考虑的需求因素，政治与经济的稳定因素则是供给方面的重要因素，政治与经济的稳定性使金融机构和投资者具有良好的信心，这是金融中心运行良好的前提。金融机构重新选址受到沉淀成本的限制，与客户的关系，与其他金融机构的关系，以及与政府监管部门的关系损失可能是最严重的沉淀成本。考虑上述因素，离岸金融中心的区位选择必须综合考虑自然因素和宏观经济因素，包括地理位置、政治经济环境、金融体系发展完善程度、基础设施条件以及声誉。

优越的地理位置是离岸金融中心形成的必要条件之一，地理位置的优劣对避税型和区域型离岸金融中心尤其重要。避税型离岸金融中心多属小国，优越的地理位置可以为其国内政治和经济稳定提供有力保障，为各国投资者营造和谐的投资环境。大量的避税型离岸金融中心聚集在加勒比海地区，偏离大陆而为海洋所环绕，或偏离大陆政治中心，这种地理位置使它们远离政局动荡和战乱地区，具有"世外桃源"的优势，因而受到各国投资者的青睐。区域型离岸金融中心也往往占尽地利，典型的如新加坡离岸金融中心。新加坡具有得天独厚的地理条件，极佳的时区优势使新加坡金融中心在旧金山闭市之前接手，到其闭市时把金融交易活动转交苏黎世，给银行和金融交易的不间断运行创造条件。同时，新加坡在凭借先天的地理位置吸引全球资本之后，加强基础设施的建设，以巩固本国在自然条件方面的优势，便捷的交通设施和先进的通信系统为离岸金融市场的发展提供技术保证。

比较而言，一体型离岸金融中心在自然环境方面的共同特点是交通便利，而且具有广阔的辐射区。如伦敦覆盖欧洲大陆，东京辐射整个东亚地区，纽约则以北美地区为腹地，但地理位置对于这些离岸金融中心的形成并不是非常重要，一体型离岸金融中心由于历史原因或本身的强势经济地位成为国际金融中心。Donato Masciandaro[①] 通过分析220个国家（地区）得出结论，一个国家或地区如果拥有高度的政治稳定、较低的犯罪率、在国际组织中发言权较小、法律体系属于普通法系（common law juridical system），那么形成国际金融中心的可能性就较大；而是否使用英语作为官方语言、是否曾是殖民地以及地理位置如何，并非形成国际金融中心的关键性因素。Donato的结论表明，一国或地区的金融发展程度是离岸金融中心能否成功运作的关键因素。

伦敦之所以成为世界第一的离岸金融中心，与英国经济的发展密切相关。最初由于工业革命的原因，英国的资本主义得到发展，对外贸易扩展尤为迅速，伦敦成为世界贸易中心，英镑成为最主要的国际支付工具；随着伦敦金融市场上证券、保险交易量的不断增长，外国银行的高度集中，各国投资者通过伦敦进行债权债务的清算，伦敦成为国际贸易的枢纽和国际资金的汇集地，最终成为国际金融中心。[②]

新加坡离岸金融中心的发展利用了世界经济重心东移、南亚区域经济

---

① Donato Masciandaro, "Offshore Financial Centers: Explaining the Regulation," *Paolo Baffi Center Bocconi University Working Paper*, No. 170, 2006.

② 参见刘振芳《离岸金融市场》，上海财经大学出版社1997年版。

蓬勃发展的大形势。而中国香港作为自由港，在第二次世界大战后的短时间内创造举世瞩目的经济奇迹，从20世纪60年代开始，香港推行出口导向型策略，重点发展劳动密集型的加工产业，国民生产总值年均增长速度都接近或超过10%，出口扩张迅速，人均国民收入水平迅速提高，加上长期与国际市场联系的金融市场，发展成为亚太地区的离岸金融中心是必然的。加勒比海地区的离岸金融中心因其远离大陆，确保经济与政治的稳定，从而成为国际投资者的避税乐园。

高度的社会稳定和经济繁荣是保证这些国家或地区成功建立离岸金融中心的基础。此外，良好的声誉增加了金融机构的迁移成本，因而提高离岸金融中心的持续性，有利于形成良好的自我循环机制。总之，不同类型离岸金融中心的区位选择取决于不同因素，自然要素对于避税型和区域型离岸金融中心的形成具有直接的影响，而形成国际性金融中心则更需要良好的经济与金融基础和环境。

三、制度要素

制度要素是离岸金融中心形成的首要条件，离岸金融市场长期以来一直因其低税、低管制而区别于在岸金融市场，吸引着各国的投资者。从伦敦的欧洲货币市场建立以来，各国或地区政府纷纷致力于制定和实施有效的管理政策，推动本国离岸金融中心的发展。随着世界经济一体化的趋势日渐明朗，规范和完善的管理制度在保证离岸金融中心的正常运转，从而维护国际金融市场的健康发展方面的重要作用也日趋明显。

IMF的一项研究报告认为，离岸金融中心需要所在国具备以下制度性条件：①显性税负较低，以增加企业的税后利润；②更为简化的监管系统，以减少企业的隐性税负；③最少的公司注册和运转手续；④充分的法律体系保证委托—代理关系的完整性；⑤接近主要的经济体，或者接近对资本流入有较大吸引力的国家；⑥投资者可以获得专业级别的金融服务；⑦没有外汇管制；⑧能够保证资产免受诉讼影响。

Roussakis、Apani和Prakash[①]的分析指出，一个地区要想成为离岸金

---

① E. N. Roussakis, K. Dandapani and A. J. Prakash, "Offshore Banking Centres: Prospects and Issues," in *The Changing Environment of International Financial Markets*, eds. D.K. Ghosh and E. Ortiz (London: Palgrave Macmillan, 1994).

融中心，必须满足以下三类条件：

A类，先决条件（prerequisite factors），具体包括五点：①国内税率较低或根本就不存在；②政治稳定；③对交易记录保密；④与银行相关的法令以及对银行的监管较富有弹性；⑤货币可自由兑换。如果缺乏以上条件，那么离岸金融中心就不可能建立。

B类，主要因素，包括两点：①电信、电话等基础设施完善并且具有相关的合格从业人员；②地理位置上的优势。这两个因素在维持并发展离岸金融服务等方面有重要的推动作用。

C类，次要因素，包括：①经营成本较低；②政府的相关政策比较宽松；③当地居民对离岸业务的心理接受程度较好；③征收的费用合理以及语言等其他因素。这些条件一般来讲具有较次要的影响，但如具备这些条件，就可以极大提高某个离岸金融中心的吸引力。

比较世界离岸金融中心发展的实践，各国和地区基本围绕放松金融管制、税收优惠和健全法制法规体系三方面进行制度建设。

（一）放松金融管制

较少的金融管制是吸引金融机构云集离岸金融市场的重要原因，所有国家和地区的离岸金融中心无一例外地采取放松金融管制的措施，通过宽松的经营环境争夺国际金融资源。表4-2列举了主要离岸金融中心放松金融管制的措施。

表4-2 主要离岸金融中心放松金融管制的措施

位置	外汇管制	准备金制度	利率管制	信用额度
英国伦敦	1979年取消外汇管制	建立之初即不受存款不受准备金制度的限制	不受利率上限管制	无限制
美国纽约	1973年取消外汇管制比率由3%降为零不参加存款保险制度	IBF不受D条例的存款准备金限制	IBF不受Q条例的利率限制	国际银行设施对非居民提供的贷款，美联储对贷款的数额和期限不作任何限制

续表 4-2

位置	外汇管制	准备金制度	利率管制	信用额度
日本东京	取消对立案账户的外汇管制	东京离岸市场废除了法定准备金制度，各离岸银行无须向日本银行交纳准备金。但是，从离岸账户向非离岸账户转账时，转账总额要按规定的比例交纳准备金，不参加存款保险制度	日本金融当局规定，离岸市场的存款利率不受日本银行的管制，由市场根据资金供求关系自然决定利率水平	—
新加坡	1978年全面取消外汇管制	1972年取消20%的亚洲美元流动准备金，取消将负债6%比例的现金无息存放在金融管局的规定	1975年废除存款利率限制	1992年8月，放宽离岸银行的新元贷款额度限制，将上限提高至7000万新元
中国台湾	1987年宣布放宽对汇出汇款的限制；1989年实现汇率自由化；同年宣布全面开放资金市场，允许资金自由流出、流入	经营离岸金融业务免提存款准备金、坏账准备金	经营离岸金融业务的银行存款利率自定，1989年实现了利率的完全自由化	无限制

（资料来源：据公开资料整理。）

（二）税收优惠

税收优惠是离岸金融市场制度特征的集中体现，离岸市场形成的直接原因是公司为逃避本国政府管制及国内的高税率而将资本转移到别国市场,因此,税率是离岸资本选择其流向的最为重要的因素之一,离岸金融市场所在国税率的高低直接影响到其对国际资金的吸引力。多数离岸金融中心在这些方面实行优惠的税收政策:①所得税、营业税和增值税,不同离岸金融中心差别较大,但对于离岸金融市场上的金融机构以及国际商务公司(international business corporation,IBC)①,一般适用较低的税率,甚至免除所得税;②利息、股息、资本利得佣金、费用所得税和印花税、土地使用税等,减免幅度一般较大,几乎所有的离岸金融中心都对离岸存款免征存款利息税;③死亡、继承、遗产税,减免大多集中在岛国和避税型离岸中心。表4-3反映了一些离岸金融市场的税率情况。

表4-3 世界主要离岸金融市场税率

国家(地区)	公司所得税	资本利得税	股息预扣税	代扣所得税	增值税
新加坡	20%	无	无		5%
日本	1亿日元以内:每年800万以内部分为22%,800万至1亿元为30%;1亿日元以上为30%	视情况而定	7%或20%,根据股票类型而定		—
泰国	2001年6月前上市的公司,净利润3亿泰铢以下:25%,3亿泰铢以上:30%;2001年6月之后的上市公司,大型公司:20%;中小型公司:100万泰铢以下:15%,100万至300万泰铢:25%,300万泰铢以上:30%	同收入所得税	无	视国家与代扣项目的不同而不同	10%

---

① IBC 是一种在离岸金融中心注册的有限的负债工具,是目前受欢迎的一种管理投资基金的工具。IBC 的成立费用通常是最少的,并且可以免除一切税收。

续表 4-3

国家(地区)	公司所得税	资本利得税	股息预扣税	代扣所得税	增值税
英国	30%	无	无	视国家与代扣项目的不同而不同	17.5%,少数公司5%
瑞士	8.5%	房地产业:5%~60%,根据持有期和可征税数额而定;投资行业:20%及以上	20%及以上		7.6%
加纳	25%（非传统产业出口和农村银行系统为8%,对农业和出租业的银行贷款为20%）	无	10%	董事会成员,兼职讲座、检查,保险佣金15%;版税、管理、技术服务费20%	12.5%
百慕大	无	无	无	无	无
哥斯达黎加	30%	无	15%	视代扣项目而定	无
毛里求斯	25%（对离岸市场和有税收保护的公司征税15%）	无	无	无	15%

（资料来源：据公开资料整理。）

从表 4-3 可以看出，各离岸金融市场的税率差异较大，通常情况下，避税型离岸市场的税收较少，这些离岸市场通常是一些较小的岛国，低税率和较少的政府干预是它们在离岸金融市场竞争中最大的优势，因此，避税型离岸金融市场又被称为"税收天堂"。这些市场所在国家或地区多为发达国家的属地或原殖民地，为了吸引外来资本，发展本土经济，于是向非居民提供非常可观的税收优惠，完全放弃对来自附近及其他发达国家的外国纳税人的属人管辖权，对其本国或本地来源所得及财产不征或少征收。表4-4总结了加勒比海地区主要离岸金融中心对税负的规定。

表4-4 加勒比海地区主要离岸金融中心税负规定

英属维尔京群岛	非居民只需就来自本岛的收入纳税，无资本利得税，国际商业公司享受包括预提税在内的税收豁免
开曼群岛	不征收所得税、资本利得税、公司税或遗产税
百慕大	对收入、利润和岛内分配不征税
巴巴多斯	不征收资本利得税、地产税、股份转让税、资本印花税，对股息、投资或特许权不征收预提税，离岸公司可以进口免税固定设备和原材料
荷属安的列斯群岛	离岸公司境外收入税2.4%～3%，无资本利得税，非居民个人的绝大部分外国收入免税
圣基茨和尼维斯联邦	来自岛外的收入、股息、分配免税
安提瓜和巴布达	国际商业公司自成立起50年内完全免税
特克斯和凯科斯群岛	国际商业公司不缴纳直接税，不对信托征税
伯利兹	国际商业公司享受商业豁免的项目包括公司收入、红利和公司分配给个人的收入、利息、专利权使用费以及公司对非居民类似支付、资本利得

（资料来源：据公开资料整理。）

另外，很多避税型离岸金融中心都与主要经济大国签署避免双重征税条约，非居民纳税人可以在这些国家建立法律实体，这些法律实体有权代表其投资者或控股者处理境外所得和财产。对这类法律实体提供优惠的税收政策，使得纳税人可以将全球的所得和财产转移到离岸市场所在国家（地区），从而避免在高税率国家的税负而达到避税效果。

以百慕大为例，为了吸引更多的国际资本，保持自身在离岸金融市场中的竞争力，百慕大政府采取极为优惠的税收政策。根据《1966年税收保护法》，百慕大政府承诺50年内不向设立免税公司的外国企业征收个人所得、股息预扣、资本利得和公司收入所得等税款。1990年，政府又取消对国际业务征收的印花税，国外企业只需要交占年租费5.75%的地产税以及占工薪收入5%的工薪税（宗教、慈善组织和公共组织及年薪低于5

万百慕大元的雇员可以免缴）。相对较低的税率水平吸引大量离岸资金的涌入，因此百慕大是世界上最大的离岸金融市场之一，离岸金融业收入成为当地经济发展的支柱之一。在 2000 年时，百慕大已有跨国企业 7000 多家，注册保险公司 1300 多家，而且许多其他市场的金融机构在向百慕大转移。

相对而言，发达国家和地区的离岸金融市场如伦敦、东京、纽约等税率要高得多，但与本国在岸市场以及国际上其他金融市场相比，其税率仍处于较低的水平。实际上，这些离岸金融市场吸收离岸资本的优势在于大型的市场、完善的基本设施和条件、活跃的金融交易活动，税收上的优惠并不是其发展的关键性因素。由于国际金融市场的竞争日趋激烈，再加上全球的发展中国家纷纷放松资本管制，组建本国离岸金融市场，以低赋税吸引全球资本，发达国家也随着世界趋势进一步降低税率，加强本国金融市场的竞争力。

除了逐步降低公司所得税外，发达国家也有条件地免除部分税负，如伦敦对境外流入的资金所产生的利息不征收利息税，东京对向非居民在离岸账户支付的利息免税，美国离岸金融市场的交易也豁免利息预扣税和地方税，由于这些国家的金融市场本身就非常发达，经济规模大、基础条件好、投资者的风险顾虑小，具有很强的吸引力，在实行多方位的税收优惠政策后，国内的离岸金融市场发展相当迅速。

（三）健全法律法规体系

在构成离岸金融中心的制度性因素中，法律环境的作用至关重要，没有健全、稳定的法律体系，就没有离岸金融市场的持续发展。世界主要离岸金融中心的金融法律法规都比较健全，这是因为离岸金融业务自由化程度比较高，政府干预较少，业务活动的依据就是法律法规和国际惯例，只有健全的法律法规才能保证离岸金融市场正常有序的运转。

这些国家和地区除了制定《金融服务法》等法律外，还制定银行、保险、信托、基金等业务法及相关法规。随着纽约离岸金融市场的形成，美国进行了一系列的金融立法，其中包括《银行法》《联邦储备法》《信贷控制法》《放松管制与货币管理法》《证券法》《证券交易法》等。英国虽然是不成文法（Unwritten Rule）国家，但英国也为伦敦国际金融市场的形成和发展制定了大量成文法，如《银行法》《通货与银行钞票法》《金融服务业法》等。

20世纪60年代后，离岸金融市场在发展中国家的形成和发展令人瞩目，这些离岸金融市场的所在国或地区都以立法措施吸引外国银行和资金，以建立本国的离岸金融市场。如位于加勒比海西部的开曼群岛，1966年实施的《银行和信托公司法》吸引大量外国金融机构和跨国公司来此开业，1969年的《免税法》、1977年的《银行保密法》和1980年的《保险法》等法律更使开曼群岛发展成为世界上最显赫的离岸金融中心之一。完善的金融立法为国外金融机构进入一国或地区开展金融业务提供了法律依据，提供宽松而有序的法制环境。表4-5为新加坡针对离岸金融市场的各种法律法规。

表4-5 新加坡离岸金融市场相关法律细则

《银行法》	它是由新加坡金融管理局制定的，1970年出台，后经1972年、1973年、1984年、1985年4次修改，更趋于完善。银行法对执照的审批、准备金、股息、资产负债表等有严格的规定。金融管理局可自主决定利率、贴现率、佣金率以及贷款、透支或投资业务的期限与额度。凡设有"亚洲货币单位"的银行，其总行必须对其一切清偿力或其他短缺问题负责
《公司法》	在新加坡开业的银行，首先须根据《公司法》进行注册，外资商业银行或证券银行开设分行前得登记为公司，并向公司注册局申请其行号。银行的一切经营活动都必须接受《公司法》管制
《所得税法》	1973年颁布，规定金融机构须按章纳税，享受税务减免或其他税务的优待，亚元债券、存款证、贷款合同以及包销证券免征印花税；对持有亚元货币单位执照的银行，在银团贷款、存款证、债券、利率与货币调换中所获收入，只需交10%所得税（一般公司要交32%）。新加坡还通过签订避免双重课税协约的方式，减免签约双方的税务
其他金融法规	《货币法》《金融公司法》《保险公司法》《证券法》《外汇管理法》《金融管理局法》等对不同种类、不同性质的金融机构进行法制管理，使之健康发展

（资料来源：据公开资料整理。）

（四）金融隐私权得到保障

很多离岸金融中心通过立法对跨国投资者的离岸金融活动或财产提供

不同方式、不同程度的保密措施,并且将未经批准泄露银行或客户资料视为犯罪行为。将这一手段利用得最为彻底的当属加勒比海地区的离岸金融中心群,各国对在本地注册的国际商业公司都实行有利于保密的规定,其中包括无须出示经过审计的账目报表或无须每年审计、允许发行不记名股票、不必拥有在本地活动的记录、不必向公司登记负责人透露董事名字、不必登记股东信息等规定。但随着国际统一的规范性措施的加强,透明化将成为未来离岸金融中心的发展趋势,保密性这一离岸金融中心的制度优势将逐渐淡出。

四、监管体系

(一)监管主体

对于离岸金融市场的监管主体,是设立专门的机构对离岸金融市场进行监管,还是由在岸金融市场的监管主体统一实施,学术界的观点并不一致。设立独立的监管机构可以专职于离岸金融市场,缩小了职责范围,使其监管更为全面有效,但是独立于国内在岸金融机构的监管不利于离岸、在岸金融市场监管信息的交流,容易造成监管的冲突。从各国实践看,大部分国家选择已有监管主体对离岸金融市场进行监管,而不是设立独立的监管部门,具体见表4-6。

表4-6 离岸货币市场监管机构

离岸货币市场	监管机构	是否与在岸市场相一致
新加坡	新加坡货币管理局	是
中国香港	香港货币管理局	是
马来西亚	纳闽离岸金融服务局	否
巴哈马	巴哈马中央银行	是
都柏林	爱尔兰中央银行	是
泽西岛	泽西金融服务委员会	是
直布罗陀	金融服务委员会	是
安提瓜	财政部	是

(资料来源:据公开资料整理。)

(二)市场准入

离岸金融市场准入监管是监管的第一道防线,市场准入是指监管当局依照法律规定的标准进行选择，合格的机构依法获得从业资格，进入市场进行金融活动。离岸金融市场准入监管是监管当局防患于未然的一种预防性监管，防止金融机构"先天不足"而引起的各种风险，保证得到许可的机构具备从业所要求的基本条件。因此，各国政府对于进入离岸市场的金融机构或多或少设置一些标准，主要是对进入离岸市场的机构性质、类型和层次等方面进行限制。

不同类型的离岸金融市场的准入制度会有所差异，但同时也存在很多共性。在进入离岸货币市场的机构准入方面，基本分成两类：一类是仅允许银行进入市场，即建立的是银行间市场；另一类是允许多种金融机构进入，建立多主体市场。前者较为典型的是日本东京，日本离岸金融中心建立之初规定市场的参与机构必须得到大藏省的批准，即在日的外汇公认银行（包括外国银行），而证券公司、一般性法人和个人是不能参加的。中国台湾和泰国等地的离岸市场也归为这一类，这些国家或地区的市场准入规定反映监管当局审慎管理的态度，担心结构过于复杂的市场助长投机活动，不便于资金流动的监控，容易影响国内金融市场的稳定。更多的离岸金融中心属于后一类，典型的如加勒比海地区的离岸市场，准入限制较少，除商业银行、保险公司、信托公司等，非银行类金融机构也可以进入市场。新加坡、中国香港、马来西亚等地的市场准入制度也属于后者，但它们采用颁发执照的办法进行许可管理。新加坡的许可管理较有特色，将其准入的金融机构分为四种，分别给予不同的执照（见表4-7）。

表4-7 新加坡亚元债券市场准入分类

全面性银行	限制性银行	离岸银行	证券银行
可经营一切国内和国际银行业务，此类银行是1976年以前注册的，此后基本停发执照	不许设立分行，不得接受储蓄存款，不得接受非银行客户25万新元下的计息存款，1983年以后停发此类银行执照	不许设立分行，不得接受储蓄存款，不得接受新加坡居民非银行客户的新元计息存款，对新加坡居民非银行客户的放款总额不得超过1亿新元	不得接受公众存款，不可向公众集资，筹资对象限于股东控制的公司及金融机构。此类银行不必领执照，但必须先获得金融管理局批准

（资料来源：参见杨咸月著《离岸金融市场发展研究》，上海交通大学2003年博士学位论文。）

此外，绝大多数国家或地区对申请进入的外资银行限以分行的组织形态设立，如中国台湾规定，离岸金融中心的运作主体仅限于以分行的组织形式设立，不允许设立子公司或附属境内公司。因为根据1975年十国集团所订立的《巴塞尔协议》，当分行营运发生困难时，分行的清偿能力可由其总行及总行所在地的中央银行监督负责，而总行对其子公司及附属公司则无义务。因此，为了维护离岸货币中心的稳定性，要求以分行的形式设立。

由于国际金融市场的竞争日益激烈，各国纷纷放宽市场准入，希望借此加强本国离岸货币市场的竞争力。根据IMF2000年的报告，离岸货币中心纷纷拓展其服务范围，积极提供资金管理、保险、信托、国际商务公司（IBC）等多种金融服务。相比之下，原先占有主导地位的银行业务份额反而有所下降。

（三）经营主体监管

离岸货币中心所在国对经营主体监管的意义在于保护国内的金融市场。离岸货币市场是一个高度国际化、自由化的市场，如果本国在岸金融比较落后，又对离岸货币经营主体不加限制，大量的金融机构可能会由于离岸货币在税收、利率和外汇管制等方面的优惠政策而选择资金逃离，使国内金融体系受到打击。

避税港型离岸中心通常对经营主体监管较少，注册方便灵活，所需申请文件的内容少，保密性也比较好，但为维护金融市场平稳运行，市场所在国政府也实施必要的监管措施。如巴哈马政府要求注册银行和信托公司必须有10万美元以上的资本，并且资本与风险资产比率保持在平均11%以上。巴哈马政府还设置可疑交易报告制度和国际银行信托公司协会所订立的自律准则来防范金融犯罪行为，尤其是参与洗钱和毒品交易的行为。1988年，巴、美订立一项共同的法律援助协议，强调当一方怀疑在另一方的某机构有金融犯罪活动时，相互间要及时交流信息。

内外混合型离岸货币市场对经营主体的监管的特点是轻准入而重经营，如香港金融市场上没有离岸账户与在岸账户的严格区别，无论是本地区居民还是非本地区居民，无论是本地货币还是外地货币，都可以自由进行交易，对离岸业务也没有特殊的优惠，本地和外资企业一律平等。但为了保证本地金融的平稳发展，香港对经营主体日常的经营活动实施持续性的监管,如通过银行监理处管理银行经营,禁止银行从事违例的商业活动,不定期抽查银行账目等。

内外分离型离岸金融市场上,监管机构往往以法律法规的形式明确对经营主体的监管责任,对经营主体的监管主要体现在以严格的资格要求限制金融机构的市场准入,在源头上降低离岸金融风险爆发的可能。例如马来西亚的纳闽离岸金融服务局在1990年的《离岸银行法》中规定,申请在纳闽开办离岸货币业务的银行,其资本不得少于1000万林吉特或等值的其他货币;新加坡则实行区别对待,要求国内银行从事离岸金融业务,实收资本不得少于15亿美元,外国银行在新加坡从事离岸业务,其总部的实收资本不得少于20亿美元。此外,为了控制风险,新加坡监管当局规定高于《巴塞尔协议》资本充足的10%的标准,要求金融机构12%的资本充足率。

(四) 市场退出监管

通常情况下,一国金融市场上退出监管有三种制度:危机预警制度、最后贷款人制度、存款保险制度。第一种制度是为了及早发现风险,使银行及早采取措施;第二种制度是为了在银行出现暂时性资金危机时,以惩罚性贷款帮助银行渡过难关,防止倒闭;第三种制度是在银行破产时,由相应的保险机构代为付现,保护公众利益。

实际上,为了提高吸引力,离岸货币市场大多没有实行离岸银行的存款保险制度,离岸银行一旦发生问题,缺乏足够的补救措施。1997年东南亚金融危机的发生与此不无关系。在所有离岸货币市场中,内外混合型市场的退出机制实施得较好,如中国香港,政府的外汇基金充当最后贷款者的角色,很大程度是因为内外混合型市场的离岸账户和在岸账户区别不明显,政府需要保护整个市场的安全。

五、业务发展策略

(一) 交易币种

依据本币能否作为交易货币,世界各国离岸金融市场大致分为两类:

(1) 本币不能作为离岸市场交易货币。大部分离岸市场属于这一类,其中又包括两种情况:一是发展中国家的离岸市场,由于其本币不是完全自由兑换货币,而有关条例法规明确规定,交易币种须是外汇,本币自然不能参与交易；另一种是在发达国家，虽然本币属于外汇，但立法规定不能参与交易，比如伦敦市场。虽然从 1979 年开始，伦敦的银行事实上也开始经营欧洲英镑存款业务，但这种交易仍然只能通过英属海峡群岛离岸金融中心达成。

（2）本币也可以作为离岸市场交易货币，美国国际银行业务设施和日本东京离岸市场即属此类型，本币亦成为美国、日本两国离岸市场的主要交易货币。纵观世界各地的离岸金融市场，交易币种有本币化的趋势。

（二）业务范围

业务范围的规定是离岸金融市场的重要内容之一，通常市场准入严格的离岸金融中心对业务范围的限制较多，如禁止离岸银行经营储蓄存款，因为储蓄存款是银行成本最低的资金来源，不能吸收储蓄存款就迫使银行不得不转向其他成本较高的资金来源，这样外国银行在这方面的成本就高于本地银行，在竞争中处于不利地位。再如一些离岸金融中心严格区分信贷业务和证券业务，并对后者严格限制，因为证券是可转让的金融工具，如允许在离岸市场上进行证券交易，可能对国内金融市场产生资金"渗漏"问题，这方面的规定日本离岸金融市场实施得最彻底。

由于日本离岸金融市场在建立之时属于传统的银行间市场，因此其离岸业务主要限于存款和贷款，并明确规定离岸账户内的资金不可做外汇买卖、票据交易、证券买卖和掉期交易。不仅限制业务种类，日本离岸金融中心还对存款交易的期限和限额做出规定，包括：①存款时限。除金融机构外，外国企业的存款至少在两天以上，其他非居民至少隔夜以上。②提款条件。非居民提取其在离岸银行的活期存款时必须提前一天通知。③存款金额的最低限额。除金融机构之外的外国企业，存款金额至少在 1 亿日元以上（外币须换算为等值的日元）。

除日本之外，一些发展中国家及新兴经济体在建立之初也将业务范围限制在存贷款和外汇业务，以便本国（地区）监管当局能够有效控制资本开放的风险，如中国台湾离岸金融主体分行的业务范围包括，接受中国台湾境外的个人、法人及政府机关的外汇存款；接受金融机构的外汇存款；通过国际金融市场吸收及运用资金；外汇买卖及汇兑；对个人、法人、"政府机关"或金融机构的放款；外币买卖及汇兑；外币放款、债务管理及记账业务等。新加坡在 20 世纪 60 年代末刚建立亚洲货币单位时，仅允许离岸金融机构从事非居民的境外美元存贷款业务。

与之相比,其他一些内外混合型以及内外分离型的离岸金融中心,特别是发达国家和地区的离岸金融中心大多在建立之初就规定了较为宽泛的业务范围。美国的国际银行设施(IBF)在建立时就规定可以从事信用证及美国政府债券业务,还可以从事几种二级市场交易,如经营贷款、参与放款及有价证券和存单的转让等。伦敦、中国香港等的离岸业务更是在货币信贷、债券、股票、外汇甚至衍生工具等方面均得到不同程度的创新与突破。

相对于上述两种类型,避税型离岸金融市场的业务范围基本上无所禁忌,除传统的银行、债券业务,还广泛涉及信托、基金、保险等领域。百慕大离岸金融市场有1300多家保险公司在当地注册,约占目前全球保险公司数量的一半。开曼群岛凭借其低廉的经营成本、完善的法律体系,已经成为离岸信托业务的主要增长地区之一。此外,在该地区,离岸公司的注册程序便利,维持成本很低,有专业的注册代理机构代为完成,不需要注册人亲自到注册地进行操作,还可以进行网上注册;注册周期很短,通常当天就可以完成。一些律师事务所等代理机构甚至采用类似装配流水线的方式"制造"各种"规格"的注册国际商业公司,供客户选择、订购。在巴巴多斯注册国际商业公司只需支付初始执照费10美元,另外每年支付100美元。即使是在注册和维持成本较高的英属维尔京群岛,其最低注册费也只有750美元,每年费用650美元。① 正是如此宽松的金融环境,使得加勒比海地区发展成为全球最为成功的离岸金融中心之一。

(三) 交易主体

各离岸中心的资金来源和运用基本都是以银行同业存贷款为主,在同业存贷款中又以境外同业存贷款占多数。新加坡亚元债券市场的同业存款一直占80%左右,贷给银行同业的数额占货款总额的70%~80%;巴林离岸金融中心的资金来源中约76%为银行同业存款,且大部分来自海外银行,68%的资金的出路是海外银行或其他离岸银行,其他非银行客户主要包括进出口商、跨国公司和政府机构。

---

① 参见贺春临《揭秘中国资本外逃通路:离岸金融中心的前世今生》,招银财富网,http://bbs.biz.163.com/post/article.jsp? articleid = – SHE – MZ19ZH&saygood = 2。

与早期的离岸金融中心相比，后来建立的离岸金融中心都强调交易对象的非居民性，在管理上将非居民和居民严格区分开来。美国规定 IBF 的交易只限于吸收外国银行、外国公司、外国居民、其他从事国际银行业务的机构的存款，或向外国居民及其他从事国际银行业务的单位机构提供的贷款，不得接受美国居民存款或向美国居民贷款；日本离岸业务的交易对象仅限于外国法人、外国政府、国际机构、外汇银行的海外分行等非居民离岸账户，从事境外业务的银行或机构要确保交易对方确实是非居民以及贷款确实用于境外的营业活动。

六、离岸金融制度的发展路径

根据世界主要离岸金融中心的发展路径，离岸金融制度在各国并不是一蹴而就，而是一个循序渐进的过程，按步骤、分阶段进行，这对于发展中国家尤其重要。由于市场不成熟，发展中国家的离岸金融市场在建立之初必须采取措施，防止离岸市场上庞大的资本流动对国内经济造成不良影响。很多国家在离岸金融市场建立之初就采取"隔离性"措施，包括账户设置上严格分离（见表4-8）、政策上有限放松（见表4-9）、业务准入和业务范围的严格控制（见表4-10）。

表4-8 日本和新加坡在不同发展阶段的离岸账户设置

阶段	日本	新加坡
第一阶段	每天的入超限额（从 JOM 账户转到普通账户的资金转账限额）和出超限额（从普通账户转到 JOM 账户的资金转账限额）必须控制在上一个月 JOM 对非居民资产的平均余额的5%以内	任何在亚元市场上获准经营业务的金融机构，立一个分开的簿记单位，即"亚洲货币单位"，以此将外币交易账户与新元账户分开
第二阶段	废除每天对出超额的限制，并把出超的限制放宽到10%	通过"货币互换安排"，实现离岸账户与在岸账户的有条件相通

（资料来源：日本财务省、新加坡金管局。）

表4-9 新加坡和马来西亚不同发展阶段的离岸金融政策优惠

阶段	新加坡	马来西亚
第一阶段	取消了亚洲货币单位提缴20%的存款准备金比率的规定，废除了存款证和汇票0.1%的印花税，把离岸金融业务收入的所得税税率由40%剧降到10%	对外资入股马来西亚公司无份额限制，政府债券利息收入免所得税，非贸易活动的收入免所得税，从事离岸交易的公司所得税税率仅为3%，或者每年缴纳2万林吉特，无印花税、增值税及死亡、继承或遗产税
第二阶段	在新加坡设立金融及资金中心的跨国公司的所得税税率，由原来的32%降为10%；推行一项为期10年的税收优惠计划，对境外贷款和新加坡银团信贷票据所得免征税收，刺激了新加坡银团贷款的大发展。20世纪80年代末期，进一步减让新加坡非居民以非新元计价的证券交易手续费	修订了税收法案，扩大离岸业务的税收优惠范围，诸如由居民在离岸市场上经营的货币经纪、租赁业务可以享受税收优惠，信托公司可以享受离岸公司的税收优惠和优惠政策

（资料来源：新加坡金管局、纳闽离岸金融服务局。）

表4-10 新加坡和马来西亚不同发展阶段的离岸业务范围

阶段	新加坡	马来西亚
第一阶段	允许离岸金融机构从事非居民的境外美元存贷款业务	非居民自由买卖、借贷外汇
第二阶段	放宽岸外银行的新元贷款额度限制，将其上限由原来的5000万新元提升为7000万新元。20世纪70年代允许东盟各国在其境内发行证券。80年代之后加大了金融创新的力度，允许离岸市场进行货币互换，发行了大量的亚元债券和浮动利率美元存款证	信托业务：建立纳闽国际金融交易所，准备推出纳闽离岸证券，允许纳闽基金管理人管理外国基金以及私募基金；允许离岸保险公司经营租赁附属设备的业务

（资料来源：新加坡金管局、纳闽离岸金融服务局。）

值得注意的是，虽然放开外汇管制对于离岸金融市场的发展不可或缺，但内外分离型离岸中心在建立之初仍有必要实行外汇管制，防止离岸市场上的资金与国内市场上的资金相互转移，从而影响汇率和利率，并产生投机活动，待业务不断扩大和市场不断成熟发展之后，再逐渐放宽管制，直至全面撤销。

总结离岸金融中心的发展路历程，可以得到以下启示：

第一，根据本国国情选择离岸金融市场的发展模式，并适时进行调整，注重金融自由化的速度与次序，结合国情，谨慎规划。

第二，政府在离岸金融中心的发展过程中起着重要作用。

第三，离岸金融中心的发展需要一些基础条件，包括地理位置和经济基础，但决定离岸市场竞争力的关键因素是离岸金融制度的构建，包括竞争有效的金融体系、健全的法律法规和透明公正的监管机制。

第四，高度关注离岸市场的金融创新，如美国的国际银行设施（IBF）颠覆传统的"离岸"概念，在美国多个城市建立"在岸"的离岸中心，大大提升了金融竞争力。离岸金融创新的本质是逐步对外开放的过程，在这个过程中要把握好创新的尺度，严密监控资本的流动，不断进行评估和政策调整，逐步放松管制，避免重蹈泰国的覆辙，使离岸金融市场成为一国金融动荡的导火索。

◆思考讨论题◆

1. 混合型与分离型离岸金融市场有何区别？
2. 离岸金融市场的作用有哪些？
3. 离岸金融中心放松金融管制的措施有哪些？
4. 离岸金融中心的监管体系有哪些？

第五章　离岸市场与在岸市场的联动：国际比较

离岸市场的发展可能给本国经济与金融运行带来不可控的影响，一定程度上削弱本国货币政策的有效性，弱化本国宏观调控的能力。离岸市场影响国内在岸市场的原因在于货币市场的统一性，离岸和在岸市场的运行是内在统一的、联动的，因此，理论上应当分析离岸、在岸市场之间的联动关系，探讨离岸市场发展对本国经济运行和金融市场发展的影响。

理论上，利率平价、国际收支、金融创新和货币危机等都可能导致离岸和在岸市场之间的汇率联动，这些渠道在各个国家的离岸、在岸市场联动中都有所表现，并导致不同的结果。

第一节　欧洲美元市场成就美元霸权[①]

美元离岸市场可分为境外的离岸市场（欧洲美元市场）和境内的离岸市场（IBF），20世纪50年代诞生的欧洲美元市场是离岸金融市场发展的革命性创新，它改变了国际金融市场的运作方式，也很大程度上促使美元代替英镑成为世界上最重要的国际货币。

境外美元离岸市场从20世纪70年代开始首先在欧洲发展起来。[②] 图5-1反映离岸美元存款规模的变化：1977年只有3076亿美元，85%的离岸美元集中在银行部门；2005年之后开始加速增长，每年规模增加3000亿~4000亿美元，年均增速达20%；2008年达到96400亿美元，之后略有回落；2013年离岸美元市场规模为78987亿美元。

---

① 参见杨承范《人民币离岸市场与在岸市场联动关系研究》，中国金融出版社2014年版。
② 欧洲美元市场形成近20年之后，美国迟迟未在本土开展离岸市场业务，20世纪80年代允许通过IBF开展在岸美元离岸业务，但规模始终未能超过欧洲美元业务。

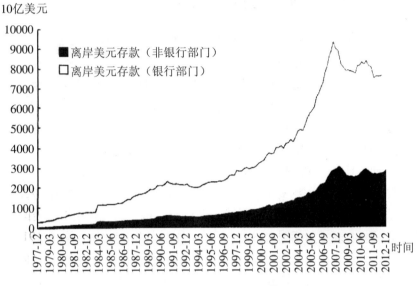

图 5-1　离岸美元存款规模

（资料来源：BIS。）

1977—2013 年离岸美元存款规模以年均 10% 的速度增长，1984 年的增速达到 50%，只有 1991—1993 年、2008—2012 年有所下跌。2013 年资金回流美元市场，离岸美元存款规模又有所回升。

美元离岸市场遍布世界各地，时区衔接完美，保证了以美元为中心的外汇交易 24 小时不间断，以伦敦为中心的欧洲美元市场覆盖了欧洲大陆；以东京、新加坡、中国香港为中心的亚洲美元市场覆盖了亚洲市场；以巴林为中心的中东美元市场覆盖了中东地区，连接了东方与西方；英属维尔京群岛、开曼群岛、百慕大群岛、巴哈马等地区也逐渐成为世界离岸金融市场。根据 Botta[①] 对离岸美元存款分布情况的分析，2002 年美元在海外的存量达 4140 亿，流通中的美元达 6200 亿。美元在海外存量主要集中在俄罗斯和独联体地区、亚洲地区、南美洲地区。

---

① Joseph Botta, "The Federal Reserve Bank of New York's Experience of Managing Cross-border Migration of US Dollar Banknotes," *BIS Papers*, no. 15, 2003, pp. 152～159.

第五章　离岸市场与在岸市场的联动：国际比较

一、欧洲美元市场与在岸市场的联动

(一) 欧洲美元市场的发展历程

20 世纪 20 年代就开始有美元存放在伦敦的商业银行，第二次世界大战前美元存款规模呈现一定的增长趋势，但由于各国外汇管制制度的实施和 20 世纪 30 年代国际货币体系的崩溃，增长趋势受到遏制。20 世纪 50 年代初，欧洲美元市场开始萌芽，在宏观制度环境和微观主体利益共同作用下，欧洲美元市场出现快速的发展，其发展可以分为四个阶段。

1. 萌芽阶段 (1914—1955 年)

19 世纪末期，大约有 60% 的世界贸易以英镑计价，大约有 2/3 的官方外汇储备是英镑，美元还远未成为国际通用货币。[①] 1914 年，美国从净债务变成净债权国，英国在这一年从净债权国变为净债务国。[②] 1917 年，美国宣布参加第一次世界大战，各国出口贸易急剧膨胀，美国成为世界工厂和世界粮仓，美国的跨国公司纷纷在亚洲和拉丁美洲开设分公司，此时美元成为重要的国际货币，外国中央银行开始持有美元储备，美元在贸易和金融领域的使用也开始增多，美国从债务国转变为债权国。1920 年，美国银行机构已在国外开设 181 家分支机构，主要分布在欧洲；1944 年，美国在布雷顿森林会议上通过向各国施压建立起新式金汇兑本位制。凭借第二次世界大战后对盟国的影响力，美国成功说服英国放弃英镑集团。布雷顿森林体系不同于传统的金本位制，美元可以留在海外并成为外国中央银行的准备金，美联储可以向外任意输出美元，又不受黄金兑付的约束。[③] 从第一次世界大战一直到第二次世界大战后的重建，资本一直都是从充裕的美国流向匮乏的欧洲，欧洲美元市场开始形成。

2. 初始阶段 (1956—1962 年)

在这一阶段，欧洲美元市场的规模还不是很大。1957—1960 年英国政府限制英镑融资，以及 20 世纪 50 年代后期欧洲各国实现经常项目货币可兑换，促使各国贸易商更多地使用美元作为结算货币。这一阶段，美元成

[①] 美国经济规模在 1872 年已超越英国，但是金融发展滞后。
[②] 参见 Menzie Chinn and Jeffrey Frankel. "Will the Euro Eventually Surpass the Dollar as Leading International Reserve Currency?" *NBER Working Paper*, No. 11501, August 2005。
[③] 参见默里·罗斯巴德《银行的秘密：揭开美联储的神秘面纱》，李文浩、钟帅等译，清华大学出版社 2011 年版。

为国际贸易中的主流货币，包括苏联、东欧等社会主义阵营国家普遍使用美元作为主要贸易结算货币，持有大量的美元。由于在朝鲜战争中，美国政府曾冻结中国政府在海外的美元资产，苏联等东欧国家普遍担心美国会突然冻结其美元资产，于是将其美元资产从美国陆续转移至伦敦和其他欧洲国家的金融中心，苏联银行在欧洲的电报地址是"Eurobank"，于是有了欧洲美元的说法。① 1955 年由于英国国内较高的通货膨胀率，英国政府开始实施较为紧缩的货币政策，利率大幅度提升。以米德兰银行（Midland Bank）为首的商业银行发现英镑与美元之间的套利途径，② 套利行为一直持续到 1964 年美国上调 Q 条例利率上限。同时，英国和法国 1957 年入侵埃及，英国发生严重的国际收支赤字，英政府禁止使用英镑为第三国贸易进行融资，导致英镑危机爆发，英格兰银行大幅度提高利率至 7%。英格兰银行开始实施外汇管制，禁止商业银行对非英镑区国家提供英镑信贷，于是商业银行转而从事欧洲美元的存贷业务。综合因素导致离岸的欧洲美元市场诞生，但其规模不大，1963 年欧洲美元规模大约在 90 亿美元。

3. 发展阶段（1963—1973 年）

这一阶段，欧洲美元市场的存款规模由 1963 年年底的 70 亿美元上升到 1973 年年底的 1321 亿美元，年复合增长率达 134%。美国国际收支的长期逆差和欧洲美元市场的发展促使美国出台了一系列限制美元外流的措施。例如 1933 年《格拉斯-斯蒂格尔法案》的 Q 条例禁止对活期存款支付利息，对定期存款也规定了最高利率上限，Q 条例规定对从 1957 年 1 月至 1964 年 11 月的 90 天以内的定期存款支付利息的上限为 1%；1963 年，美国出台"利息平衡税"（interest equalization tax，IET），规定美国居民购买外国在美发行的证券，所得的利息要缴税；1965 年，执行自愿限制对外信用计划（foreign credit restraint program）；1968 年出台"国外直接投资规则"。这些措施的初衷是支持美国境内的离岸市场的发展，阻止资本外流，如"利息平衡税"是为了缩小在岸市场与离岸市场所发美元债的息差，自愿限制对外信用计划是为了控制本国金融机构对非居民的贷款。

---

① 参见尤瑟夫·凯西斯《资本之都——国际金融中心变迁史》，陈晗译，中国人民大学出版社、中国金融出版社 2011 年联合出版。
② 由于美国 Q 条例限制，美国的美元 90 天以内定期存款利率为 1%，英国银行吸收欧洲美元存款后，通过远期交易换成英镑投资于国内银行间市场获得高收益（3%～6%），到期后兑换成美元，获得无风险收益。

然而，这些措施的实施效果与初衷背道而驰，反而促进了欧洲美元市场的发展。由于欧洲银行的美元利率高于美国本土银行利率，"利息平衡税"和"国外直接投资规则"导致美元银行和企业转而进入欧洲美元市场筹措资金、开展业务活动。欧洲美元市场参与者的多元化以及产品的多样化也是推动欧洲美元市场发展的动力。在产品方面，欧洲美元存贷款在利率结构和存款期限上更为灵活。1962年，欧洲美元大额可转让存单开始发行。在欧洲美元市场上，存款者可以获得更高的利率并有更多的期限选择，贷款者可以以更低的价格获得更多的资金。除了欧洲美元市场，其他欧洲货币业务也得到了长足发展，欧洲马克、欧洲英镑、欧洲法郎等离岸货币开始发展，形成了具有一定规模的欧洲货币市场，截至1973年，欧洲美元市场规模达到1300亿美元。

4. 新阶段（1974年至今）

1971年布雷顿森林体系瓦解导致外汇买卖的增加，美国出现持续国际收支逆差、1973年大量石油输出国组织成员石油美元流入、欧洲美元市场中长期贷款增多等因素都推动欧洲美元市场继续快速发展，且1/4的业务量集中在伦敦。70年代后，欧洲美元市场受美国本土货币政策的影响较大，与此同时，欧元逐渐产生。[1]

美元存放在欧洲市场有多方面原因：①欧洲美元离岸市场的地理位置、时区、法律体系、监管制度和会计准则与在岸市场相比更有优势。②欧洲离岸市场有利于投资者分离货币风险与国家风险。对于一个投资者而言，国家风险是指人们无法自由支取其存放于某一主权国家的资金的风险。通过离岸市场，非居民可以在不减少某种货币的头寸的情况下降低国家风险。③收益率的差异。在大多数时期，将美元存款存放在伦敦的银行或者美国之外的其他金融中心可以比存放在美国国内获得更高的收益。[2] 20世纪80年代中期以来，在岸市场和离岸市场在这方面已经几乎没有差

---

[1] 由于美元在离岸市场的大量使用，美元价值也在下跌，直接的表现就是美元汇率的持续贬值。20世纪70年代以后美元贬值的主要阶段：1977—1979年、1985—1988年、1993—1995年、2002—2004年。美元贬值使得美国与欧洲地区的贸易纠纷增多，欧元在这种背景下产生，1979年欧洲货币单位（ECU）诞生，1999年欧元诞生。M. D. Chinn and J. A. Frankel, "Will the Euro Eventually Surpass the Dollar as Leading International Reserve Currency?" *NBER Working Paper*, 2005.

[2] 参见马骏、徐剑刚等《人民币走出国门之路——离岸市场发展与资本项目开放》，中国经济出版社2012年版。

别了，不过美国非居民投资者仍然是美国非居民发行的离岸美元债券的主要持有人。

伦敦成为欧洲美元市场的中心既有内因，也有外因。从内因看，主要是环境因素和政策因素，伦敦有较好的金融基础设施、成熟的法律体系、灵活的监管环境、专业的人才储备、便利的交通和较佳的时区（0时区），在各国纷纷限制欧洲美元市场发展同时，英国政府出于保持国际金融中心的目的，并未对欧洲美元业务进行限制。[①] 英国对离岸金融中心的政策可以概括为：①不反对向非居民提供金融服务，且不限于离岸中心，在岸中心也可以做非居民业务；②无论是在岸中心还是离岸中心，都必须遵守国际标准；③支持国际组织的倡议，鼓励提高标准；④区别不在于离岸市场和在岸市场，而是遵守标准和不遵守标准。[②] 同时，当时英国的金融监管采取金融服务局（FSA）的单一监管模式，以原则监管和风险控制为基础，重视与被监管者的沟通而非惩戒。监管者会定期与金融部门高管沟通，讨论监控难题，及时指出风险环节从而化解潜在风险。伦敦的金融监管制度保护了投资者利益，达到了鼓励投资的目的。而从外因看，主要是美国政府对于欧洲美元市场的不干预态度，欧洲美元的发展有效缓解了美元贬值压力，美国政府在国内实施的一些管制措施也刺激了美元外流。

（二）欧洲美元市场与美国在岸市场

根据 He 和 McCauley[③] 的研究，从居民角度看美元在欧洲和美国本土之间的流动，欧洲美元离岸市场的美元流动分为四种类型：①纯离岸交易型（pure offshore transactions），非居民在离岸市场借入和贷出欧洲美元，与居民没有关系；②纯往返交易型（pure round-trip transations），居民将美元存在离岸银行，居民从离岸银行借款，完成一个交易循环；③国际借贷流出型（international lending-outflow），居民将美元存在离岸银行，非居民在离岸市场借入美元；④国际借贷流入型（international lending-inflow），

[①] 伦敦是欧洲美元离岸市场的中心，也是英国的支柱产业金融业的中心城市。英国的金融服务业占英国GDP的20%，伦敦的外国银行比其他任何金融中心的外国银行都要多，控制的英国银行部门资产超过50%。在伦敦进行着全球42%的股票交易和超过70%的债券交易，伦敦是全球最大的外汇交易市场和黄金交易中心。

[②] 参见 Hilton McCann, *Offshore Finance* (Cambridge: Cambridge University Press, 2006)。

[③] Dong He and Robert N. McCauley, "Eurodolar Banking and Currency Internationalisation," *BIS Quarterly Review*, no.4 (2012), pp. 33~46.

非居民将美元存在离岸银行,居民从离岸市场借入欧洲美元。其中纯离岸交易型最为普遍,比如欧洲美元市场初期就是纯离岸交易型,这种交易类型在境外派生货币,不影响在岸的货币流动性。从20世纪90年代后期开始,纯往返交易类型增长,特别是欧洲银行从美国居民大量借贷,以及购买美国的私人资产支持证券(asset-backed securities,ABS)。国际借贷流入、流出类型的资本流动模式发展有限,国际借贷流出型是境内向境外输出流动性,是本币资金流出;国际借贷流入型是境外向境内输入流动性,是本币资金回流。

欧洲美元占全球美元的规模稳步上升,从20世纪70年代的不到1/10上升至高峰期(2007年)的1/3,2008年国际金融危机后下降到1/4,欧洲的资产负债保持大体平衡。分析欧洲美元离岸市场对美国非银行部门的外汇头寸,可将20世纪70年代以后的美国在岸市场与离岸市场之间的美元流动划为以下四个阶段。

1. **欧洲美元离岸市场的外汇头寸负债上升,资产保持平稳(1975—1982年)**

在欧洲美元市场发展初期,两个市场的美元流动类型主要是纯离岸交易型和国际借贷流出型,欧洲美元银行离岸市场对美国非银行部门的负债占其总负债的比重从15%增长到45%左右,同时资产比例在10%以下。这说明在岸市场的美元不断流入离岸市场,但是离岸市场的美元流动性并没有回流在岸市场。美国的金融机构、企业越来越多地将资金通过贷款、投资的形式输入到欧洲离岸市场,带动了欧洲美元市场的规模不断扩大。

2. **欧洲美元离岸市场的外汇头寸负债下降,资产上升(1983—1992年)**

在这一阶段,欧洲美元离岸市场的美元流动类型主要表现为纯离岸交易型和国际借贷流入型,说明越来越多的离岸市场美元回流至美国在岸市场。同时,这一时期美国联邦基金利率高于LIBOR,美国公司在欧洲美元市场通过发行债券等形式获得的低成本美元回流至在岸市场。

3. **欧洲美元离岸市场的外汇头寸负债平稳上升,资产上升(1993—2008年)**

在这一阶段,欧洲美元离岸市场的美元流动类型主要表现为纯离岸交易型、纯往返交易型和国际借贷流入型,显示流入欧洲美元市场的美元资产和流出欧洲美元市场的美元资产都在上升,流出欧洲美元市场的资产规模更大。这是因为从20世纪90年代开始,美国资产证券化、金融衍生工具蓬勃发展,欧洲离岸银行在离岸市场上筹集美元回流至在岸市场投资金融衍生产品以获得更高收益。欧洲美元市场对美国在岸市场的贷款余额甚至达到欧洲美元市场总规模的60%。

4. 2008年以后,欧洲美元离岸市场的外汇头寸负债上升,资产下降;2012年之后,资产和负债都出现下降

这一时期,欧洲美元离岸市场的美元流动类型主要为纯离岸交易型和国际借贷流出型。这说明美国次贷危机后,出于避险需求,美元资本从在岸市场流入欧洲美元离岸市场,欧洲美元市场美元存款快速上升,贷款出现下降,同时,2008年之后美国联邦基金利率远低于LIBOR。2012年,受欧洲主权债务危机以及美国经济复苏的影响,欧洲离岸市场的美元流动性又回归美国在岸市场。

图5-2分析了美国境内银行和境外银行对外负债规模的变化情况。1990年之前,在所有银行部门的对外负债结构中,美国境外银行的对外负债是美国境内银行的4倍。之后,两者都出现了快速增长。2008年,美国境外银行的对外负债规模达到96400亿美元,而相比之下,美国境内银行的对外负债只有37119亿美元。受金融危机冲击,两者的规模之后有所下滑。截至2013年7月,美国境外银行的对外负债规模达78988亿美元,

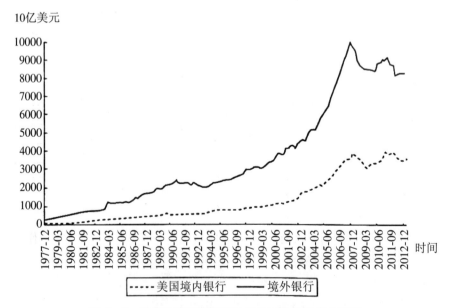

图5-2 美国境内银行和境外银行对外美元负债规模

占美元总体对外负债的69%；境内银行对外负债规模3577亿美元，占总体的31%。可见，美元主要存在于境外金融机构中，离岸金融市场在美元的国际交易中起主要作用。①

欧洲美元市场对跨境美元资金流动的影响可以从去向和来源两个角度来分析。从美元资金去向看，1963年年底在伦敦的各国银行对非银行部门的负债总额中，美国银行占32.3%，日本银行占9.8%。美国银行业机构将欧洲美元汇给其美国总部以缓解流动性危机，增加了美国境内的美元资金来源。日本银行则将欧洲美元兑换成日元用于国内的工业扩张。从资金来源看，除了私人部门贸易和投资收入外，各国中央银行、BIS等国际组织也出于不同的目的将美元资金投放于欧洲美元市场，而不是美国国内银行体系，从而减少了美国境内的美元资金供给。

欧洲美元市场与美元在岸市场在交易、存款、贷款、准备金方面都有不同的要求。具体差异如下（见表5-1）。

表5-1 欧洲美元市场与本土美元市场的比较

	欧洲美元市场	本土美元市场
交易中心	伦敦	纽约
交易特点	批发交易为主的银行间市场	零售、批发
管理机构	无	美联储
存款人	外国政府、外国中央银行、企业、银行	企业、个人
存款期限	定期、超短期	活期
贷款人	外国政府、外国中央银行、银行、企业	企业、个人
贷款形式	银团贷款为主	单笔贷款、银团贷款
指导利率	LIBOR	联邦基金利率、国债利率
法定准备金	无	有
其他准备金	审慎准备金	超额准备金

（资料来源：据伍戈、杨凝著《离岸市场发展对本国货币政策的影响——一个综述》，载《金融研究》2013年第10期，第81~100页及其他相关文献整理。）

欧洲美元市场的发展对美国的国内货币政策产生了一定的倒逼作用，美国政府1963年开始放松Q条例，后来又陆续解除"利息平衡税"、自

---

① 离岸美元规模的增长快于本土美元规模增长的原因是离岸美元的审慎准备金率小于本土美元的法定准备金率，造成美元货币的创造速度更快。

愿限制信用计划等资本管制政策。1986年4月，存折储蓄账户的利率上限被取消，Q条例完全终结，美国利率实现完全自由化，此后货币市场基金和垃圾债券的兴起给传统商业银行的活期存款业务带来很大冲击。同时，资产证券化在美国迅速发展，在传统银行体系之外培育庞大的影子银行系统，2006年影子银行资产规模超过传统商业银行。[①] 随着 M_2 与经济状况相关性减弱，美联储于20世纪90年代初将货币政策调控目标由 M_2 改为联邦资金同业隔夜拆借利率。

总体上，由于美元汇率和货币政策的灵活性和美国来自欧洲美元市场的力量不断推动美国金融自由化改革，使得美国境内外市场之间的偏离不断减少。欧洲美元市场没有对美国的货币政策和金融稳定产生重大冲击。

根据欧洲美元市场的运行，图5-3分析了欧洲美元与在岸美元市场的利率联动关系，发现离岸美元的存款利率通常高于在岸美元的存款利率，而离岸美元的贷款利率通常低于在岸美元的贷款利率。离岸货币的交易成本决定了美元的利率波动范围，而欧洲美元较高的交易成本使得离岸存款利率高于美国本土存款利率。同时，离岸市场没有存款准备金要求，而且享受税收优惠，贷款不受限制，使得离岸存款利率高，贷款利率低。

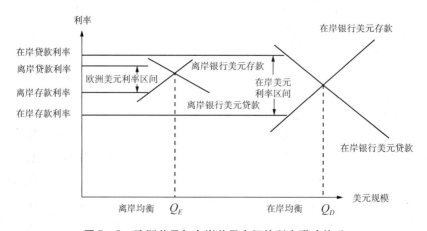

图5-3 欧洲美元与在岸美元市场的利率联动关系

［资料来源：G. Dufey and I. H. Giddy, *The International Money Market* (Hoboken, New Jersey: Prentice-Hall, 1994).］

---

① 参见雷曜、胡梦若、张引璐《美国利率市场化改革的历程与经验》，载《中国货币市场》2012第5期，第18~23页。

第五章 离岸市场与在岸市场的联动：国际比较

图5-4描述了1990—2014年美国联邦基金利率和欧洲美元LIBOR的走势，两者呈现出了高度的联动性。近30年以来，美联储超过2年以上的降息周期有两次，一次是2001—2003年，一次是2008年金融危机之后。2001年至2004年中期，联邦基金利率降至1%，扣除通货膨胀的实际利率甚至是负值。美联储降息以及宽松的货币政策目的是防止衰退和通货紧缩，同时鼓励金融机构次贷业务的增长，刺激了住房市场的繁荣，而2004年后的加息使得繁荣加速。①

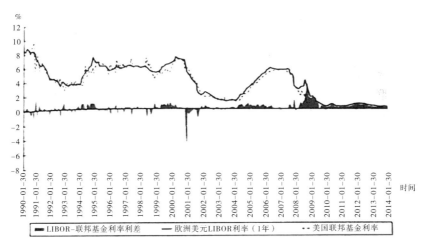

图5-4　美国离岸市场与在岸市场利率比较

美联储超过2年的加息周期也有两次，一次是1993—1998年，一次是2004—2006年，两次加息使美国联邦基金利率（扣除通货膨胀后）均从负值升至正值，欧洲离岸利率也跟随发生变化，而且离岸市场美元利率的上升往往伴随着金融危机的爆发。1994年年底墨西哥金融危机、1997—1998年东南亚金融危机和俄罗斯债务危机、2007年美国次贷危机都发生在离岸市场利率上升周期内。2007—2008年美元LIBOR涉嫌被国际大型银行操控以从中牟利。2008年国际金融危机爆发后，美国的通货膨胀率急剧下降，失业率大幅飙升，美联储为了应对危机，大幅度

---

① 罗伯特·希勒在《终结次贷危机》一书中指出，美联储的宽松货币政策为次贷危机起到了推波助澜的作用，特别是2000年之后宽松货币政策的影响被金融机构大量发放的住房可调利率贷款所放大。

降低联邦基金利率,从 2007 年 9 月的 5.25%一路下调至 2009 年 1 月的接近于零。① 同时,国际投资者为避险纷纷购买美国国债,跨境资本流入美国。而 LIBOR 始终高居不下,反映出欧洲金融市场对欧洲金融健康体系的担忧。王健②认为 2007—2009 年美国联邦基金利率与 LIBOR 之间的差距反映了欧洲美元市场上的美元紧缺情况,贷款人要付出比美国在岸市场更高的利息才能得到美元。特别是 2008 年雷曼兄弟破产以后,利差甚至达到 5%。另外一个因素是一些欧美大型金融机构出于自身利益考虑操纵 LIBOR 报价。③ 为了维持国际金融稳定,满足离岸市场对美元的需求,美联储开始通过货币互换的方式向离岸市场注入美元。2007 年 12 月,美联储与欧洲央行达成货币互换协议,2008 年又先后和日本、英国、加拿大、澳大利亚、巴西、新加坡等十多个国家的中央银行达成货币互换协议。美联储最多曾向这些国家的中央银行提供超过 5000 亿美元的货币,以满足国际市场的需求。之后欧洲美元 LIBOR 和美联储基金利率的利差逐步缩小。

为了畅通在岸市场和离岸市场的美元清算,美国先后建设了两个支付系统 Fedwire 和 CHIPS,两个系统在业务处理时间上相互独立,但互联互通。Fedwire 于 1918 年开始运作,1970 年过渡为完全电脑化,系统采用实时全额清算机制,约有 15000 个成员在其开户,是美国最核心的大额支付系统。CHIPS 是"纽约清算所银行同业支付系统"的简称,建立于 1970 年,由纽约清算所协会(New York Clearing House Association,NYCHA)经营,是全球最大的私营支付清算系统之一,主要进行跨国美元交易的清算。2001 年,CHIPS 采用新系统,开始向实时净额清算系统过渡。2007 年,CHIPS 成为全球最大的私营支付清算系统之一,主要进行跨国美元交易的清算,拥有安全、可靠、高效的支付系统,处理全球 95%左右的国际美元交易,每天平均交易量超过 34 万笔,金额约 1.9 万亿美元。

---

① 2009 年之后,为复苏经济,美联储推出了一项非常规货币政策:大规模资产购买计划(Large-scale Asset Purchase Program),即量化宽松政策。由于短期利率已经很低,美联储购买短期国债降低利率的效果已不明显,于是采用新的刺激手段。量化宽松政策主要是购买长期国债,从而降低利率。利率下调后,可使得购房贷款、汽车贷款增长,促进投资和消费,支撑经济增长。

② 王健:《还原真实的美联储》,浙江大学出版社 2013 年版。

③ 2012 年,英国巴克莱银行受到美国商品期货交易委员会、美国司法部和英国金融服务管理局调查,被认定在 2005—2009 年共向 LIBOR 报价员请求人为更改报价 257 次,试图抬高或降低利率估值,以增加衍生品交易的利润或降低损失。

二、IBF 美元离岸市场与在岸市场的联动

(一) 美国境内离岸市场的发展历程

美联储于 1981 年 12 月 3 日批准美国境内银行、储蓄机构和埃奇法公司①，建立国际银行设施（IBF），希望吸引欧洲美元回流美国本土。Key② 指出，IBF 设立的目的是帮助美国银行减少国内存款准备金的负担和规避利率管制，成为"银行自由贸易区"（free-trade banking zone）。

IBF 可以设在美国的任何一个州，美国本土银行和外资银行都可以参与。IBF 是美国境内提供金融服务的银行（含本土银行与外资银行）在其美国国内美元业务之外设立的服务设施，IBF 账户与国内账户完全分离，因此形成一种内外分离型的离岸业务模式。IBF 的业务只限于吸收非居民的存款，或向非居民或其他离岸金融机构贷款，不得接受美国居民存款或向美国居民贷款，不得向居民发行可转让定期存单，不得从事银行承兑业务或其他可转让票据业务，从而避免与国内市场的渗透。从 IBF 的运行特点可以看出欧洲货币市场的特点与优势，一方面，欧洲货币业务发生于居民与非居民或非居民与非居民之间，业务经营自由，较少受有关国家当局金融法律的约束和限制，因而业务成本较低，交易者的税收负担也较轻。另一方面，离岸业务与传统国际金融业务可以相辅相成，相得益彰，由传统中心延伸出的离岸业务，能进一步提高金融市场的国际化程度和提升其作为国际金融中心的地位。

(二) IBF 与美国在岸市场

图 5-5 描述了 IBF 的发展情况。1981 年，IBF 的总资产只有 633.17 亿美元，受税收优惠和免缴存款准备金等政策刺激，IBF 发展初期就取得快速增长，到 1983 年增长至 1681 亿美元，相比于 1981 年增长了两倍多，占美国对外总资产规模的一半。从 1989—2000 年，IBF 总资产虽然保持平稳，但占美国对外总资产的比例却不断下滑，大致保持在 20% 左右。

---

① 埃奇法公司（Edge Act Coproration）是从事国际银行业务的金融机构，根据 1919 年修订的《美联储法案》，美联储允许联邦认可的公司开办国际银行业务，因该法案由来自新泽西州的国会参议员 Walter Evans Edge 支持提出，因此又被称为"埃奇法"（Edge Act）。

② Sydney J. Key, "Activities of International Banking Facilities: the Early Experience," *Economic Perspectives* (Federal Reserve Bank of Chicago), no. 6 (1982), pp. 37~45.

图 5-5 IBF 总资产和美国对外总资产规模

(资料来源：BIS 季度报告。)

进一步分析 IBF 的资产负债情况，可以发现 IBF 的资产负债高度集中于银行部门。从历史发展趋势看，在 IBF 的发展初期，1983 年银行部门资产为 313.92 亿美元，非银行部门资产为 319.25 亿美元，银行部门和非银行部门各占 IBF 总资产的半壁江山。由于 IBF 以银行间市场为主，银行部门的资产负债规模逐渐上升，1990 年达到 2675.17 亿美元的高点，之后持续波动。1998 年达到 2262.85 亿美元的高点，在急剧下跌后恢复增长，2000 年恢复至 2716.54 亿美元。银行部门的负债是一个不断攀升的过程，始终高于资产规模，1990 年达到 3393.55 亿美元，1998 年达到 4326.55 亿美元，几乎是银行部门资产规模的两倍，之后有所下跌。

IBF 非银行部门的资产负债规模是一个不断下跌的过程：1984 年非银行部门资产规模的最高点为 732.45 亿美元，占 IBF 资产总规模的 37%，负债规模为 267.88 亿美元，只占 IBF 负债总规模的 14%；1998 年非银行部门的资产规模有 443.91 亿美元，占银行部门的 20%，负债规模 224.06 亿美元，只占银行部门的 5%。

分析 IBF 的币种结构，可以看出 IBF 主要以美元资产为主，1981 年 IBF 最初创设时美元资产为 621 亿美元，外汇资产 12 亿美元，美元负债为 475 亿美元，外汇负债为 7 亿美元。1987 年之前美元资产超过美元负债，

1987年之后美元负债反超美元资产，之后平稳上涨。1997年IBF美元负债达到历史最高4071亿美元，美元资产为2566亿美元。外汇资产负债总体处于大体平衡的状态，1991年之后外汇负债略高于外汇资产。

最后分析IBF总资产占美国M_2的比重变化情况。20世纪70年代至80年代，美联储将货币总量M_2作为中间目标，M_2年均增速控制在1%～2%。IBF资产规模占M_2的比重在1988年达到历史最高点的11%，1999年跌至5%，总体而言保持在6%～10%。

由于IBF在法定存款准备金方面享受与欧洲美元市场相同的待遇，且欧洲美元市场自1990年12月后准备金比率由3%降至零，成员间交易不受存款准备金、利率上限、存款保险的限制，这有助于把欧洲美元市场资金吸收回流至美国。另外，多数州放宽对IBF收益的限制，可以不受当地税法的制约，纽约州是最先给出IBF优惠税收的州。Key和Terrell[①]指出美国设立IBF实际上是为在本土建立与欧洲美元市场一样的监管环境，放松对非居民交易的限制，吸引外国金融机构特别是美国银行在加勒比海地区的分支机构的银行业务回流。IBF的发展对美国国内货币政策和银行监管没有造成重大负面冲击。

第二节 美元在岸市场、离岸市场的利率联动

利率和汇率高度相关，二者的变动互相制约，尤其是利率对汇率的影响十分明显，并共同对一国货币供应量和内外均衡形成影响。根据蒙代尔-弗莱明模型，要实现内外经济政策的协调，必须形成利率、汇率联动机制。利率-汇率联动机制是一个双向的、循环的动态反馈系统，有必要对利率-汇率联动机制进行深入分析。

本节分别讨论正常市场情况下和发生疫情情况下，美元在岸、离岸市场的利率联动关系。

---

① Sydney J. Key and Henry S. Terrell, "The Development of International Banking Facilities," in *International Banking and Financial Centers*, eds. Yoon S. Park and Musa Essayyad (Springer, Dordrecht, 1989).

一、2008—2014 年美元在岸市场、离岸市场的利率联动

运用美国联邦基金利率、商业票据利率（1 天）与欧洲美元 LIBOR（隔夜）之间和美国国债利率（1 个月）与欧洲美元 LIBOR（1 个月）之间的 Granger 因果关系进行分析，同时运用脉冲响应函数分析联邦基金利率对 LIBOR 和 LIBOR 对商业票据利率的影响，并对美国联邦基金利率、商业票据利率（1 天）与欧洲美元 LIBOR（隔夜）之间的联动效应进行深入剖析。

（一）向量自回归模型建立

向量自回归（vector auto regressive，VAR）模型是 1980 年由克里斯托弗·西姆斯提出来的，是一种常用的计量经济模型。[①] VAR 模型从数据的统计性质出发，通过把模型中的每一个内生变量作为所有内生变量的若干滞后值来构建模型，可以用来分析相互关联的变量之间的动态冲击。

模型使用的数据分为两个部分，第一部分选取 2008 年 2 月 4 日至 2014 年 2 月 4 日美国联邦基金利率、商业票据利率（1 天）与欧洲美元 LIBOR（隔夜）的数据，样本数量为 1567 个；第二部分选取 2008 年 2 月 4 日至 2014 年 2 月 4 日美国国债利率（1 个月），欧洲美元 LIBOR（1 个月）数据，单一变量数据样本有 1567 个。数据来源为汤森路透数据库。将美国联邦基金利率记为 FFR，商业票据利率（1 天）记为 CPR，欧洲美元 LIBOR（隔夜）记为 LIBOR，构造的 VAR 模型可以表示为

$$y_t = \alpha + \sum_{i=1}^{p} \beta_i y_{t-i} + \gamma_t \qquad (5-1)$$

其中

$$y_t = \begin{bmatrix} FFR_i \\ CPR_i \\ LIBOR_i \end{bmatrix}, \alpha = \begin{bmatrix} \alpha_1 \\ \alpha_2 \\ \alpha_3 \end{bmatrix}, \beta_i = \begin{bmatrix} \beta_{11,i} & \beta_{12,i} & \beta_{13,i} \\ \beta_{21,i} & \beta_{22,i} & \beta_{23,i} \\ \beta_{31,i} & \beta_{32,i} & \beta_{33,i} \end{bmatrix}, \gamma = \begin{bmatrix} \gamma_{1t} \\ \gamma_{2t} \\ \gamma_{3t} \end{bmatrix}, \gamma_{it} \sim N(0, \sigma^2)$$

$$(5-2)$$

[①] 参见 Christopher A. Sims, "Macroeconomics and reality," *Econometrica* 48, no. 1 (1980), pp. 1~48。

选取美国国债利率（1个月）记为TR1M，欧洲美元LIBOR（1个月）记为LIBOR1M，构造的VAR模型可以表示为

$$y_t = \alpha + \sum_{i=1}^{p} \beta_i y_{t-i} + \gamma_t \quad (5-3)$$

其中

$$y_t = \begin{bmatrix} TR1M_i \\ LIBOR1M_i \end{bmatrix}, \alpha = \begin{bmatrix} \alpha_1 \\ \alpha_2 \end{bmatrix}, \beta_i = \begin{bmatrix} \beta_{11,i} & \beta_{12,i} \\ \beta_{21,i} & \beta_{22,i} \end{bmatrix}, \gamma = \begin{bmatrix} \gamma_{1t} \\ \gamma_{2t} \end{bmatrix}, \gamma_{it} \sim N(0, \sigma^2)$$

$$(5-4)$$

（二）相关变量单位根检验

在建立时间序列相关计量经济模型之前，须对相关变量进行单位根检验，即对相关变量的时间序列的平稳性进行检验，选择ADF检验对变量FFR、CPR、LIBOR、TR1M、LIBOR1M进行平稳性检验，结果显示FFR、CPR、LIBOR、TR1M、LIBOR1M均是一阶单位根过程（见表5-2）。

表5-2　美元利率指标单位根检验结果

变量	ADF检验值	检验类型(c,t,p)	5%临界值	10%临界值	结论
FER	-3.1525	$(c,t,3)$	-3.4133	-3.1287	不平稳
ΔFFR	-34.7834	$(c,0,0)$	-2.8634	-2.5678	平稳
CPR	-3.0044	$(c,t,2)$	-3.4135	-3.1288	不平稳
ΔCPR	-29.7780	$(c,0,0)$	-2.8635	-2.5679	平稳
$LIBOR$	-2.551	$(c,t,0)$	-3.4128	-3.1284	不平稳
$\Delta LJBOR$	-18.7828	$(c,0,0)$	-2.8633	-2.5678	平稳
$TRIM$	-1.8760	$(c,t,2)$	-3.4127	-3.1284	不平稳
$\Delta TRIM$	-39.5325	$(c,0,0)$	-2.8632	2.5677	平稳
$LIBOR1M$	-2.2551	$(c,t,0)$	-3.4128	-3.1284	不平稳
$\Delta LIBOR1M$	-18.7828	$(c,0,0)$	-2.8633	-2.5678	平稳

[注：检验类型(c, t, p)中的c表示常数项，t表示时间趋势项，p表示滞后期。]

（三）Granger因果检验

基于建立的VAR模型，使用Granger因果检验、脉冲响应函数和方差

分解分析美国联邦基金利率、商业票据利率（1天）与欧洲美元 LIBOR（隔夜）之间以及美国国债利率（1个月）与欧洲美元 LIBOR（1个月）之间的动态关系。

对美国联邦基金利率 FFR、商业票据利率（1天）CPR、欧洲美元 LIBOR（隔夜）LIBOR 进行 Granger 因果关系检验，采用 AIC 信息准则和 SC 信息准则，得到 VAR 模型的最优滞后长度为3，检验结果见表5-3。

表5-3 FFR、CPR、LIBOR 之间的 Granger 因果关系检验结果

原假设	F 统计量	概率 P	结论
CPR 不是 FFR 的 Granger 原因	15.0329	0.0000	拒绝
FFR 不是 CPR 的 Granger 原因	283.633	0.0000	拒绝
LIBOR 不是 FFR 的 Granger 原因	7.38387	0.0006	拒绝
FFR 不是 LIBOR 的 Granger 原因	39.1314	0.0000	拒绝
LIROR 不是 CPR 的 Granger 原因	11.3056	0.0000	拒绝
CPR 不是 LIBOR 的 Granger 原因	47.6907	0.0000	拒绝

检验结果显示，在5%的显著性水平下，美国联邦基金利率、商业票据利率（1天）与欧洲美元 LIBOR（隔夜）之间存在双向 Granger 因果关系。

对美国国债利率（1个月）TR1M 与欧洲美元 LIBOR（1个月）LIBOR1M 进行 Granger 因果关系检验，采用常用的 AIC 信息准则和 SC 信息准则，得到 VAR 模型的最优滞后长度为3，检验结果见表5-4。结果显示，在5%的显著性水平下，存在美国国债利率（1个月）到欧洲美元 LIBOR（1个月）的单向 Granger 因果关系，说明美国国债利率（1个月）是欧洲美元 LIBOR（1个月）变动的原因，反之不成立。

表5-4 TR1M、LIBOR1M 之间的 Granger 因果关系检验结果

原假设	F 统计量	概率 P	绪论
LIBOR1M 不是 FR1M 的 Granger 原因	1.92944	0.1456	接受
TR1M 不是 LIBOR1M 的 Granger 原因	34.0713	0.0000	拒绝

第五章 离岸市场与在岸市场的联动：国际比较

（四）VAR模型与脉冲响应

通过建立VAR（K）模型进一步刻画美国联邦基金利率、商业票据利率（1天）与欧洲美元LIBOR（隔夜）之间的联动关系，模型结果见表5-5。

表5-5 FFR、CPR、LIBOR之间的VAR模型结果

	FFR	CPR	LIBOR
FFR(-1)	1.221415 (0.04077) [29.9558]	0.756435 (0.03268) [23.1462]	-0.004733 (0.01009) [-0.43074]
FFR(-2)	-0.143890 (0.04800) [-2.99761]	-0.257710 (0.03847) [-6.69835]	-0.073359 (0.01294) [-5.67052]
CPR(-1)	-0.290750 (0.05028) [-5.78294]	0.417741 (0.04030) [10.3664]	0.093554 (0.01355) [6.90424]
CPR(-2)	0.199698 (0.04259) [4.68891]	0.057720 (0.03414) [1.69089]	0.006758 (0.0148) [0.58881]
LIBOR(-1)	-0.245072 (0.07989) [-3.06763]	-0.087430 (0.06403) [-1.36539]	1.607788 (0.02153) [74.6728]
LIBOR(-2)	0.245735 (0.07707) [3.18852]	0.104134 (0.06177) [1.68580]	-0.625927 (0.02077) [-30.1350]
C	-0.000237 (0.00327) [-0.07223]	-0.011698 0.00262 [-4.45629]	0.003393 (0.00088) [3.84415]

结果表明，美国联邦基金利率、商业票据利率（1 天）与欧洲美元 LIBOR（隔夜）之间存在相互影响关系，滞后 2 期的商业票据利率（1 天）与滞后 2 期的欧洲美元 LIBOR（隔夜）对美国联邦基金利率有正向拉动作用，滞后 1 期的美国联邦基金利率与滞后 2 期的欧洲美元 LIBOR（隔夜）对商业票据利率（1 天）有正向拉动作用，滞后 1 期与滞后 2 期的商业票据利率（1 天）对欧洲美元 LIBOR（隔夜）有正向拉动作用。

脉冲响应分析的结果也显示出类似的结论，其中商业票据利率（1 天）一个单位的冲击会对美国联邦基金利率前 3 期有正向拉动作用，后期拉动作用会减弱；欧洲美元 LIBOR（隔夜）一个单位的冲击会对美国联邦基金利率有持续正向拉动作用。美国联邦基金利率一个单位的冲击会对商业票据利率（1 天）在前 2 期有负的作用，后期负的作用将较为稳定，欧洲美元 LIBOR（隔夜）一个单位的冲击会对商业票据利率（1 天）有持续正向拉动作用。美国联邦基金利率和商业票据利率（1 天）一个单位的冲击会对欧洲美元 LIBOR（隔夜）在前 3 期有负的作用，后期负的作用将较为稳定，与 VAR 模型的结果一致。

同样地，通过建立 VAR（K）模型进一步刻画了美国国债利率（1 个月）与欧洲美元 LIBOR（1 个月）之间的联动关系，模型结果见表 5-6。

表 5-6　TR1M、LIBOR1M 之间的 VAR 模型结果

变量	TR1M	LIBOR1M
TR1M(-1)	0.984954	-0.067330
	(0.02641)	(0.01075)
	[37.2961]	[-6.26320]
TR1M	-0.007810	0.078813
	(0.02652)	(0.01079)
	[-0.29452]	[7.36106]
LIBOR1(-1)	0.071643	1.583481
	(0.05057)	(0.02058)
	[1.41677]	[76.9265]

续表 5-6

变量	TR1M	LIBOR1M
LIBOR1M(-2)	-0.066327	-0.591889
	(0.05023)	(0.02045)
	[-1.32041]	[-28.9463]
C	0.000424	0.001123
	(0.00211)	(0.00086)
	[0.20107]	[1.30670]

从模型结果看，美国国债利率（1个月）与欧洲美元 LIBOR（1个月）之间存在相互影响关系，滞后2期的美国国债利率（1个月）对欧洲美元 LIBOR（1个月）有正向拉动作用。脉冲响应分析的结果也显示出类似的结论。其中，美国国债利率（1个月）一个单位的冲击会对欧洲美元 LIBOR（1个月）前3期有正向拉动作用，后期拉动作用将较为稳定，与 VAR 模型的结果一致。

通过上述模型检验，得出以下结论。

1. 美元在岸短期利率、离岸短期利率相互引导

前面的实证研究显示，美国联邦基金利率、商业票据利率（1天）与欧洲美元 LIBOR（隔夜）之间存在相互影响关系，但并不存在三者中一方引导另一方的情况。美国联邦基金利率是美国同业拆借市场的利率，最主要的是隔夜拆借利率。美国所有的吸收存款的金融机构在美联储都有准备金账户，根据美联储的要求，每个机构的准备金余额不能低于其所吸纳的短期存款的一定比例，这个比例为法定存款准备金率（reserve requirement ratio）。如果金融机构准备金低于这一要求，必须及时补足；如高于美联储要求，则为超额准备金。有超额准备金的金融机构向低于准备金要求的金融机构的短期贷款利率则为联邦基金利率。而美元商业票据（commercial paper，CP）是美国大型企业或者金融机构在公开市场上进行短期融资的最主要渠道,短至隔夜,长至 270 天,① 商业票据的年利率一般只有 1.5%。欧洲美元 *LIBOR*(隔夜)是欧洲美元市场的隔夜拆借利率,流动性、透明性更强且更加市场化。三者之间相互影响,联动性很高,说明在全球美元极短期利率市场上,在岸利率与离岸利率关联紧密,一旦出现价差,也会迅速被拉平。

2. 美元的在岸长期利率引导离岸长期利率

第二个重要结论是美国国债利率(1 个月)对欧洲美元 *LIBOR*(1 个月)存在一定的引导作用。美国国债(treasury securities)是美国财政部发行的债券,根据期限不同可分为短期国债(T-Bills)、中期国债(T-Notes)和长期国债(T-Bonds),短期国债是 1 年期以下的各种证券,即 3 个月、6 个月、12 个月期的国债。中期国债是 2～5 年期,即 2 年、3 年、5 年期的国债。长期国债一般指 7 年期以上,即 7 年、10 年、30 年的国债。王健②认为美国国债市场的特点是风险小、市场容量大,是一个安全且容量足够大的资产市场。美国国债市场又是美联储进行公开市场操作的主要场所,美联储通过公开市场操作改变货币发行量,从而实现预先设定的联邦基金目标利率。如要提高联邦基金利率,则会在公开市场上卖出短期国债,回收货币,金融机构的持有货币减少,准备金的贷款利率上升;如果要降低联邦基金利率,则进行相反操作。联邦基金利率的变化又会影响其他短期利率,如短期国债利率、商业票据利率等,并进一步改变长期利率如住房贷款利率、汽车贷款利率、长期企业债券利率等。威廉·格雷德③也提出美联储的主要职责是通过公开市场操作调节美联储利率。美国国债已取代商业票据(CP)成为美联储的主要工具。

美国国债利率对欧洲美元 LIBOR 的引导作用是美国国债市场在全球美元市场中所起的基础引导作用,美国国债利率是美元市场中的长端基准利率。国债利率代表政府的预期,联邦基金利率代表美联储的目标,商业票据利率代表在岸市场的价格,欧洲美元 LIBOR 代表离岸市场价格。

图 5-6 反映美国国债的持有人情况,截至 2012 年年底,外国政府和

---

① 美元商业票据的优势包括期限短,金额大,提款、还款灵活,美元商业票据投资者对发行人信用评级水平、资金调配能力和支付经验等方面的要求较高,美元商业票据市场每年发行量较大的企业均为国际信用评级等级较高、市场知名度较高的世界 500 强企业。
② 王健:《还原真实的美联储》,浙江大学出版社 2013 年版。
③ 威廉·格雷德:《美联储》,耿丹译,中国友谊出版公司 2013 年版。

投资者持有的美国国债达到5.6万亿美元,而在2000年时仅有1万亿美元。普拉萨德①指出,美国国债代表的是政府的借贷,依然是全球市场上最为安全的资产,由于包括外国中央银行在内的外国投资者已经积累了大量的美元国债,他们防止美元崩溃的动机十分强烈,于是出现了"美元陷阱"现象。

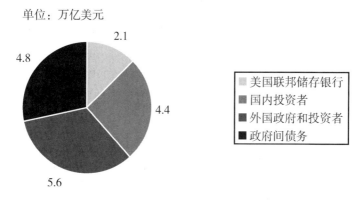

图5-6 2012年美国国债持有情况

二、疫情冲击下的美元在岸、离岸流动性失衡②

2020年以来,全球主要金融市场受新冠疫情冲击影响,流动性压力急剧上升。受市场波动影响,美元作为国际货币,其离岸流动供给受限及美元资产风险上升,货币跨境供需关系显著失衡,在岸、离岸利差峰值一度高达137.4 BP。跨境利差大幅震荡导致多方面问题,一是加剧市场对美元资产的悲观预期,增加全球金融市场的不确定性;二是对美联储的应急政策操作形成干扰,部分冲销货币政策调控效力,降低逆周期调节有效性;三是阻碍资本跨市场自由流动,推升美元市场的系统性风险。

美元在岸、离岸利差加剧,原因是美元的跨境流动性供需结构失衡(主要是供给受限)。现对美元在岸、离岸利差的形成机制与修复逻辑展开分析。

---

① 埃斯瓦尔·普拉萨德:《美元霸主地位依旧》,《金融与发展》2014年3月第51卷,第34~37页。
② 参见张源欣《疫情冲击下美元在岸离岸流动性失衡的机制分析与启示》,中国债券信息网,https://www.chinabond.com.cn/cb/cn/yjfx/zybg/20200529/154484064.shtml。

(一)美元在岸、离岸利差失衡的形成

利率是反映市场流动性情况的直观指标。在岸流动性衡量方面,联邦基金利率(federal fund rate,FFR)是最重要的基准利率,即美国同业拆借市场的隔夜融资利率。其中,需要区分联邦基金有效利率(federal funds' target rate,FFER)和联邦基金目标利率(federal funds' effective rate,FFTR),前者是对联邦基金市场交易做有选择的加权计算得出的平均利率(市场交易利率);后者是美联储 FOMC 实施货币政策调控所使用的目标利率(政策目标利率)。两者之间的运行逻辑为:美联储在 2008 年金融危机后重新构建被称为地板系统(floor system)的利率走廊,其以 ON RRP 利率和 IOER 为运行区间(两个利率是针对不同机构参与市场的交易利率)。基于该系统,美联储通过 FOMC 公布 FFTR,并通过调节利率走廊利差及公开市场操作,引导 FFER 向 FFTR 收敛。离岸流动性衡量方面,离岸美元债务融资主要使用伦敦同业拆借美元报价利率,其中三个月期限品种(LIBOR-3M)是使用最为广泛的基准指标。与之期限对应,在岸市场普遍使用三个月期限的隔夜指数掉期利率(overnight index swap,OIS-3M)作为期限转换后的标准利率(即以 FFER 为浮动端利率的三个月利率互换的固定端利率)。对比来看,当前在岸、离岸美元融资的基准利率均基于同业拆借业务产生(非无风险的主权债务利率,其包含主体信用风险溢价)。

观测 OIS-3M 和 LIBOR-3M 可以发现,美元在岸、离岸市场流动性在疫情时间发生显著失衡(如图 5-7 所示),在岸美元在美联储的应急货币政策操作影响下,以确定性的趋势稳定下行,在两轮降息后稳定在 0.2% 以下区间,市场流动性供给基本维持宽松。离岸美元价格经历大幅度的波动,流动性供给一度面临危机,LIBOR-3M 在两轮降息后不降反升,向上突破 1.4% 点位。美元在岸、离岸利差在 2020 年 3 月内持续走阔,峰值达 137.4 BP(2020 年 3 月 27 日)。2020 年 4 月,受多方面政策因素影响,离岸流动性供给渐进修复,利差收窄至 40 BP 以内,危机暂时解除。

第五章　离岸市场与在岸市场的联动：国际比较

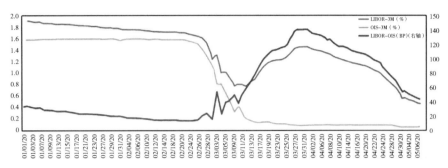

图 5-7　美元在岸与离岸融资利率及利差

（数据来源：Wind。图 5-8 至图 5-16 同。）

（二）美元在岸、离岸供给失衡的机制

具体分析，主要是四方面的因素导致美元离岸供给失衡。

1. 投资保证金需求突然上升

全球金融市场波动导致投资保证金缺口骤然上升，并推升在岸、离岸美元需求。2 月下旬以来，新冠疫情冲击全球金融市场，悲观情绪普遍蔓延；美林全球金融市场压力指数（global financial stress index，GFSI）于 2 月 24 日起转为正值并急速拉升（如图 5-8 所示），于 3 月 19 日达到峰值（2.46）。美股市场方面，标普 500 指数从 2 月 19 日起大幅下行，于 3 月 23 日下落至低值（2237.4）。受此影响，美国在岸投资基金面临大规模保证金缺口，导致大量离岸美元回流在岸市场。以美元指数波动为佐证（如图 5-9 所示）：3 月 9 日至 3 月 23 日区间，美元指数在双重利空因素影响下（一是美股大幅下挫并数次触发熔断，二是两轮共计 150 BP 的降息）依然快速上行（至 102 以上），其直接原因也是保证金冲击导致的美元供需关系失衡。

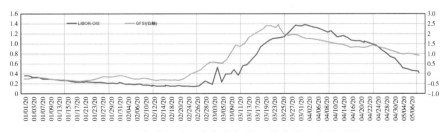

图 5-8　全球金融压力指数与美元的在岸、离岸利差

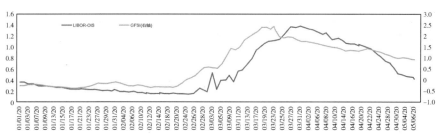

图5-9 美国股票市场指数与美元指数

2. 国内财政规模爆发扩张

受疫情影响,美国财政赤字急剧上升(美国国会预算办公室预测数据表明,2020年4月美国财政赤字高达7370亿美元),美国政府债务规模在短期内爆发增长。政府债务规模和久期双向扩张,持续抽离在岸、离岸市场的流动性。规模方面,美国国债规模在2020年3月至4月间共计增长17015.55亿美元(如图5-10所示)。期限方面,美国财政部计划扩大长期债券发行,计划启用20年长期国债发行并增加10年期、20年期及30年期国债供给。其中,由于离岸美元直接获得政策补充供给存在困难,导致离岸美元利率飙升。

另外,美联储国债购买计划部分稀释了国债发行导致的市场流动性紧张。但这种效应受到两方面因素制约:其一,国债购买计划(至2020年4月底合计约为1.6万亿美元)规模相对小于同期国债增发规模;其二,国债发行的债务久期更长。从实际效果看,美联储宽松政策对冲的效应是边际性的而非方向性的。观察在岸数据(如图5-11所示),国债收益率(3M)一度高于OIS,若考虑拆借利率相对主权债的信用点差,主权债务融资的实际溢价则更高(如图5-12所示)。

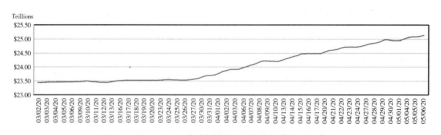

图5-10 2020年年初美国国债规模扩张情况

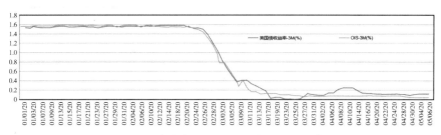

图 5-11 2020 年年初美国国债及在岸信用拆借市场利率

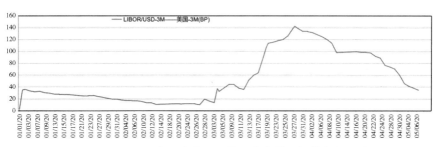

图 5-12 2020 年以来美国国债及离岸信用拆借市场利差

3. 市场预期因素

市场预期对离岸美元流动性产生多种复杂影响。

其一，市场预期领先政策对降息做充分反应，导致在岸与离岸美元利率领先政策下行，这可以解释离岸美元利率在 2 月下旬至 3 月上旬区间内的下行变化。时间维度上，两次降息不是政策引导市场反应；相反，政策是对市场预期的事后追认（如图 5-13 所示）。第一次降息前，OIS-3M 于 2 月 20 日启动下行，在美联储降息落地前（至 3 月 4 日）已降 77 BP，幅度超出政策调降空间。第二次降息前，OIS-3M 继续领先下行 64 BP，并提前进入美联储设定的目标区间。数据方面，欧洲美元期货作为离岸美元贷款主要的利率风险对冲工具，其价格变化可较好反映市场情绪（离岸美元贷款通常以 $LIBOR$ 作为计息基准，而同期限的欧洲美元期货价格约等于 $100 - LIBOR \times 100$）。欧洲美元期货的价格走势在此阶段内明显领先政策。

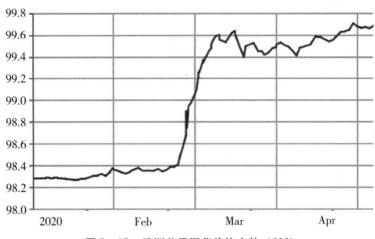

图 5-13 欧洲美元期货价格走势（6M）

其二，市场预期对美元债务信用风险的担忧上升，导致离岸美元利率上升。3月上旬开始，市场预期美国企业债务违约风险上升。同时，市场充分消化美联储对实体企业的信用支持政策，旨在宏观层面恢复市场信用，并非为微观债务托底，这推高部分美元债务的信用溢价。时间维度来看，美国企业债收益率在三月上、中旬持续攀升，信用利差持续分化走阔（如图5-14所示）；变化特征与LIBOR-3M的基本保持同步。此外，由于美联储针对信用恢复的应急政策操作主要覆盖在岸机构（包括境外企业的在岸分支），进一步加重了市场对离岸美元债务的风险担忧。这可能是在岸企业债券利率触底后离岸美元利率继续走高的重要原因。

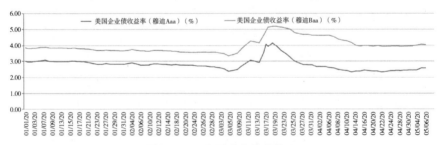

图 5-14 美国企业债收益率

第五章　离岸市场与在岸市场的联动：国际比较

此外，另有两点重要因素需纳入考虑。首先，联邦基金市场在 3 月下旬经历反常的利率倒挂（如图 5－15 所示），这既是市场流动性整体失衡的果，也是放大市场悲观预期、推升风险厌恶的因。再者，基于利率下行预期，美元债券做多利差的对冲投机策略增加了利率互换净多头，也为离岸美元利率维持高位提供了一定的支撑。

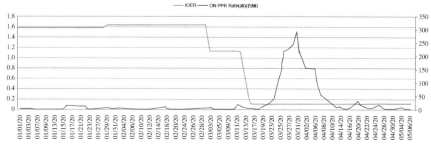

图 5－15　美国货币市场地板系统利率

4. 市场分隔及政策便利的高点差补贴，导致离岸利差刚性

3 月 17 日，美联储为恢复美元商业票据的市场流动性设立 CPFF，并于一周后进一步扩大 CPFF 操作范围。CPFF 的操作价格存在较大幅度的溢价补贴（其在一级市场的定价基准为 OIS-3M 加 110 BP，在二级市场的定价基准为 OIS-3M 加 200 BP），这导致离岸美元融资利率必须竞争性地增加溢价，以作为企业离岸美元流动不回流在岸市场的机会成本补偿。数据方面，美国非金融企业票据 A1/P1 及 A2/P2 利率（三个月期限），在三月内快速上升（时间变化略领先于 LIBOR-3M）、从 4 月上旬开始震荡下行，与 LIBOR-3M 走势基本保持一致（如图 5－16 所示）。

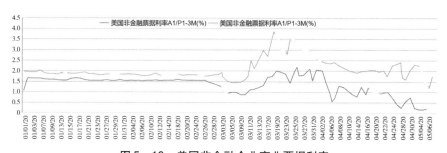

图 5－16　美国非金融企业商业票据利率

（三）美元在岸、离岸流动性供给的再平衡与利差修复

2020年4月起，美元在岸、离岸流动性持续修复，LIBOR-OIS利差收窄至40 BP区间内。其中，美联储的应急政策工具在三个层面推动市场再平衡。

第一，通过与境外央行合作的FX Swap及FIMA回购，直接为离岸美元市场提供流动性补充。该类政策工具具有两点显著特征：一是规模大。FX Swap计划覆盖十四国央行（每个国家600亿美元额度，其中丹麦、挪威、新西兰央行为300亿美元），可向离岸市场提供总额度规模为7500亿美元的流动性支持。二是融资价格低。Fx Swap的操作利率为OIS加25 BP，FIMA回购利率为IOER加25 BP。价格优势从成本端打开离岸美元利率的下行空间，并为离岸市场直接提供流动性供给，是解决离岸美元供给受限、修复利差的关键因素。

第二，美联储无上限宽松政策开始发挥作用，在岸流动性极大改善。2020年4月开始，在岸市场流动性供给转向宽松，离岸市场压力渐进缓解。数据方面，一是在岸利率稳定下行，联邦基金市场交易利率、OIS持续下行并趋向稳定；二是利率走廊恢复正利差，IOER和ON RRP利差恢复正常态并向下收敛。

第三，美元资产的信用利差基本得到控制。在美联储的信用和流动性支持政策影响下，市场对非金融企业融资的信用风险担忧得到一定缓解，其中美国非金融企业债券（以穆迪Aaa及穆迪Bbb等级收益率为例）收益率重新回落到2020年年初水平。

第三节　日元离岸市场与在岸市场的不均衡发展

日元离岸市场分为境外离岸市场（也称欧洲日元市场）和境内离岸市场（JOM）。

一、欧洲日元市场与在岸市场的联动

（一）欧洲日元市场的发展历程

欧洲日元市场形成于20世纪70年代，遍布伦敦、纽约、新加坡、中国香港等国际金融中心。其中伦敦是最重要的欧洲日元市场，市场份额占全部离岸日元交易的60%以上。图5-17显示了欧洲日元存款规模的发展趋势。欧洲日元存款规模从1978年的80.82亿美元，增加至2007年的10075亿美元，30年间规模增长了125倍。[①]

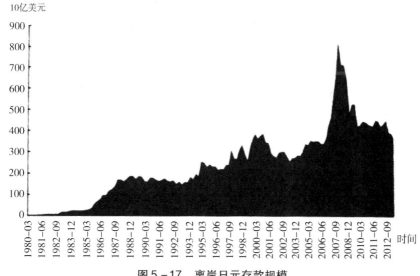

图5-17　离岸日元存款规模

（数据来源：BIS。）

[①] 即使是1986年JOM的设立也没有影响到欧洲日元市场的发展，1987年欧洲日元市场的存款比1986年增长67%。

欧洲日元市场与欧洲美元市场类似，成立时属于纯粹的离岸交易型，即非居民的日元存贷市场，同时经营欧洲日元CD、欧洲日元债券等。1974年第一只欧洲日元债券由非日本公司发行，但日本政府对欧洲日元债券不甚积极，担心欧洲日元债券可能冲击"武士债券"的发行。

欧洲日元市场能够快速发展起来有以下两方面的原因：

（1）欧洲日元市场管制比较宽松，欧洲日元市场没有利息预扣税和法定存款准备金要求。日本的金融机构为规避日本国内严格的金融监管，在海外开设分支机构经营欧洲日元业务。

（2）日元国际化战略的影响。20世纪70年代以来，日本开始实施日元国际化战略。日本大藏省（财政部）和日本银行（中央银行）联合推进日元国际化进程，采取了放开资本管制、减少汇率干预、推动欧洲日元市场自由化等措施。日本对外贸易中使用日元结算的比例逐步提高，1970年日本出口和进口中日元的使用比分别只有0.9%和0.3%，1980年达到29.4%和2.4%，到1990年升至37.5%和14.5%，到2000年达到36%和21.8%。①

但是，日元并没有按照预期成为全球储备货币，1995年之后日元在国际储备货币中的地位持续走低（见表5-7）。2012年，日元在全球官方储备中的占比只有4%，甚至比1995年低3个百分点，与美元和欧元相去甚远。

表5-7 官方储备中的主要货币占比   单位：%

币种	1995年	2006年	2012年
美元	59	65	61
欧元	16	25	24
日元	7	3	4
英镑	2	5	4

（数据来源：IFS。）

日元国际化进程与20世纪70年代日元退出固定汇率制，以及日元之后的不断升值相伴随（如图5-18所示）。日元汇率断断续续用了30年时间从1965年的350日元/美元升值到1995年的83日元/美元。整体来看，

---

① 参见 Kamps Annette, "The Euro as Invoicing Currency in International Trade," *European Central Bank Working Paper*, no.655, August 2006。

日元实行浮动汇率制是成功的,这与当时日本处于经济发展快速时期及其出口导向型的经济体制有关,并且这种浮动范围是逐步有控制地放松,避免了日元大幅度升值损害出口企业盈利和投资。① 但是,日元的持续升值以及相对应的货币政策使得名义利率接近零,导致经济陷入流动性陷阱,工资增长也开始放缓。"日元持续升值症"使得贸易品价格下降、资产泡沫产生,泡沫的破灭与日元持续升值交织在一起冲击了日本经济。② 而在亚洲金融危机期间日本政府却放任日元贬值,严重损害了日元的在亚洲地区的信誉,一定程度上导致日元国际化"半途而废"。

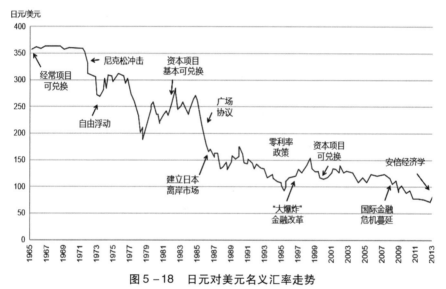

图 5-18 日元对美元名义汇率走势

(数据来源:IFS。)

日本国内金融市场的对外开放经历了漫长的过程,表 5-8 列出了日本在岸金融市场各个阶段的对外开放措施。

---

① 参见 Eichengreen Barry, *Global Imbalances and the lessons of Bretton Woods* (Cambridge, MA: MIT Press, 2010)。

② 关于人民币升值问题,笔者在读硕士期间曾与教授日本经济史的大野健一老师有过交流,大野老师认为日元升值是导致日本通货紧缩和低利率流动性的原因之一。中国国情与日本不同,经济与金融政策受美国的干预要小很多,可能不会重蹈日本覆辙,但需要协调好汇率政策与货币政策,从日本的教训中吸取有益经验。参见罗纳德·L. 麦金农、大野健一《美元与日元—化解美日两国的经济冲突》,王信、曹莉译,上海远东出版社 1999 年版;罗纳德·L. 麦金农《美元本位下的汇率——东亚高储蓄两难》,王信、何为译,中国金融出版社 2005 年版。

表 5-8 日本在岸金融市场对外开放历程

阶段	年份	月份	内容
资本项目严格管制阶段（1949—1964年）	1949年	12月	颁布外汇及对外贸易管理法
	1950年	6月	实施外汇集中制
	1952年	7月	建立东京外汇市场
	1960年	7月	允许开设非居民日元自由账户
放松资本项目管制阶段（1964—1980年）	1964年	4月	按照《国际货币基金组织协定》第八条规定的义务，实现经常项目可兑换
			开放对内直接投资，实施分类行业审批制
		7月	对短期外债实施余额管理
	1970年	9月	放开100万日元以下对外直接投资（审批制）
	1971年	7月	取消信托公司和保险公司购买外国证券上限
			放开居民购买日资证券公司代售的外国证券（备案制）
			开放居民购买境外房地产（审批制）
		8月	"尼克松冲击"
			限制单笔超过1万美元的出口预收款（审批制）
		12月	固定日元/美元汇率为308/1，对美元汇率浮动范围为±2.5%
			取消短期外债的余额管理制
	1972年	2月	放开信托公司购买外国证券
		3月	放开商业银行购买外国证券
		5月	取消外汇集中制
			放开居民对非居民发放非营利性日元贷款
			放开对外直接投资，由审批制改为备案制
		6月	限制单笔超过5000美元的出口收款（审批制）
			对非居民日元账户要求提取准备金
	1973年	2月	建立汇率自由浮动机制
		5月	放开除农村水产业；矿业、石油、皮革、零售行业以外的对内直接投资

续表 5-8

	1974 年	8 月	放开非居民购买短期债券
放松资本项目管制阶段（1964—1980 年）	1976 年	7 月	废除对外直接投资限额
		9 月	取消非居民日元账户准备金要求
		11 月	放松商业银行中长期对外日元贷款
	1977 年	6 月	取消商业银行短期贷款的限制
	1978 年	3 月	提高非居民日元账户准备金要求
		4 月	放开居民购买境外房地产（备案制）
		6 月	对银行外币负债、居民外汇存款、非居民日元账户提出准备金要求
	1979 年	1 月	放开非居民购买长期债券
		2 月	取消非居民日元账户准备金要求
		5 月	取消出口预收限制审批
			放开非居民债券回购
资本项目基本可兑换阶段（1980—1998 年）	1980 年	12 月	颁布外汇和对外贸易管理法，确立原则放松准则、实现资本项目基本可兑换
			开放居民通过指定证券公司购买外国证券（无须备案）
			放开居民购买境外房地产（无须备案）
			放开 300 万日元以下对外直接投资（无须备案）
			放宽对外借款（审查制改备案制）
	1983 年	4 月	放开境外机构对非居民的短期日元贷款
	1984 年	4 月	放开居民海外日元贷款
			放开居民发行欧洲日元债券
			放开非居民购买境内日元债券
			放开 1000 万日元以下居民购买外国证券（无须备案）
		7 月	放开非居民购买境内房地产
	1985 年	10 月	放开大额定期存款利率
			放开大额定期存款利率
	1986 年	12 月	建立日本离岸市场（JOM）

续表 5-8

资本项目基本可兑换阶段（1980—1998年）	1988年	3月	放开境外即期期权交易（OTC）
	1989年	6月	建立东京国际期货市场
		7月	放开中长期欧洲日元贷款
		7月	放开3000万日元以下对外直接投资（无须备案）
	1993年	6月	放开定期存款利率
	1994年	10月	放开活期存款利率
	1995年	8月	放开非居民发行日元债券
	1996年	11月	宣布"大爆炸"（Big Bang）金融市场改革
	1998年	4月	颁布新的外汇与对外贸易法，实现资本项目可兑换
资本项目可兑换阶段（1998年至今）	1999年	2月	实施零利率政策
	2000年	7月	大藏省检查、监督、审批备案的职能移交金融厅
		8月	取消零利率政策
	2001年	3月	实施量化宽松政策，再次实施零利率政策
	2006年	3月	取消量化宽松政策。取消零利率政策
	2008年	4月	实施提高日本国际金融中心地位的规划
	2012年	12月	实施"安倍经济学"量化宽松政策

（资料来源：根据公开资料整理。）

日本资本账户采取逐步对外开放的方式，前后耗时34年。[①] 当日本经常账户顺差较大、外汇储备激增时，日本便鼓励资本流出、加大对资本流入的控制。如1972年日本废除外汇集中制度，允许居民和非居民持有外币存款，1978年又对非居民日元账户计提10%的准备金。而当经常项目顺差变小，日本则又采取相反措施鼓励资本流入。如在石油危机中，日本取消对非居民购买日本证券的限制，向外国机构投资者开放债券回购市场。同时，日本资本账户开放的进程又与汇率息息相关。1973—1974年日元疲软时，日本政府鼓励资本流入，如放宽非居民购买日本股票；阻止资本流出，如禁止外国债券在日本发行。1976—1978年日元走强时，又鼓励

---

① 参见杨承亮《日本资本项目可兑换的历程及启示》，载《中国货币市场》2012年第9期，第19～25页。

资本流出，如允许银行向海外放贷。① 1996 年，日本实行金融"大爆炸"改革，1998 年实施新的外汇法，实现了日元 100% 自由兑换，仅保留了在紧急时刻进行外汇管制的条款，标志着日本在岸金融市场的完全开放。② 从表 5-9 看出，日本在岸金融市场采取渐进的对外开放的策略，日本在岸金融市场的对外开放促进欧洲日元市场的发展，特别刺激了非居民日元的回流。

（二）欧洲日元市场对日本在岸市场的影响

欧洲日元市场演变为日元资金迂回的中转站。20 世纪 80 年代和 90 年代，日本政府为了缓解日元升值压力，提出"黑字还流"计划，将国内经常项目盈余积累的外汇储备和私人资本通过政府发展援助和商业贷款向离岸市场输出。该计划于 1986—1992 年实施，主要是对欧美地区的资本密集型产业和亚太地区的劳动密集型产业进行对外投资，以及依靠日本海外协力基金和进出口银行配合对外输出日元贷款。1985—1997 年，日本对亚洲国家的直接投资增长了 8 倍，其中 1983—1987 年日本对美国的不动产投资增长了 11 倍。

然而，随着 20 世纪 90 年代初"黑字还流"计划的结束，日本在岸市场的大量富余资本在流入离岸市场后又回流至在岸市场，成为"自己人玩自己的钱"的再贷款游戏。伦敦和中国香港等离岸市场成为日元资金迂回贷款的中转站，直到亚洲金融危机爆发，这种套利模式才宣告终结。流向离岸市场的大量日元资金回流到在岸的股票市场和房地产市场，成为日本 20 世纪 90 年代泡沫危机和经济萧条的主要原因。③

日元在岸市场与离岸市场的套利交易也反映在两个市场利率的联动效应上。根据冯永琦等④的研究，1986—1994 年，欧洲日元 LIBOR 与在岸 TIBOR 联动性并不高，但在 1994 年日本在岸市场推动利率自由化之后，

---

① 参见尤瑟夫·凯西斯《资本之都——国际金融中心变迁史》，陈晗译，中国人民大学出版社和中国金融出版社 2011 年版，第 205～207 页。

② 参见榊原英资《日本的反省：走向没落的经济大国》，周维宏、管秀兰译，东方出版社 2013 年版，第 86～88 页。

③ 参见殷剑峰《人民币国际化："贸易结算+离岸市场"，还是"资本输出+跨国企业"？——以日元国际化的教训为例》，载《国际经济评论》2011 年第 4 期，第 53～68 页。

④ 冯永琦、梁蕴兮、裴祥宇：《日本离岸与在岸利率联动效应研究》，载《现代日本经济》2014 年第 1 期，第 28～35 页。

在岸利率与离岸利率的联动性加强。冯永琦等认为日本资本账户开放早于利率市场化,资本账户开放对利率联动影响不大,利率自由化是利率联动效应加强的原因。

日本银行业对外资产与负债情况反映了日本跨境资本流动的趋势。1980年,日本银行对外资产为653亿美元,对外负债为799.17亿美元,资产负债基本平衡。到1986年,对外资产快速增长到3452亿美元,对外负债增长到3459亿美元,资产负债仍然平衡。1990年之后,净资产出现上升趋势,1991年的对外资产为9419亿美元,对外负债达8371亿美元,净资产高达1048亿美元,之后对外资产增速远超对外负债增速。同时,1990年之前,对外资产与对外负债的高度协同,日元资金流出从日本的银行体系,流入离岸市场,再回流至在岸市场。随之相伴的是日元国际地位的衰弱,离岸日元资产在国际主要货币离岸资产中的比例由1988年的6.6%下降至1993年的4%。对外贸易中,1993—2000年,日元在本国出口贸易中的使用比重由42.8%下降至36%。

1. 利用欧洲日元和在岸日元利差的无风险套利

图5-19说明欧洲美元与在岸日元的联动关系。由于时差的原因,东京银行间同业拆借利率(TIBOR)与伦敦银行间同业拆借利率(LIBOR)存在波动性——东京时间比伦敦时间快9个小时。在TIBOR与LIBOR公布之间的市场信息(如信用评级、股市波动等)会影响最新的利率,如在TIBOR公布之后的市场信息会影响第二日的LIBOR,而第二日的LIBOR公布会影响之后的TIBOR。

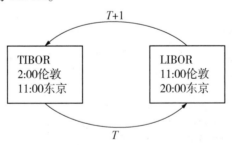

图5-19 东京银行间同业拆借利率与伦敦银行间同业拆借利率联动关系

由于2000年后日元的持续走低,日元和美元的名义利差达到2%~2.5%,通过在欧洲市场借入日元购买美元的套利交易能获得无风险收益,金融机构套利现象非常普遍,2007年日元套利规模已达到1万亿美元。

第五章 离岸市场与在岸市场的联动：国际比较

2008年金融危机爆发使得美元狂跌，日元套利巨亏，出现反方向美元套利。2011年欧洲债务危机期间，日元LIBOR出现反常上涨，英国等国的金融监管部门认为这是大型商业银行交易员在LIBOR和TIBOR之间疯狂套利造成的。

1999年之后，日本央行开始实施零利率和超宽松货币政策。[①] 1999年2月，日本银行将无担保隔夜拆借利率调至0.15%，同年3月调至0.03%，意味着日本开始实施零利率政策。此时，日本本国居民开始偏好通过日元筹集资金，投资名义利率相对较高的美元和欧元等离岸货币，甚至家庭主妇都开始从事套利交易和有杠杆的外汇交易，这种情形被称为"渡边太太"现象。[②] 2001年3月，日本中央银行加大公开市场操作力度，由传统的购买短期国债转为购买长期国债。

2006年，由于经济增长率超过5%，GPI也由负转正，日本中央银行宣布终止实施5年之久的量化宽松政策，并将基准利率提高至0.25%。2008年，由于经济再度低迷以及CPI走低，日本重新推行零利率政策和量化宽松政策，2011年的关东大地震及福岛核泄漏事件使得日本经济复苏困难，日本中央银行延续了量化宽松政策。截至2012年年底，日本先后8次扩大量化宽松规模，总规模高达101万亿日元。2012年安倍晋三就任首相后，日本中央银行将CPI目标设定为2%，每个月的资产购买量约13万亿日元。日本的量化宽松政策和低利率政策刺激了经济复苏，但大部分资金仍在金融体系中内部循环，对实体经济增长推动有限，并且有流动性外溢的迹象，相比2012年，2013年日元对美元名义汇率贬值幅度达7.65%。

[①] 野口悠纪雄指出20世纪90年代末期日本实施宽松货币政策、促进货币贬值是为了维持原有的产业结构，即进口原材料，将其加工成工业制成品再出口到国外的产业结构。霍默和西勒研究了日本利率历史，发现日本经济泡沫破灭后经济增长速度下降、衰退、日元升值、国内金融机构窘迫以及通货膨胀是日本长期采取低利率政策的结果。池田信夫认为日本推出零利率和量化宽松政策的真正目的是帮助日本的银行筹措资金，应对不良债权，通过零利率将居民的利息收入转移到银行，通过再借款使得债务过重的银行起死回生。但这些政策并没有让日本经济真正复苏。参见野口悠纪雄《日本的反省：依赖美国的罪与罚》，贾成中、黄金峰译，东方出版社2010年版；悉尼·霍默、理查德·西勒《利率史》，中信出版社2010年版；池田信夫《安倍经济学的妄想》，东洋经济新闻社2013年版。

[②] 参见小林正宏、中林伸一《从货币读懂世界格局：美元、欧元、人民币、日元》，梁世英译，东方出版社2013年版。

2. 欧洲日元市场的发展导致银行债务结构不匹配问题

20世纪80年代，日本从全球其他国家借入短期债务并发放长期债务，日本的资本流出主要投资在以外币计价的资产上，表明长期利差有利于非日元资产（美元资产），而且日本缺少长期金融债务产品。20世纪90年代日本限制外币组合投资国内资产组合，造成流出与流入币种和结构的不匹配。[①] 由于这种不匹配，日本的银行忙于境外资金的期限转换，而不是真正从事日元的贸易和投资业务。

二、日本离岸市场与在岸市场的联动

（一）日本离岸市场（JOM）的发展历程

1981年12月，美国创立境内离岸美元市场国际银行设施（IBF）。第二次世界大战后的日本政府有向美国学习的传统，于是希望成立日本的IBF。1985年，日本政府宣布日元可兑换，日元国际化正式拉开序幕。1986年12月，日本离岸金融市场（Japan Offshore Market，JOM）正式成立。[②] 在JOM的政策框架下，离岸账户免征20%的利息预扣税，也无须缴纳存款准备金，离岸市场利率可以自由浮动。日本离岸市场成立后，欧洲本土的日元离岸业务大量回归本土，JOM市场规模快速扩张，1988年市场规模上仅次于伦敦，成为全球第二大离岸市场，其发展历程总结在表5-9。

[①] 参见 Samar Maziadand and Joong Shik Kang, "RMB Internationalization: Onshore/Off shore Links," *IMF Working Paper*, 2012。

[②] 关于是否成立日本离岸市场，在日本政界、学界曾有过激烈的争论。大藏省国际金融局的官员认为，设立日本离岸市场能将境外国际业务转移到境内，增强本国银行在国际金融领域的地位，此外，采用"外—外"型的离岸账户能与在岸账户有效分离，隔绝风险。日本银行、大藏省银行局的官员则担心日本离岸市场的设立会加剧套利套汇活动，加大外汇市场和资本市场的波动，影响金融稳定。日本金融机构在国内要缴纳一定比例的存款准备金，以及20%的利息预扣税、市政税、印花税等，存款准备金由日本银行收取，利息预扣税由大藏省收取，市政税、印花税由东京地方政府收取。如果成立日本离岸市场，日本的金融机构可以通过将存款搬到海外分行，然后将资金回流东京离岸市场的方法规避准备金和税收。日本银行担心影响其准备金率、利率等货币政策工具的控制力受到影响，大藏省的银行局官员担心税收收入减少、金融机构利用两个市场套利。

第五章 离岸市场与在岸市场的联动：国际比较

表5-9 JOM的发展历程

年份	事件
1978	日本大藏省提出："让日元和马克一起发挥国际通货补充职能，正视日元国际化。"
1980	日本颁布了新的《外汇与外国贸易法》，实现了资本项目的基本可兑换
1982	官方组织"东京离岸市场调查团"考察离岸金融中心，随后就是否设立东京离岸市场展开激烈讨论
1984	成立了"日元与美元委员会"，金融自由化，日元国际化作为政策目标，提出设立东京离岸市场的构思
1985	日本中央银行汇率专门委员会的会议上成立了"东京国际化分会"，提出建设东京离岸日元市场
1986	正式开设日本离岸市场（Japan Offshore Market，JOM）
1988	JOM规模达到4142亿美元，成为仅次于伦敦的第二大离岸市场
1989	简化手续、放松了对JOM的管制
1994	解除了对远期利率协议交易的管制，使得日元离岸市场更加活跃
1998	东京金融"大爆炸"改革

（资料来源：根据公开资料整理。）

将JOM的发展历程分为三个时期（如图5-20所示）。

1. 快速发展期（1986—1995年）

1986年，JOM的总资产规模只有887亿美元，到了1995年已发展到6677亿美元，平均年增速达25%，超过中国香港、新加坡等离岸金融业发达地区。1986年，日元资产在离岸市场总资产中占比并不高，只占21%，外币资产占比高达79%。随着非居民日元的涌入，日元占比上升很快。1995年日元资产占比达到68%，而外币资产占比则降至32%。

2. 衰退下滑期（1995—2006年）

JOM总资产规模1995年达到高位6677亿美元，之后一路下滑，2006年仅有3865亿美元，资产规模减少40%。同时，日元资产占比开始迅速下降，外币资产上升，到 2006 年日元资产占比降至 36%，外币资产占比上升到 64%。

3. 恢复发展期（2006—2012 年）

2007 年以后，受 2008 年国际金融危机的影响，大量资本回流日本本土避险，JOM 资产开始恢复上升，2012 年达到 7380 亿美元。2012 年，日元资产占比恢复至 JOM 设立初期的水平，占 JOM 总资产规模的 24%，占比比 1986 年仅高出 3 个百分点；同时，外币资产占比恢复到 76%。

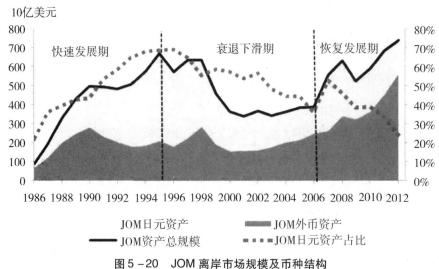

图 5-20　JOM 离岸市场规模及币种结构

（数据来源：BIS。）

（二）日本离岸市场（JOM）的主要特点

日本离岸市场在建立初期即设计了较为完整的市场框架，虽然历经了发展变化，但市场框架相对稳定。日本离岸市场的框架内容见表 5-10。

第五章 离岸市场与在岸市场的联动：国际比较

表 5-10 JOM 建立初期的框架

	市场要素	主要内容
1	交易币种	日元或主要可兑换货币
	交易参与者	外汇指定银行，包括本国银行 124 家，外国银行 89 家
	交易对象	①非居民，包括政府、国际机构、商业银行海外分行；②不包括日本企业海外分支机构、个人；③包括具有非居民身份的日本本地企业
	交易中介	8 家指定外汇经纪人（公司）
	交易单位	10 亿日元起，隔夜交易以 50 亿日元起
	交易时间	上午 9 点至下午 7 点，东京时间下午 3 点后伦敦市场开市
2	资金来源	①离岸拆借；②离岸存款，且满足以下条件：一是约定存款、除金融机构外的法人最短存款期限在 2 天以上；二是非约定存款，只限于金融机构、外国政府、国际机构，且不接受活期存款；三是最低存款金额要求，非金融机构的外国法人最低存款为 1 亿日元成等值可兑换外币
	资金划转	离岸账户与在岸账户分离，原则上禁止两种账户之间的资金借贷；但在一定范围内允许资金划转，且限制当月从离岸账户转往在岸账户的净头寸
3	金融政策	不受利率、存款准备金政策限制，但从离岸账户调往在岸账户的资金仍需缴纳准备金
	税收政策	免除 20% 的利息预扣税；但不免除地方税

（资料来源：根据公开资料整理。）

日本离岸市场借鉴美国 IBF 的监管条例，设立了很多限制性条件以控制风险：①严格分离离岸账户与在岸账户；②只限于非居民贷款以及金融机构存款；③设立存款的最低停留期；④禁止非居民个人交易；⑤没有法定存款准备金和利息税。1986 年共有 181 家内、外资银行获准从事离岸金融业务，1994 年扩展到 213 家，包括本国银行 124 家、外国银行 89 家。

与 IBF 不同的是，JOM 在设立初期不能开展债券与期货业务。随着 JOM 的发展，日本逐步放开对非居民的债券投资限制。1989 年 4 月，日本放松对 JOM 的管制，主要手段是：①放宽 JOM 与在岸市场资金转移比例限制，转移上限为上月资产平均余额的10%；②简化确认非居民的手续文件；③简化资金交易的手续文件，如借款人为外国政府，投资计划书也可以作为确认文件。

日本中央银行（日本银行）规定，JOM离岸金融业务应在专门开设的"特别国际金融账户"内进行，资金如要划转至在岸账户，必须通过"资金划转相关账户"进行。"资金划转相关账户"相当于在岸账户与离岸账户之间的"防火墙"，并且在该账户内征收准备金。表5-11反映了日本外汇指定银行的存款准备金率，JOM成立初期"特别国际金融账户"的准备金率为25%，1991年调整为15%。

表5-11 日本外汇指定银行准备金率

类型		1986年12月1日	1991年10月16日
非居民外汇负债准备金率 （不含"特别国际金融账户"）		25	15
居民外汇存款准备金率 （不含特别国际金融账户）	定期存款	37.5	20
	其他存款	50	25
非居民日元负债准备金率 （不含特别国际金融账户）		25	15
特别国际金融账户向其他账户 转移资金的准备金率		25	15

（资料来源：日本银行网站。）

为了控制离岸市场对境内金融机构经营及宏观经济产生的风险，JOM做了详细的限制性规定。一是参与者必须是政府、国际组织、外汇银行等金融机构。外汇指定银行有义务确认交易对象是不是非居民离岸账户。二是收支范围限定在存款和贷款，不能进行外汇买卖和掉期交易。三是期限和规模限制。非金融机构外国法人定期存款期限的要求是至少两天，外国政府及国际机构至少是隔夜，活期存款只限于从金融机构、外国政府及国际机构吸收，交易方式为$T+1$。四是离岸模式为"外来外去"。资金由离岸进入在岸，须进入中央银行设立的"资金划转相关账户"。对于离岸账户与国内普通账户之间的资金流出、流入，进行日末和月末头寸限制，即每天离岸账户向国内普通账户转账不得超过上个月余额的10%，超出部分征缴利息预扣税。

在推进日元国际化方面，日本采取"自由可兑换＋离岸中心"模式，在资本项目对外大幅开放的同时，国内金融改革相对落后，国内金融市场存在各种金融限制，特别是"窗口指导"对国内贷款进行了诸多制约。JOM 融资属于"窗口指导"之外的交易，日本国内金融机构将国内资金通过 JOM 向海外分支机构转移然后再回流境内，日元的国际迂回流动，实质上并没有造成日元广泛的跨境和国际使用。新加坡、中国香港等地成为日本银行部门为规避监管开展"迂回交易"的场所。大量日元流入离岸市场后，通过银行间拆借和国际直接投资（foreign direct investment，FDI）方式流回日本境内，其中大量资金又脱离实体经济，用于投机股票市场与房地产市场，间接地助推了日本国内的经济泡沫。

第四节 泰铢离岸市场与在岸市场的货币错配

货币错配是新兴经济体（emerging economies，EMEs）的"阿喀琉斯之踵"，拉丁美洲债务危机、亚洲金融危机、次贷危机、欧债危机、阿根廷债务危机等几乎所有金融和债务危机都与货币错配相关。货币错配不仅引发并加剧了历次金融和债务危机，而且增加了危机的应对成本，限制货币政策的调控空间，影响汇率机制发挥作用，影响宏观经济与金融稳定，加剧跨境资本流动风险。泰国在离岸市场的发展过程中，离岸与在岸市场的货币错配更引发了金融危机。

一、曼谷离岸金融市场的发展历程

20 世纪 80 年代后期，泰国经济持续高速增长，但经常项目逆差压力逐渐显现，1990 年经常项目逆差/GDP 比例高达 8.5%，远高于 4% 的国际警戒标准。基于对国内宏观经济条件的信心和降低外部融资成本的需求，泰国政府开始推行国内金融自由化改革。1990 年 5 月，泰国宣布接受国际货币基金组织第 8 条款，实现经常项目可兑换。1992 年 5 月，泰国设立离岸金融市场曼谷国际银行设施（Bangkok International Banking Facilities，BIBF），发展本国的国际贷款业务。

BIBF 的交易主体为非居民（包括国内企业在境外的分支机构），可以在离岸市场开立两类账户，一类是非居民外汇账户，资金来源于境外，且存款、取款不受限制，但通过该账户向居民贷款或从银行借入外汇存放，需要向银行提交支持性证据；一类是非居民泰铢账户，又分为非居民证券账户和一般账户，前者用于股票、债券投资和衍生品交易等，后者专门服务于贸易、服务、直接投资等。BIBF 的主要业务包括：①以第三国为对象吸收泰铢或外币存款、发放泰铢或外币贷款（"外对外"业务，Out-Out）；②吸收外币存款并以此为来源在泰国发放贷款（"外对内"业务，Out-In）。BIBF 属于渗透型离岸市场，银行可以同时经营"外对外"和"外对内"两类业务；③外汇买卖、银团贷款等其他业务。

BIBF 自设立以来发展迅速，贷款余额从 1993 年年底的 1995.6 亿泰铢增长至 1997 年年底的 1.88 万亿泰铢，相当于同期国内贷款余额的 1/5。图 5-21 显示，BIBF 贷款以"外对内"业务为主。Kaufman[①] 研究发现，20 世纪 90 年代中期，泰国通过 BIBF 借入大量未经对冲利率风险的美元及日元低息贷款，并同时贷放大量的高息泰铢贷款，泰铢存款利率甚至高出 LIBOR 4 个百分点。此外，BIBF 贷款规模膨胀过快，从 1993 年的 80 亿美元迅速升至 1996 年的 500 亿美元，达到泰国 GDP 的 27%。

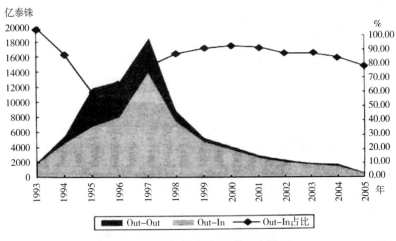

图 5-21　泰国 BIBF 贷款业务类型

（数据来源：泰国中央银行。）

---

① George G. Kaufam, "Emerging Economies and International Financial Centers," *Review of Pacific Basin Financial Markets and Policies*, no. 4 (2001), pp. 365~377.

二、BIBF 与在岸市场的联动

1997 年亚洲金融危机爆发前，泰国经常项目连续十年逆差，在泰铢实行固定汇率制的约束条件下，只能更多地依赖外部融资，外债规模膨胀和短期化。而 BIBF 为国际资本在危机发生前后的流入和流出提供了便利渠道。危机发生前，在高息、固定汇率的吸引下，大量短期资金流入泰国并转换为泰铢存款。1994—1995 年，通过非居民泰铢账户流入和流出的国际资本占同期个人国际资本流动的 85%，净流入占同期泰国资本净流入的 15%，推动泰国资本流入结构转向短期化和证券化格局，跨境资金流动的波动性加大。

1996 年泰国泡沫经济崩溃，庞大的外债负担和竞争力的下滑使得泰国经常项目收支出现巨额赤字，资本流入转为流出。以索罗斯为代表的国际对冲基金正是利用泰国失衡的宏观基本面和便利的跨境资金渠道，通过 BIBF 账户从泰国商业银行大量借入泰铢并买入远期外汇合约，待资金积累到一定规模后在外汇市场抛售泰铢，最终迫使泰国中央银行放弃固定汇率制，泰铢大幅贬值使国际对冲基金通过远期外汇合约实现套利。图 5-31 显示，1997 年 2 月，由于泰铢贬值的压力进一步增加，泰国中央银行为了维持固定汇率制，开始从市场买入泰铢实施干预。7 月泰国外汇储备耗尽，泰铢被迫大幅度贬值，引发金融危机，甚至传导至全球金融市场。[①]

研究表明，BIBF 在泰国金融危机中发挥重要作用，Eichengreen[②] 认为通过 BIBF 流入的短期债务过多，是造成泰国金融危机的三大原因之一[③]——1990—1994 年，80.92% 的资本流入是短期资本。Siamwalla[④] 指出，BIBF 加大泰国的资本流入给泰国经济带来三个后果：一是吹大了泰国房地产泡沫。1994 年，泰国房地产市场已经衰落，但是持续的资本流

---

① 金容德在《亚洲外汇危机与国际金融新秩序》一书中指出，1997 年泰国外汇危机迅速扩展至马来西亚、印度尼西亚、菲律宾等邻国，并扩散至中国台湾、中国香港等地区和韩国等国家，变为整个亚洲的危机。危机甚至波及纽约股市，1997 年 10 月 27 日，美国道琼斯指数一天就下跌了 7%。

② Eichengreen Barry, *Capital Flows and Crises* (Cambridge, MA: MIT Press, 2004).

③ 另外两个原因是宏观经济失衡（外资流入带来的高经济增长和汇率高估）和银行体系的脆弱（高利率带来的资本流入冲击银行的资产负债平衡）。

④ Ammar Siamwall, "Can a Developing Democracy Manage its Macro - Economy? The Case of Thailand," *TDRI Quarterly Review*, no. 12 (1997), pp. 3~10.

入刺激了地产发展。二是导致真实汇率升值。1994年之前，泰铢对美元汇率比较稳定，之后每年真实汇率升值幅度达到6%。三是导致经常项目赤字达到国民生产总值的8%，而贸易出口却以每年15%的速度递增，1996年出口增长率突然跌至零。戈登斯坦和特纳[1]研究发现，1996年泰国银行部门和非银行部门的货币错配问题都很严重，商业银行对非居民的期限错配和货币错配总额为260亿美元，非银行企业和家庭部门的错配更严重，商业银行将大多数风险转移至非银行部门。泰铢的贬值导致非银行部门大范围破产和倒闭，波及银行贷款偿付。

  其他因素方面，孙涛[2]认为泰铢的急速贬值与美联储的非常规货币政策有关：亚洲金融危机之前，美联储联邦基金利率一直在下降，而泰国的银行贷款和国际债券发行规模一直在上升，同时，泰国的隔夜回购利率也在上升。而当美联储联邦基金利率先上升后下降时，泰国的银行贷款、国际债券规模、隔夜回购利率都出现巨大波动，引爆泰国金融危机。图5－22也印证了此观点。

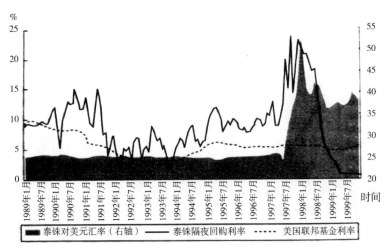

图5－22 泰铢利率和汇率的变动

（数据来源：CEIE。）

---

[1] 莫里斯·戈登斯坦、菲利普·特纳：《货币错配——新兴市场国家的困境与对策》，李扬、曾刚译，社会科学文献出版社2005年版，第64～65页。

[2] 孙涛：《非常规的挑战》，载《中国改革》2014年第4期，第36～41页。

统计显示（见表5-12），1997年下半年通过BIBF账户资本净流出26.8亿美元，占整个银行部门资本净流出的42.3%。1998年上半年，通过BIBF账户资本净流出43.3亿美元，占据银行部门资本流出的90%，BIBF账户进一步恶化了泰国金融危机。

表5-12 亚洲金融危机期间泰国的资本净流动

单位：亿美元

项目	1997年			1998年		
	上半年	下半年	全年	上半年	下半年	全年
银行部门	28.2	-53.3	-35.1	-45.7	-66.4	-112.1
商业银行	13.8	-36.5	-22.7	-2.4	-13.9	-16.3
BIBF	14.4	-26.8	-12.4	-43.3	-52.5	-95.8
BIBF占比	51.10%	42.30%	35.30%	94.70%	79.10%	85.40%
非银行部门	-9.6	-28.2	-37.8	-28	-14.1	-42.1

（注：正值表示资本净流入，负值表示资本净流出。数据来源：泰国中央银行。）

进一步分析1997年亚洲金融危机前后泰国的国际收支状况。1997年之前，泰国经常项目逆差，资本项目顺差；1997年之后，经常项目顺差，资本项目逆差。由于经济增长不是靠出口拉动，而是靠消费支出拉动，为了弥补经常项目逆差，流入大量短期资本，1993年年初至1997年3月境外贷款和存款项下累计流入505亿美元，占同期资本净流入的75%。离岸市场的低息资本特别是日元资本，大量通过BIBF账户流入高利率的泰国金融市场，使本身就极其脆弱的金融系统雪上加霜，金融机构的大量外来资本只能流入高收益的房地产市场，造成币种与期限的错配。尽管泰国政府已经意识到房市过热，并于1995年采取了紧缩的货币政策，但房地产价格快速下跌却使得金融股占主力的股市崩盘，1997年资本转为净流出。1997年4月至2000年年底境外贷款与存款累计流出464亿美元，占同期资本净流出的132%，而直接投资和被认为波动性较大的证券投资，在危机前后并没有出现大规模流入和流出。资本流出的直接后果就是泰铢的快速贬值。

总的来看，泰国的离岸金融交易给大规模资本外逃提供了通道。BIBF

在经营离岸业务的同时也经营在岸业务，即吸收居民存款同时也向泰国居民发放贷款，离岸业务与在岸业务交错的混乱局面造成放开离岸业务就是放开了资本账户，资本管制形同虚设。泰国企业、银行则大肆举借外债，造成货币错配风险和流动性风险，中央银行又缺乏有效监管，国外投机者正是通过离岸业务借入泰铢，利用衍生工具对泰铢进行突然袭击，最终引发泰国货币危机。

第五节 离岸市场与在岸市场联动小结

通过比较世界各国对于离岸货币市场的实践可以总结，构建协调的离岸、在岸市场关系，必须注意以下六个方面。

1. 国家经济发展是前提

一国的经济、军事、政治实力决定了其货币的国际地位，但一国货币在国际上是否通用，与该国的经济表现和前景之间并不是绝对的关联，而是有限的单向的关联，即一国经济强大决定货币的国际化，而货币的国际化并不能保证经济的强大。巴里·埃森格林[1]指出，如果一种货币在世界范围内广泛使用，其发行者将获得极大的地缘政治优势和战略优势。同时，由于在国际上的金融地位强大，外交政策也会强大，并且无须为债务支付过高利息，并对依赖其货币的国家产生影响。

从第二次世界大战后美国取代英国掌握货币统治权的历史来看，英镑之所以失去国际货币地位，在于英国失去了强国地位，反之则不然。美国的经济表现和政策选择（如在全球金融危机中的政策失误）将决定美元的命运是否会重蹈英镑的覆辙。榊原英资[2]相信只要美国政策得当，美元的世界货币地位短时间内不会动摇，因为美国的制造业已经向发展中国家转移，如果再失去金融产业，美国经济将全线崩溃，因此美国政府将尽最大努力维护美元的通用货币地位。美国经济过度依赖金融发展的弊端也不容

---

[1] 巴里·埃森格林：《嚣张的特权：美元的兴衰和货币的未来》，陈召强译，中信出版社2011年版，第30~38页。

[2] 榊原英资：《日本的反省：走向没落的经济大国》，周维宏、管秀兰译，东方出版社2013年版，第150~151页。

忽视。费尔普斯①认为美国个人和机构对金钱和财富的偏好，使得很多有天赋的人离开创新之路，转而追求财富，大量资本从产业部门转移到金融行业，导致20世纪70年代之后的美国经济增速显著放缓、失业率上升、大规模财政刺激和投机热潮，最终引发金融危机。

2. 在岸金融市场的发展是基础

Maziad和Kang②指出，国际经验表明货币的国际化必须满足一系列条件，包括贸易网络的广度和结构，宏观经济稳定性以及货币信誉度，金融市场的深化程度、开放程度以及货币的可兑换性。在这些条件中，政策支持只能起辅助作用，有益于金融发展和资本账户自由化的国内政策能够促进货币的供给和金融资产的自由交易。实际上美国经济早在1872年就已经超越英国，但美元离岸市场真正发展起来是在1917年以后，其中关键因素是早期阶段美国缺乏一个具有深度和开放的金融市场，甚至没有中央银行，美联储直到1913年才成立。"二战"后的美元在岸国债利率引导离岸利率，美国的金融市场影响着全球金融市场，说明在岸金融市场的深化程度是决定离岸市场发展的基础。

3. 发展离岸市场有利于货币国际化

有研究指出，如果没有在离岸市场的发展，美元不可能如此快地获得国际主要储备货币的地位。繁荣和成熟的离岸市场能给非居民带来极大的贸易和投资便利，美元在岸市场和离岸市场保持资本的自由流动，美国监管当局对市场套利也秉持宽容的态度，市场之间的资本流动和套利机会是保持利率、汇率稳定的重要条件。

4. 合理选择离岸金融市场运行模式

日本JOM虽将在岸业务、离岸业务严格分开，但在实际运行中很难做到完全分离。一些日本商业银行为了规避缴纳准备金，将其离岸账户的外汇资金融通给其海外分行，再由海外分行回流国内金融机构和企业，以低成本外债形式进入日本国内市场。同时，日本国内资产价格上涨提高企业的对外担保价值和借款能力，从国外借款更为有利，导致境外资金大量

---

① 埃德蒙·费尔普斯：《大繁荣》，余江译，中信出版社2013年版，第256～258页。
② Samar Maziad and Joong Shik Kang, "RMB Internationalization: Onshore/Off shore Links," *IMF Working Paper*, 2012.

流入，并最终流入房地产。① 同样，泰国的 BIBF 离岸账户成为举借外债不受控制、资本外逃不受限制的管道。

5. 资本账户开放需要密切防范短期债务剧增风险

日本在建设境外和境内离岸市场过程中，积极推动资本账户开放，如 1980 年实现资本项目基本可兑换，放松了境外投资、贷款、房地产购买和证券投资，造成日本企业筹资方式的转变。1980 年以前，日本企业在国内主要依靠发行可转换公司债筹资，在国外主要依靠发行公司普通债券投资，海外发债只有 7906 亿日元，占国内发债的 35%。在前述政策的刺激下，日本 1985 年海外发债就已经超过国内发债规模。泰国离岸市场的快速开放使得短期外债倍增。泰国的外债规模在 1991 年只有 377 亿美元，到 1996 年已达到 908 亿美元，增长近 3 倍，短期外债比例达到 46%。在资本账户还未完全开放的情况下，有必要在离岸账户和在岸账户之间保持一定的隔离。②

6. 要加强金融体系的对外开放

日本政府虽然在 20 世纪 80 年代开始推行日元国际化，但始终不愿意放松对国内金融领域的管制。过度的金融保护措施、低效的金融市场严重扭曲了在岸市场和离岸市场的要素价格，在岸市场、离岸市场的套利始终存在，无法消除。日本在金融市场对外开放上的踌躇不前，影响了东京的国际金融中心地位。2007 年英国伦敦金融城公布的国际金融中心排名中，前三名是伦敦、纽约、中国香港，东京排在悉尼之后位列第九名。从全球外汇交易上看，伦敦和纽约的外汇交易量分别占全球的 1/3 和 1/6，而东京占比只有 6%，与新加坡和中国香港接近，日元国际化和日本金融体系的内在封闭性矛盾③很难调和。

---

① 参见杨承亮《日本离岸金融市场发展对上海自贸区的启示》，《中国外汇》2013 年第 19 期，第 62～63 页。

② 参见 Shu Chang, He Dong and Cheng Xiaoqiang, "One Currency, Two Markets: the Renminbi's Growing Influence in Asia-Pacific," *BIS Working Papers*, no. 446, 2014。

③ 榊原英资认为，东京成为金融中心的障碍是封闭的思维、落后的监管、滞后的人才培养，以及自民党政权强烈的民族主义倾向和东京的缺乏开放性。参见榊原英资《日本的反省：走向没落的经济大国》，周维宏、管秀兰译，东方出版社 2013 年版。

第五章 离岸市场与在岸市场的联动：国际比较

◆思考讨论题◆

1. 试简述在岸市场与离岸市场的关系。
2. 简述探究和检验美元、日元和泰铢的离岸市场与在岸市场的联动关系，对人民币离岸市场建设与发展有何借鉴意义。
3. 有哪些离岸金融市场运行模式？
4. 人民币离岸市场发展状况及存在问题是什么？

第六章　人民币汇率制度与外汇市场

美元、日元等货币国际化的经验表明，境内和境外离岸金融市场对于货币国际化具有显著促进作用，但离岸金融市场也可能对货币国际化产生反作用，因此，人民币国际化进程应统筹境外与境内离岸人民币市场布局，共同助推人民币国际化战略。基于前述世界各国货币离岸市场的发展历程，本章开始通过理论基础和国际经验两条线索，探讨建设人民币离岸市场及其对于人民币国际化的意义。

第一节　人民币汇率制度及其演进

一、人民币汇率制度

（一）人民币汇率制度的内容

人民币汇率制度是以市场供求为基础、参考一篮子货币进行调节、有管理的浮动汇率制。自2005年7月21日起，我国开始实行有管理的浮动汇率制。新的人民币汇率制度，以市场汇率作为人民币对其他国家货币的唯一价值标准，这使外汇市场上的外汇供求状况成为决定人民币汇率的主要依据。

汇率机制改革的内容包括三方面：一是汇率调控的方式；二是中间价的确定和日浮动区间；三是起始汇率的调整。

（二）人民币汇率制度的特点

（1）市场供求为基础。根据新的人民币汇率制度确定的汇率与当前的进出口贸易、通货膨胀水平、国内货币政策、资本的输出输入等经济状况密切相连，经济的变化情况会通过外汇供求的变化作用到外汇汇率上。

（2）有管理的汇率。我国的外汇市场是需要继续健全和完善的市场，政府必须用宏观调控措施来对市场的缺陷加以弥补，因而对人民币汇率进行必要的管理是必需的。主要体现在：国家通对外汇市场进行监管、国家人民币汇率实施宏观调控、中国人民银行进行必要的市场干预。

（3）浮动的汇率。浮动的汇率制度就是一种具有适度弹性的汇率制度。中国人民银行于每个工作日闭市后公布当日银行间外汇市场美元等交易货币对人民币汇率的收盘价，作为下一个工作日该货币对人民币交易的中间价格。现阶段，每日银行间外汇市场美元对人民币的交易价仍在人民银行公布的美元交易中间价上下0.3%的幅度内浮动，非美元货币对人民币的交易价在人民银行公布的该货币交易中间价3%的幅度内浮动率稳定。

（4）参考一篮子货币。一篮子货币是指按照我国对外经济发展的实际情况，选择若干种主要货币，赋予相应的权重，组成一个货币篮子。同时，根据国内外经济、金融形势，以市场供求为基础，参考一篮子货币计算人民币多边汇率指数的变化，对人民币汇率进行管理和调节，维护人民币汇率在合理均衡水平上的基本稳定。篮子内的货币构成，将综合考虑在我国对外贸易、外债、外商直接投资等外经贸活动占较大比重的主要国家、地区及其货币。参考一篮子表明外币之间的汇率变化会影响人民币汇率，但参考一篮子货币不等于钉住一篮子货币，它还需要将市场供求关系作为另一重要依据，据此形成有管理的浮动汇率。这将有利于增加汇率弹性，抑制单边投机，维护多边汇率。

二、人民币汇率制度的演进[①]

中国的汇率制度经历了逐步改革。在2005年7月宣布放弃固定汇率制后，中国开始逐步采取更加灵活的货币政策，而维持汇率的稳定继续发挥着重要的作用。随着时间的推移，汇率变得更加有弹性，但仍处于审慎管理之下。一个弹性的、市场决定的汇率，在吸收外部冲击和保证中国人民银行实施货币政策，从而影响国内经济状况的过程中有至关重要的作用。

---

① 参见 Sonali Das、张寒堤、李钰婕《人民币汇率制度的演进：2005—2019年》，载《新金融》2019年第5期，第6~12页。

(一) 放弃固定汇率制度,但保持人民币兑美元相对稳定(2005年7月—2015年6月)

进行改革以提高汇率制度的灵活性。2005年7月21日,中国宣布对汇率制度进行重大改革,从人民币兑美元的固定汇率到更加灵活的安排。中国人民银行宣布,中国正在"参照一篮子货币,进行基于市场供求关系的,有管理的浮动汇率制度"。然而,央行对于一篮子参照货币并没有具体说明,宣布的制度依然是与美元汇率紧密挂钩的。具体而言,在交易日开始前宣布的每日汇率(中间价汇率)将作为当日人民币兑美元汇率区间的中间值。具体做如下:

(1) 建立中间价机制,允许人民币兑美元汇率以中间价为基准每日±0.3%的波动,而中间价就是前一天的收盘价。

(2) 人民币兑换银行间市场交易的其他外币(欧元、港元和日元)的汇率,允许在更宽范围内波动,即每日±1.5%。

(3) 该计划旨在提高汇率的弹性,因为央行将"根据市场的发展,经济和金融的形势,对人民币汇率区间做出必要的调整"。

2005年7月的汇率改革导致人民币兑美元2.1%的升值,即1美元可以兑换8.11元。人民币升值和汇率改革基于一种信念,即与美元挂钩的固定汇率制是不可持续的、对于实体侧的冲击或者经济中长期的变革,即使没有破坏性的通货膨胀或通货紧缩发生,也会起不良反应,例如由巴拉萨-萨缪尔森效应引起的实际升值。[①] 汇率改革后的十年间,短期弹性受到限制,除了在全球金融危机期间汇率保持相对稳定外,人民币兑美元汇率保持稳定升值。

对于汇率中间价和交易区间机制的微调。在接下来的几年中,中国经历了一个对汇率中间价和交易区间机制的渐进式微调,这些变化包括:

(1) 2005年9月,对于非美元货币的交易区间扩大至±3%。

(2) 2006年1月,人民币兑美元每日中间价汇率的形成发生了变化。新的汇率为每个交易日开盘之前做市银行所给出报价的加权平均值,而这些报价是银行基于市场供需关系做出的。

(3) 2007年5月,人民币兑美元中间价每日波幅扩大至±0.5%,在

[①] 参见 M. Obstfeld, "The Renminbi's Dollar Peg at the Crossroads," Institute for Monetary and Economic Studies, Bank of Japan, 2007。

2012年4月扩大至±1%，在2014年3月进一步扩大至±2%。

（4）放开和进一步发展中国外汇市场的措施（包括建立货币远期和掉期市场，扩大市场参与者的数量），都在有条不紊地进行。

在全球金融危机期间，汇率的弹性被限制。当局将有管理的浮动汇率制目标暂时搁置，转而追求人民币兑美元的稳定汇率。但在2010年6月，尽管对于法定货币系统没有做出实质性调整，当局又开始重新强调汇率的弹性。

市场实际的汇率并没有展示出浮动汇率制的特征。虽然央行宣布自2005年7月起就开始施行有管理的浮动汇率制，但人民币汇率的波动性远低于其他浮动汇率。人民币兑美元汇率每日价相当稳定，汇率交易区间机制从来不会被使用，因为人民币兑美元汇率的每日变化一般不会接近区间的边缘。此外，尽管即期汇率的收盘价与当日中间价有一定价差，但是中间价格的汇率几乎不会每日都变化。中国对外汇市场进行了大量的干预，以缓和货币的升值。在此期间，中国外汇储备从2005年7月的7330亿美元增加到2014年6月的3.99万亿美元高峰。与中国其他主要贸易伙伴（欧洲和日本）的货币汇率波动性远远高于人民币兑美元汇率的波动性。

2005年7月的"汇改公告"将新的汇率制度描述为可调整的货币篮子锚，但实际上该制度在接下来的十年中起到了钉住美元的作用。其间的实际汇率变动，以及缺乏一篮子货币的参照信息都给人一种感觉：尽管汇率比以前更具有弹性，但人民币基本还是与美元挂钩的。虽然汇率改革公告表明央行允许非美元货币的汇率比人民币兑美元汇率在更广的范围内活动，但实际上这很难操作。例如美元兑欧元的汇率经历一个巨大波动，这就要求人民币兑欧元汇率有一个类似的大幅波动（因为要保持人民币兑美元汇率的相对稳定），不然只能违反人民币兑美元稳定汇率的限制。

对美元汇率采取有管理的逐步升值，导致了人民币在2005年7月到2015年7月的大幅有效升值。在强大的外汇干预下，人民币兑美元以及其他货币的汇率在2015年7月以前仍然有大幅的逐步升值。除了全球金融危机爆发的两年间，人民币兑美元汇率保持相对稳定外，其余时间都有升值。这种"有管理"的升值反映出当局在持有大量外部盈余，以及生产率提升的背景下，对提高均衡汇率的一种看法。有管理的升值制造了广泛的预期：汇率将继续朝着同一方向发展，并且会导致资本流入和套利交易的发生。相对于美元，人民币从2005年7月至2015

年 7 月升值 26%，从有效升值的角度看，升值幅度更大（名义升值为 44%，实际升值为 58%）。

2014 年市场情绪转向，认为人民币正被高估。由于中国人民银行保持人民币兑美元汇率的相对稳定（从购进外汇转向大量抛售外汇来进行外汇干预），而美元的走强，使人民币的有效升值在 2014 年年底加速。这加强了市场对人民币被高估和面临资本外流压力的看法。在在岸市场和离岸市场上，一年期远期升水的美元价值相对于无本金交割远期外汇逐步扩大，从 2014 年夏天的接近 0 到 2015 年 3 月的 -3% 左右。IMF 在 2015 年外部部门评估报告中认为，人民币在 2015 年第二季度开始就不再被低估了。

在此期间，中国的国际收支发生剧烈变化。由于短期投资流量的变动，资本和金融账户从 2013 年的近 3000 亿美元流入到 2014 年年中至 2015 年年中的 4000 亿美元流出。经常账户盈余从 2013 年的 1.5% 扩大到 2015 年的 2.7%，原因是随着经济增长放缓，进口需求下降；同时伴随着贸易账户盈余上升。中国经济增长放缓，实际 GDP 增长从 2013 年的 7.8%，下降到 2014 年的 7.3%，再到 2015 年的 6.9%，伴随美元飙升和美国利率上升的预期，造成人民币压力的逆转。在 2014 年夏季，外汇干预由抛售外汇转为限制人民币兑美元的贬值。中国人民银行保持住了人民币兑美元汇率的稳定，但鉴于美元的升值，人民币在 2013 年年底至 2015 年 7 月，实际有效汇率升值 14%。

（二）尝试增加弹性和市场波动，接着是有管理的贬值（2015 年 8 月—2016 年 12 月）

旨在提高汇率弹性的公告简短却又令人意外，引发了混乱和市场动荡。在 2015 年 8 月 11 日的公告中，中国人民银行改变人民币兑美元的中间价报价机制，旨在提高市场力量在人民币汇率变动中的决定性作用。在新机制下，银行被要求提交报价，报价需要将前日收盘价汇率、外汇市场供需关系和主要货币的汇率变动纳入考虑。该公告的发布引来人民币兑美元贬值 1.9%。该制度的意外变化导致全球金融市场波动激增，VIX 升至四年以来最高点，资本外流加速，因为许多市场参与者将此变化解读为人民币大幅贬值的前兆。人民币兑美元汇率在 8 月 12 日再次贬值 1%，在 8 月中旬到 9 月底，人民币都在非常窄的区间内交易。

资本外流由于套利交易的平仓和资本外逃而得以加速。资本外流量从2014年第三季度和第四季度的平均约1000亿美元翻了一番，到2015年下半年的季度平均值约为2000亿美元。资本账户情况恶化，在2013年至2015年间年度资本账户发生9000亿美元的逆转。主要由三个因素引起：套利交易的平仓、居民（通过官方渠道）购买外国资产、一些"资本外逃"（未被记录到的流出）。套利交易可能解释了此次账户逆转的一半以上。居民为了偿还债务，对外债务净收购占了5000亿美元。具体而言，中国对外负债下降，主要反映了非居民贷款的偿付和非居民存款的汇回，这是套利交易的两个主要渠道。这种现象是中国宽松的货币政策带来利率下降以及汇率预期的变化造成的。资本账户的其余逆转包括有官方记录和无官方记录的居民加速收购外国资产。

中国人民银行采取外汇干预措施，与资本流动管理措施（capital flow management measures，CFMs）一起稳定汇率，以阻止资金外流。2015年下半年，国际外汇储备减少了3210亿美元。一些市场参与者表示可能采取额外的干预措施，例如道德劝说。2015年12月和2016年年初，人民币兑美元汇率再次经历贬值，导致中国和全球市场出现新一轮波动。随后，央行在2016年1月和2月进行了大量的外汇干预以稳定货币。实际有效汇率从2015年8月至2016年12月贬值6.8%。现有的CFMs手段已经收紧，包括对海外直接投资和离岸人民币贷款的收紧，但也有新的工具引入，例如银行外汇远期交易的准备金要求。

通过发展汇率制度的窗口指导，来解释清晰制度并且缓解贬值预期。2015年12月，中国外汇交易中心（China Foreign Exchange Trade System，CFETS）公布了可追溯至2014年12月31日的"CFETS汇率指数"，指导市场按照一篮子货币参照运行是政策的焦点。特别提款权和国际清算银行货币篮子的人民币汇率指数也被发布。在2016年年初，当局详细阐述了新的制度是如何发挥作用的，并向市场保证没有大幅贬值的目标或者预期。他们向银行提供窗口指导，包括如何制定每日人民币兑美元中间价报价。报价是基于前日收盘价加上货币篮子的变化，其中"货币篮子的变化"指的是人民币兑美元汇率的调整，这种调整是为了抵消前一交易日和隔夜交叉汇率的影响。所有三个指数，CFETS指数、BIS指数和SDR指数均被提及，但重点似乎落在了CFETS指数上。因为做市商被指导"既要考虑CFETS货币篮子，又要参照BIS和SDR篮子，以消除货币篮子变化中的噪音"。

(三) 对 CFETS 一篮子货币保持稳定性（2016 年年中—2017 年年底）

人民币压力在 2017 年年初得以缓解。2017 年年初资本外流减少，部分原因是 CFMs 将出境直接投资恢复到飙升前的水平。外部借贷增加，部分原因是全球经济复苏，中国经济增长前景改善以及美元的疲软。外汇干预在 2017 年年初开始逐渐减少，外汇储备在 2017 年 2 月开始增加（部分原因是美元走弱带来的估值效应）。

在外汇干预和 CFMs 的帮助以及央行对中间价机制的指导更加清晰的背景下，人民币在 2016 年年中到 2017 年年底与 CFETS 篮子汇率大体保持稳定。从 2015 年年中到 2016 年年中，人民币相对于 CFETS 篮子货币贬值 10% 后，人民币兑美元汇率在 2017 年年底基本保持稳定。随着 CFETS 指数的公布和新的中间价报价公式的发布，中国似乎已经过渡到与实际可调整的篮子货币挂钩阶段（正如 2005 年改革公告中所指出的那样）。

Clark[①] 调查了自 2016 年年初新的中间价机制正式化和被民众理解后，人民币汇率每日变化的驱动因素。他的研究结果表明，虽然中间价本身变得可预测并且对市场力量做出反应，但中间价没有始终指导交易日人民币兑美元汇率的变化。他发现，在交易日抑制波动的外汇干预对汇率变动的影响要大于中间价机制的影响。

为了进一步引导市场走向稳定，2017 年 5 月中间价机制增加了"逆周期因子"。2017 年 5 月 26 日，公告显示中国外汇交易中心已经调整了对做市银行中间价报价的指导。银行被要求在其报价中加入"逆周期因子"（counter-cyclical adjustment factor，CCAF），目的是减少"非理性"贬值预期和"顺周期"的羊群效应。央行对于"逆周期因子"没有给出任何定义，每个银行都使用自己的参数进行计算，反映其对经济基本面的评估。许多市场参与者认为 CCAF 是当局依靠前一日人民币兑美元汇率变动而制定的工具。事实上，在推出 CCAF 之后，前一日的人民币兑美元收盘价就转化为当日中间价汇率。

---

① J. Clark, "China's evolving managed float: An exploration of the roles of the fix and broad dollar movements in explaining daily exchange rate changes," *Federal Reserve Bank of New York Staff Reports*, 2017.

在 2018 年年初,"逆周期因子"被设定成中性。随着资本流动和汇率压力的减小,CCAF 在 2018 年 1 月被设定为中性。然而逆周期因子并没有被完全弃用,市场预期认为 CCAF 可能会在未来"非理性"外汇市场行为导致汇率超调时被重新启用。实际上,由于人民币再次出现贬值压力,CCAF 于 2018 年 8 月重新启动。

(四)现行制度:更加追求汇率的弹性

中国在 2018 年上半年继续追求汇率的弹性。在美元走强的背景下,人民币和其他新兴市场货币的压力在 2018 年 4 月陡增。由于贸易紧张局势的加剧,经济增长放缓的迹象显露,人民币贬值压力在 6 月中旬加剧。人民币兑美元汇率从 4 月中旬到 6 月中旬贬值 2.5%,到 8 月中旬再贬值 7.5%,而人民币对 CFETS 篮子货币汇率在 6 月中旬之前贬值 1%,到 8 月中旬再贬值 5.5%。7 月初中国人民银行提供窗口指导,表明人民币将基本稳定,但是没有使用外汇储备进行重大干预的迹象。人民币汇率变化通过参照美元汇率和 CFETS 篮子货币汇率的速度比以往任何时期都要快。与之前的大幅贬值不同,2018 年第二季度并没有出现大量资本外流。在介入并应对人民币贬值压力以前,稳定人民币的措施似乎在 8 月初就已经启动。当时央行重新规定银行外汇远期交易的准备金率为 20%,鼓励银行避免"羊群效应",并在中间价机制中重启"逆周期因子"。在 8 月中旬之后,人民币兑美元和 CFETS 篮子货币有所升值并趋于稳定。尽管使用储备直接干预的迹象有限,但很难判断是否存在间接干预。

与 2005 年中国开始汇率制度改革时相比,人民币现在与 CFETS 一篮子货币挂钩,相对于美元汇率更加灵活了。这种近期的 CFETS 篮子货币挂钩制度,使中国能够对更多的贸易伙伴管理货币竞争力,而不仅仅是盯着美国。人民币兑美元汇率在每天的窄幅范围内继续交易,特别是从 2018 年年初以来,尽管人民币汇率弹性有所提升,但其波动性仍然低于其他浮动货币。汇率尽管在短期内仍处于管理之下,但在长期已经允许根据市场力量进行调整。央行的声明强调了人民币在短期内的稳定性,同时保持货币在长期由市场力量决定。一个关键问题是严格的短期控制和对长期弹性的追求之间的张力是否可持续,或是否会增加破坏性调整的风险,以及如何逐步将平衡转向既定的目标,即获得更大的短期弹性。

中国 2017 年的汇率被认为与基本面大体一致。IMF2018 年外部部门评估报告认为，人民币2017年的情况与基本面和政策基本一致。2017年外汇储备增加了1290亿美元，之前两年共计下降了8330亿美元，并且被认为足够逐步过渡到浮动汇率制。准备金占IMF综合评估储备充分性指标（composite assessing reserve adequacy metric）的97%（未经CFMs调整），占经CFMs调整的充分性指标的157%。

中国一直在推动人民币在境外的使用，2010年在香港特区建立了离岸人民币市场，其他几个离岸中心已在多个国家发展起来。2015年，人民币被纳入IMF特别提款权篮子。在此之前，被纳入篮子的货币国家都制定了金融市场自由化措施，包括放宽利率管制，允许外国中央银行和主权财富基金充分地参与国内债券市场。

第二节 国家安全与人民币汇率制度选择[①]

一、汇率制度选择需以保证国家安全为前提

中国是在改革中崛起的大国，随着中国经济体量和贸易规模的增加，中国的发展过程难以避免大国间的博弈，"8·11汇改"后，人民币汇率的溢出效应及其对国家安全的影响都在增加。"当前我国国家安全内涵和外延比历史上任何时候都要丰富，时空领域比历史上任何时候都要宽广，内外因素比历史上任何时候都要复杂，必须坚持总体国家安全观。"汇率制度选择需以保证国家安全为前提。近年来，"世界面临百年未有之大变局，变局中危和机同生并存，我国发展仍处于并将长期处于重要战略机遇期"[②]，也将面临在所难免的大国博弈。与此同时，中国经济体系的周期性、体制机制性矛盾尚待化解，经济健康发展处在关键转型期，这些都增加了影响国家安全的不稳定因素。关键时期，汇率制度对中国国家安全的影响更加深远，研究汇率问题，更需要从保证国家安全角度展开分析。

---

① 参见张家源、李少昆《国家安全与汇率制度选择：基于大国博弈的视角》，载《探索》2019年第3期，第182～192页。

② 王萌萌：《中央经济工作会议在北京举行 习近平李克强作重要讲话》，新华网，http://www.xinhuanet.com//politics/2017-12/20/c_1122142392.htm。

(一) 从国家安全出发研究汇率制度，更符合中国国情

与常规的从宏观经济绩效出发的研究不同，从我国当前的经济发展现状来看，金融服务实体经济发展的根本地位并没有改变，金融系统仍然作为与实体经济并列的重要部分存在于国家经济系统之中。因此，将国家安全视为制定汇率制度的前提更符合中国经济发展现状。从外围环境看，在全球经济下行期，中国坚持总体国家安全观，稳中求进，筑牢巩固国家安全的城墙，既是国际形势日益复杂背景下的发展需求，也能为全球经济稳定持续复苏做出贡献。习近平总书记多次强调，要坚持总体国家安全观和稳中求进工作总基调。坚持总体国家安全观，既是习近平新时代中国特色社会主义思想的重要组成部分，又是落实习近平新时代中国特色社会主义思想的实践要求。党的十九大报告也明确了"坚持总体国家安全观"是新时代坚持和发展中国特色社会主义基本方略之一。

(二) 汇率对国家安全影响深远

在国家安全中，一方面，防范化解政治安全风险具有首要性、根本性的地位和作用，在国家安全体系中处于核心位置。另一方面，金融安全是国家安全的重要组成部分，是经济平稳健康发展的重要基础。维护金融安全是关系我国经济社会发展全局的一件带有战略性、根本性的大事。汇率制度是现代金融体系的核心要素，汇率稳定是国家金融安全的基石，金融体系则已经嵌入现代社会结构中。一旦汇率制度出现偏差，很容易引起股市大跌、外商撤资、资本外逃、资产价值重估的"羊群效应"等反应，影响经济安全，引起社会恐慌，危及社会安全，乃至政治安全。在历次新兴市场的金融危机过程中，最初发生的往往是汇率危机，接着变成金融系统危机，经济危机，社会危机，乃至国家危机。而步入"中等收入陷阱"的国家，其汇率问题也往往在经济发展过程中被放大。

(三) 汇率制度调整需要符合总体国家安全观和稳中求进的工作总基调

在目前的国际环境和金融发展情况下，一方面，金融开放，"一带一路"建设和国际产能合作对我国经济发展具有长远意义，是中华民族伟大复兴的重要组成部分，提升汇率制度弹性是未来的发展趋势。另一方面，保证国家安全是重要的战略目标，党的十九大报告提出，要"深化金融体制改革，健全货币政策和宏观审慎政策双支柱调控框架，深化利率和汇率

市场化改革。健全金融监管体系，守住不发生系统性金融风险底线"。可见，深化汇率市场化改革需要兼顾防范系统性金融风险，金融稳定与金融开放缺一不可，都在我国经济发展中发挥重要作用。要保证国家安全，我国的汇率制度选择需要在保证金融稳定的基础上促进金融开放，需要符合稳中求进的工作总基调。

（四）从经济逻辑看，汇率制度的选择也是在影响国家安全的各因素间进行权衡取舍

经济发展伴随着货币化，货币化的"锚"是否合理、是否充足关系到经济健康发展与国家安全。作为资金的对外价格，汇率安排弹性过低会使国家丧失货币政策独立性和反击投机攻击的能力，而汇率安排弹性过高又会使国家处于过于波动的环境，不利于贸易活动的稳定开展和通货膨胀水平的管理，因此，汇率制度需要在"可验证性"（credibility）与"弹性"之间权衡取舍，存在一个相对合理的汇率弹性。这个汇率弹性会随着国家的经济实力、金融市场成熟程度、金融开放度、贸易开放度等因素的发展而增大。目前，一方面，美国发动的贸易摩擦对中美经济发展、资本市场、对外直接投资和社会生产都造成冲击，对世界经济和贸易形势也产生影响。为应对中美经贸冲突，客观上需要增加汇率弹性，减少贸易摩擦；人民币国际化、金融开放增加了人民币的需求，为了助推金融开放与国际合作，也需要提升人民币汇率弹性。另一方面，我国经济仍有下行压力，汇率的资产价格属性在增强，外汇储备增量转向资本项目差额驱动，短期资本流动易受市场情绪波动影响，面对复杂的国际政治环境，中国的汇率需要有"可验证性"，需要稳定市场预期，落实金融稳定、贸易均衡及实体经济稳定等目标。"8·11汇改"后，市场预期的变化和新兴市场国家忽略国家安全贸然推进汇率制度改革而造成不良后果的历史教训已经为我们留下了警示，中国的汇率安排弹性调整需要慎重，需要跳出西方经济理论的思维方式，在保证国家安全的前提下稳妥推进。

二、国家安全需要汇率安排弹性在一个区间内渐进式调整

在西方意识形态和政治动机主导下，为了实现资本主义金融寡头的特定目的，填补支撑浮动汇率制的新自由主义经济理论的逻辑漏洞，新自由

主义经济理论回避了发展中国家的国家安全问题，大力鼓吹完全市场化的汇率制度和激进式汇率制度改革。本节将分别对国家安全视角下合理的汇率弹性区间和改革方式进行探讨。

影响国家安全的因素众多，经济增长失速等是主要的经济表现，政治体制变化等是主要的政治表现。考察汇率与国家安全的关系，统计的变量包括：IMF 事实分类法下的汇率安排弹性及其变化幅度（弹性最小的"无独立货币的汇率安排"为 1，以此类推，弹性最大的"自由浮动"为 10）；国家安全级别（NS），以 OECD 国别风险指标表示（无国别风险为 0，以此类推，最高为 7，无数据的 OECD 高收入国家视作 0），对其进行负向处理，指数越高表明国家安全程度越高；人类发展指数（HDI），作为衡量宏观绩效的指标。HDI 是联合国划分发达国家和发展中国家的标准，由预期寿命、成人识字率和人均 GDP 的对数构成。TO 代表贸易开放度，用商品贸易额占 GDP 的比重表示；DF 代表国内金融市场成熟程度，用国内信贷占 GDP 的比例表示；FL 代表外债风险，用短期外债规模与外汇储备之比表示，此处进行负向处理，越高代表外债风险越小；PO 代表政治体制，以 INSCR 政治体制分类表示。政治体制发生变化，其他变量在这 9 年时间内有恶化趋势时（HDI 累计增幅不超过 3%、NS 累计下降幅度超过 50% 或始终处于最高风险级别，其他变量恶化程度超过 30% 或至少 3 次达到最高风险级别），此处将其计入统计。由于不同国家在不同发展阶段面临不同的风险因素，运用 2009—2017 年能找到有效数据的 120 个样本国家，划分为发达国家和发展中国家，统计结果见表 6-1。

表 6-1　时间段内汇率平均弹性与国家安全情况统计

国家类型	平均弹性	NS	HDI	TO	DF	FL	PO	国家总数
发达国家	[8　10]	0	0	1	2	1	0	24
	[3　7)	0	0	1	1	0	0	2
发展中国家	(8　10]	5	1	8	2	4	10	17
	(7　8]	5	1	3	1	3	5	23
	(5　7]	8	2	5	4	4	5	17
	(3　5]	3	2	7	0	2	5	12
	[1　3]	0	4	10	1	5	6	25

（注："（"为开区间符号，"］"为闭区间符号，如（3　5］表示区间范围为大于 3，小于等于 5，下表 6-2 同。）

据表 6-1 可以发现，发达国家更偏向浮动汇率制，政治经济相对更加安全。发展中国家的政治经济安全与汇率安排弹性间存在"倒 U"形关系，即开口向下的抛物线关系，汇率弹性过高的国家，有更大的概率发生政治动荡、贸易开放程度急速下降等问题，而汇率弹性过低，则容易陷入国家发展停滞。可以说，汇率制度安排如同在钢索上行走，弹性过高或过低，都容易偏离合理的汇率安排，使国家经济增长失速、陷入"中等收入陷阱"，进而对国家安全造成负面影响。

国家安全视角下，不仅不同国家的合理的汇率弹性有所差异，其适合的汇率制度改革方式也和西方国家鼓吹的激进式改革不尽相同。回顾金融发展的历史，各类案例殷鉴不远。日本在 1973—1974 年经历了严重的通货膨胀，在 20 世纪 80 年代"日元国际化"时期，大量资本流向美国，"广场协定"签署后，日本产生了严重的房地产泡沫。日本学者集中反思了其汇率制度的弊端，认为紧随美元的汇率政策和大幅变化的汇率制度弹性都加剧了日本的金融风险并且丧失了政治自主权，日本成了大国博弈的政治棋子。与此相反，和日本产业结构和经济发展水平相似的德国在汇率制度上谨慎的调整方式使得其规避了数次严重的国际性金融风险。适度稳定的货币政策、独立的汇率政策、对美元风险的时刻监控等，使得其能在世界经济下行背景下保持平稳过渡，并实现反弹。以史为鉴，可知不加干预地追随美元，在现有国际货币体系仍受霸权主义和强权政治影响的背景下，不仅会加剧本国金融体系的风险，还会在国际政治的舞台上丧失先机，影响国家安全。

为了进一步证明汇率弹性变化幅度对国家安全的影响，采用 2009—2017 年样本国家汇率制度变动及后续的政治经济安全情况，统计结果见表 6-2。

表 6-2 汇率安排弹性调整与其后 3 年国家安全情况恶化统计

国家类型	调整幅度	NS	HDI	TO	DF	FL	PO	国家总数
发达国家	(1 5]	0	0	1	0	0	0	4
	无调整	0	0	1	3	1	0	23

续表6-2

国家类型	调整幅度	NS	HDI	TO	DF	FL	PO	国家总数
发展中国家	(4　7]	7	1	4	1	4	10	19
	(2　4]	6	1	5	0	2	4	13
	[1　2]	3	0	5	0	3	5	11
	无调整	5	7	19	7	9	12	51

汇率弹性变化幅度与各类经济指标严重持续恶化、国家政体变化的概率呈正相关关系，并呈"倒U"形，即完全不调整汇率安排弹性不利于贸易和金融开放，有损经济发展和国家安全。大幅度的激进的调整，也会增加外债风险，影响国家安全。汇率弹性变化超过某个幅度后，便会增加国家安全受损的概率。

综上，对于发展中国家而言，在一定的贸易开放度和金融市场成熟程度上，不同国家存在不同的保证国家安全的合理的汇率安排，这些差异是由各国国情综合决定的。在国家安全前提下，合适的汇率安排也会随着该国的发展而改变，但这种变化是渐进的，一步到位式的改革容易使汇率制度弹性进入恶化国家安全的区间。在西方主流学术研究偏离客观性的情况下，中国需要坚持道路自信，坚持适合中国国情的汇率制度弹性安排，在保证国家安全的前提下审慎对汇率制度进行渐进式改革。

第三节　外汇市场与人民币汇率水平

一、人民币汇率的70年历程[①]

图6-1是人民币汇率的70年全图景，图中也画了美元汇率指数作为参照。右轴显示美元对人民币的双边汇率，逆序展示，上升表示人民币升值、美元贬值，下降表示人民币贬值、美元升值。左轴为国际清算银行（BIS）编制的人民币（CNY）和美元（USD）的名义有效汇率指数

[①] 材料节选自邵宇、陈达飞《把市场的交给市场：人民币汇率70年史》，和讯网"和讯外汇"，https://forex.hexun.com/2019-09-02/198412326.html。

（NEER）和实际有效汇率指数（REER）（REER 与 NEER 统称为有效汇率指数）。其中，NEER 是基于双边贸易加权的综合汇率指数，REER 在 NEER 的基础上考虑了相对物价水平（居民消费价格）。所以它们是衡量一国出口国际竞争力的综合性指标。REER 代表真实的竞争力，数值越大表明本币的相对价值越高，有助于进口，不利于出口。

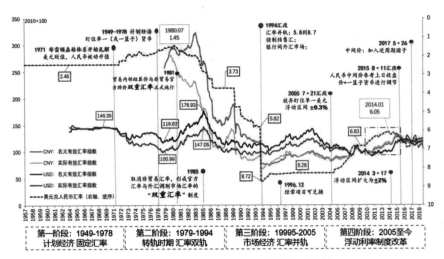

图 6-1　人民币汇率 70 年：从发散到收敛

（数据来源：CEIC，BIS，东方证券。）

过去 70 年人民币汇率走势表现出从发散到收敛的特征：

第一，人民币和美元各自的 NEER 与 REER 均在 20 世纪 90 年代开始收敛，其中人民币在 1994 年汇率并轨后开始收敛，美元相对较晚。

第二，人民币与美元的有效汇率指数也呈现收敛状态，据图 6-1 可知，更多的是人民币向美元收敛。虽然这与基期（2010 年）的选择有关，但 2010 年之后的走势可以看出，发散重归收敛。

第三，人民币兑美元的双边汇率向人民币的有效汇率收敛。从长周期看，人民币有效汇率指数可以看作是人民币兑美元双边汇率的中枢，牵引人民币兑美元双边汇率围绕其波动。这与汇率政策调控的目标是一致的，即人民币兑美元双边汇率与人民币有效汇率保持同步，这表明市场供求起到了更显著的作用，这是汇率市场化程度越来越高的体现，也是改革的既定目标，但不排除在汇率波动较大时暂时钉住美元。如 2008 年 9 月美国爆发次贷危机时，投资者避险情绪上升，资金大量流出新兴市场，中国也不例外。为了防止人民币形成单边贬值预期，美元兑人民币汇率就稳定在6.83左右，一直持续到2010年6月。

第四，2015年"8·11汇改"后，美元兑人民币双边汇率、美元有效汇率和人民币有效汇率加速收敛，但美元兑人民币汇率波动性较高。"8·11汇改"确立新的美元兑人民币双边汇率的中间价定价机制，在人民币存在贬值预期之下，容易形成自我强化的贬值趋势，故汇率出现了一定程度上的超调。之后一段时间，人民币兑美元的双边汇率贬值幅度超过了人民币有效汇率。从日度数据看，2015年8月10日到2016年12月16日，美元兑人民币双边汇率从6.12升到了6.95，16个月之间，人民币贬值13.5%，而同期人民币 NEER 和 REER 的贬值幅度分别为6.8%和6.4%（2015年8月到2016年12月月均数据）。

上述收敛过程表明，人民币有效汇率及其兑美元的双边汇率在经过较长时间的单边贬值和升值的趋势和波动后，已进入双向波动的区间，人民币汇率离"均衡汇率"渐行渐近。人民币汇率70年，由发散到收敛，由人为设定的政策目标转变为市场决定的价格指标，既在市场中被决定，也起到调节市场供求的关系，发挥着价格应有的功能。这个过程大致被划分为4个阶段：1949—1978年计划经济时期的固定汇率制；1979—1993年转轨时期的汇率双轨制；1994—2005的以市场供求为基础、单一的、有管理的浮动汇率制；2005年开启的以市场供求为基础、参考一篮子货币调节、有管理的浮动汇率制，人民币不再钉住单一美元。

据IMF 2017年的年报统计，在192个成员中，只有31个实行自由浮动的汇率制度，其中发展中国家只有4个（索马里、俄罗斯、墨西哥和智利），如此看来，浮动汇率制好像并非"主流"，但在这31个选择浮动汇率制的国家中，27个是发达国家，而且都是开放度比较高的国家。在IMF统计的7个国际货币发行国和选定的5个SDR篮子货币发行国也都选择了浮动汇率制（或浮动汇率制的改革方向）。值得强调的是，浮动汇率制不应被视为一种信仰，它不等于放任自由。没有适合于所有国家的汇率制度，也没有适合一个国家所有时期的汇率制度。

浮动汇率制改革是汇率从外生变量向内生变量转变的过程，内生于宏观经济与金融市场。当一个国家从封闭经济体到开放经济体，和其他国家的贸易与资本往来越来越密切的时候，汇率浮动的必要性就会越来越高。作为

1994年市场化改革的一项重要内容,汇率制度的市场化改革必须保持,经过20多年的改革,人民币汇率浮动区间不断扩大,中间价形成机制更加合理,整体水平更加均衡,调节外汇供求和内外失衡的功能也不断增强。

二、第一阶段:1949—1978年,固定汇率

1949—1978年是计划经济时期,实行钉住单一货币或一篮子货币的固定汇率制。1972年以前钉住英镑,1972—1978年钉住一篮子货币,1978年以后钉住美元。[①] 这一时期基本上与布雷顿森林体系下的固定汇率制相对应。1971年之前,人民币汇率相对稳定,而1971年之后,由于美元的贬值,参考一篮子货币定价的人民币汇率被动升值。

1949年1月18日,中国人民银行首次正式公布人民币汇率。1952年之前,由于并未设定人民币与黄金的比价关系,加之民国末年的恶性通胀,基于购买力平价的美元兑人民币汇率波动较大。1949年,1美元兑80元人民币旧币;1950年3月,1美元兑42000元人民币旧币,相差525倍。1950年之后物价不断下降,1953年趋于稳定,人民币汇率开始企稳。1955年币值改革,按1:10000的比例以新换旧,官方将美元兑人民币汇率从2.62贬至2.46,人民币一次性升值6%。此汇率一直维持到布雷顿森林体系开始瓦解。1971年8月,尼克松关闭美元黄金兑换窗口,布雷顿森林体系开始瓦解,美元进入贬值区间,人民币汇率也改由参考一篮子货币决定。随着美元汇率相对于其他货币贬值,人民币兑美元汇率不断升值。本轮周期的顶点是1980年7月,人民币兑美元的官方平均汇率升至1.45,升值幅度达41%。而在同一时期,美国大宗商品研究局编制的美元指数从120降至85,贬值幅度为29%。美元名义有效汇率指数从145降至120,降幅17%,实际有效汇率指数从145降到103,降幅29%。可见,人民币兑美元升值的幅度超过了美元的贬值幅度,从而导致人民币被高估。计划经济时期,一方面,经济开放度不高,贸易规模较小;另一方面,外贸部门采取的是"进出核算,以进贴出"的内部核算方式,所以经济对人民币汇率高估的容忍度较高。改革开放之后,贸易经营权被下放到部委和地方外贸公司,汇率高估压缩了贸易的利润,企业出口积极性不高,财政补贴压力大,结果就是外汇短缺。1980年年底,我国的外汇储

[①] 参见管涛《汇率市场化改革的稳与进》,载《金融博览》2017年第9期,第1页。

备余额为 -12.96亿美元，汇率制度改革势在必行。

三、第二阶段：1979—1994 年，汇率双轨制

1978 年年底召开的十一届三中全会确立了以经济建设为中心和实施改革开放的重要方针，标志着改革开放基本国策的确立。1993 年年底党的十四届三中全会通过了《中共中央关于建立社会主义市场经济体制若干问题的决定》，确立了建设社会主义市场经济体制的整体布局。在此期间，是计划经济向市场经济的转轨时期，一个重要的特点就是价格的双轨制，包括汇率。计划经济向市场经济转轨时期的汇率双轨制又可分为两个阶段，一是贸易内部结算价与官方牌价的双轨制（1981—1984 年），二是官方汇率与外汇调剂市场汇率的双轨制（1985—1994 年）。在 1994 年实现汇率并轨之前，贸易内部结算价和外汇调剂市场汇率在不同阶段扮演着"锚"的作用，官方汇率向其不断收敛。整体而言，美元汇率先升后贬，人民币官方汇率和有效率汇率指数均不断下行，并向美元指数收敛，人民币兑美元双边汇率在后期出现一定超调。

改革开放初期，汇率高估影响了企业的积极性和出口创汇，1979 年 8 月，国务院决定改革汇率体制，实行贸易内部结算价和官方牌价的汇率双轨制。其中，贸易内部结算价按 1978 年全国出口平均换汇成本上浮 10% 定价，设定为 1 美元兑 2.8 元人民币，非贸易官方牌价延续以前的定价模式，按一篮子货币加权平均而得。双重汇率制于 1981 年正式实施。期初人民币官方牌价 1.5 元人民币/美元，远高于贸易内部结算价。相对低估的贸易内部结算价调动了企业出口的积极性，外汇储备开始不断积累，1981 年由负转正（27.08 亿美元）。但双重汇率制有其天然的缺陷。一方面，汇率双轨制为无风险套利创造了空间，行为人在结汇时会选择较高的贸易内部结算价，而在购汇时选择价格较低的官方牌价，由此导致了外汇黑市的出现和官方外汇供给短缺的局面。另一方面，1981—1984 年，贸易内部结算价固定不变，而官方牌价却随着供求状况和通胀水平不断调整。较低的官方牌价导致供不应求，再加上较高的通胀，人民币不断贬值，外汇不断升值，官方牌价不断向贸易内部结算价收敛，至 1984 年年底重合。在此过程中，相对低估的贸易内部结算价的汇兑优势不断消减，国际收支顺差转为逆差，外汇储备开始下降。1983 年是外汇储备是阶段性高点 89.01 亿美元，之后不断下降，至 1986 年变为 20 亿美元。官方汇率和贸

易内部结算汇率的"双重汇率制"名存实亡。当局于 1985 年取消了官方牌价，实施以贸易汇率为基础的钉住美元的单一汇率制，但汇率双轨制并没有因此而终结。

  进口需求和外汇短缺是改革开放初期的一对矛盾，为激发单位出口创汇的积极性，1979 年开始实施外汇留成和上缴制度，允许创汇企业和地方政府保留一定的外汇使用额度，留成比例依收入的性质和地区而异。这就产生了外汇调剂的需求，官方市场与外汇调剂市场并存，官方汇率与外汇调剂汇率并存，这才是通常意义上的汇率双轨制。外汇调剂业务始于 1980 年 10 月，由中国银行开始办理外汇调剂业务，价格以贸易内部结算价为基础上浮 5%～10%，但官方有限价。1985 年下半年深圳等地外汇调剂中心成立，10 月上海开始进行外汇调剂价格试点，1988 年 4 月上海成立第一家外汇调剂公开市场，引入会员制和公开竞价成交方式，调剂汇率限价逐步取消，开始自由浮动。至 1993 年年底，全国各地共建立了 121 个外汇调剂中心，其中 18 个是公开市场。[1] 由于国内经济过热，人民币面临贬值压力，1993 年 2 月恢复了调剂市场的限价，但这并没有能遏制人民币的贬值趋势，反而强化了贬值预期，人民币汇率不断下行。同年 7 月，中国人民银行首次以市场化的方式调控外汇市场，抛出外汇储备，并再次取消了调剂市场的限价，恢复汇率自由浮动。转轨时期，官方汇率一直处于相对高估的水平，并不断向外汇调剂市场汇率收敛，其中有 3 次大幅贬值，分别是 1986 年 7 月 5 日，从 3.2 贬到 3.7，贬值幅度 15.6%；1989 年 12 月 16 日，从 3.7 贬到 4.7，贬值幅度 27%；1990 年 11 月 17 日，从 4.7 贬到 5.2，贬值幅度为 10.6%。这是由外汇整体稀缺的供求关系决定的，外汇调剂市场汇率一度超过了 10 元人民币/美元。1994 年汇率并轨前，在央行的干预下，外汇调剂市场上的美元兑人民币汇率为 8.7，官方汇率为 5.8，但外汇调剂市场的交易额占比为 8 成。汇率双轨制是经济转轨时期的过渡性安排，有其一定的合理性，但只要货币的相对价格不止一种，就一直会存在无风险套利的空间，致使汇率均衡难以实现。

四、第三阶段：1994—2005 年，汇率并轨

  1978—1994 年是转轨经济时期，计划经济与市场经济并存，与之相对

---

[1] 参见丁志杰《基于市场竞争视角的我国外汇市场发展历程与展望》，载《清华金融评论》2018 年第 12 期，第 59～60 页。

应的是价格的双轨制,汇率制度则是官方汇率与外汇调剂汇率并存,前者调节计划内的外汇收支行为,后者调节计划外的外汇收支行为。官方汇率实行的是有管理的浮动,调剂市场汇率于 1988 年 4 月起开始自由浮动,1993 年 2 月重新限价,并于当年 7 月再次放开。1994 年汇改之前,国内经济过热导致进口需求增加,外汇供不应求,外汇调剂市场上,人民币汇率不断贬值,与官方汇率的差距越拉越大,套利的空间难以消除,官方汇率高估难以维持。汇率并轨和人民币汇率重估势在必行。

1994 年的汇改目标是"稳定汇率、增加储备",主要内容有三项:

第一,官方汇率与外汇市场调剂汇率并轨。汇率并轨前,外汇市场调剂汇率一度贬至 11 元人民币/美元,在央行的干预之下升到 8.7 的位置,但仍低于官方汇率。汇率并轨后,原来的官方汇率从 5.8 贬至 8.7。表面上看,官方汇率一次性贬值了 50%,但基于交易量加权的人民币汇率整体上贬值幅度低于 10%,管涛[①]认为贬值幅度仅为 6.7%。汇率并轨一定程度上消化了人民币汇率高估的难题。

第二,取消外汇留成制,实行强制结售汇制度。在外汇短缺的时代,集中管理,有助于实现特定的政策目标,如保证特定行业或产品的外汇供给等。在实施方式上,办理结售汇业务的银行有外汇周转头寸限额,一旦结售汇头寸高于或低于周转头寸限额,就需要在外汇市场抛售或购买,而作为对手方的央行,可以通过报价管理的方式调节外汇供求关系和汇率,因为央行报的买价就是最低价,卖价就是最高价。如在人民币存在贬值预期时,央行可以在既定的价格上买入,从而使得更低的价格无法成交。这种制度安排有助于人民币汇率的稳定,也缓解了外汇供求不匹配的难题。

第三,建立银行间外汇市场,实行会员制和公开竞价成交方式,以央行公布的基准价为参考,每日波动幅度限定在 [-0.3%,0.3%] 以内。低波动区间限制使得日内投机性交易无利可图,限制了市场的价格发现功能。丁志杰等[②]统计了 1995 年 7 月 21 日至 2005 年 7 月 21 日共 2483 个交易日的价差,仅有 351 天(占比 14.1%)超过交易手续费 25 个基点,大多数时间都在 10 个基点以内。某种程度上,银行间外汇市场在初期仍主

---

① 管涛:《汇率市场化改革的稳与进》,载《金融博览》2017 年第 9 期,第 1 页。
② 丁志杰:《基于市场竞争视角的我国外汇市场发展历程与展望》,载《清华金融评论》2018 年第 12 期,第 59~60 页。

要发挥着外汇调剂的功能,只是交易对手方从原来的企业变成了商业银行和央行。

除此之外,本阶段还实施以增值税为基础的出口退出制度(退税率平均约10%),以及经常账户下的人民币自由兑换。这些措施使中国的经常账户顺差不断扩大,外汇储备积累快速增加,从1993年的212亿美元增加到了2005年8188亿美元,2006年首次突破万亿美元(10663亿美元)。1993年的经常账户逆差为119亿美元,占GDP的比例为-3.34%,1994年扭亏为盈,实现776亿美元的顺差,占GDP的比例为1.57%。关于汇改后经常账户改善的原因,主流观点认为出口退税政策的效果更为明显,而非汇率贬值。图6-2为并轨后的人民币汇率走势与逻辑转轨时期的人民币汇率和美元汇率走势。并轨后的前一年半时间,人民币双边汇率逐步从8.7升至8.28,之后一直维持在这个水平,直到2005年"7·21汇改"。钉住美元的准固定汇率制导致人民币有效汇率随美元有效汇率同步

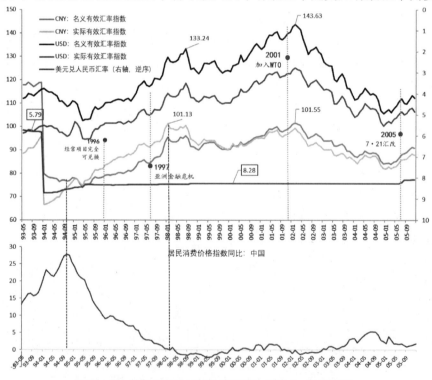

图6-2 并轨后的人民币汇率走势(1994—2005年)
(数据来源:CEIC,BIS,东方证券。)

波动，2002年之前不断升值，之后不断贬值。人民币的波动幅度和波动率相对较低。

1994年汇改之后，与"破九望十"的市场预期相反，人民币反而面临较大的升值压力，部分原因在于经常账户扭亏为盈和国际资本加速流入。至1998年10月，人民币与美元的双边汇率从8.72升至8.28，升幅5%。同一时期，人民币名义有效汇率指数（NEER）从79.74上升到91.43，升幅14.6%。由于通货膨胀率下行，实际有效汇率指数（REER）从66.55升至94.66，升幅达42.2%。为稳定人民币与美元的双边汇率，防止名义有效汇率过快上升，央行开始在外汇市场进行干预，抛售人民币，购进外汇，官方外汇储备快速积累。

人民币有效汇率快速升值还与亚洲金融危机有关。1997年2月的泰铢危机引发了亚洲金融危机，亚洲新兴市场国家货币开始竞争性贬值，但中国官方向外宣称人民币不贬值，故而与美元汇率同步升值。承诺不贬值可以强化中国和人民币的国际形象，但更重要的是预期干预，缓解资本流出。而且，贬值还会加重企业的外债负担。朱镕基副总理和中国人民银行是人民币贬值的坚定反对者，认为这会危害金融体系，触发金融系统性风险。

作为竞争性贬值的替代性措施，中国采取了扩张性的财政货币政策以抵御危机，基建投资增速提升，利率和存款准备金率下降。配合严格的资本管制措施，中国较好地实现了对外"稳汇率"和对内"稳增长"的政策目标。但是，M_2同比增速仍在不断下行，直接导致1998—2001年的通货紧缩。

2001年的互联网泡沫破灭和"9·11"事件使美国进入降息周期，美元指数不断下行，人民币汇率也随之下降。该趋势一直持续到2008年全球金融危机前夕。2001年还是中国加入WTO的年份，从此中国与世界"同呼吸、共命运"。中国的国际收支顺差不断扩大，改革开放初期国际收支逆差（或低顺差）和储备不足的矛盾逐渐转化为国际收支严重失衡和储备相对过剩的矛盾，外汇储备的积累和强制结售汇制度导致基础货币被动投放，引发国内通胀风险上升，货币政策独立性也因此被削弱，原因之一就在于固定汇率难以发挥调节和缓冲的作用。

与此同时，国际上关于人民币汇率低估的声音越来越大，如IMF在评估报告中称人民币被"显著低估"。2003年9月，美国政府开始抱怨人民币低估，其他 G7 国家也加入美国的阵营。早在 2005 年 2 月，美国的两名参议员林赛·格雷厄姆（Lindsey Graham）和查尔斯·舒默（Charles Schumer）就向国会递交了一份提案，要求中国在 180 天内将人民币汇率升值到其公允价值，否则就对中国征收 27.5% 的关税，这被认为是人民币低估的程度。[①] 随着内外形势的变化，2003 年年底，中共十六届三中全会提出完善和深化人民币汇率改革的要求，与美元脱钩和更加浮动的汇率制度改革蓄势待发，但人民币汇率改革和币值重估的着眼点永远是在国内。

五、第四阶段：2005 年至今，脱钩美元，趋于均衡

从 1994 年年初汇率并轨到 2005 年"7·21 汇改"之后，人民币汇率从钉住美元到与美元脱钩，开始由市场供求和参考一篮子货币决定其走势。在自主、渐进和可控的原则下，浮动汇率制改革措施密集推出。人民币汇率日波动幅度不断扩大，分三步从 0.3% 扩大到 2%，央行逐步淡出对外汇市场的干预，谨慎并有节奏地开放资本账户。除此之外，还创建了远期外汇市场（2005 年 8 月 8 日）和人民币期权市场（2011 年 4 月 1 日），推动人民币离岸中心建设。"7·21 汇改"后，人民币汇率从单边升值（或贬值）向双向波动转变，向均衡汇率渐行渐近。

"7·21 汇改"阶段，人民币汇率改革的特征可以简单概括为脱钩美元、放宽波动和趋于均衡。人民币放弃单一的钉住美元的目标，放宽日波动幅度，增强汇率弹性。看似是放大了偏离度，结果却是与均衡渐行渐近了，这就是价值规律的作用。1994 年后实施的市场化改革和促进出口的一篮子政策措施，促进了国际贸易的发展，国际收支顺差不断扩大。2001 年加入 WTO 之后，经常账户和资本账户（含错误与遗漏账户）的"双顺差"、强制结售汇和维护汇率稳定的组合增加了央行冲销操作的负担，央行从 2002 年开始发行央票，回收剩余的流动性，之后又采取提高法定准备金率的方式对冲流动性，以此维护物价稳定和货币政策的独立性，但这冲销操作的成本极其高昂。随着美联储不断降息，央行官方储备资产的收益率越来越低，其发行的 3 个月和 1 年期央票的成本高于美国同期限国库券收益。法定准备金对于商业银行而言是一种"准备金税"，提高法定准备金率不仅相当于对商业银行征税，还增加了商业银行的机会成本，因为

[①] 参见 Don Steinberg, "The Biggest Big Money Fight," *Wall Street Journal Eastern Edition*, 2015.

准备金收益率远低于银行间拆借收益率，而且还降低了中国商业银行的国际竞争力。为了降低融资成本和保证银行的利润空间，只能压低存款利率。这又相当于将央行冲销操作的成本转嫁到了储蓄者的身上。更为严重的是，央行官方储备随着人民币兑美元的升值而面临估值损失。所以，随着"双顺差"规模的扩大，冲销干预的成本越来越高。虽然钉住美元有其一定的合理性，但其收益与成本的天平在不断偏向成本端。这就是2005年"7·21汇改"的一大背景，其主要内容就是与美元脱钩，增加汇率弹性。

"7·21汇改"主要有如下三方面内容：

第一，人民币与美元双边汇率一次性升值2%，从8.28升至8.11。

第二，改革汇率调控方式，即以市场供求为基础，参考一篮子货币进行调节，有管理的浮动汇率制。相比之前，从钉住美元改为参考"一篮子货币"。值得强调的是，此处为"参考"一篮子货币，而非改革开放之前的"钉住"，这提高了汇率政策和货币政策的自主性。

第三，改革人民币中间价的确定方式。2016年1月3号开始，银行间外汇市场引入做市商制度。每日开盘前，由中国外汇交易中心向做市商询价，去掉一个最低价和一个最高价，取剩余报价的加权平均值，得到当日人民币对美元的中间价，权重由外汇交易中心（CFETS）根据报价方的交易量和报价的分布情况而定。人民币对其他货币的中间价根据国际外汇市场上这些货币与美元的双边汇率套算。图6-3是"7·21汇改"以来的汇率走势。"7·21汇改"后，人民币兑美元汇率快速上升，从汇改前的8.28升至2008年8月金融危机爆发前的6.83，37个月共升值17.5%。同一时期，人民币有效汇率指数升值幅度相对较小，名义有效汇率指数从88升至96，升幅9%，真实有效汇率指数从85.8升至96.9，升幅12.9%。美元在金融危机爆发前一直处于贬值状态，名义有效汇率贬值12.5%，真实有效汇率贬值8.5%。平均而言，人民币有效汇率升值幅度与美元有效汇率贬值幅度相一致，但人民币兑美元双边汇率升值幅度较高。

2008年9月，以雷曼兄弟公司破产为标志，美国次贷危机爆发，人民币重回钉住美元的策略。在全球避险情绪高涨的情况下，大量资金从新兴市场流出，美元资产反而受到投资者追捧，美元快速升值。钉住美元的策略导致人民币有效汇率指数随美元有效汇率指数同步波动，与"7·21汇改"前类似，至2010年6月19日，金融危机对美国经济与金融市场的强

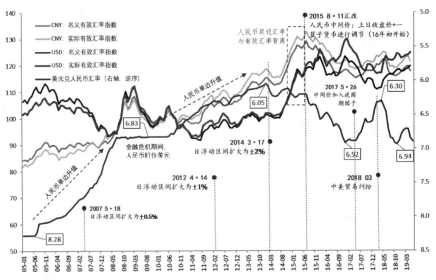

图6-3 浮动汇率制改革后的人民币汇率走势（2005年至今）
（数据来源：CEIC，BIS，东方证券。）

烈冲击得到有效缓解，钉住美元的策略才开始放松，人民币兑美元双边汇率和有效汇率指数重回升值路径。而且相比2008年之前，同步程度更高，至2014第1季度开始出现分化。有效汇率指数的基期为2010年，在此之前，三个人民币汇率指标均运行在美元汇率之下，此后均运行在其上，而且人民币真实有效汇率指数也反超了名义有效汇率指数。2010年6月至2014年第一季度，人民币兑美元汇率从6.82升最高升至6.05（2014年1月），升幅达11.3%，6.05也是1994年汇改以来的高位。同期，人民币名义有效汇率指数和真实有效汇率指数分别升值10.7%和14%，平均略高于人民币兑美元双边汇率升值幅度。2014年第一季度之后，人民币升值趋势开始扭转和分化，主要原因在于美联储政策的转向及其对投资者预期和跨境资本流动的影响。2013年之后的汇率走势与美联储的货币政策有关。美联储最早在2013年就释放了缩减量化宽松（QE）规模的信号，2014年10月至2017年10月的3年时间，美联储没有再新增资产购买，并于2017年10月开始缩表。

美联储政策的转向吹响了全球资本的"集结号"，大量资金开始流向美国，推动美元不断升值，人民币兑美元汇率面临较大的贬值压力。2014年年底开始，人民币兑美元汇率和人民币有效汇率明显分化，前者贬值，后者升值,这是"7·21汇改"以来较少出现的情形。人民币与美元有效汇率分化的情况常见,但人民币兑美元汇率与人民币有效汇率分化的情况少见(金融危机期间除外)。部分解释是,美元快速升值,但央行通过干预外汇市场,使得人民币兑美元贬值幅度小于其他货币兑美元的贬值幅度,从而使得人民币兑一篮子货币出现升值。但这种干预只能是暂时的,人民币兑美元汇率与美元指数的背离,是以官方外汇储备的下降为代价的。

2015年的"8·11汇改"是一个重要分水岭。参考一篮子货币调节的方式使得人民币定价机制缺少透明度,再加上前期人民币收盘价对中间价的大幅偏离,使得推动人民币兑美元的中间价定价机制更加市场化和透明成为"8·11汇改"的主要任务。其主要方式是:当日人民币兑美元中间价参考上一日收盘价而定。这不仅使人民币中间价形成机制更加透明,收窄了当日中间价与上一日收盘价的价差,还有助于央行逐步退出常态化的干预。虽然"8·11汇改"之后的一年多时间里,人民币呈现单边贬值趋势,但对人民币中间价形成机制进行修正之后,人民币汇率开始企稳,并不断升值,至今已基本确立双向波动趋势。

"8·11汇改"是人民币汇率制度从"类爬行安排"向更加浮动的汇率制度转型的重要节点。但是,在单边升值或贬值预期之下容易强化预期,出现开盘变涨停或跌停的情况。在美元升值预期加强和国内金融市场波动加剧的情况下推动人民币中间价定价机制改革,结果只能是人民币汇率不断贬值,而且该定价机制还形成了贬值的正反馈循环。所以,推行3日便被叫停。2015年8月11日,人民币一次性贬值2%,至2016年年底,人民币汇率最低贬到了6.95,共计贬值幅度达13.7%。另外,"8·11汇改"后人民币的贬值压力,一部分是对前期压力的释放。为了稳定汇率,央行不得不进行干预,导致官方外汇储备不断下降。"8·11汇改"前夕,人民币快速升值,市场集聚了大量的人民币空头,再加上A股的震荡,在此背景下,推动参考上一日收盘价的中间价定价机制,致使人民币形成单边贬值趋势。在这场"人民币保卫战"中,央行抛售大量外汇储备,储备规模从最高的3.99万亿美元降到近3万亿美元。2016年年初,趁人民币汇率暂时稳定,央行修正人民币兑美元中间价定价机制,转变为参考"上一日收盘价+一篮子货币汇率"而定,二者权重相等,其中"一篮子货币"是指中国外汇交易中心(CFETS)编制的CFETS指数,最初由13种货币构成,后于 2017 年 1 月 1 日调整为 24 种。中间价的确定,要维持人民币对过去 24 小时 CFETS 篮子货币汇率的稳定,这样可以反推人民币中间价。但是,这并没有扭转人民币贬值的趋势,直到 2017 年 5 月 26 日,中间价定价机制进一步修正为"上一日收盘价 + 一篮子货币汇率 + 逆周期调节因子",以反映中国与国外经济基本面的差异,削弱人民币与美元的联动性。2017 年下半年和 2018 年前 4 个月,人民币缓慢升值。至 2018 年 4 月中旬,人民币汇率升至 6.28,升幅 9.6%,与"8·11 汇改"初期的汇率水平相接近。其后,美国对中国发起"贸易战",人民币汇率再次围绕 7 上下波动。

第四节 影响人民币汇率的因素及其检验

人民币汇率是人民币在世界市场上的价格,影响人民币汇率变动的因素众多,诸如国际收支、通货膨胀、利率、财政赤字、外汇储备、投资者心理预期等经济、政治、心理等因素,而且不同时期的影响因素各不相同。

一、人民币汇率的影响因素和机制[①]

(一) 人民币汇率的影响因素

以完善汇率形成机制名义进行的 2005 年、2014 年和 2015 年三次人民币汇率制度改革,反复宣布参考一篮子货币而不是钉住单一美元的汇率均衡基准,以及双边波动而不是单向升值的汇率浮动方向。从 2005 年启动汇率制度改革到 2013 年,人民币汇率基本保持参考美元而单向升值的长期趋势。次贷危机发生后,人民币汇率继续参考美元而单向升值,仅升值幅度随国际社会压力减弱或者增强、国际贸易顺差扩大或者收缩而有所调整。

2014 年到 2018 年的人民币月平均汇率如图 6-4 所示,2014 年扩大人民币与美元汇率的交易价浮动幅度后,人民币汇率出现显著的双边波

---

① 材料节选自郑超愚、王晓笛《人民币汇率的基本理论和政策问题》,澎湃新闻"财经评论",2019 年 2 月 9 日,https://baijiahao.baidu.com/s?id=1624947888962649O4。

动,而 2015 年改革人民币与美元汇率的中间价报价制度后,人民币汇率在 2015—2016 年间呈现大幅度的单向贬值。人民币汇率过度贬值后有所回调而在 2017 年适度升值,从 2018 年年初起继续大幅度单向贬值并且形成继续贬值的普遍市场预期,直至 2018 年年末开始逆转升值。

人民币尚未在国际收支资本项目上完全可兑换,人民币汇率仍然由市场供求状况与汇率政策选择共同决定。美国次贷危机以来,中国经济加速外部再平衡调整,净出口与国民收入的相对比重下降,国际资本流动而不是国际收支的贸易项目开始主导即期和远期外汇市场供求。从国际利率和汇率套利的自然动机出发,投机性国际资本和非投机国际资本必然反映经济复苏相位和经济增长前景的国际差异,最终导致 2014 年以来人民币汇率的剧烈波动、大幅度贬值和看空预期。第二次和第三次汇率制度改革,只是更加敏感地反映和自由地释放人民币汇率的市场调整压力,并非其间人民币汇率贬值的根本动因。

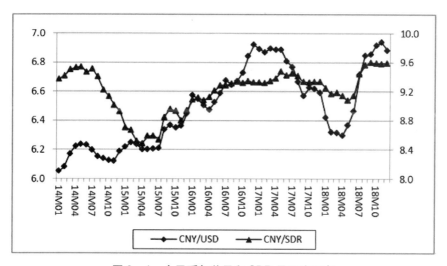

图 6-4 人民币与美元和 SDR 月平均汇率

(二) 人民币实际汇率的长期升值机制

在传统购买力平价(PPP)理论的生产率效应基础上,动态 PPP 理论模型化实际汇率对传统 PPP 理论水平的系统偏离及其动态演化特征。动态 PPP 理论定性预测,由于发展中国家相当于发达国家较为低下的市场化程度、开放化程度、贸易部门供给效率以及与国际市场融合程度,实际汇率

211

相对传统 PPP 理论水平长期低估;同时,在经济发展过程中,随着其开放化程度、贸易部门供给效率以及与国际市场融合程度的逐步提高,实际汇率持续升值而趋向传统 PPP 理论水平,其市场化程度的逐步提高却可能导致实际汇率的持续贬值。

基于 2017 年世界发展指标(world development indicator,WDI)数据库的各国家和地区人均国民收入 Y 与人均 PPP 国民收入 Y_PPP,使用 OLS 方法估计动态 PPP 理论而取得可计算方程 $Y/Y\_PPP = -6.271691 + 0.462357 \ln Y + 23.48571/\ln Y$。图 6-5 为各国家和地区 Y 与 Y_PPP 指标的散点图和 Y/Y_PPP 的比率拟合曲线,其中"U"形拟合曲线在 $Y = 1245.27$ 美元处触底而由降转升。

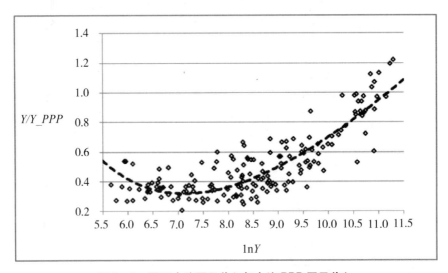

图 6-5 国际人均国民收入与人均 PPP 国民收入

2017 年,中国人均国民收入与人均 PPP 国民收入比率 $Y/Y\_PPP = 0.51850$,而可计算 PPP 理论对应拟合值为 0.51126,二者相对离差为 1.416%。中国人均国民收入超过实际汇率由降转升的临界水平后,人民币汇率升值的驱动力量长期以来是双重的,即中国 Y/Y_PPP 与方程 $Y/Y\_PPP = C + \alpha \ln Y + \beta/\ln Y$ 的历史拟合离差缩小而向国际趋势收敛,以及中国人均国民收入增长推动 Y/Y_PPP 沿方程 $Y/Y\_PPP = C + \alpha \ln Y + \beta/\ln Y$ 的国际趋势增加。至 2017 年,中国 Y/Y_PPP 比率非常接近世界趋势,人均国民收入增长已经成为人民币汇率实际升值的主要驱动力量,人民币汇率稳定和升值依存于中国经济增长前景。

二、影响人民币汇率因素的检验①

汇率预期是指市场主体对汇率在未来一段时间内变化趋势和幅度作出的判断。外汇市场体量巨大，参与者众多，市场参与者或依据经济基本面走势，或依据汇率价格变化，或依据主观心理进行判断，并据此从事外汇市场交易。由于信息的不完全性和主观偏差等因素，汇率预期一般与真实汇率走势存在差距。但如果众多外汇市场主体对汇率预期形成了较为一致的看法，此时基于汇率普遍预期的市场行为将推动实际汇率变化，这就是汇率预期的自我实现性。自2015年8月以来，人民币汇率在部分时点出现市场主体较为一致的贬值预期，引起跨境资本的加速流出，影响国内宏观调控的实施效果，进而加大经济运行的不确定性，甚至可能给经济、金融稳定带来较大的冲击。

（一）模型构建

在汇率预期理论分析的基础上，使用自适应预期模型对人民币汇率预期建模，并依此构建联立方程实证模型，研究各种因素对人民币汇率预期的影响。设 FX_t 为 t 时期人民币汇率，FX_t^e 为 t 时期人民币汇率预期。根据自适应预期理论，满足如下方程：

$$FX_i^e = FX_{i-1}^e + \lambda(FX_i^t - FX_{i-1}^e) \qquad (6-1)$$

方程（6-1）表示当期汇率预期由上期预期以及上期预期误差的调整两项构成。其中 λ 为调整系数，用来刻画市场主体预期形成过程中上期发生的信息对本期预期的影响程度。λ 越大，表明上期发生的信息对本期预期的影响越大，亦即预期调整速度越快。λ 的数值依赖于市场主体的主观选择，因此自适应预期具有异质性特点。如果在模型估计之中，外生指定 λ 的数值可能不符合市场实际情况，从而会对模型估计结果产生系统性偏差。因此，通过联立方程模型求解出由模型内生决定的汇率预期调整系数 λ。为简化模型估计，设为 t 时期 n 个影响人民币汇率预期的因素变量，构建 t 时期人民币汇率预期与 $t-1$ 时期影响变量的多元线性回归模型：

$$FX_i^e = C_t + \sum_{i=1}^{n} \beta_i X_{i,t-1} + \mu_i \qquad (6-2)$$

---

① 参见费广平《人民币汇率预期度量与影响因素研究》，载《南方金融》2018年第1期。

其中，β_i 为第 i 个因素对人民币汇率预期的影响程度。为了确定人民币汇率预期的影响因素，需要估计联立方程（6-2），求出各因素对汇率预期的影响系数 β_i 以及预期调整系数 λ。

$$\begin{cases} FX_t^e = C_1 + \sum_{i=1}^{n} \beta_i X_{i,t-1} + \mu_i \\ FX_t^e = FX_{t-1}^e + \lambda(FX^{t_i} - FX_{t-1}) \end{cases} \quad (6-3)$$

由于汇率预期是不可观测的，因此联立方程不能直接进行估计求解。为此，采取如下间接估计方法。首先经过数学运算，消去模型中不可观测的汇率预期项，得到如下方程：

$$FX_t = c_2 + \sum_{i=2}^{n} \gamma_i X_{i,t-1} + \sum_{i=1}^{n} \delta_i(X_{i,s}) + \upsilon_t \quad (6-4)$$

其中

$$c_2 = c_1; \quad \gamma_i = \beta_i; \quad \delta_i = \lambda^{-1}\beta_i; \quad 残差\ \upsilon_t = \mu_{t-1} - \mu_{i-1} \quad (6-5)$$

由于方程（6-4）所有解释变量和被解释变量均可观测，联立方程（6-3）恰好识别，可以得出方程（6-4）参数估计值 c_2、β_2、β_3，然后通过方程（6-5）倒推出联立方程（6-3）中的参数估计值 λ、c_1 和 β_1，即可间接完成对联立方程的估计求解。需要说明的是：由方程（6-5）得常数值，说明方程（6-4）实际上是一个带参数约束的估计模型；在实际过程中，基于消除各变量绝对数值大小等考虑，采取对数形式，因此方程（6-1）实际上转化为乘法形式，即

$$FX_i^e = FX_{i-1}^e \frac{(FX_{t-i})}{FX_{t-i}^e}\lambda$$

考虑到 2015 年 8 月 11 日人民币汇率中间价形成机制改革前后，外汇市场人民币汇率预期可能存在变化，此处添加反映"8·11 汇改"对人民币汇率预期结构性影响的政策变量 D_t，该变量定义如下：

$$D_t = \begin{cases} 0, & t < 2015M08 \\ 1, & t \geq 2015M08 \end{cases}$$

$$\begin{cases} FX_t = c + \gamma_1 Li_{t-1} + \delta_i(Li_t - Li_{t-1}) + \gamma_2 JCK_{t-1} + \delta_2(JCK_t - 1) + \gamma_3 CB_{T-1} + \\ \delta_3(CB_t - CB_{t-1}) + \gamma_4 GJH_{t-1} + \delta_4(GJH_t - GJH_{t-1}) + \theta_1 d + \theta_2 D \cdot Li_{t-1} \\ s.t.\ \gamma_t/\delta_i = constant \end{cases}$$

其简化式为

$$FX_t = C(1) + C(2)Li_{t-1} + C(3)(Li_{t-1} - Li_{t-1}) + C(4)JCK_{t-1}$$

$$+ \frac{C(4) \times C(3)}{C(2)}(KCK_t - JCK_{t-1}) + C(5)CB_t + \frac{C(5) \times C(3)}{C(2)}(CB_t - CB_{t-1}) +$$

$$C(6)GJH_{t-1} + \frac{C(6) \times C(3)}{C(2)}(GJH_t - GJH_{t-1}) + C(7)D + C(8)D \times Li_{t-1}$$

(6-6)

（二）变量与描述统计

选取 2012 年 9 月至 2017 年 3 月月度数据 Li、JCK、CB 和 GJH 作为方程（6-1）中的解释变量进行实证分析，各变量内涵、数据来源等详见表 1。与方程（6-1）相比，剔除了汇率和物价指数，主要原因在于汇率对汇率预期的影响已经在自适应预期模型中有所反映。而物价指数对于汇率预期影响的主要理论依据是购买力平价原理。由于研究的样本周期相对较短，在短期内一般认为购买力平价原理不成立，因此，在实证研究中剔除物价指数这一解释变量。

表6-3 模型主要变量及说明

经济变量	主要内涵	变量名
人民币汇率	人民币兑美元即期汇率	FX
利差	3 个月 SHIBOR 减去 3 个月 LIBOR	Li
外汇储备	官方外汇储备	CB
人民币国际化	渣打人民币环球指数	GJH
净出口	出口额减去进口额	JCK

（数据来源：Wind 数据库。）

为避免模型出现伪回归，运用 ADF 检验方法对所有样本变量进行平稳性检验。检验结果见表 6-4，在 99% 置信水平下所有样本变量均是非平稳的，但是其一阶差分后的序列变量是平稳的。

表6-4 变量的 ADF 检验结果

变量名	检验类型	统计值	是否平稳
FX	(c, t, 1)	-1.3988	否
JCK	(c, t, 0)	-2.6725	否
LI	(c, 0, 0)	-0.3906	否

续表 6-4

变量名	检验类型	统计值	是否平稳
CB	$(c, 0, 0)$	-0.4980	否
GJH	$(c, 0, 1)$	-3.0400	否
ΔFX	$(c, t, 1)$	-5.1726***	是
ΔJCK	$(c, t, 1)$	-6.6746***	是
ΔLI	$(c, 0, 0)$	-5.0778***	是
ΔCB	$(c, 0, 0)$	-4.0854***	是
ΔGJH	$(c, t, 1)$	-5.1337***	是

（注：*、** 和 *** 分别表示在 10%、5%、1% 显著性水平下显著。后同。）

（三）实证结果及其分析

1. 人民币汇率预期影响因素估计结果分析

由于模型变换后会出现残差项与解释变量之间相关的情形，使用最小二乘法（OLS）估计的结果将不具有一致性。为解决这一问题，采用广义矩估计（GMM）方法，以人民币汇率中间价、国债收益率等作为工具变量，对简化方程（6-6）进行估计（结果见表 6-5、表 6-6）。根据联立方程模型估计结果，可以得到以下几个判断：

一是方程（6-6）中的 8 个参数除 $C(4)$（即净出口影响系数）外，均在 1% 显著性水平下显著。这表明利率、外汇储备和人民币国际化程度等解释变量对人民币汇率预期的解释能力较强。而净出口对人民币汇率预期影响的参数在 10% 显著性水平下不显著，说明市场主体在预期未来汇率走势时不太关注净出口。其原因可能在于：一是 2014 年以来，我国贸易差额处于衰退性顺差扩大阶段（如图 6-6 所示），进出口贸易顺差不能有效转化为贸易项下资金跨境流入。从银行代客收付款数据来看，2016 年我国货物贸易项下收支顺差为 1867 亿美元，远低于贸易进出口顺差 5097 亿美元。二是受"收盘汇率 + 一篮子货币汇率变化"的中间价形成机制影响，人民币汇率波动对国内经济基本面变化反映不足，汇率运行结果与经济基本面相背离，削弱了贸易顺差等经济基本面因素对汇率预期的影响。表 6-5 人民币汇率预期影响模型中方程（6-6）的参数估计结果。

表 6-5 人民币汇率预期影响模型中方程（6-6）的参数估计结果

参数	估计值	标准误差	t 统计量	Prob.
$C(1)$	6.0048	0.6508	9.2266	0.0000
$C(2)$	0.0581	0.0151	3.8378	0.0004
$C(3)$	0.0533	0.0192	2.7680	0.0081
$C(4)$	0.0064	0.0042	1.5448	0.1292
$C(5)$	-0.4387	0.0678	-6.4633	0.0000
$C(6)$	0.0427	0.0081	5.2456	0.0000
$C(7)$	0.0971	0.0302	3.2137	0.0024
$C(8)$	-0.0870	0.0264	-3.2912	0.0019

表 6-6 人民币汇率预期影响模型中方程（6-8）的参数估计结果

系数	λ	β_1	β_2	β_3	β_4	c
估计值	1.0900	0.0582	0.0064	-0.4390	0.0427	6.0000

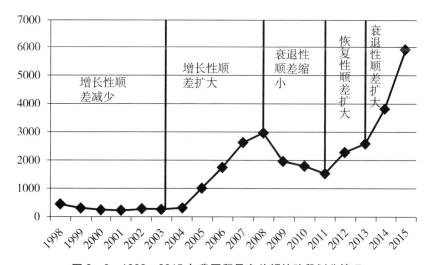

图 6-6 1998—2015 年我国贸易净差额的阶段划分情况

二是从各解释变量对人民币汇率预期影响的大小和方向来看，外汇储备规模扩大对人民币汇率预期的影响最为显著，且为正向影响。这说明外汇储备规模确实对稳定人民币汇率预期起到至关重要的作用。

三是人民币国际化对人民币汇率预期呈反向影响。主要原因在于，从长期来看，人民币国际化有利于扩大人民币在境外市场的需求，从而促进人民币汇率升值。但是，从短期来看，近年来，我国经济增速下行压力较大，美联储量化宽松货币政策逐步退出，全球资本由新兴经济体回流发达经济体。在上述短期因素作用下，人民币国际化使跨境资金流动的空间扩大，放大了人民币汇率波动的幅度，相对过去而言容易形成人民币汇率贬值预期。

四是"8·11汇改"对人民币汇率的市场预期产生较为显著的影响。这既有前期人民币贬值压力的集中释放，也有"羊群效应"等非理性因素的影响。

五是境内人民币即期汇率预期的调整系数为 1.09 > 1，即市场对未预期到的汇率变动会产生较大幅度的反应。在人民币汇率出现突然性贬值的情况下（例如2015年8月11日），市场容易受到非理性预期的驱使，放大贬值预期，导致外汇市场供求出现一定程度的失真，从而进一步加剧人民币贬值趋势，这表明境内人民币汇率预期存在一定的"超调"和较强的顺周期波动。

2. 在岸和离岸市场人民币汇率预期的对比分析

运用上述模型比较分析在岸和离岸人民币汇率预期的不同特点（结果见表6-7、表6-8），可以得到以下两个判断：

第一，在岸人民币汇率预期调整系数大于离岸人民币汇率预期。离岸人民币汇率预期调整系数为 0.89 < 1，说明离岸人民币市场主体汇率预期相对平稳、过度调整现象相对较少。原因有二：一是离岸人民币市场参与者主要是国际金融机构，而在岸市场参与者则是国内金融机构，国际金融机构在相关信息收集、判断、评价方面相对更加成熟；二是在岸人民币市场受政策因素影响相对较大，而离岸人民币市场相对自由，在岸市场主体对人民币汇率的预期必须考虑政策变化因素，而这很难在事前准确估计，因此在岸人民币市场汇率预期的"超调"现象会更加显著。

第二，各个因素对人民币汇率预期的影响在在岸和离岸人民币市场中的表现基本相同。在岸、离岸人民币市场的汇率预期相关系数值在 0.99 以上，两者变化高度相关。因此，任何一个外汇市场的汇率贬值预期都会很快传导至另一个外汇市场，进而影响人民币实际汇率的走势。

表6-7 离岸人民币汇率预期影响模型中方程（6-6）的参数估计结果

参数	估计值	标准误差	t统计量	Prob.
$C(1)$	5.6082	0.6097	9.1975	0.0000
$C(2)$	0.0460	0.0133	3.4605	0.0012
$C(3)$	0.0517	0.0188	2.7505	0.0085
$C(4)$	0.0061	0.0034	1.7989	0.0786
$C(5)$	-0.3977	0.0635	-6.2671	0.0000
$C(6)$	0.0406	0.0071	5.7338	0.0000
$C(7)$	0.0891	0.0287	3.100	0.0032
$C(8)$	-0.0763	0.0257	-2.9763	0.0046

表6-8 离岸人民币汇率预期影响模型中方程（6-3）的参数估计结果

系数	λ	β_1	β_2	β_3	β_4	c
估计值	0.8900	0.0460	0.0061	-0.3980	0.0406	5.6100

3. 人民币汇率预期的动态影响因素分析

结合前面实证分析得到人民币汇率预期拟合数值，选取 $FXcnye$、Li、JCK、CB、GJH 等五个变量，建立向量自回归模型（VAR），进一步研究各影响因素的波动对汇率预期的动态影响。经检验，LR、FPE 和 AIC 统计量显示的最优滞后期数为2，SC 和 HQ 统计量显示的最优滞后期数为1。综合考虑将模型滞后期数设定为2，建立 VAR（2）模型。该模型所有的单位根均在单位圆内，这说明该模型具有稳定性。

（1）Granger 因果关系检验分析从检验结果（见表6-9）来看，外汇储备变化、人民币国际化程度与人民币兑美元汇率存在互相影响的关系。而我国贸易净出口、中美利差与汇率预期关系在统计意义上并不显著。

表6-9 Granger 因果关系检验结果

原假设	F 统计量	P 值	是否接受原假设
贸易净出口变化不是人民汇率预期变动的 Granger 原因	1.3955	0.2579	是
人民币汇率预期变化不是贸易净出口变动的 Granger 原因	0.1162	0.8906	是
利差变化不是民币汇率预期变动的 Granger 原因	1.9330	0.1558	是
人民币汇率预期变化不是利差变动的 Granger 原因	0.1011	0.9040	是
外汇储备规模变化不是人民币汇率预期变动的 Granger 原因	4.9263**	0.0113	否
人民币汇率预期变化不是外汇储备规模变动的 Granger 原因	3.6139**	0.0345	否
人民币汇率预期变化不是人民币国际化的 Granger 原因	5.2039***	0.0090	否

(2) 脉冲响应分析。通过脉冲响应函数分析 VAR 模型中各个影响因素的冲击在一年时间内对人民币汇率预期的影响。具体来看，得到以下判断：

一是在受到利差一个单位正向冲击后，人民币汇率预期的脉冲响应值呈对称的"V"形走势，即在前6个月内逐步增大，在第6个月时达到最高点，然后呈下降趋势。汇率预期的脉冲响应值保持负值，即利差扩大、人民币汇率预期升值（如图6-7所示）。

二是受到外汇储备一个单位正向冲击后，在第三个月迅速达到最高点，然后呈下降趋势，汇率预期的脉冲响应值保持负值，即外汇储备规模增加、人民币汇率预期升值（如图6-8所示）。

三是受到外汇储备一个单位正向冲击后，在第二、三个月迅速达到最高点，然后呈缓慢下降趋势，汇率预期的脉冲响应值保持正值，即人民币国际化程度提高、人民币汇率预期贬值（如图6-9所示）。

(3) 方差分解分析。通过对人民币汇率预期的方差分解（如图6-10

所示）可以发现，人民币汇率预期自身变动对其变化的贡献度最大，说明人民币汇率预期变动具有一定的惯性。在不考虑人民币汇率预期自身贡献度的情况下，在冲击前期，外汇储备规模变动、人民币国际化对人民币汇率预期变化的贡献度最大。6个月以后，利率冲击对人民币汇率预期变化的贡献度上升至第一位，可见利率冲击对人民币汇率预期变化的影响相对较为持久。

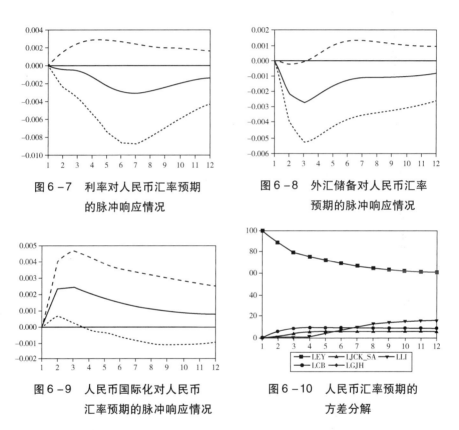

图6-7 利率对人民币汇率预期的脉冲响应情况

图6-8 外汇储备对人民币汇率预期的脉冲响应情况

图6-9 人民币国际化对人民币汇率预期的脉冲响应情况

图6-10 人民币汇率预期的方差分解

通过对人民币汇率预期影响因素的实证检验，得到以下结论：一是人民币汇率预期存在一定的"超调"和较强的顺周期波动，市场容易受到非理性预期的影响，从而使得市场主体对贬值预期反应过度；二是人民币汇率预期受外贸净出口变化的影响不显著，外汇储备变化对人民币汇率预期的影响最大，市场利率对汇率预期的影响较为持久；三是人民币国际化使人民币汇率贬值预期在境内外经济、金融因素综合作用下出现阶段性加剧,而"8.11汇改"对汇率预期的变化产生了较为明显的影响;四是在岸、离岸市场人民币汇率预期高度相关,但是在岸市场人民币汇率预期波动更大,与离岸市场人民币汇率预期相比具有更加突出的非理性特征。

第五节 人民币汇率与货币政策独立性

"不可能三角"理论假说描述的是一个国家不可能同时实现资本自由流动、货币政策完全独立以及汇率固定这三个目标,即一国中央银行面临着政策约束,最早是由克鲁格曼在蒙代尔-弗莱明模型的基础上,结合对亚洲金融危机的实证分析提出的。图6-11显示了"不可能三角"三个变量之间的关系。

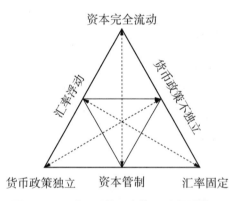

图6-11 "不可能三角"理论假说关系

自这一理论提出以来,学者们从理论和实证方面对其进行研究,但并没有得出一致的结论,"不可能三角"理论始终是一个颇具争议的问题。有研究表明,新兴经济体有可能打破"不可能三角",Fry[①]、Reisen[②]、

---

① M. J. Fry, D. M. Lilien and W. Wadhwa, "Monetary policy in Pacific Basin developing countries," in *Monetary Policy in Pacific Basin Countries*, ed. H. S. Cheng (Netherlands: Springer, Dordrecht, 1988).

② Helmut Reisen and Hélène Yèches, "Time-varying estimates on the openness of the capital account in Korea and Taiwan," *Journal of Development Economics* 41, no. 2 (1993), pp. 285~305.

Kamada 和 Takagawa①的研究都不同程度地证明了这个论断。但是这些研究的对象多是小国开放型经济体,中国作为世界第二大经济体,有着自身的特殊性,如经济持续高速增长、市场经济不发达等,因此已有的研究结论可能并不适用于中国。因此,"不可能三角"在中国是否存在以及能否被打破"不可能三角"依然是一个未知的谜题。本书将中国这样的发展中大国作为研究对象,利用中国的特殊发展阶段去检验"不可能三角"理论假说是对理论的一种丰富和扩展,具有一定的理论意义。

1999—2015 年间,中国的汇率制度、资本账户开放程度以及所处的世界经济环境发生了很大的变化,这些变化势必会影响"不可能三角"约束在中国的表现形式。1999—2005 年,中国实行的是钉住美元的固定汇率制,随着对外贸易的发展,大规模的贸易顺差使得人民币面临着很大的升值压力,央行不得不通过增加外汇储备来维持汇率稳定。但是外汇占款的快速增长和基础货币投放量的增加使得国内面临的通胀压力增大,为了缓解汇率和货币政策的矛盾冲突,中国不得不实行限制资本流动的政策措施。2005 年 7 月汇率改革之后,中国开始实行有管理的浮动汇率制,人民币持续升值,汇率和货币政策之间的矛盾有所缓解,虽然此时资本账户开始部分放开,有管理的浮动汇率制和有限的资本管制仍有可能保证货币政策的完全独立。2008 年全球金融危机爆发,相对稳定的国内金融市场吸引了大量国际热钱流入,使得汇率稳定和货币政策独立之间的矛盾更加剧烈。从历史经验来看,"不可能三角"约束似乎在中国是存在的,且在不同阶段具有不同的表现形式,鉴于此,以 2005 年 7 月汇率改革和 2008 年 8 月金融危机爆发为时间点将样本分为三个阶段:汇改前(1999 年 1 月—2005 年 7 月)、汇改后金融危机前(2005 年 8 月—2008 年 8 月)和金融危机后(2008 年 9 月—2015 年 12 月),分阶段讨论"不可能三角"约束在中国是否存在及其具体的表现形式。

一、相关理论研究

现有文献中,有关"不可能三角"理论假说的研究主要集中在以下几个方面:"不可能三角"约束是否存在;"不可能三角"的政策约束;"不

---

① K. Kamada and I. Takagawa, "Policy Coordination in East Asia and across the Pacific," *International Economics and Economic Policy* 2, no. 4 (2005), pp. 275～306.

可能三角"能否被打破;"不可能三角"与汇率制度选择。

(一) 有关"不可能三角"理论假说研究的实证方法

首先对"不可能三角"研究的实证方法进行回顾。现有文献中判断"不可能三角"约束是否存在有两种方法,第一种是在汇率制度和资本开放程度既定的情况下观察货币政策是否独立,Jansen[1]利用国内产出或通货膨胀的预测误差的方差分解中由国内货币政策变动引起的比例来衡量货币政策的独立性。Obstfeld 等[2]、Goh 和 Mclyown[3]、胡再勇[4]通过研究一国利率是否与外国利率有一个长期的协整关系去判断货币政策的独立性,若有则说明货币政策非独立,且本国利率受外国利率的影响程度可以用来衡量本国货币政策的独立程度。也有基于外汇储备和基础货币量之间的长短期关系来度量货币政策的独立性。第二种实证方法是利用数据去检验资本流动性、汇率稳定性和货币政策独立性的线性程度,即检验三者的加权和是否为一个固定的常数,Hutchison 等[5]、Aizenman[6]、Steiner[7]、Ito 和 Kawai[8]通过构建一个线性模型,即用一个常数(1 或者 2)对三个变量进行回归,如果回归的拟合程度好且三个变量的加权系数均显著为正,说明一个变量的增加会引起其他两个变量加权和的下降,即三个变量之间是此

---

[1] W. J. Jansen, "Inside the impossible triangle: Monetary policy autonomy in a credible target zone," *Macroeconomics* 26, no.2 (2008), pp. 216~228.

[2] M. Obstfeld, J. C. Shambaugh and A. M. Taylor, "Monetary Sovereignty, Exchange Rates, and Capital Controls: The Trilemma in the Interwar Period," *IMF Staff Papers* 51, Special Issue (2004), pp. 75~108.

[3] Soo Khoon Goh and Robert McNown, "Examining the exchange rate regime-monetary policy autonomy nexus: Evidence from Malaysia," *International review of economics and finance* 35 (2015), pp. 292~303.

[4] 胡再勇:《我国的汇率制度弹性、资本流动性与货币政策自主性研究》,载《数量经济技术经济研究》2010 年第 6 期,第 20~34 页。

[5] M. M. Hutchison, I. Noy and L. Wang, "Fiscal and monetary policies and the cost of sudden stops," *Journal of International Money & Finance* 29, no. 6 (2010), pp. 973~987.

[6] J. Aizenman and R. Glick, "Sterilization, Monetary Policy, and Global Financial Integration," *Review of International Economics* 17, no.4 (2009), pp. 777~801; J. Aizenman, "Trilemma and Financial Stability Configurations in Asia," *Macroeconomics Working Papers*, 2011.

[7] Andreas Steiner, "Central banks and macroeconomic policy choices: Relaxing the trilemma," *Journal of Banking & Finance* 77, (2017), pp. 283~299.

[8] H. Ito and M. Kawai, "Determinants of the Trilemma Policy Combination," *ADBI Working Papers*, 2014.

消彼长的关系,证明"不可能三角"约束存在。

(二)"不可能三角"的存在性争议

国内外对于"不可能三角"的分析结论不一,部分研究认为一些新兴市场国家能够摆脱"不可能三角"约束。Reisen 和 Yèches[1] 对东南亚国家的研究发现大规模的外汇冲销干预可以使汇率固定、资本流动和货币政策三者独立共存。Frankel[2] 将世界看成一个平衡的投资组合,如果国内和国外的债券不是完美替代品,那么三个目标也可以同时实现。Steiner 利用多个国家1970—2010年的面板数据,实证发现"不可能三角"中的三个变量的加权和是一个常数,当加入外汇储备这个变量的时候三者的加权和上升,即外汇储备干预能够放松"不可能三角"的约束,且这一干预效果在新兴市场国家更明显。Fratzscher[3] 在资本可自由流动的经济背景下验证"可能两元"假说[4],发现汇率制度从固定汇率制向浮动汇率制的转变并不能提高一国货币政策的独立性。Meese 和 Rose[5] 利用 22 个国家 1967—1992 年的面板数据探究资本流动和货币政策独立性以及两者的交互项对汇率波动的影响,发现货币政策越独立、资本流动性越高,汇率的波动性越强,但是这个结果既不在统计学上显著也不在经济学上显著,因此得出结论说三者是可以共存的。但是他的结果依赖于资本流动性和货币政策独立性度量的准确性以及具体的模型设定。胡再勇实证研究了 2005 年汇率改革前后我国汇率制度弹性、资本流动性和货币政策独立性的变化情况,发现相对于汇改前,汇改后中国的汇率制度弹性增强、资本流动性下降、利率政策的自主性增强,但货币数量政策自主性下降,认为"三元悖论"在我国只是部分成立。

---

[1] Helmut Reisen and Hélène Yèches, "Time-varying estimates on the openness of the capital account in Korea and Taiwan," *Journal of Development Economics* 41, no. 2 (1993), pp. 285~305.

[2] J. A. Frankel, "Foreign Exchange Policy, Monetary Policy and Capital Market Liberalization in Korea," *Center for International and Development Economics Research (CIDER) Working Papers*, 1993.

[3] M. Fratzscher, "The Euro bloc, the Dollar bloc and the Yen bloc: how much monetary policy independence can exchange rate flexibility buy in an interdependent world?" *European Central Bank Working Paper Series*, no.154, 2002.

[4] "可能两元"假说,即在资本可自由流动的经济背景下,放弃汇率固定可以实现货币政策独立,放弃货币政策独立则可以实现汇率的固定。

[5] R. Meese and A. K. Rose, "Exchange rate instability: determinants and predictability," *Proceedings* (1996), pp. 183~205.

也有研究得出相反的结论,如 Yu Hsing[1]利用非线性函数去检验"不可能三角"假设,发现"不可能三角"虽然在印度尼西亚和泰国不存在,但在马来西亚、菲律宾和新加坡却是存在的。Frankel[2]研究一国汇率制度的选择是否会影响其货币政策的独立性,发现在资本可自由流动的情况下,汇率浮动性强的国家的利率对外国利率变动的调整速度更慢,即能够保持较高程度的货币政策独立性,而那些实行固定汇率制的国家则不能。Obstfeld 等[3]利用"二战"期间的数据实证检验了两国利率之间是否存在长期的水平关系,并依此来衡量一国的货币政策是否独立。结果发现实行固定汇率制的国家的利率受外国利率的影响比那些实施浮动汇率制的国家更大,即在资本自由流动的情况下,实行固定汇率制的国家会丧失更多的货币政策独立性。Aizenman[4]基于50个国家36年的数据构建了"不可能三角"三个变量的指数,用1对三个变量回归,发现用工业化国家数据进行的回归拟合程度非常好,且三个变量的系数均显著为正;利用发展中国家数据的回归系数也显著,但均值较小;同时三个变量的变化趋势图也说明了一个变量的增加会导致其他一个或者两个变量的下降。Ito 和 Kawai[5]利用亚洲国家数据构建新的指标体系,发现不管是在高收入国家还是低收入国家,三个变量的加权和均为2,证实了"不可能三角"约束的存在。利用单个国家的数据也得出相同的结论,Jansen[6]实证分析了荷兰在进入荷兰盾－马克汇率目标区之后,其拥有的货币政策的独立性。实证结果表明,在资本自由流动的情况下允许汇率在一定范围内变动能够使得荷兰保

---

[1] Yu Hsing, "Impacts of Macroeconomic Forces and External Shocks on Real Output for Indonesia," *Economic Analysis & Policy* 42, no.1 (2012), pp. 97～104.

[2] J. Frankel, "On the Renminbi: The Choice between Adjustment under a Fixed Exchange Rate and Adustment under a Flexible Rate," *Working Paper Series*, 2004.

[3] M. Obstfeld, J. C. Shambaugh and A. M. Taylor, "Monetary Sovereignty, Exchange Rates, and Capital Controls: The Trilemma in the Interwar Period," *IMF Staff Papers* 51, Special Issue (2004), pp. 75～108.

[4] J. Aizenman, "Trilemma and Financial Stability Configurations in Asia," *Macroeconomics Working Papers*, 2011.

[5] H. Ito and M. Kawai, "Determinants of the Trilemma Policy Combination," *ADBI Working Papers*, 2014.

[6] W. J. Jansen, "Inside the impossible triangle: Monetary policy autonomy in a credible target zone," *Macroeconomics* 26, no. 2 (2008), pp. 216～228.

持一定程度的货币政策独立性。Cheung 等[1]利用实证分析了中国利率与美国利率之间的长期协整关系,发现在控制资本流动性不变的情况下,即使实行钉住美元的固定汇率制,中国仍能够采取一定的措施去保持货币政策的独立,例如公开市场操作和调整法定存款准备金。同样的,Jian 等[2]利用中国的数据研究发现"不可能三角"的三个变量的加权和为常数,证实了"不可能三角"在中国的存在性。Hutchison 等[3]利用印度的数据发现,"不可能三角"中一个指标的上升会伴随着其他两个指标加权和的下降,资本账户开放程度的提高会导致货币政策独立性的下降以及汇率波动性的提高,货币政策独立性的下降能够使得印度汇率更加稳定和资本账户更加开放,即发现"不可能三角"约束在印度是存在的。

(三)"不可能三角"的政策约束

由于直观的政策含义,"不可能三角"更多是被当作一种政策约束,即一国要想实现其中的两个目标,必须放弃实现第三个目标的政策。对于中国来说,这种政策约束表现为汇率政策和货币政策的矛盾冲突,孙华妤[4]利用蒙代尔-弗莱明模型和多恩布什(Rudiger Dornbusch)汇率超调模型进行分析,发现浮动的汇率制度和完全资本控制并不能够实现货币政策的独立性,在对外开放的大背景下,中国的货币政策不可能实现完全独立,即中国面临着开放经济与货币政策独立的"两难选择",而不是传统的"三难选择"。Goldstein 和 Lardy[5]的研究表明增大人民币的汇率浮动范

---

[1] 其使用的数据为 2001—2006 年中国银行间同业拆借一月利率和美国联邦基金一月利率,而本书使用的均为隔夜利率,更能够反应货币政策的变动。Y. W. Cheung, M. D. Chinn and E. Fujii, "The Illusion of Precision and the Role of the Renminbi in Regional Integration," *Neurologist* 13, no. 2 (2007), pp. 73~78.

[2] Z. H. Jian, L. I. Shuang and L. U. Juan, "Money Supply Mechnisiam and Multiplier Effects of Fiscal Expenditures: A DSGE-based Analysis," *Chinese Journal of Management Science* 19, no. 2 (2011), pp. 30~39.

[3] Michael M. Hutchison, R. Sengupta and N. Singh, "Estimating a Monetary Policy Rule for India," University Library of Munich, Germany, 2010; *Economic and Political Weekly* 45, no. 38 (2010), pp. 67~69.

[4] 孙华妤:《"不可能三角"不能作为中国汇率制度选择的依据》,载《国际金融研究》2004 年第 8 期,第 11~16 页。

[5] M. Goldstein, "Adjusting China's Exchange Rate Policies," *Working Paper Series*, 2004; Nicholas R. Lardy, "Exchange rate and monetary policy in China," *Cato Journal* 25, no. 1 (2005), pp. 41~47.

围能够使得中国拥有更多的货币政策独立性。Eichengreen[①]认为,为了避免由于央行货币政策的有效性和独立性缺失而使人民币受到投机性攻击引发货币危机,中国应该放弃钉住美元的固定汇率制。项俊波[②]认为"汇率政策绑架了货币政策",即如果一国的金融政策倾向于维持汇率稳定,则会因为货币政策自主性缺失而造成经济动荡。但也有研究质疑"不可能三角"政策约束的存在性,孙华妤[③]研究 1998—2005 年中国实行固定汇率制期间的货币政策独立性和有效性发现,以利率调整为手段的货币政策并没有受到固定汇率制的政策约束。Bordo 和 Flandreau[④]认为,即使在传统的金本位制下,一国仍能够保持一定程度的货币政策独立性。Calvo 和 Reinhart[⑤]认为,即使在浮动汇率制下,也不能实现完全的货币政策独立性。Forssback 和 Oxelheim[⑥]发现,实行固定汇率制和浮动汇率制的国家的货币政策的独立性并没有显著差异。

(四)"不可能三角"约束与汇率制度选择

"不可能三角"的研究在中国多与汇率制度的选择有关,易刚和汤弦[⑦]对传统的"不可能三角"理论进行扩展并提出了"扩展三角"假说,通过构建由政府主导的汇率制度选择模型,分析了中间汇率制所能够产生的负面影响,发现"角点汇率制度"是唯一稳定的可行汇率制度,为"汇率制度角点解假设"提供了理论基础。Eichengreen 和 Hausmann[⑧]的研究发现本币在国际市场上的借债能力会影响一国的汇率制度选择,同时本

---

① B. Eichengreen, "Chinese Currency Controversies," *CEPR Discussion Papers*, 2003.

② 项俊波:《我国本外币政策协调问题探讨》,载《金融研究》2007 年第 2A 期,第 1～11 页。

③ 孙华妤:《传统钉住汇率制度下中国货币政策自主性和有效性:1998～2005》,载《世界经济》2007 年第 30 卷第 1 期,第 29～38 页。

④ M. D. Bordo and M. Flandreau, "Core, Periphery, Exchange Rate Regimes, and Globalization," *NBER Chapters*, 2003.

⑤ G. A. Calvo and C. M. Reinhart, "Fear of Floating," *NBER Working Paper*, 2000; *Quarterly Journal of Economics* 107, no. 2 (2002), pp. 379～408.

⑥ J. Forssbck and L. Oxelheim, "On the Link Between Exchange-rate Regimes, Capital Controls and Monetary Policy Autonomy in Small European Countries, 1979 - 2000," *World Economy* 29, no. 3 (2006), pp. 341～368.

⑦ 易纲、汤弦:《汇率制度"角点解假设"的一个理论基础》,载《金融研究》2001 年第 8 期,第 5～17 页。

⑧ B. Eichengreen and R. Hausmann, "Exchange rates and financial fragility," *NBER Working Paper*, 1999.

币借债能力也与货币政策依附程度和资本控制程度相关，因此沈国兵和史晋川[①]在Hausmann等的研究基础上将本币借债能力引入"不可能三角"模型中，将其扩展成四面体假说，并依据此四面体假说预测汇率制度的选择将是多种汇率制度形式并存与相互转换的。余永定[②]认为中国已经逐步实现了资本项目自由化，要保住货币政策的自主性，中国必须放弃固定汇率钉住制度。

综上，通过对文献的梳理，笔者发现现有文献仍存在一些不足。首先，现有关于"不可能三角"理论假说的研究并没有得出一致的结论，有关这一问题的争议一直存在。其次，现有研究多是将世界各经济体划分为工业化国家、发展中国家、新兴市场国家进行整体分析，针对单个国家的研究还比较缺乏，虽然现有文献已经有有关印度、荷兰和马来西亚等单个国家的研究，但这些国家跟中国的经济发展情况、国际地位和基本国情都不同，用这些国家的数据研究得到的结论可能并不适用于中国。最后，国内有关"不可能三角"理论假说的研究主要集中在汇率制度的选择上，缺乏对货币政策独立性的研究，然而货币政策独立性对于我国经济非常重要，许多研究表明我国更应该关注的是货币政策的独立性。[③] 另外，这些大都是十几年前的研究，其结论并不适用于我国当前国情，且没有考虑汇率制度和资本账户开放程度的变动，具有一定的局限性。

二、数据和方法

（一）数据

书文所使用的数据为1999年1月到2015年12月中国银行间隔夜拆借利率（cdi）和美国联邦基金利率（usi），在稳健性检验中，我们使用7天回购利率代替隔夜拆借利率。虽然最能够反映我国货币政策变动的应该是央行的再贴现率的调整，但由于中国的再贴现率调整频率很低，使得数据的变化不大，不能够准确及时地反映货币政策的变动。上海银行间同业拆借利率正式公布的时间始于2006年10月8日，而本书涉及的时间范

---

① 沈国兵、史晋川：《汇率制度的选择："不可能三角"及其扩展》，载《世界经济》2002年第25卷第10期，第3～9页。
② 余永定：《资本项目放开应当缓行》，载《财经》2007第18期，第38页。
③ 参见项俊波《我国本外币政策协调问题探讨》，载《金融研究》2007年第2A期，第1～11页。

围是从 1999 年到 2015 年，为了保证数据的一致性，本书使用中国银行间隔夜拆借利率。本书数据中的全国银行同业拆借利率来自人民银行网站，7 天回购利率来自万德数据库，美国联邦基金利率来自美联储网站。图 6-12 显示了 cdi 和 usi 随时间变化的趋势，从图 6-12 可以大致判断，在第一、二阶段，cdi 和 usi 之间不存在协整关系，而在第三阶段则存在协整关系。

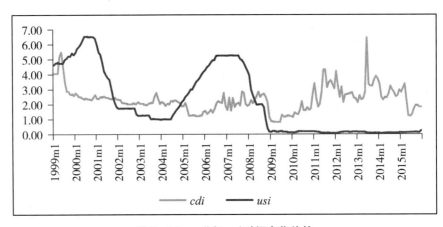

图 6-12　cdi 和 usi 时间变化趋势

（二）单位根检验

时间序列数据容易受到外部随机因素的干扰而不平稳，直接使用非平稳的时间序列进行回归则可能出现伪相关的结果，因此在检验变量之间的长期协整关系之前，首先对序列进行单位根检验，本书运用 ADF 检验、PP 检验和 DF-GLS 检验，结果见表 6-10。表中单位根检验的结果表明，cdi 和 usi 在第一、三阶段是同阶单整的，而在第二阶段是非同阶单整的。

表 6-10　单位根检验

变量	时间段	ADF	PP	DF-GLS
cdi	1999:1-2005:7	-2.5 (6)	-2.10	-1.40 (2)
	2005:8-2008:8	-5.04 (1)***	-5.07***	-5.13 (0)***
	2008:9-2015:12	-3.46 (0)**	-3.27**	-3.52 (0)**

续表 6-10

变量	时间段	ADF	PP	DF-GLS
Δcdi	1999：1-2005：7	-7.12（1）***	-6.26（1）***	-7.83（1）*
	2005：8-2008：8	—	—	—
	2008：9-2015：12	—	—	—
usi	1999：1-2005：7	-1.13（1）	-0.95	-1.85（3）
	2005：8-2008：8	-2.17（3）	-0.07	-1.53（2）
	2008：9-2015：12	-3.46（0）**	-13.57***	-0.73
Δusi	1999：1-2005：7	-3.45（0）***	-3.25***	-2.56（1）**
	2005：8-2008：8	-2.54（0）	-2.48	-2.49（3）
	2008：9-2015：12	-10.78（1）***	-21.03***	-2.22（1）

（注：Δcdi 和 Δusi 分别是 cdi 和 usi 的一阶差分形式。括号里的数字表示最优滞后阶数，最优滞后阶数是由"一般到特殊"方法确定的，最大滞后阶数由公式 $[12 \times (T/100)^{1/4}]$ 确定，T 为样本容量，三个阶段的样本容量分别为 79、37 和 88。*、** 和 *** 分别表示在 10%、5% 和 1% 的显著性水平上显著。）

Perron[①] 指出，单位根检验对于异常值非常敏感，当时间序列数据受到外在经济冲击（经济危机）而发生结构突变时，传统的单位根检验结果是不可信的，而单位根的检验结果对于后续的长期协整关系检验和短期误差修正机制的检验非常关键。由于本书所使用的关键变量——利率非常容易受外在经济冲击的影响，因此我们有必要对两个变量考虑结构突变的单位根检验，本书主要采用 ZA 检验[②]和 LS 检验[③]。

ZA 检验是在允许序列有单个结构突变点的前提下检验序列是否存在单位根，由 Zivot 和 Andrews 在 1992 年提出，他们认为结构突变有三种形式：截距突变（Model A）、斜率突变（Model B）以及截距和斜率都有突

---

① P. Perron, "Trends and random walks in macroeconomic time series: Further evidence from a new approach," *Journal of Economic Dynamics and Control* 12, no. 2~3（1988），pp. 297~332.

② 参见 Eric Zivot and Donald W. K. Andrews, "Further evidence of the great crash, the oil-price shock and the unit-root hypothesis," *Journal of Business and Economic Statistics* 10, no. 3（1992），pp. 251~270.

③ 参见 T. Jewell et al., "Stationarity of health expenditures and GDP: evidence from panel unit root tests with heterogeneous structural breaks," *Journal of Health Economics* 22, no. 2（2003），pp. 313~323.

变（Model C）。ZA 检验的结果见表 6–11。

表 6–11 ZA 检验

变量	时间段	Model A			Model B			Model C		
		k	min t	TB	k	min t	TB	k	min t	TB
cdi	1999：1–2005：7	2	-3.03	2003：5	1	-6.85***	2000：1	1	-6.64***	2000：1
	2005：8–2008：8	11	-3.76	2007：12	12	-3.96	2007：3	12	-3.95	2007：2
	2008：9–2015：12	0	-5.42***	2010：12	0	-5.45***	2013：7	0	-5.85***	2011：5
usi	1999：1–2005：7	7	-3.56	2002：6	4	-3.64	2003：8	1	-2.55	2001：1
	2005：8–2008：8	8	-0.45	2008：2	8	-4.69**	2007：5	9	-3.64	2007：6
	2008：9–2015：12	2	-4.34	2011：3	2	-4.63**	2014：12	2	-4.57	2014：1

（注：k 为最优滞后阶数依次剔除不显著的最后一个滞后项，选取最大滞后阶数为 12。min t 为 ZA 统计量，是一系列 t 检验得到的最小 t 值。TB 为结构突变点。*、**、和 *** 分别表示在 10%、5% 和 1% 的显著性水平下显著。）

但是 ZA 检验具有一定的缺陷，首先，拒绝原假设并不能明确得出序列是趋势平稳的结论，因为还有可能是存在结构突变点的非平稳序列；其次，ZA 检验只允许序列有一个结构突变点，然而一个时间序列可能存在多个结构突变点，忽略一个或多个结构突变点会大大降低检验的有效性。[①] 因此，为了克服 ZA 检验的缺点，Lee 和 Strazicich 提出了允许序列有多次内生结构突变的 LS 单位根检验。LS 检验有两种形式：Model A 和 Model C。Sen[②]、Lean 和 Smyth[③] 的研究都表明 Model C 比 Model A 的约束条件更少也更有效，因此本书只利用 Model C（有一个结构突变点）和 Model CC（有两个结构突变点）进行 LS 单位根检验，检验结果见表 6–12。

[①] 参见 T. Jewell et al., "Stationarity of health expenditures and GDP: evidence from panel unit root tests with heterogeneous structural breaks," *Journal of Health Economics* 22, no. 2 (2003), pp. 313～323。

[②] A. Sen, "On Unit-Root Tests When the Alternative Is a Trend-Break Stationary Process," *Journal of Business & Economic Statistics* 21, no.1 (2003), pp. 174～184。

[③] H. H. Lean and Russell Smyth, "Do Asian Stock Markets Follow a Random Walk? Evidence from LM Unit Root Tests with One and Two Structural Breaks," *Review of Pacific Basin Financial Markets & Policies* 10, no. 1 (2007), pp. 15～31。

第六章　人民币汇率制度与外汇市场

表6-12　LS检验

变量	时间段	Model C					Model CC							
		k	TB	S_{t-1}	B_t	D_t	k	TB_1	TB_2	S_{t-1}	B_{1t}	B_{2t}	D_{1t}	D_{2t}
cdi	1999:1－2005:7	2	2000:9	-0.17	-0.08	0.13	10	2001:3	2004:2	-0.74	-0.20	-0.18	0.32**	0.27**
	2005:8－2008:8	0	2008:3	-1.03**	0.05	-0.17	12	2007:8	2007:12	-8.33**	-1.15**	-0.54**	-0.41	1.24***
	2009:9－2015:12	0	2010:11	-0.51**	0.71	0.50**	0	2011:5	2013:4	-0.63***	1.81***	0.18	0.26	0.58*
usi	1999:1－2005:7	10	2002:8	-0.23**	0.18	-0.45***	7	2001:7	2002:10	-0.20***	0.51***	-0.52***	-0.40***	0.07*
	2005:8－2008:8	6	2007:2	-1.35**	0.19	-0.31**	7	2006:10	2006:12	-1.63***	-0.09	-0.55***	0.03	-0.70***
	2008:9－2015:12	12	2011:9	-0.05	-0.01	0.03*	12	2011:7	2013:4	-0.05	0.04	-0.05*	0.01	-0.03

（注：k 为最优滞后阶数，最大滞后阶数为12。TB 为结构突变点，S_{t-1} 为LM统计量，B_t 为是否发生截距突变的虚拟变量，D_t 为是否发生斜率突变的虚拟变量。*、**和***分别表示在10%、5%和1%显著性水平下显著。Model C的临界值和Model CC的临界值来自Lee和Strazicich，其他系数的 t 检验临界值参照标准 t 分布表。）

将表6-10、6-11与表6-12对比，在考虑结构突变点之后的检验结果与传统的单位根检验结果不同。ZA和LS的检验结果均表明，cdi和usi在第一、三阶段为非同阶单整序列，在第二阶段为同阶单整序列。

ZA检验的结构突变点为2000：1、2007：3、2011：5、2013：7，LS检验的结构突变点为2001：3、2004：2、2007：8、2011：5、2013：4。结合ZA和LS检验的结构突变点检验结果可知，第一阶段中cdi在2000年1月左右发生了斜率突变，这对应于1997年亚洲金融危机之后，国内消费投资不足，特别是2000年美国互联网泡沫的破灭，国际经济放缓，国内需求也不足，导致国内的利率的持续下降。第二阶段中cdi在2007年5月左右发生了斜率结构突变，这对应于2007年美国次贷危机的爆发，危机产生的金融海啸席卷全球，海外市场需求急剧萎缩，依赖出口的中国外向型经济受到重创，随之而来的投资需求不足导致了利率的下降。第三阶段中cdi在2011年5月和2013年7月左右都发生了斜率结构突变，金融危机后，为了增加投资，政府实施"四万亿投资"政策，导致了严重的通货膨胀，为了抑制通胀，央行不得不上调利率。2013年5月颁布的《中国银监会关于规范商业银行理财业务投资运作有关问题的通知》使得银行间同业拆借业务大规模增加，推高了同业拆借资金价格。依据结构突变点的位置构建虚拟变量，并将其加入模型中以控制外在经济冲击对结果的影响。

（三）ARDL边界检验法

单位根检验结果表明，本书所使用的关键变量——中国银行间隔夜拆借利率cdi和美国联邦基金利率usi并不是同阶单整，传统的协整检验方法如EG两步法、Johansan协整检验法并不适用。本书将采用一种新的协整检验方法——ARDL边界检验法，它是由Binder等[①]推广并完善的，该方法有以下几个优点：第一，对数据的平稳性没有严格限制，不要求变量是同阶单整的，即数据可以是$I(0)$和$I(1)$，但单整阶数不能超过1，即数据不能为$I(2)$。第二，即使是小样本数据估计得到的检验结果也是稳健的，这一点对于本书非常重要，因为本书第二阶段的样本量仅为37。第

---

① M. Binder, C. Hsaio and M. H. Pesaran, "Estimation and Inference in Short Panel Vector Autoregressions with Unit Roots and Cointegration," *Computing in Economics and Finance 2001* 21, no. 4 (2001), pp. 5~69.

三,当解释变量为内生变量时,ARDL 也可以得到无偏且有效的估计。第四,根据 ARDL 模型可以推导出 ECM 模型,其中误差修正因子的系数代表了两者之间的短期关系,因此 ARDL – ECM 模型能够同时考察短期效应和长期效应。

ARDL 边界检验的步骤是:第一步,构建 ARDL – ECM 模型,依据 AIC、SBC 准则[1]以及 LM 序列相关检验统计量,选取 ECM 模型的最优滞后阶数 p,然后对系数进行联合显著性检验,用所得到的 F 值与 Pesaran 和 Narayan[2] 计算的临界值比较,如果大于上临界值,则拒绝"不存在协整关系"的原假设,说明存在协整关系,小于下临界值则接受原假设,认为两者之间不存在长期协整关系,若落入上下临界值之间,则不能判断是否存在协整关系。第二步,如果两者存在协整关系,则进一步估计 ARDL 模型和 ECM 模型,模型的最优滞后阶数也是依据 AIC 和 SBC 准则选定。估计出来的 $ecm(-1)$ 的系数即为两者之间的短期关系,这也是判断中国货币政策独立性强弱的指标,由此建立如下 ARDL 模型:

$$cdi_t = inpt + d_j + \sum_{i=1}^{p} \alpha_i cdi_{t-i} + \sum_{i=0}^{q} \beta_i usi_{t-i} + \varepsilon_t \quad (6-7)$$

相对应的 ECM 模型:

$$\Delta cdi_t = inpt + d_j + \sum_{i=1}^{p} \alpha_i \Delta cdi_{t-i} + \sum_{i=0}^{q} \beta_i \Delta usi_{t-i} + \gamma_1 cdi_{t-1} + \gamma_2 usi_{t-1} + \varepsilon_t$$

$$(6-8)$$

其中,Δ 表示对变量进行一阶差分;d_j 表示结构突变虚拟变量[3];α_i 和 β_i 代表长期动态关系;γ_1 和 γ_2 代表短期动态关系;ε_t 为白噪;p、q 分别为两个变量的最优滞后阶数。误差修正模型看似非线性,但可以通过推导回到 ARDL 模型,因此仍是线性回归,可以用 OLS 估计。首先对式(6-8)中的变量进行充分滞后,最优滞后阶数即 p 和 q,依据 AIC、SBC 准则以及

---

[1] Microfit 4.1 计算 AIC 和 SBC 的公式如下:$AIC_p = LL_p - s_p$,$SBC_p = LL_p - (s_p)/2\ln T$。其中,$LL_p$ 为极大似然估计量;s_p 为待估计系数的自由度;T 为样本容量。此时的 AIC 和 SBC 准则应该按照最大值标准来选取最优滞后阶数,而不是常用的最小值标准。

[2] P. K. Narayan and S. Narayan, "Estimating income and price elasticities of imports for Fiji in a cointegration framework," *Economic Modelling* 22, no. 3 (2005), pp. 423~438.

[3] 第一阶段 $j=1$,d_1 在 2000 年 1 月之前取值为 0,之后取值为 1。第二阶段 $j=2$,d_2 在 2007 年 5 月之前取值为 0,之后取值为 1。在第三阶段 $j=3$,4,d_3 在 2011 年 5 月之前取值为 0,之后取值为 1,d_4 在 2013 年之前取值为 0,之后取值为 1。

LM 序列相关检验统计量来确定。由于本书使用的是月度数据，因此最大滞后阶数选为 12，但是在实际操作中，由于样本量小，第一、二阶段的最大滞后阶数只能为 10 和 9。根据各滞后阶数得到的统计量见表 6–13，以下过程是通过 Microfit 4.1 软件实现的。

表 6–13　协整关系检验最优滞后阶数的确定

时间段	p	AIC	SBC	$\chi^2(1)$	$\chi^2(4)$
1999：1—2005：7	10	19.03	-6.50	0.50	4.56
	9	20.92	-2.54	0.37	3.62
	8	22.67	1.30	0.95	3.56
	7	25.67	6.44	0.17	2.51
	6	24.36	7.28	1.65	4.26
	5	25.95	11.07	0.92	4.64
	4	25.25	12.58	0.50	2.67
	3	21.88	11.45	4.13**	4.48
	2	-1.58	-9.74	1.11	12.85**
	1	-6.56	-12.42	11.39***	13.48***
2005：8—2008：8	9	-16.45	-30.06	2.19	11.13**
	8	-20.93	-33.59	5.04**	25.13***
	7	-20.42	-32.04	0.84	16.68***
	6	-23.14	-33.65	2.04	14.63***
	5	-24.32	-33.64	8.91***	10.76**
	4	-22.34	-30.40	0.52	8.05*
	3	-21.99	-28.72	0.63	4.62
	2	-20.22	-25.56	0.30	5.56
	1	-20.22	-24.11	3.56*	5.26

续表 6-13

时间段	p	AIC	SBC	$\chi^2(1)$	$\chi^2(4)$
2008:9—2015:12	12	-93.27	-125.71	5.48**	6.96
	11	-92.88	-123.18	2.47	11.64**
	10	-92.22	-120.30	1.69	13.12**
	9	-92.28	-118.20	16.14***	19.12***
2008:9—2015:12	8	-90.99	-114.68	5.34**	15.16***
	7	-90.55	-111.99	11.53***	13.10**
	6	-89.16	-108.32	12.27***	13.18***
	5	-88.43	-105.27	0.72	1.69
	4	-88.91	-103.43	0.20	1.18
	3	-89.88	-102.04	0.58	4.82
	2	-91.48	-101.25	0.19	10.39**
	1	-93.58	-100.95	2.44	8.21*

第一阶段，依据 AIC 准则应该选择滞后 5 阶，而依据 SBC 准则应选择滞后 4 阶，当两个选择标准结果不一致时，可以依据滞后 1 阶和 4 阶的序列相关 LM 统计量进行进一步判定，但是检验结果表明，滞后 4 阶和 5 阶均不存在显著序列相关问题，因此为了保险起见，我们同时选择滞后 4 阶和 5 阶进行下一步的协整关系检验。第二阶段，依据 AIC 准则应该选取 9 阶为最优滞后阶数，而依据 SBC 准则应该选择滞后 1 阶，此时观察 1 阶和 4 阶滞后 LM 统计量，发现除滞后 2、3 阶外都存在显著序列相关，为了避免选择过于武断，我们选择滞后 2、3、4、6、7 阶进行检验。第三阶段，依据 AIC 准则应该选取 5 阶为最优滞后阶数，而依据 SBC 准则则应该选择滞后 1 阶，滞后 1 阶时的检验结果拒绝了"不存在序列相关"的原假设，因此我们选取 5 阶为最优滞后阶数。

确定最优滞后阶数之后，检验变量之间是否存在长期协整关系。首先对包含所有滞后项和表示结构突变的虚拟变量的式（6-8）进行估计，并对系数 γ_1 和 γ_2 进行联合显著性检验，将得到的 F 统计量与 Pesara 和 Narayan 计算的临界值进行比较。检验的原假设为 $H_0: \gamma_1 = \gamma_2 = 0$，备择假设为 H_1：

$\gamma_1 \neq 0$ 或者 $\gamma_2 \neq 0$。检验结果见表6-14。

表6-14 协整关系检验

时间段	滞后阶数	F 值	是否有协整关系			
1999:1-2005:7	$p=4$	2.27	否			
	$p=5$	0.67	否			
2005:8-2008:8	$p=7$	3.73	否			
	$p=6$	9.05	是			
	$p=5$	0.97	否			
	$p=4$	0.82	否			
	$p=3$	1.73	否			
	$p=2$	1.60	否			
2008:9-2015:12	$p=5$	7.68**	是			
样本容量	1%显著水平临界值		5%显著水平临界值		10%显著水平临界值	
	$I(0)$	$I(1)$	$I(0)$	$I(1)$	$I(0)$	$I(1)$
35	7.870	8.960	5.290	6.175	4.225	5.050
80	7.095	8.260	5.060	5.930	4.135	4.895

（注：各显著性水平下的临界值来源于 Narayan。由于本书各阶段样本量较小，故使用 Narayan 计算的更适用于小样本估计的临界值。）

由表6-14可知，在第一阶段，无论是取滞后5阶还是4阶，F 统计量均小于下临界值，说明两者不存在长期协整关系，这意味着中国的货币政策是独立于美国的货币政策的。在第二阶段，只有取滞后6阶的情况下 F 统计量才大于上临界值，说明两者不存在长期协整关系，也意味着中国的货币政策是可以保持独立的。而第三阶段的 F 统计量则大于上临界值，表明两者之间存在长期协整关系，即中国的货币政策不再继续保持独立。

这个结果与我们的之前的经验分析一致。第一阶段，中国实行固定汇率制，但资本账户是不开放的，实证结果表明货币政策是独立的，"不可能三角"中的三个目标中国只实现了两个，说明在1999年1月到2005年7月期间，"不可能三角"约束在中国是存在的。第二阶段，中国开始地浮动汇率制度，资本账户部分放开，实证结果表明中国的货币政策是独立的，验证了此阶段"不可能三角"约束在中国的存在性。第三阶段，汇率有管理地浮动，资本账户开放程度不断提高，实证结果表明此时中国的货币政策不再保持完全独立，进一步说明了"不可能三角"约束在中国的存在性。

分阶段检验结果表明，"不可能三角"约束在中国是一直存在的，且在不同阶段有不同的表现形式。第一阶段表现为汇率固定、货币政策独立但资本非自由流动，第二阶段表现为汇率有管理地浮动、资本有限流动和货币政策独立，第三阶段表现为汇率有管理地浮动、资本有限流动和货币政策非独立。结论也与中国的实际国情相吻合，2008年之前，中国的政策倾向于保持汇率的稳定和货币政策的独立，但随着贸易顺差的扩大和外资的流入，人民币面临着巨大升值压力，央行通过增加外汇储备缓解升值压力的做法又使得国内市场产生通胀压力，削弱了货币政策的独立性，为了缓解汇率稳定和货币政策独立之间的矛盾冲突，中国实行限制资本流动的政策。2008年全球金融危机之后，中国经济对世界经济的依赖程度越来越高，有管理的汇率浮动和有限的资本管制无法继续保持货币政策的独立性。

（四）估计结果与分析

在确定第三阶段两者之间的协整关系之后，我们利用短期误差修正模型（ECM）来估计短期调整系数，式（6-9）为误差修正模型。不论是依据AIC准则还是SBC准则，确定的ARDL模型的最优滞后阶数均为ARDL（1,0），此处仅报告根据用AIC准则选取的最优ARDL模型对应的短期误差修正模型结果（见表6-15）。

$$\Delta cddi_t = inpt + \sum_{i=1}^{p-1} \alpha_i \Delta cdi_t + \sum_{i=0}^{q-1} \beta_i \Delta usi_t + \Delta d_3 + \Delta d_4 + ecm_{t-1} + \varepsilon_t$$

(6-9)

表6-15 相对应的ECM模型的实证结果

因变量	自变量	系数	标准误	T值
Δcdi	Δusi	-3.84*	2.16	-1.78
	$\Delta inpt$	1.63***	0.43	1.80
	Δd_1	0.83***	0.28	0.94
	Δd_2	0.62**	0.24	2.54
	$ecm(-1)$	-0.53***	0.91	-5.91

其中

$$ecm = cdi + 7.27\ usi - 3.08\ inpt - 1.58\ d_1 - 1.18\ d_2$$

误差修正因子 $ecm(-1)$ 的系数即短期调整系数为 -0.53，在统计上高度显著且具有正确的符号（负号），即当中国利率偏离与美国利率的长期关系时，会有一个反向的拉力将其拉回长期均衡关系。另外 $ecm(-1)$ 的系数也表明了中国利率对美国利率的调整速度，系数的绝对值越大，说明中国利率对美国利率的反应速度越快，表明中国的货币政策的独立性也越弱，然而这个值为 -0.53 并没有到达 -1，即两国利率不是一对一的调整关系，说明中国仍然保留了一定程度的货币政策自主性，这也符合我国目前的基本国情。

三、稳健性检验

为了检验结论的稳健性，本部分采用七天质押式回购利率进行稳健性检验。质押式回购具有较低的信贷风险，并且可以作为中央银行流动性控制的灵活工具，世界上也有发达国家使用回购利率作为货币政策工具（美国、英国等）。相对于隔夜回购利率，七天回购利率不会受到市场供需因素的影响，更能够反映真实的基准利率，从2015年开始，有学者认为七天质押式回购利率有望成为我国新的政策利率（易刚、程实等），因此本处使用7天质押式回购利率代表中国的货币政策进行稳健性检验。

单位根检验的结果（见表6-16）表明，回购利率（$hgcdi$）与美国联邦利率（usi）在第一、三阶段为同阶单整变量，而在第二阶段为非同阶单整变量。为避免结构突变点对单位根检验结果产生影响，对两个变量进行考虑结构突变点的 ZA 检验和 LS 检验，结果见表6-7和表6-8。

ZA 检验和 LS 检验结果表明 $hgcdi$ 在第一阶段的结构突变点均不显著，但序列存在明显的时间趋势，因此在模型中加入时间趋势，在第二、三阶段发生了以2006年11月和2010年12月为突变点的趋势性突变，据此构建虚拟变量加入模型中。

表6-16 单位根检验

变量	时间段	ADF	PP	DF-GLS
hgcdi	1999：1-2005：7	-2.02（9）	-2.89	-1.87（9）
	2005：8-2008：8	-3.04（5）	-5.38***	-2.82（5）*
	2008：9-2015：12	-3.59（0）***	-3.39**	-3.52（0）***
Δhgcdi	1999：1-2005：7	-2.41（8）**	-6.98（1）***	-2.89（8）***
	2005：8-2008：8	-7.08（1）***	-11.05***	-6.40（1）***
	2008：9-2015：12	—	—	—
usi	1999：1-2005：7	-1.13（1）	-0.95	-1.85（3）
	2005：8-2008：8	-2.17（3）	-0.07	-1.53（2）
	2008：9-2015：12	-3.46（0）**	-13.57***	-0.73
Δusi	1999：1-2005：7	-3.45（0）***	-3.25***	-2.56（1）**
	2005：8-2008：8	-2.54（0）	-2.48	-2.49（3）
	2008：9-2015：12	-10.78（1）***	-21.03***	-2.22（1）

表6-17 ZA检验

变量	时间段	Model A			Model B			Model C		
		k	min t	TB	k	min t	TB	k	min t	TB
hgcdi	1999：1-2005：7	0	-3.76	2003：5	0	-4.11	2000：2	0	-4.19	2005：3
	2005：8-2008：8	11	-3.92	2006：11	11	-4.99**	2006：12	12	-5.64***	2006：11
	2008：9-2015：12	0	-5.48***	2010：12	0	-5.10**	2011：8	0	-5.67***	2010：12
usi	1999：1-2005：7	7	-3.56	2002：6	4	-3.64	2003：8	1	-2.55	2001：1
	2005：8-2008：8	8	-0.45	2008：2	8	-4.69**	2007：5	9	-3.64	2007：6
	2008：9-2015：12	2	-4.34	2011：3	2	-4.63**	2014：12	2	-4.57	2014：1

表 6-18 LS 检验

变量	时间段	Model C					Model CC							
		k	TB	S_{t-1}	B_t	D_t	k	TB_1	TB_2	S_{t-1}	B_{1t}	B_{2t}	D_{1t}	D_{2t}
hgcdi	1999:1—2005:7	0	2000:11	-0.35	0.23	0.05	0	2000:8	2005:2	-0.46	-0.04	-0.39	0.17	0.03
	2005:8—2008:8	0	2008:2	-1.06**	-0.86	0.15	0	2006:12	2007:10	-1.43***	-0.76*	-0.88*	-0.42	-0.18
	2009:9—2015:12	0	2010:11	-0.49**	1.63***	0.44*	1	2010:10	2015:5	-0.74**	-1.38*	0.85	1.72***	-1.39***
usi	19991:1—2005:7	10	2002:8	-0.23**	0.18	-0.45***	7	2001:7	2002:10	-0.20***	0.51***	-0.52*	-0.40***	0.07*
	2005:8—2008:8	6	2007:2	-1.35***	0.19	-0.31***	7	2006:10	2006:12	-1.63***	-0.09	-0.55***	0.03	-0.70***
	2008:9—2015:12	12	2011:9	-0.05	-0.01	0.03*	12	2011:7	2013:4	-0.05	0.04	-0.05*	0.01	-0.03

单位根检验结果表明，$hgcdi$ 和 usi 为非同阶单整序列，因此我们仍使用 ARDL 边界检验法，使用的 ARDL 模型与式（6-7）一致，只是将因变量换为 $hgcdi$。协整关系检验最优滞后阶数的选择仍依据 AIC 准则、SBC 准则和 LM 检验统计量，各阶滞后阶数产生的统计量见表 6-19。结果表明，第一、二、三阶段的最优滞后阶数分别为 5、9 和 5。

表 6-19 协整关系检验最优滞后阶数

时间段	p	AIC	SBC	$\chi^2(1)$	$\chi^2(4)$
1999：1—2005：7	12	8.18	-21.38	2.53	5.76
	11	10.85	-16.71	0.93	1.97
	10	11.90	-13.63	2.41	6.90
	9	13.21	-10.25	0.49	7.06
	8	12.13	-9.23	2.76	6.87
	7	14.93	-4.31	0.01	0.74
	6	17.23	0.15	0.33	2.05
	5 (4.84)	17.38	2.49	3.19	5.45
	4	6.00	-6.66	4.07**	22.42***
	3	8.70	-1.73	0.81	3.03
	2	11.18	3.02	0.33	1.30
	1 (6.55)	11.00	5.14	4.57**	6.00
2005：8—2008：8	9 (0.45)	-15.18	-28.79	2.67	17.68***
	8	-27.40	-40.05	0.03	9.99**
	7	-32.54	-44.17	2.05	17.87***
	6	-31.38	-41.89	0.31	11.15**
	5	-31.35	-40.67	2.84*	11.90**
	4 (0.23)	-30.74	-38.80	2.06	4.68

续表 6-19

时间段	p	AIC	SBC	$\chi^2(1)$	$\chi^2(4)$
2005：8—2008：8	3	-31.49	-38.22	3.51*	8.07*
	2	-30.31	-35.65	1.25	8.57*
	1	-31.93	-35.82	6.08**	9.58**
2008：9—2015：12	12	-99.00	-130.30	0.42	1.51
	11	-99.70	-128.83	1.51	5.99
	10	-98.57	-125.52	0.23	8.14*
	9	-98.41	-123.15	1.21	6.05
	8	-97.52	-120.03	0.19	4.56
	7	-96.56	-116.81	0.21	1.40
	6	-96.29	-114.24	1.43	3.60
	5 (9.33)	-94.93	-110.58	0.21	1.23
	4 (10.90)	-96.16	-109.46	2.28	3.99
	3 (11.75)	-97.89	-108.82	1.13	7.49
	2	-100.97	-109.52	2.60	12.83**
	1	-103.42	-109.56	6.14**	15.18***

协整关系检验结果（见表 6-20）表明，在第一、二阶段，$hgcdi$ 与 usi 之间并不存在长期协整关系，第三阶段存在协整关系，意味着在第一、二阶段，我国的货币政策是独立的，而在第三阶段不能保持独立。这与我们的基准结论一致，证明了结论的稳健性。

表 6-20　协整关系检验

时间段	滞后阶数	F 值	是否有协整关系
1999：1-2005：7	$p=5$	4.84	否
2005：8-2008：8	$p=9$	0.45	否

续表6-20

2008:9-2015:12	$p=5$		9.33***		是	
样本容量	1%显著水平临界值		5%显著水平临界值		10%显著水平临界值	
	$I(0)$	$I(1)$	$I(0)$	$I(1)$	$I(0)$	$I(1)$
35	7.870	8.960	5.290	6.175	4.225	5.050
80	7.095	8.260	5.060	5.930	4.135	4.895

短期调整ECM模型估计结果见表6-14，$hgcdi$与usi之间的短期调整系数即$ecm(-1)$的系数-0.66，与基准模型得到的结果一致。

表6-21 对应的ECM模型

因变量：$\Delta hgcdi$			
自变量	系数	标准误	T值
$\Delta hgcdi(-1)$	0.14	0.10	1.39
Δusi	-4.87**	2.30	-2.12
$\Delta inpt$	2.00***	0.50	4.00
Δd_1	1.07***	0.23	4.72
$ecm(-1)$	-0.66***	0.10	-6.34

（注：其中，$ecm = cdi + 7.42\ usi - 3.05\ inpt - 1.64\ d_1$。）

四、结论与启示

本节基于汇率改革和金融危机的背景，分阶段检验中国银行间隔夜拆借利率与美国联邦基金利率之间是否存在长期协整关系，据此判断中国货币政策是否独立，进而验证"不可能三角"约束在中国是否存在。结果发现，当汇率固定、资本不流动时，中国可以保持货币政策的独立，随着汇率浮动程度的提高和资本账户的开放，货币政策无法继续保持独立，证明了"不可能三角"约束在中国是存在的，且在不同阶段有不同的表现形式。使用七天回购利率做的稳健性检验也得出了相同的结论，说明了本书结论的稳健性。

在进行单位根检验时，进行了考虑结构突变的ZA和LS单位根检验，发现在各个阶段中国利率确实存在着结构突变点，因此为了避免外在经济冲击引起的序列结构突变对结果的影响，本书依据得到的结构突变点构建相应的虚拟变量并加入模型中。单位根检验的结果表明，本书所使用的关键变量为非同阶单整，因此本书使用不严格限制变量单整阶数的协整检验方法——ARDL 边界检验法。同时，这一方法也适用于小样本回归，在一定程度上弥补了本书样本量小的不足。当然，本书仍存在不足，本书虽然明确"不可能三角"在中国的存在及其表现形式，但对于如何在三角中找到一个均衡点，从而使"不可能三角"对我国经济的约束力最小，本书并没有得出明确的结论，这也是接下来继续研究的方向。

随着中国对外贸易和对外经济合作的加强，特别是 2015 年人民币加入 SDR 的计价货币篮之后，国际上要求中国开放资本账户的呼声越来越高，国内关于是否加速资本开放进程的争论也越来越激烈。在这种背景下，如何权衡汇率稳定、货币政策独立和资本流动之间的关系，本书结合研究提出以下政策建议。

首先，依据本书的结论，提高资本账户开放程度势必会造成汇率稳定性的下降或者货币政策独立性的下降，或者两者同时下降，这三种变动都会对我国经济产生巨大冲击，政府在决策时要考虑中国的金融市场和产品市场是否能够有效地应对这些冲击。因此，我国一方面应不断深化金融体系发展，加强金融监管，提高我国金融市场抵御风险的能力，另一方面应完善企业治理结构，提高产品市场上经济主体对政策变动的敏感性，以便确保政策变动对经济产生的冲击最小。

其次，随着资本账户开放程度的提高，汇率制度和货币政策之间的矛盾会也加剧，我国应不断完善市场汇率的传导机制，逐步放宽人民币对美元的浮动范围，以保证货币政策的有效性和独立性。同时，决策部门一方面要密切关注汇率浮动通过经常项目渠道和资产负债表渠道对我国宏观经济产生的影响，另一方面要继续扩大内需，降低我国经济对世界经济的依赖程度。

最后，在资本账户开放条件下，汇率稳定与货币政策独立性的矛盾在于外资流入所导致的国内通货膨胀压力，因此，央行在继续发挥外汇储备稳定汇率作用的同时，应将外汇市场冲销操作同货币政策和财政政策相结合，调控货币供给量以缓解国内的通货膨胀压力。

◆思考讨论题◆

1. 阐述人民币汇率制度的历史演进及其意义。

2. 分析人民币汇率制度选择的影响因素,并说明汇率制度选择与国家安全的关系。

3. 运用汇率决定理论分析目前人民币汇率水平是否合理。

4. 根据"不可能三角"理论阐述人民币汇率与货币政策独立性之间的关系。

第七章　人民币离岸市场与离岸汇率

　　人民币离岸业务是指在中国境外经营人民币的存放款业务，交易双方均为非居民的业务称为离岸金融业务，离岸市场提供离岸金融业务。在人民币没有完全可兑换之前，离岸市场能够使流出境外的人民币有一个交易的市场，能够促进、保证人民币贸易结算的发展。

　　当前的跨境贸易人民币结算是在资本项下、人民币没有完全可兑换的情况下开展的，通过贸易流到境外的人民币不能够进入到境内的资本市场。在这种情况下，发展人民币贸易结算，就需要解决流出人民币的流通和交易问题，使拥有人民币的企业可以融出人民币，需要人民币的企业可以融入人民币，持有人民币的企业可以获得相应收益，这就需要发展离岸人民币市场，使流到境外的人民币可以在境外的人民币离岸市场上进行交易，使持有人民币的境外企业可以在这个市场上融通资金、进行交易、获得收益。

第一节　人民币离岸交易中心

　　所谓离岸人民币，是指在中国境外经营人民币的存放款业务。人民币离岸中心市场是指中国内地以外地区发展人民币计价金融产品的市场，它有利于提高人民币境外交易的效率和流动性，并降低投资者用人民币进行境外支付的风险。

　　由于人民币并非完全可兑换，通过贸易流到境外的人民币不能够进入到境内的资本市场，这种情况下，离岸人民币市场的设立，能够使境外人民币在离岸市场交易，使持有人民币的境外企业在这个市场上融通资金、进行交易、获得收益。

　　在岸人民币（CNY）由中国人民银行管理，仅适用于中国内地市场的参与者，而离岸人民币（CNH）采用自由汇率，对所有离岸参与者开放，能更显著、更及时地反映市场需求。建立人民币离岸中心是国际经贸关系发展的必然结果，有利于国际企业和金融机构使用人民币进行跨境交易，促进资金流通并减少交易成本，将使国际经贸关系实现双赢，并有利于人民币的国际化进程。

中国香港 2009 年成为人民币离岸中心，之后伦敦、新加坡等竞相争取成为人民币离岸中心。

一、中国香港

人民币不能自由兑换，制约了中国和境外债权人、借款人和客户之间的资金流动，长期以来被视为在中国进行商业活动的一个障碍。

香港一直希望在当地进行人民币交易，以维持其作为亚洲金融中心的地位，而且香港具有成为中国首个人民币离岸市场的优势：香港与纽约、伦敦等国际金融市场联系紧密，同时又与内地金融市场关系密切，而香港市场在管理上又同内地分离，是极好的试验区。中国银行香港有限公司从市值上讲是香港第三大银行，作为人民币结算银行提供相应服务。

2004 年后，香港的银行开始经营人民币离岸业务。随着业务的逐步扩大，人民币离岸市场可以进行存款、汇款、信用卡、兑换业务，即期、远期外汇交易，人民币离岸市场债券交易，对境内股票交易，以及将对深圳前海地区开展跨境人民币贷款业务，其中前海跨境人民币贷款业务将为前海的开发与建设提供重要的金融支持。离岸人民币市场的活跃度大大提高了，促进了人民币跨境双向流动的良性循环。

（一）香港人民币市场发展的四个阶段

第一阶段：从 2003 年的 11 月至 2007 年 6 月，主要开展个人人民币业务。2003 年，香港推出个人人民币业务，包括存款、兑换、汇款及信用卡服务等，降低了使用人民币的交易成本，有效提高人民币在香港的普及程度。同年 11 月，中国人民银行宣布同意为在香港办理四类个人人民币业务（存款、兑换、汇款及人民币银行卡）的香港银行提供清算安排。一个月后，中国银行（香港）被委任为香港人民币业务清算行。

2004 年 2 月，香港银行正式开办人民币业务，这标志着近年来香港金融业中最值得关注的一项业务扬帆起航。2005 年 12 月，香港银行人民币业务范围扩大,香港的购物、餐饮、住宿、交通、通讯、医疗、教育等七个行业的"指定商户"获允开设人民币存款账户。香港居民可开设人民币支票账户,并可用支票在每个账户每天8万元人民币的限额内,在广东省支付消费性支出。香港居民个人人民币现钞兑换最高限额由6000元提高至2万元,香港居民个人人民币汇款最高限额提升至8万元。2005年香港人民币存款达到261亿元,香港金融管理局认可经营人民币业务的银行达到38个。

第二阶段:从2007年7月至2010年6月,主要特征是内地金融机构发行香港人民币债券,开展跨境贸易和投资人民币结算试点。2007年7月,内地银行业金融机构开始在香港发行人民币债券,国家开发银行发行了第一笔债券,2009年10月财政部开始在香港发行人民币债券。2009年7月启动跨境贸易人民币结算试点,香港是境外唯一试点地区。2010年允许境外机构在香港发行人民币债券以及香港机构发行人民币大额存单。香港的人民币业务逐步从个人拓展到机构,从存款拓展到投资,从服务拓展到贸易结算。

第三阶段:从2010年6月到2014年,主要是扩大跨境贸易和投资人民币结算。在此期间,各项重要规定相继公布。2010年6月,内地跨境人民币结算试点范围扩大,从4个省市扩大到全国20个省市,2011年8月试点范围又扩大到内地31个省区市。2010年8月中国人民银行发布通知,允许国外央行和货币当局、港澳人民币业务清算行、人民币业务参加行三类机构,投资内地银行间债券市场。2011年1月人民银行公布管理办法,允许内地企业和金融机构利用人民币开展境外直接投资。2011年8月,时任国务院副总理李克强同志访问香港,宣布中央政府支持香港进一步发展、深化内地与香港经贸金融等方面合作若干新政策措施。2010年10月,人民银行与商务部分别发布外商直接投资人民币结算业务的管理办法和通知。与此同时,香港金融管理局也出台一系列发展人民币业务的配套措施,如调整流动性的计算方法,加强真实性贸易检查等。在此阶段,人民币业务在香港无处不在,从业机构类型从银行扩展到证券、保险和基金,业务类型从存款扩展到存单、保单、债券、基金、黄金ETF、贷款等多种形式,各项人民币业务迅速发展。

从2011年开始推动离岸人民币市场进入成长阶段的快车道,而快车道最突出的表现是人民币境外产品的规模化、多样化与收益曲线的上升,人民币流出与回流的政策措施的主动性与积极性大幅增强，人民币产品的二级市场交易大幅增加。香港人民币存款余额在 2010 年年初只有 630 亿元，占香港银行全部存款（约 5330 亿港元）的 1.3%；至 2010 年年末，人民币离岸市场人民币存款余额已突破 300 亿元，占全部存款（约 66000 亿港元）的 5%，2011 年年中人民币存款余额升至 5500 亿元，2014 年 4 月末达到 9699 亿元。

第四阶段：自 2015 年起至今。人民币存款从高速增长到缓慢增长，说明人民币离岸市场业务开展初期，中国经济高速增长的预期，以及投资者对人民币离岸业务政策支持寄予厚望。但随着业务的开展，因为离岸人民币业务的种种限制，人民币进入香港的方式和数量有限，没有形成足够的人民币资金池，加之与境内外的人民币缺少互动，使境外投资者对人民币的使用前景有些悲观。与境内外人民币缺少互动不仅导致香港离岸人民币业务发展变慢，同时也导致香港和境内形成两个不同的人民币市场，人民币离岸、在岸市场的利率和汇率存在明显差异。如香港人民币离岸市场上，2014 年年初的离岸人民币同业拆借利率（CNH HIBOR）隔夜为 1.99%，7 天为 2.65%，但同期内地同业拆借利率分别为 2.95%、3.67%，人民币离岸市场给境内外的套汇套利创造了机会。

（二）发展优势

从 2012 年起，人民币国际化经进入一个新的阶段，重心从扩大香港人民币市场转向推动人民币走向海外，人民币的海外之旅将会带动所有离岸中心人民币流动性增加，香港人民币存款只是离岸市场的一部分，但仍然是离岸人民币的主市场。香港离岸人民币市场在相当长一段时间里保持领先的地位，这种优势主要体现在以下四个方面。

1. 与伦敦和新加坡相比，香港有"一国"的优势

香港离岸人民币市场的迅猛发展与国家政策的积极扶持和推动是密不可分的。香港回归以来，2004 年 2 月，香港银行获准经营个人人民币存款、汇款、兑换及银行卡；2005 年 11 月，包括零售、饮食及运输在内的七个行业获允开设人民币存款账户；2010 年，所有企业可以开设人民币账户。2007 年 7 月，内地机构获准在香港发行人民币债券，财政部、内地金融机构先后发行人民币债券。2009 年 7 月，我国试点启动跨境贸易人民币结算，香港可以与上海、广州、深圳、珠海、东莞五个城市开展以人民币计价的跨境贸易结算；2010年6月，人民币跨境贸易结算境内地域扩大到内地20个省市；2011年7月，人民币跨境贸易结算的境内地域扩大到内地31个省区市。香港跨境贸易的内地业务资源得到极大扩展，2010年，境外机构（亚洲开发银行）、在港企业先后发行人民币债券。2012年，RQFⅡ又登陆香港。在持续密集的利好政策的推动下，香港人民币存款增长迅猛，人民币产品蓬勃发展。

2011年，时任国务院副总理李克强在访问香港时，宣布中央政府支持香港经济社会发展的一系列政策，在内地推出港股组合交易型开放式指数基金（exchange traded fund，ETF），继续支持内地企业到香港上市，允许内地港资法人银行参与共同基金销售业务，支持港资银行加快在广东省内以异地支行形式合理布点、均衡布局，支持香港的保险公司设立营业机构或通过参股的形式进入内地市场，参与和分享内地保险市场的发展等。这些措施逐步落实，有的已进入实施阶段。

香港人民币业务发展成果离不开国家政策的支持，先行先试为香港领跑人民币离岸市场提供了政策优势。

2. 与使用外语为主的国家和地区相比，香港因中英文通用而更具有语言优势

在香港日常生活和工作交往中，中文与英文均可作为书面语言而被广泛应用，普通话、广东话与英语也都彼此交融、互相渗透。用英文可以与欧美国家交谈与合作，用中文则可以与内地联系商洽。而伦敦与新加坡则只能使用英语，或大部分依赖英语，因此在需要与中国内地发生经济往来的人民币业务上，其相比香港处于语言使用上的劣势。香港融合中西文化的语言优势，是其成为离岸人民币业务首选地的重要条件之一。与其通用语言相对应，未来香港的货币格局可能是一港三币，即港元、人民币和美元，围绕这三种货币的经济与金融活动将构成香港国际金融中心的实质内含。

3. 与上海等内地城市相比，香港有"两制"优势

上海发布的"十二五"规划明确，到2015年要把上海建设成为人民币交易中心和定价中心，上海国际金融中心的发展远景值得期待。但短期内在引入境外机构发行债券、发展创新产品等方面仍存在体制约束，如推出大额可转让存单、房地产信托基金（real estate investment trust，REIT）等新金融产品等。而香港则不同，"港人治港，高度自治"，香港有独立的立法和管治标准，只要市场有需求，市场主体就可以按照国际通行准则，在香港发行人民币债券和创新人民币金融产品。香港市场陆续涌现美国公司在香港发行的人民币债券、银行发行的人民币大额存单、保险公司发行的人民币险种、人民币计价的房地产信托基金（REIT）上市、金银贸易场推出的人民币黄金产品、恒生银行发行的人民币黄金 ETF、小规模的商业银行人民币贷款等，尽管这些产品规模不大，但品种几乎涵盖全部境内人民币产品，甚至出现部分境内尚未推出的人民币产品。

4. 香港具备高效率、服务型的人民币结算平台

目前香港拥有四大支付系统，即港元即时支付系统、美元即时支付系统、欧元即时支付系统和人民币即时支付系统，前三大系统在 2003 年前就投入使用。

香港人民币即时支付系统（又称人民币结算转账系统）是 2007 年 6 月通过升级人民币交收系统功能而建立的。2003 年 12 月底，中国人民银行正式任命中国银行（香港）为香港人民币业务的清算行，中银香港作为清算行，指定了一家由金管局与香港银行公会共同拥有的经营实体——香港银行同业结算有限公司，设计、构建并营运香港的人民币交收系统。该系统 2006 年 3 月投入使用，为其参加行提供人民币支票清算和交收服务，同时为人民币对港元平盘、人民币汇款、人民币银行卡提供即时结算服务。2007 年，在中国人民银行的推动下，内地金融机构可到香港发行人民币债券。为提升清算服务以应对香港人民币新业务的发展，香港人民币交收系统全面升级为人民币即时支付结算系统，并新增多项结算服务，其中包括人民币跨行转账、本地人民币支票交收及结算（如本票、汇款及汇款通知书）、人民币支票跨境联合结算、人民币债券货银两讫结算、人民币债券业务有关的汇款、人民币股票中央结算支付项目、人民币投资者证券交易支付及电子认购退款结算等。

与此同时，香港还建有一个重要的债务工具中央结算系统（Central Moneymarkets Unit，CMU），CMU 设立于 1990 年，是香港直接负责管理的债务工具结算及托管系统。CMU 的基本功能是提供债券交易即时及日终货银两讫（delivery versus payment，DVP）、抵押品管理服务、债券借贷计划，支持外汇基金票据及债券的发行，为其他地区提供中央证券托管机构跨境结算等。

二、新加坡

在 2009 年 7 月人民币跨境贸易结算试点正式启动之时，新加坡就已经积极参与到离岸人民币市场的发展中，在试点开始之后的第一个月内，新加坡成为首批完成人民币跨境贸易结算的国家。新加坡的人民币公司业务主要集中于跨境贸易结算、信用证贴现等跨境贸易相关领域，个人业务主要为人民币存、汇款业务。

2011 年 1 月开始，汇丰银行（新加坡）、大华银行、华侨银行、星展银行等新加坡银行陆续开始接受人民币存款，提供人民币理财产品，标志着新加坡人民币离岸中心正式形成。2011 年 3 月，中国工商银行首家海外人民币业务中心在新加坡开业。4 月，中信银行新加坡分行也正式开业，提供人民币业务服务。2012 年 7 月，新加坡和中国签订一项金融合作协议。根据该协议，目前在新加坡营运且符合资格的两家中资银行中的一家将会被授权为新加坡人民币清算银行。新加坡金融管理局副局长王宗智表示，新加坡人民币存款余额已达 600 亿元人民币（约合 93.75 亿美元）。同时，其表达了新加坡成为离岸人民币中心的希望和信心，"随着人民币国际化，新加坡显然能够发挥它的作用。作为国际和区域金融中心，新加坡将能够为离岸人民币的发展提供支持"。

三、伦敦[①]

伦敦是全球最大的外汇交易中心，每天的交易量占全球的 1/3。伦敦于 2012 年 4 月 18 日正式启动"人民币业务中心计划"，当时有十家银行（中国银行、巴克莱银行、德意志银行、汇丰银行、渣打银行、摩根大通银行、苏格兰皇家银行、中国工商银行、中国建设银行和美国花旗银行）加入该计划，这个计划旨在将伦敦打造成为西方的人民币业务中心。

2012 年 4 月，汇丰银行在伦敦发行首批人民币债券，启动了继香港之后第二个离岸人民币债券市场。该笔债券属于优先无担保债券，发行额为 20 亿元人民币，票面利率为 3%，此次债券发行规模高于此前市场预期的 10 亿元，在欧洲和亚洲的投资者中均获热烈反响，超额认购倍数超过两

---

① 参见新浪财经-自媒体综合《伦敦成全球第一大人民币离岸中心》，新浪财经网，http://finance.sina.com.cn/money/forex/forexroll/2019-11-14/doc-iihnzhfy9088963.shtml。

倍。其中，半数以上债券被欧洲投资者认购。2012 年 11 月 30 日，中国建设银行通过其伦敦子公司发行了在中国内地和香港以外发行的首只"点心债"，筹资 10 亿元人民币（约合 1.6 亿美元），成为首家在伦敦发行人民币计价债券的中资银行，此次发行是中国推动受到严格管制的人民币实现国际化的最新迹象。

2012 年全球人民币离岸业务约有 26% 在伦敦进行，平均每天交易约 14 亿元人民币。伦敦平均每天离岸即期人民币交易量为 6.8 亿美元，2012 年以来伦敦市场的人民币离岸支付规模增长 40%，离岸人民币交易规模增幅则达到 50%，伦敦的人民币业务目前使用香港的人民币结算和清算系统。

随着香港离岸人民币交易额进一步萎缩，伦敦已经取而代之，成为全球最大的人民币离岸中心。2019 年 11 月 11 日，伦敦金融城及中国人民银行欧洲办事处共同发布的第五期《伦敦人民币业务季报》显示，2019 年第二季度，伦敦的离岸人民币外汇日均交易额突破 850 亿英镑（约合 7650 亿人民币），较上一季度增长 8.8%，比去年同期增长 22.9%，伦敦继续成为全球第一大离岸人民币外汇交易中心。

伦敦离岸人民币交易份额增加的同时，是香港等其他中心的份额逐渐下降。数据显示，伦敦的离岸人民币交易总额已经占到全球的 43.9%，接近一半；香港排名第二，只有 24.37%。香港曾拥有全球最大的离岸人民币资金池，2014 年年底高峰期时曾有超过万亿的人民币停泊香港，但随着交易额逐年萎缩，香港离岸人民币在 2017 年 3 月跌到最低点，仅 5000 亿元。此外，截至 2019 年第一季度末，香港离岸人民币债券的价值为 530 亿美元，相比 2015 年的峰值，价值也下降了一半以上。

除了世界第一大人民币离岸外汇交易中心，伦敦同时成为全球第二大人民币离岸清算中心。根据官方发布的最新数据，2019 年 6—8 月，英国指定的人民币清算银行——中国建设银行伦敦分行日均清算规模达 439.7 亿元，相比上期报告增长 18.4%，再次创下历史新高。

自 2014 年 6 月业务开始以来，建行伦敦分行已完成清算规模达 40 万亿元人民币。英国人民币清算行地处伦敦这一全球金融中心，借助独特时区优势，协同北京和纽约两大资源，不仅实现了人民币清算业务对亚洲、欧洲和美洲主要工作时段的覆盖，更使伦敦成为中国与世界各国开展离岸人民币业务的重要平台。英国长期以来一直是全球外汇交易的领跑者，伦敦的人民币交易量远超其他任何金融中心。在交易和结算之外，中英跨境人民币收付总额也大幅上升，2019年1—8月，中国与英国办理跨境人民币收付总额达到3700亿元人民币，对比去年同期增长48%，到达2018年的全年收支总量。目前，伦敦在离岸人民币外汇交易量的份额，几乎已经与伦敦在全球外汇市场（日交易量达6.6万亿美元）中的份额持平。显示伦敦在保持全球外汇交易中心地位的同时，一直在人民币方面默默发力。无论是排名还是实力，世界顶级的金融中心就只有纽约和伦敦。在贸易摩擦、香港式微的大背景下，伦敦成了人民币国际化唯一的现实选择。

除了自身的优势，伦敦地方政府也做出很大支持。早在2012年，伦敦金融城政府就发起了伦敦人民币离岸发展中心计划，希望把伦敦打造成人民币国际市场的"西方中心"，与中国香港和其他金融中心相辅相成。在2019年6月举行的第十次英中经济财金对话上，英国政府还提出倡议，计划让英格兰银行（Bank of England）允许将人民币计价债券列入其合格质押品清单。一旦通过，将会进一步加固伦敦离岸人民币中心的地位。

接着中国推进人民币"国际化"的东风，卡梅伦内阁的财政大臣奥斯本在2012年提出伦敦需要把握这一机遇，建立一个大型离岸人民币交易市场，这个历史性的机遇将给英国带来数十亿英镑的税收收入。在离岸人民币这个业务上，英国不仅悄悄做到了第一，还领先第二名香港将近一倍。

四、离岸人民币衍生品交易[①]

自跨境贸易人民币结算业务试点开展以来，离岸人民币外汇市场迅速扩张，人民币外汇交易量远远超越了境内。据央行《人民币国际化报告》数据显示，2014年，新加坡、中国香港、伦敦等主要离岸市场人民币外汇交易日均超过2300亿美元，是中国境内人民币外汇市场（含银行间市场和银行代客市场）日均交易量的4倍左右。

离岸市场已有多种人民币相关的衍生品，主要包括人民币无本金交割远期（non-deliverable forward，NDF）、人民币无本金交割期权（non-deli-

---

① 参见南华期货研究所外汇小组《人民币汇率避险工具之境外篇》，搜狐网，https：//www.sohu.com/a/274914548_100009804。

verable option，NDO），人民币无本金交割掉期（non-deliverable swap，NDS）、人民币兑外币期货和相应的期货期权等。根据国际清算银行（BIS）对主要外汇交易商的调查统计，2016 年，离岸人民币外汇掉期交易量最大，占离岸人民币外汇总交易量的 42%；其次是即期，占比 29%；可交割远期（DF）和期权并列第三；无本金交割远期（NDF）交易量仅占 7%；货币掉期则排末位。除上述交易工具外，随着人民币避险需求的推升，人民币期货热潮愈演愈热。根据新加坡交易所（SGX）和香港交易所（HKEX）最新市场报告显示，新交所美元兑离岸人民币期货 2018 年 1 月至 8 月初总成交额超过 2550 亿美元，其中 7 月总成交额达到 615 亿美元，接近 2017 年全年总额的三分之一（32%）；香港交易所（HKEX）美元兑人民币（香港）期货 2018 年 1 月至 8 月 3 日总成交量突破 100 万张（1005366 张合约），已远超去年全年 732569 张成交量，成交名义价值更首度突破 1005 亿美元，创历史新高。

离岸人民币外汇交易主要发生在中国香港、新加坡、中国台湾、美国、英国等地。目前，中国香港和新加坡是最重要的离岸人民币衍生品交易中心。

离岸人民币外汇衍生品包括以下几种。

1. 人民币无本金交割远期市场（NDF）

无本金交割远期，是一种外汇远期交易。在交割日交易双方不对本金进行交割，而是根据之前确定的即期汇价和交易时确定远期汇价的差额计算出损益，由亏损方以可兑换货币交付给收益方，主要用于实行外汇管制国家和地区的货币。CNY NDF 以人民币汇率中间价作为定盘汇率，将约定远期价格与到期日中间价的差额用美元结算。

人民币 NDF 于 1996 年在新加坡形成，目前新加坡和中国香港是人民币 NDF 交易的主要市场。人民币 NDF 主要参与者是境外的银行和投资机构，面向的客户主要为在中国有大量人民币收入的跨国公司，这些跨国公司可通过参与人民币 NDF 交易规避人民币汇率风险。2010 年之后，随着离岸可交割人民币远期（CNH DF）的发展，人民币 NDF 交易量开始下滑，市场逐步被可交割的离岸人民币（CNH）市场所替代。

2. 人民币离岸可交割远期市场（CNH DF）

可交割远期与境内的远期结售汇意思相近，需在交割日交割本金。随着离岸资产市场的发展，2010 年 10 月部分银行开始推出可交割远期，为那些具有真实贸易背景及需要实际结算人民币的企业提供了更为便利的选择。2012年9月17日，香港交易所推出人民币货币期货。至此，CNH衍生品市场具备了场外交易的非标准化和交易所集中交易的标准化的两类人民币外汇衍生产品。随后，芝加哥商业交易所（CME）也加入了人民币离岸可交割远期市场的队伍，于2013年开始交易可交割离岸人民币期货。CNY NDF 与 CNH DF 的对比见表7-1。

表7-1 CNY NDF 与 CNH DF 对比

	人民币无本金交割远期（NDF）	人民币离岸可交割远期（CFH DF）
形成机制	需求推动	政策推动
交易场所	OTC场外交易	OTC场外交易
结算标的	在岸人民币即期汇率CNY	离岸人民币即期汇率CNH
到期是否交割	否 仅用现金结算，一般差额以美元结算	是 进行货币交割
交易限制	无	无

（资料来源：南华期货研究所。）

3. 人民币期货、人民币期权

全球范围内已有多个国家或地区上市了人民币外汇期货和期权（见表7-2）。和离岸人民币远期合约类似，境外人民币期货也包括两类：一类是以在岸人民币汇率（CNY）为标的的在岸人民币期货，一类是以离岸人民币汇率（CNH）为标的的离岸人民币期货。

表7-2 各大交易所上市人民币外汇期货与期权时间

时间	交易所	产品
2006年8月	芝加哥商品交易所（CME）	人民币/美元、人民币/欧元、人民币/日元期货与期权
2009年12月	NASDAQ-OMX	美元/人民币外汇期货(已经摘牌)
2010年11月	南非约翰内斯堡证券交易所（JSE）	人民币/兰特期货（后撤牌）

续表 7-2

时间	交易所	产品
2011 年 8 月	巴西商品期货交易所（BM & F Bovespa）	人民币/雷亚尔外汇期货
2011 年 10 月	芝加哥商业交易所（CME）	美元/人民币标准与电子微型期货
2012 年 9 月	香港交易所（HKEX）	美元/离岸人民币外汇期货
2013 年 2 月	芝加哥商业交易所（CME）	美元/离岸人民币标准与电子微型期货
2013 年 5 月	南非约翰内斯堡证券交易所（JSE）	离岸人民币/兰特期货
2014 年 10 月	新加坡交易所（SGX）	美元/离岸人民币、在岸人民币/美元期货
2015 年 3 月	莫斯科交易所（MOEX）	人民币/卢布期货
2015 年 7 月	台湾期货交易所（TAIFEX）	美元/离岸人民币期货标准合约和迷你合约
2015 年 8 月	新加坡交易所（SGX）	新加坡元兑离岸人民币期货、欧元兑离岸人民币期货
2015 年 11 月	ICE 新加坡交易所	迷你离岸人民币期货合约、迷你在岸人民币期货合约
2015 年 12 月	迪拜商品与黄金交易所	美元/离岸人民币期货
2016 年	香港交易所（HKEX）	欧元/人民币（香港）期货、日元/人民币（香港）期货、澳元/人民币（香港）期货以及人民币（香港）兑美元期货
2016 年 6 月	台湾期货交易所（TAIFEX）	美元/人民币期权标准合约和迷你合约
2017 年 3 月	香港交易所（HKEX）	美元兑人民币（香港）期权
2017 年	新加坡交易所（SGX）	美元/离岸人民币期权
2018 年 10 月	新加坡亚太交易所	离岸人民币/美元期货

（资料来源：各交易所网站、南华期货研究所。）

2018年，共有11家交易所的人民币期货仍在交易，包括最新推出离岸人民币汇率期货合约的新加坡亚太交易所。其中，新交所、港交所、台期所三家交易所的人民币期货成交量所占市场份额最多且交易最为活跃。2018年9月，三家交易所的人民币期货成交量占全市场的99.84%，成交金额占全市场的99.73%。尽管最早推出人民币期货产品的是芝加哥交易所，后来推出人民币期货的中国香港、新加坡和中国台湾由于与境内经济关系更为紧密、人民币业务量更大，因此其人民币期货交易也更为活跃。

第二节 离岸市场的人民币汇率决定

离岸人民币汇率为境外离岸人民币交易的汇率，主要是指在中国香港、新加坡、伦敦等离岸人民币对外币的汇率。离岸人民币汇率与在岸人民币汇率不完全相同，但有密切关联。自香港离岸人民币市场于2009年形成，离岸及在岸市场的离岸人民币价格、在岸人民币价格及中间价并存，这三者的关系一直就是市场感兴趣的话题。尽管内地不断完善中间价形成机制，令人民币进一步市场化，但离岸人民币价格是在完全市场化条件下形成的，自"8·11汇改"后，离岸人民币价格波动明显大于在岸人民币，离岸人民币价格的急剧波动增加了人民币的不确定性。

一、离岸人民币汇率的形成

（一）经常项目下离岸人民币的形成

离岸市场是否具有独立的汇率形成机制？离岸人民币能否脱离在岸市场约束而特立独行？无论是理论还是实践，这可能都是一种错觉。

从概念上讲，汇率是指两国（地区）之间货币单位购买力的比价，比较的是本币所在国与其他货币的主权国的总体物价水平。在离岸市场上，本币是当地货币而非离岸货币，是否有离岸货币与其他货币单位购买力的比较，一直存在争议。不过对于开放度不高的国家，由于资本项目管制因素，本、外币资金跨境流出受到限制，当本币国际化后，人为地割裂两个外汇市场，从而形成两个不同的汇率。人民币国际化启动后，人民币大量流到境外，形成规模越来越大的离岸人民币市场，外汇交易量甚至超过境内市场。从香港发端的离岸人民币不受境内汇率形成机制的约束，由离岸市场的交易行为形成，因此离岸人民币与在岸人民币确实存在一定差异，但这种差异本质上源于资本项目的开放度不足，离岸市场本身并不存在形成人民币汇率的基础。

实践上，离岸人民币的变化是有规律可循的：在岸人民币汇率形成机制决定着离岸人民币汇率，离岸人民币汇率也没有脱离在岸人民币汇率而自由浮动。历史上，离岸人民币汇率只有两次因特殊原因短暂偏离中间价，一次是2010年10月，香港各家银行争相持有人民币头寸，将离岸人民币价格与中间价点差推高至1800点（最多时偏离2.8%）；另一次是2011年9月，因新兴市场货币危机触发全球避险情绪，离岸人民币价格与中间价点差被拉开至1300点（偏离2.1%），两次短暂偏离都发生于离岸人民币市场形成的早期，当时的市场运行并不成熟。

由于"自由浮动"的离岸人民币服从于中间价的引导，有必要考察离岸人民币市场的结构。毋庸置疑，内地推动人民币跨境使用是从经常项目开始的，离岸人民币市场的主要参与者是从事跨境贸易的商家，主要资金来源是境内汇出的贸易汇款，主要需求是引入人民币结算后的贸易支付，与境内结售汇市场的结构类似。某种意义上，离岸人民币市场是境内外汇市场的延伸，其中香港人民币清算行及境内人民币代理行是两个市场的桥梁。

在经常项目下，离岸汇率之所以围绕中间价波动，主要是由于跨境贸易套利机制作用。当离岸人民币与在岸人民币出现偏差时，通过境内外贸易商选择性结算方式，将离岸人民币与在岸人民币拉近。在人民币升值期间，离岸人民币往往比在岸人民币升值更快，香港贸易商向内地出口时，更愿意采用人民币结算，收到人民币贸易汇款可在香港兑换更多的美元，支付从欧美进口的货款；而当人民币转弱时，离岸人民币又相对于在岸人民币更弱，香港贸易商向欧美出口收取美元货款，在香港兑换更多人民币，再与内地之间安排人民币贸易结算，支付从内地进口的货款。这样的操作客观上在两个市场之间形成套利，逐步拉近离岸人民币与在岸人民币的差距。此外，清算行及代理行模式下的平盘安排，也有助于推动离岸人民币与在岸人民币趋同发展。

（二）资本项目下离岸人民币的形成

尽管目前离岸人民币形成主要是由经常项目因素决定，但有必要进一步考察资本项目因素的影响。一方面,离岸人民币市场迅速成长,资本项目正在成为人民币跨境流动的新动力,包括跨境投资人民币结算、跨境人民币资金池业务、沪港通、深港通、银行内部及同业之间人民币资金跨境调拨及借贷等,资金规模越来越大;另一方面,离岸人民币市场参与者也在发生变化,除贸易商之外,各种投资及投机力量也逐渐加入进来,各种资本项目需求不断增加,令离岸人民币形成更加复杂。"8·11汇改"后的离岸人民币市场发生很大变化,汇率形成出现与经常项目下不同的新特征。

资本项目因素对离岸汇率影响取决于资本项目开放程度。在资本项目完全开放的情况下,跨境资金流动没有障碍,离岸汇率一旦与在岸汇率有所偏差,本、外币反向流动会迅速熨平价差,因此,美元、欧元、英镑、日元等主要国际货币不会出现两个汇率。"8·11汇改"后,合理的跨境人民币资金流动并未停止,关键因素是离岸人民币市场的互换业务(SWAP)趋于成熟,有助于推动离岸人民币汇率向在岸人民币汇率靠拢。

在人民币升值期间,离岸人民币比在岸人民币的反应更强烈,而离岸人民币利率水平又高于境内市场,于是境外银行向客户推出互换存款,利用资金市场比存款市场更敏感、SWAP收益率变化较快的特点,将人民币存款转为美元存款,并在远期市场买回人民币锁定风险,令客户获得高于同期人民币存款利率的综合回报率,吸引人民币资金从境内流向离岸市场,增加人民币资金供应量。客户负债结构也会及时调整,转以弱货币筹集资金,如申请美元贷款或发行美元债券,从而减少人民币资金的需求量,离岸人民币汇率向在岸人民币汇率回落,从而令离岸人民币供求恢复平衡;相反,在人民币贬值期间,离岸人民币比在岸人民币更弱,离岸利率水平相对较低,互换存款方案反向操作,将美元转为人民币,并在远期市场卖出人民币,提供高于同期美元存款利率的综合回报率;人民币回流存款利率更高的境内市场,美元则从境内流向离岸市场。

"8·11汇改"后的离岸市场汇率及利率曾经出现背向而驰的情况。"8·11汇改"后,离岸市场出现大规模抛售,令离岸人民币呈现单边贬值趋势,另外,离岸拆息一度飙升,创下隔夜拆息达66厘的超高水平。"8·11汇改"后离岸市场变化不是典型的市场运行,而很大程度上是被国际投机力量操控的,或者说是一个扭曲的市场。投机者大量拆入人民币,在即期市场抛售,并在远期市场买回,持续扯高利率水平。内地采取

"控流出"措施,增加了投机者做空人民币的成本,令其即、远期套利无利可图,成功地逐出了操控市场的投机力量。

(三) 经济基本面决定人民币汇率走势

自2005年7月21日起,我国开始实行以市场供求为基础、参考一篮子货币进行调节、有管理的浮动汇率制度。在岸人民币汇率形成机制的基础是外汇市场供求关系,实际资金流进流出及市场主要参与者的结售汇都会直接引起供求变化,导致人民币的升值或贬值,而令资金流动发生方向性变化的深层次原因是经济基本面,如宏观经济表现及由此而引发的货币政策调整,与此对应的外部因素包括主要欧美经济体的经济及货币政策。此外,由于结售汇从强制转为自愿,市场参与者依据基本面对汇率走势的判断及预期越来越重要,这些变化首先反映在中间价,对市场行为产生引导性。

在离岸市场上,决定离岸人民币汇率变化的同样是经济基本面。除两个市场大部分参与者类似,从而使市场判断及预期相同外,中间价的不断完善,尤其是"8·11汇改"后市场化程度得到提高,中间价报价时亦会考虑境内收盘后全球市场人民币供求关系的最新变化,即欧美时段离岸人民币的表现。中间价弹性进一步上升,对离岸市场引导性增强,离岸市场根据最新的报价相机而动,交易时密切关注主要经济指针及货币政策信号。

有所不同的是,由于参与者更加复杂,离岸市场对个别数据及事件更加敏感,短期波动要大于在岸市场。在"8·11汇改"前后,国际投机力量介入离岸人民币市场,尽管所占比重不大,但操纵市场的力量强大,从而加剧了市场波动。全球范围内的实践表明,对抗国际投机力量需要货币当局出面,争取尽快恢复市场秩序,而欧美国家及部分新兴市场国家对汇率直接干预时透明度很高,给予市场明确指示及导向,其经验值得参考及借鉴。

二、人民币定价权旁落境外[①]

2015年8月11日人民币汇率形成机制改革即"8·11汇改"后,在

---

① 参见徐高《人民币定价权旁落海外,央行如何夺回》,中国金融信息网,http://rmb.xinhua08.com/a/20160112/1597549.shtml。

岸与离岸外汇市场上的人民币兑美元的贬值压力都陡然增加。从在岸与离岸两个市场人民币汇价的联动性来看，人民币汇率定价权已经在"8·11汇改"后落入离岸市场之手，从而加大了我国影响人民币汇率的难度。为了保持人民币汇率的稳定，一方面需要适度调控离岸市场的人民币供给，另一方面人民银行也需要主动引领而非被动迎合外汇市场的预期。

（一）"8·11汇改"后人民币贬值压力明显增大

"8·11汇改"根本地改变了国内在岸人民币汇率市场的运行机制。之前人民币兑美元汇率有一个官定中间价（middle price），在岸市场每天的汇率报价只能在中间价上下一个不大的浮动区间中进行。通过设定中间价，中国人民银行能很容易控制在岸人民币汇率水平，并间接影响离岸市场汇价。但"8·11汇改"之后，中间价与在岸市场的市场汇率并轨，很大程度上由市场力量决定，中国人民银行因此失去了利用设定中间价来影响人民币汇率的政策手段。此后，中国人民银行如果要干预人民币汇率，就必须自己入市大量买卖外汇，这可能带来两个后果：

第一，与非市场化的中间价调控方式不同，理论上，中国人民银行通过直接入市交易来干预汇率的能力不是无限的，如果中国人民银行需要将人民币汇率向升值方向托举，就必须卖出外汇、买入人民币，从而会消耗我国外汇储备。尽管2015年年末我国仍然持有超过3.3万亿美元的外汇储备，但总有被耗尽的可能。因此，中国人民银行稳定人民币汇率的能力在"8·11汇改"后已大打折扣。

第二，当中国人民银行只能通过买卖外汇来干预人民币汇率时，它在外汇市场的一举一动最终都会反映到我国外汇储备数据的变化上，这相当于把中国人民银行的底牌摊在市场面前。2015年12月，我国外汇储备下降1079亿美元，创下20年来最大单月降幅，这既显示人民币所承受的巨大贬值压力，也让市场对人民银行稳定汇率的能力和意愿产生更大怀疑。

上述两个后果反过来也影响人民银行的行为，"8·11汇改"后，中国人民银行在托举人民币汇率时显得有些底气不足，一方面虽然大量用外汇储备购买人民币来提振人民币汇率（外储的快速下降便是明证），另一方面也不断放任人民币兑美元贬值。在这种变化下，人民币兑美元汇率表现出越来越强的贬值压力，中国人民银行在人民币汇率上的退守和人民币贬值预期升高之间形成相互加强的恶性循环。

人民币的贬值一定程度缘于美元走强，表征美元汇率强度的美元指数在2014年下半年到2015年年初曾单边上涨接近20%，同期人民币兑美元汇率并未遇到太大的麻烦，而从"8·11汇改"后，美元指数基本在水平震荡，高点与2015年3月相当，但人民币却遇到前所未有的贬值压力，显然这期间的人民币贬值与美元没有太大关系（如图7-1所示）。

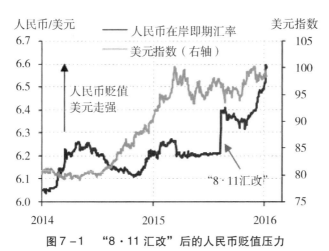

图7-1　"8·11汇改"后的人民币贬值压力

（数据来源：Wind。）

（二）人民币汇率定价权一定程度落入离岸市场

"8·11汇改"之后，人民币兑美元汇率的贬值过程中，香港的人民币离岸市场对在岸市场汇价表现出很强的引领作用，显示离岸市场已经确定人民币汇率的定价权。

经济学有大量研究不同市场间定价权归属的文献，基本方法是看不同市场价格之间的超前滞后关系，通常价格领先的市场有定价权。常用的方法是"Granger因果关系检验"，由2003年诺贝尔经济学奖得主克莱夫·格兰杰（Clive W. J. Granger）所创立。当表述某个变量A是另一个变量B的"Granger原因"，实际意思是利用A的信息可以提高对B的预测精度，在这个意义上可以说A领先B。

Granger因果关系检验显示，在2015年年初到"8·11汇改"的8个多月里，在岸人民币汇价（CNY）与香港的离岸人民币汇价（CNH）之间有双向Granger因果关系。简单来说，前者既领先后者，也被后者领先。

用不同时间窗口来检验,发现这种双向因果关系在"8·11汇改"之前长期稳健存在,说明汇改之前的在岸与离岸人民币市场并不存在定价权被某一市场独占的情况。

但情况在"8·11汇改"后发生明显变化,之后到2016年年初的数据表明,在岸CNY对离岸CNH已不再有引领作用(不能拒绝"CNY不是CNH的Granger原因"的原假设),但CNH对CNY的引领作用却继续显著存在(见表7-3)。也就是说,在岸与离岸汇价之前互为影响的双向关系,在"8·11汇改"后变为从离岸到在岸的单向影响,表明"8·11汇改"后人民币汇率的定价权已落入离岸市场(CNH)之手。

表7-3 离岸与在岸人民币汇率Granger因果关系检验结果

假设	"8·11汇改"后 (15.8.12—16.1.9)	"8·11汇改"前 (15.1.1—15.8.10)
CNY不是CNH的Granger原因	0.78	0.00*
CNH不是CNY的Granger原因	0.03*	0.00*

(注:检验所用数据为日度汇率的对数差分,所用滞后期为5期。表格中的数据是检验的P值,*代表5%水平上显著。)

(三)人民币汇率定价权旁落离岸市场的原因

人民币汇率定价权归于香港离岸市场的事实可能会让人感到不可思议。毕竟在人民币国际化推进了多年之后,在香港的人民币存款总量不到9000亿元时,少量的资金能撬动中国的汇率,这可能源于两方面的原因。

第一,离岸市场交易大量运用杠杆,放大了其影响。离岸与在岸两个市场的汇差(CNH减去CNY)和利差(7天SHIBOR减去7天HIBOR)有非常明显的正相关关系,这是离岸市场外汇交易大量使用杠杆资金的证据。在香港离岸市场中,看空人民币的投机者可以借入人民币,换成美元,坐等人民币汇率贬值后,再将其持有的美元换回人民币偿还贷款。如此操作,投机者能用很少的本金赚取人民币贬值收益,但这种操作会带来两个后果:一是离岸人民币汇价CNH会因此比在岸汇价CNY更贬(CNH与CNY价差拉大);二是外汇投机者借入人民币的行为会增加离岸市场对人民币的需求，推升香港人民币拆借利率（HIBOR），从而拉大其与内地金融市场拆借利率（SHIBOR）的利差。其间，离岸和在岸市场汇差和利差同时创下了历史新高，表明此时离岸市场中运用杠杆资金做空人民币的力量相当强大（如图7-2所示）。

图7-2 离岸与在岸市场的汇差与利差同步变动

（数据来源：Wind。）

第二，中央银行的操作方式。中国人民银行似乎对人民币贬值的容忍度越来越强，干预市场稳定汇率时表现出"且战且退"的架势，但超过3万亿美元的外汇储备，意味着中国人民银行是人民币外汇市场（无论是离岸还是在岸）中"口袋最深"的参与者。没有投资者愿意逆中国人民银行的意，跟其做反向操作，投资者大多会顺着中国人民银行意图"抢跑"，因此，当中国人民银行弃守人民币汇率的意图越来越明显的时候（2015年12月11日CFETS人民币汇率指数的发布就是一个信号），投资者就会抢着在人民币空头方向下注。从这个意义上，中国人民银行的汇率操作一定程度上将人民币定价权推给了离岸市场。

（四）怎样夺回人民币定价权，维护人民币汇率稳定？

人民币汇率决定权旁落离岸市场绝不是件好事，即使这个离岸市场在我国香港仍然如此。尽管从长远看，人民币汇率形成机制要更加市场化，但这一过程必须平稳而可控。人民币汇率失控将对全球经济带来灾难性后果，2016年元旦之后，全球资本市场的卖出狂潮很大程度上是由人民币贬值所引发。为了维护人民币汇率的稳定，人民币汇率的决定权需要留在我国在岸市场。从前面阐述的定价权旁落离岸市场的两个原因，确定重夺定价权的对策。

第一，控制离岸市场的人民币供给，在必要的时候紧缩离岸市场的人民币银根。人民币离岸市场的发展是人民币国际化改革的一个必然产物，人民币国际化不能走回头路，离岸市场也不可能关掉。但人民币国际化并不代表我国主动放弃对境外人民币的控制权，在境外人民币被用作冲击我国汇率稳定工具的时候，我国更应合理应对。只要适当收紧离岸市场的人民币供给，推高其利率，投机者加杠杆的成本就会增加，令杠杆规模相应下降。在各个离岸市场，都有我国指定的人民币清算行（香港的是中国银行），也有我国金融机构大量存在，这些机构可以将人民银行的意图传递到对应离岸市场中，从而有效降低离岸市场给人民币汇率稳定带来的压力。

第二，中国人民银行需要改变调控汇率的策略，主动引领而非被动迎合市场预期。我国庞大的外汇储备、健康的国际收支状况使人民银行具备充足能力稳定人民币汇率。客观地说，"8·11汇改"后中国人民银行向外发送的信号含混不清，当市场猜不透中国人民银行意图做什么时，就会担心中国人民银行心中的汇率底线一降再降，我国庞大的外汇储备的威慑作用就发挥不出来，难以起到稳定市场的作用。调控汇率引导预期最为关键，要稳住人民币汇率，关键不在于人民银行花了多少外汇储备，而在于市场相信人民银行敢花多少外汇储备。如果人民银行怯生生地且战且退，甚至为放任贬值找好退路和借口，市场自然会在人民币贬值上下重注。这样人民银行储备花得越多，越会让市场担心它是否还坚持得下去，反而会加大贬值预期。"狭路相逢勇者胜"，人民银行应当主动出击，至少阶段性地带动人民币汇率升值，方能打消市场中的贬值预期。无论如何，单边贬值都不符合人民银行"双向波动"的汇率政策导向。只有这样，在岸市场才能重新夺回一部分人民币定价权，为我国经济和金融发展营造一个稳定的汇率环境。

第三节　离岸人民币的回流机制

人民币回流机制指人民币以安全性、流动性和增值性为目标，通过一定的方式和渠道从境外离岸市场回流到境内在岸市场，是联结在岸市场与离岸市场的媒介，是形成人民币境内、境外流通的重要机制，它包括经常项目下的回流和资本项目下的回流。

离岸市场人民币存量规模较大，且持续快速增加，而离岸市场人民币金融投资产品创新缓慢，多以收益率较低的人民币存款为主，需要通过回流渠道合理、有序地引导人民币回流境内，以此拓展境外人民币持有者投资渠道，增加投资收益，提高持有人民币意愿。

一、构建离岸货币回流机制的重要性

（一）美元和日元的回流机制

1. 美元回流及其经验

美元经过贸易渠道以经常账户赤字的形式流出美国，又经过金融渠道以净资本流入的形式流回美国。在此过程中，美国通过不断增发货币向世界大规模输出美元以购买境外产品、资源，致使他国出现经常账户盈余，而盈余国积累的美元急需寻求保值增值渠道。基于美元仍是目前世界范围内最重要的储备货币，购买美国国债等金融产品成为盈余国的首选。这样流往境外的美元就又通过境外购买美元金融资产回流美国（如图7-3所示）。贸易盈余的国家购买美元金融产品为美国经常账户赤字提供融资，促使美国能够不断利用虚拟产品进行消费、投资，维持其经济的扩张。

图7-3　美元资金的回流机制

尽管国际货币多元化发展趋势导致美元回流驱动力有所减弱，但美国

长期经常账户赤字仍得以维持、美元长期循环周转的基本态势并未改变。究其原因，一是美国仍是当今世界第一经济强国，强大的经济实力为美元循环提供雄厚的物质基础。2012年美国名义GDP达15.68万亿美元，稳居世界首位，经济霸主地位难以动摇。二是美国拥有最为发达的金融市场，其产品创新程度高、种类繁多、发行量大、流动性强，能够为境外投资者提供多样化的投资渠道。美国金融衍生品市场交易规模占全球份额的近40%，并引领全球各地金融衍生品发展趋势。三是美国资本市场的高度自由化、规范化，也为境外投资者提供了良好的投资环境。其对资本项目限制较少，资金可在离岸、在岸市场间自由流动，为投资者提供灵活、低成本的投资环境。

2. 日元回流及其教训

在日元国际化进程中，日本力图借助日元在国际贸易出口结算及国际金融市场中的使用实现回流。其主要举措包括：①扩大以日元计价的贸易结算范围，但是收效甚微；②推进以日元计价的金融市场发展，如鼓励在境外发行日元债券、推行"黑字还流"贷款模式等。但日本实施金融自由化改革及建立离岸市场以来，日本与其他东亚国家间的资金流动变得异常频繁，日元开始迂回流动，回流资金大多被投放于股市、地产，在过度投机的影响下资产泡沫最终破裂，导致日本经济进入萧条时期。日元国际化进程也因此呈现倒退状态，各国外汇储备中日元比重由1991年年末最高的8.5%降至1999年年末的5.1%，日本出口贸易日元结算比例也由1992年最高的40.1%降至1997年的35.8%。

日元循环未能推动其国际货币地位提升，其原因主要在于：

第一，贸易结构的不合理阻碍了日元在结算中使用。日本进口产品大部分为中间品或原材料，这类产品结算货币通常由出口方决定，习惯上采用美元结算。同时，日本对美出口依存度很高，而美国进口商品大部分使用美元计价，由于日本出口企业谈判能力不足，日元很难取代美元作为结算货币。

第二，日本国内金融市场改革滞后助长了日元"再贷款游戏"盛行。资本项目完全开放后，日本在其国内仍实施严格的金融管制，导致日元资金迂回流动。日本银行的日元资金经由日本离岸市场大量流入其香港分行，基于国内贷款的规制较多而海外分行向国内居民提供贷款及其国内分行外币贷款皆不受"窗口指导"约束，流入香港的大量资金又再次回流至日本银行总部，再贷出或直接贷给日本企业（如图7-4所示）。这一迂回流动路径限制了海外金融市场上的日元使用，并助推日本泡沫危机的形成。

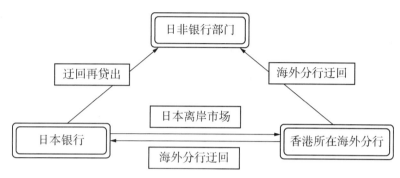

图7-4 日元资金的迂回流动路径

（二）离岸人民币回流机制的意义

（1）是人民币走向国际化的重要通道。美元、日元等货币的国际化经验显示，一国货币要实现国际化发展，一定要建立畅通无阻的双向流通循环机制，即货币从境内市场流向境外市场以及从境外市场回流，形成相互连接的闭合环路。缺乏人民币回流机制，人民币投资渠道有限，金额又受限制，会抑制境外居民持有人民币的意愿，不利于人民币的国际化发展。构建顺畅的人民币回流机制，使得境外人民币持有者有更多的投资渠道来实现其人民币资产的保值升值，提振境外居民持有人民币的意愿，提升人民币在国际上的接受程度，这是人民币国际化路程上重要的一步。

（2）是人民币离岸市场健康发展的重要环节。人民币流出与回流机制是人民币离岸市场与在岸市场之间连接媒介。在离岸市场发展的初期，需要在岸市场提供充足的货币来源以及顺畅的运用渠道。当前的境外人民币运用渠道过于狭窄，与我国境内市场不能有效地连通，显然无法满足离岸人民币市场发展的需求。构建顺畅的人民币回流机制，与人民币流出机制在规模和结构上形成对接，加强离岸市场与在岸市场之间的良性互动，从而促进人民币离岸市场的健康发展。

二、人民币回流机制及其非均衡性

在政府和市场合力下，境外人民币回流虽已形成了一定的格局，但人民币回流存在非均衡特征，表现在大部分回流的人民币以经常项目渠道为主，并且经常项目中以出口贸易结算和贸易融资为主；资本项目虽然存在部分管制，但已经开放的渠道中人民币回流规模远没有达到合理规模。

（一）经常项目下人民币回流的非均衡性

（1）跨境贸易结算是经常项目下人民币回流的主要渠道。根据中国人民银行的统计数据显示，2013年跨境贸易人民币结算规模为4.63万亿元，远高于香港离岸市场人民币存款规模，其中出口结算与进口结算的比例为1∶1.46，因此出口结算渠道中人民币回流规模高达1.88万亿元。此外，跨境贸易人民币结算在地域结构上布局不合理，欧美日等发达国家在全球生产分工和贸易价值链上具有主导权，倾向于使用本币进行贸易结算，使得人民币的输出与回流难以推进。对于中国与东南亚等发展中国家来说，进出口支付主要以人民币为主。反观美元国际化的历史，美国境外美元的回流不存在地理结构上的失衡，可以从各个国家畅通回流。

（2）经常项目下其他人民币回流渠道。随着中国进出口贸易规模越来越大，贸易融资业务也在蓬勃发展中，比如中行的"协议融资"、工行的"海外代付"以及建行的"存贷一卡通"等为境外人民币的回流提供了渠道。此外，入境旅游以及相关消费也成为人民币回流的重要渠道。据国家统计局数据，2013年我国入境旅游创收为516.64亿美元，约超过40%的收入来自港澳台地区，这些旅客大部分是以人民币进行支付结算。

经常项目下人民回流规模较大，并且以贸易结算为主，一方面是由于贸易规模的迅速扩大导致，另一方面可能与离岸市场的深度发展不够和经常项目已经实现了人民币可兑换有关，由此也形成经常项目下人民币回流非均衡的格局。

（二）资本项目下人民币回流的非均衡性

（1）人民币存款回流。人民币存款回流有两种方式，一种是通过人民币清算行或者代理行，在岸市场和离岸市场之间的存款利率存在很大的差异，利差形成一种重力势能，吸引境外人民币资金回流以获取更高收益。2014年11月22日，中国人民银行时隔两年再次下调金融机构人民币存款基准利率以来，金融机构一年期存款基准利率下调至2.75%。而香港离岸市场一年期存款利率为0.59%，高位的利差推动境外人民币重回境内,远高于美国银行1%的存款差。根据SWIFT显示,2014年中国人民银行已经在5个国家设立人民币清算行,成为人民币存款回流境内的重要载体。另一种是通过人民币境外机构境内外汇账户(non-resident account,NRA)账户渠道回流。2009年《国家外汇管理局关于境外机构境内外汇账户管理有关问题的通知》的出台,使得境外机构可以在境内金融机构开立人民币NRA账户,也成为存款回流的一种渠道。

(2)外商人民币直接投资(RFDI)。自2011年10月13日中国人民银行公布《外商直接投资人民币结算业务管理办法》以来,RFDI取得长足的发展,为境外人民币进入境内实体经济提供一种"双赢"的回流渠道。一方面它为这类人民币找到保值增值的场所和领域,另一方面通过国内投资促进资本形成,为国内经济增长奠定物质基础。根据商务部要求,规模在3亿元以上的人民币资金投资于宏观调控的行业需要审批,为人民币通过该渠道回流设置了门槛。

(3)人民币合格境外机构投资者(RQFⅡ或小QFⅡ)。根据国家外汇管理局的统计数据,截至2014年12月30日,RQFⅡ的总规模达到2997亿元人民币,共118家获得RQFⅡ资格,初期试点额度为200亿元人民币,筹集到的人民币资金中不低于20%的部分可以投资内地的股票、股票类基金,因此通过此渠道回流的人民币规模不超过40亿元人民币。

(4)人民币合格境外有限合伙人(RQFLP)。2012年12月SBI集团作为首家公司获得QFLP试点资格,第一笔RQFLP境内投资业务在上海成功"落地",成为人民币回流的又一重要渠道。RQFLP可能会以外汇管理局审批资本结售汇的额度作为上限,其中首家中资券商海通国际获得1亿美元的试点额度。RQFLP的投资范围较RQFⅡ更广,可以投资未上市企业、上市企业的非公开交易股权、可转换债券、产业基金等。

(5)现钞调运。自2014年7月中国工商银行新加坡分行首次完成1000万人民币调出,中国银行厦门分行推出两岸人民币现钞调运业务,使得现钞调运成为一种回流渠道。此外,富滇银行成为全国第一家具有外币现钞调运资格的城市商业银行,负责边境东盟国家的人民币回流云南境内。

(6)人民币债券。一种是在境内机构境外发行债券,如香港"点心债"、台湾"宝岛债"、新加坡"狮城债"的发行规模分别为2300多亿元、106亿元和40亿元。另一种是境外人民币清算行等三类机构投资于境内银行间债券市场,成为境外人民币重要的投资场所,拓宽人民币回流渠道。

(7) 人民币跨境贷款。跨境人民币贷款渠道的开通,为境外人民币开辟一条实体投资的渠道。2013 年首批前海跨境人民币贷款的额度为 20 亿元,所筹划的资金全部用于前海建设。2009 年横琴新区的投资建设正式启动,可以借鉴前海模式从澳门进行融资,原因在于横琴距离澳门较近,以及澳门拥有 500 亿元人民币存款且融资成本低于内地。

由此可见,资本项目虽然存在管制,但是已经放开的回流渠道规模相对有限,没有达到应有规模,主要以存款和债券为主,致使资本项目下人民币回流出现非均衡性的特征。根据国际国币基金组织 IFS 数据,在美国、日本、英国、欧元区等发达国家中,境外资本回流主要以债券市场和直接投资为主。因此,资本项目下的人民币回流渠道不仅存在规模上的短板,而且存在结构上的扭曲。

(三) 银行账户下人民币回流的非均衡性[①]

境外注册成立的机构通过在境内开立银行账户实现人民币的回流,账户是银行开展跨境业务的基础,也是连接境外企业与境内银行之间的桥梁。基于离岸账户 (offshore account, OSA)、境外机构境内账户 (non-resident account, NRA)、境外机构自由贸易账户 (free trade non-resident, FTN),境内银行逐步为注册在境外的企业提供结算、结售汇、融资等一系列的服务,实现人民币的部分回流。

始于 2003 年的 OSA 账户具有以下特点:①OSA 账户体系实行与境内严格分离的管理模式,其资金应来源于境外,遵照自求平衡的原则"外来外用";②OSA 账户的开户币种仅限可自由兑换的货币,未开放人民币。因此 OSA 不能办理结售汇业务;③OSA 可办理存款、贷款、结算、融资等多种业务类型,且多参照国际惯例,利率也可根据市场化原则自主定价;④OSA 账户无须缴纳存款准备金和利息所得税;⑤非居民法人或非居民个人都可开立 OSA 账户。

始于 2009 年的人民币 NRA 账户的特点包括:①账户管理参照境内的《人民币银行结算账户管理办法》和《人民币银行结算账户管理办法

---

① 参见卓盈注册香港海外公司《OSA、NRA、FTN,哪种离岸账户类型更适合你?》,搜狐网,https://www.sohu.com/a/240752637_100020532。

实施细则》，境外机构在境内第一个开立的账户即为基本户，领取基本账户开户许可证，此后可根据需要继续开立一般存款账户和专用存款账户；②资金性质视同在境外，和境外账户的划转可凭指令办理（目前实务中部分银行可能还是会进行一定程度的审核），但不得从境外同户名账户中收款（银发〔2012〕183号中，"账户收入范围：从同名或其他境外机构境内人民币银行结算账户获得的收入"，该条指的是境内同名，不包括境外。）原因可能是当时担心离岸人民币资金回流到NRA账户，不利于人民币国际化；③履行相应手续后，境外机构人民币银行结算账户内的资金可购汇汇出。但经历了2015年的"8·11汇改"以后，中国人民银行强调必须严格审核人民币NRA账户的购汇交易背景；④未经批准不得取现，境外机构人民币银行结算账户资金余额暂不纳入现行外债管理。

始于2013年的FTN账户的主要特点：①分账核算，资金应来源于区内或境外，允许在一定额度内向总行拆借；②本、外币合一的可兑换账户，大部分情况下账户内的币种可自由转换；③适用离岸汇率，利率市场化；④一线放开，二线管住，有限渗透；⑤跨二线（FTN与境内账户的划转）只能用人民币进行；⑥FTN账户中的资金性质视同境外，与境内的往来按跨境交易管理。

（1）从账户体系的角度看：OSA体系更像是一个远洋账户，与境内资金完全隔离，业务范围也更加灵活，甚至贷款用途都可参照国际惯例。NRA体系更偏向于在岸管理，银行可将NRA账户吸收的存款用于境内，同时也需要缴纳存款准备金。此前主要通过短债指标来控制规模，因为外币NRA占用银行稀缺的短债额度，人民币NRA不占用额度，使得外币NRA资金的规模有限。但目前为了扩流，中国人民银行2017年的9号文已将本、外币NRA存款列入了豁免项，这样银行可以吸收更多的境外资金用于境内。FTN体系可以理解为特殊的在岸管理，虽然也是分账核算，其资金应来源于区内或境外，但为了增加FTN的优势和流动性，中国人民银行允许FTN资金在一定额度内可向总行透支。这使得FTN的资金成本有较大优势，因为如果境内市场资金成本低，则可向母行拆借，反之，如果是境外市场资金成本低则可向境外拆借。

（2）从账户内的资金性质看：OSA、NRA、FTN三类非居民账户的开户主体都是境外，账户内的资金性质视作境外，与境外账户或者其他非居民账户之间的划转比较自由。但与境内账户的往来则视同跨境，对境内主体来说，向非居民账户的划款，或者是从非居民账户的收款，可以视作向境外的划款或者收款，需要相应的交易背景，并进行国际收支申报，而真实性审核的主要责任也更多地由境内银行承担。

三、人民币回流机制存在的风险

在政府的支持和市场的调节下，目前境外人民币回流已经形成一定格局，但仍存在一些局限性，若不加以合理的管理与引导，会对我国境内经济产生一定冲击。

（1）影响我国境内货币政策实施效果。我国金融市场建设有待完善，人民币利率、汇率形成机制改革仍需深化，资本账户尚未完全开放。开拓人民币回流渠道后，必然带来境内外资金大规模、频繁的流动，从而对境内货币政策的实施效果造成巨大影响。当经济处于低迷状态，中国人民银行通过采取放宽银根的政策来刺激经济，流动性增加伴随着利率下降，此时增加的流动性会逃往利率更高的国家或地区，货币政策的效果被削弱；当经济处于泡沫状态，中国人民银行会抽紧银根，提高利率和准备金率，减少市场上的流动性，但境外资金会趋利而来，大量涌入国内市场，同样可能削弱货币政策的有效性。

（2）影响人民币汇率的稳定。我国实行以市场供求为基础的、有管理的浮动汇率制度，而人民币离岸市场上的汇率则完全由供求来决定，所以境内外人民币必然存在汇差。人民币回流渠道开启以后，大量追逐短期利益的境外人民币涌入我国境内市场，打破境内外市场上原有的供需平衡，严重影响到人民币汇率的稳定。国际投机资本会利用境内外市场的汇差冲击境内人民币汇率机制，这将给我国货币市场带来不稳定因素。

（3）影响境内利率稳定。人民币离岸市场上的利率明显低于境内市场，境外人民币为了追逐更高收益，会向境内转移。人民币回流机制的开启加剧这种逐利游资进入国内市场，从而会冲击我国境内利率。当中国人民银行提高利率时，更多的境外人民币向境内市场涌入，导致利率下降；当中国人民银行降低利率时，利差空间变小，这部分逐利游资会变成外汇流向其他国家和地区，导致境内利率上升。

（4）加剧资本套利行为。过去我国一直实行资本账户管制，人民币回流渠道开拓以后，大量的国际资本可以更加便利地出入，给我国资本监管带来一定难度。当境内资本市场存在利好空间,国际投资者会在人民币离岸市场上将手中的国际资本兑换成人民币,通过人民币回流渠道进入我国境内资本市场,使资本价格短期内过度上涨,一旦市场行情出现逆转,获利游资会迅速抽逃,使资本市场短期内急转直下,对我国金融市场、经济发展和社会稳定都带来重创。

在人民币还未能完全自由兑换和资本项目还有限制的情况下,人民币离岸市场和在岸市场是有分隔的,但这种分隔不是绝对的,人民币流到离岸市场后,无论怎样运转最终都要回流境内。在中国内地以外,并没有全面使用人民币的经济体系,不可能将流入的人民币持续循环使用而不需回流到在岸市场,因此,在岸市场必须与离岸市场相联系,既要有有序流出安排,亦需有良性回流机制,在岸和离岸市场是通过各种渠道而相互联系的。

虽然2018年4月11日中国人民银行宣布多项金融开放举措,在一定程度上放松了外资进入内地在岸市场,但人民币回流渠道仍未完全开放。如果把在岸和离岸人民币市场比作两个人民币存量资金池,则人民币跨境流动可以被视为联系两个资金池的通道。相较于两端庞大的资金池存量,能够通过通道的流量有限,导致两个资金池不同,这种不同导致离岸与在岸市场存在价差,进而通过套汇套利行为利用差异进行获利。套利规模的扩大使得人民币离岸和在岸两个市场趋同发展,但伴随套汇套利规模扩大,汇差波动性加剧,进而会影响市场稳定。

第四节　离岸人民币市场的货币创造机制

在人民币尚未完成资本项目自由化的现实情况下,离岸人民币市场肩负着与在岸市场协调发展,共同发挥贸易结算、跨境支付、金融市场交易和国际储备的先导作用,而这些作用的发挥,需要离岸人民币具有稳定可靠的流动性补充机制和完善的货币创造机制。

一、人民币离岸市场的流动性补充机制[①]

(一) 欧洲美元的流动性补充机制

从欧洲美元市场看,一方面,欧洲银行通过提高更有利的美元存款利率吸引来自苏联、东欧和中东石油国家银行和非银行机构的美元存款,此外还有部分国家央行将其持有的美元储备转移至欧洲的银行,或通过货币互换将美元资产出售给商业银行,诸如此类的初始资金转移最终形成欧洲美元存款。[②] 另一方面,欧洲美元的货币创造与传统的货币创造理论一样,即来源于部分准备金。[③] 尽管欧洲美元大部分都回流至美国银行体系,导致欧洲美元市场的存款漏损率很高,但由于欧洲持有美元的银行能够便利地从美国资本市场获取应急流动性补充,因此只需要维持很小比例的审慎准备金 (precautionary reserve),以此作为基础货币从而实现欧洲美元市场的货币创造。

从机制上看,离岸人民币市场的初始资金转移与货币创造机制与欧元美元市场有异曲同工之处,但由于人民币跨境支付和清算机制有其特殊性,相应的流动性补充和货币创造机制尚未成熟。

(二) 离岸人民币缺乏稳定的流动性补充机制

在人民币资本项目尚未自由兑换的情况下,离岸人民币市场的流动性源于在岸与离岸在有限渠道的联通,主体包括央行、金融机构、非金融企业和个人,方式上则包括个人携带、兑换渠道,以及相对稳定的央行货币互换。目前离岸人民币的补充机制主要依赖于跨境贸易人民币结算流出所形成的 CNH 资金池,以及来自香港金管局的流动性批发市场。一旦人民币贬值预期发酵,境内外汇差催生的套利会使得 CNH 资金池干涸,对市场利率造成巨大波动。

第一,离岸人民币流动性补充渠道主要依靠跨境贸易人民币结算。从

[①] 参见刘维泉《离岸人民币市场流动性创造机制与人民币国际化》,载《中国货币市场》2017 年第 2 期,第 18～21 页。

[②] 参见 F. H. Klopstock, "Money Creation in the Euro-Dollar Market," *Review of the Federal Reserve Bank of New York* 52, no. 3 (1970), pp. 51～68。

[③] 参见 M. Friedman, "The Euro-dollar market: some first principles," in *The Morgan Guaranty Survey*, 1969。

数据上看，自从 2009 年 7 月跨境贸易人民币结算试点开启后，跨境人民币结算规模从 2009 年的 35.9 亿元攀升至 2015 年最高的 72.3 万亿元。随着 2015 年 "8·11 汇改"，人民币贬值预期反弹，过去离岸居民持有人民币可以同时获取利差和汇差收益的情况不复存在，2015 年跨境贸易结算交易量下跌到 2013 年的水平，较 2014 年最高点下跌 42.58%（如图 7-5 所示）。

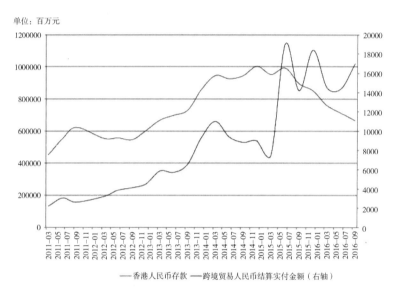

图 7-5　跨境贸易人民币结算渠道流出之人民币减少

第二，香港金管局与香港离岸人民币一级流动性供应商（CNH primary liquidity providers，PLPs）提供了类似在岸银行间市场的流动性批发市场。香港金管局可提供隔夜、1 天和 7 天三个短期性的流动性安排，并通过与 9 家 PLPs 开展额度最高为 180 亿元人民币的回购交易，再由 PLPs 向市场提供流动性，解决银行机构的 CNH 短期流动性拆借问题。同时，金管局也可以与 CNH 清算行开展回购交易，提供短期流动性资金。但这些直接的资金拆借市场不仅规模有限，而且往往需要抵押物，因此更活跃的方式是通过外汇掉期（swap）市场满足流动性补充。但无论是拆借还是掉期，CNH 的清算最终都需要通过在岸的商业银行体系完成，因此需要服从在岸银行间市场和清算系统的运行时间，这也一定程度制约了 CNH 的流动性补充效率。在岸与离岸人民币主要循环渠道见表 7-4。

表7-4 在岸与离岸人民币主要循环渠道

主体	流出渠道	流入渠道
个人	携带现钞出境兑换	携带现钞入境兑换、汇款
非金融企业	跨境贸易人民币结算、境外人民币对外直接投资（outbound direct investment，ODI）、境内企业境外放款	跨境贸易人民币结算、债务融资工具（debt financing instrument，DFI）人民币结算
金融机构	境内银行境外人民币贷款	境外机构投资境内证券市场、跨境人民币货款货币互换

由于人民币兑美元贬值预期上升，监管当局在宏观审慎框架下加强了对个人换汇、洗钱、对外直接投资的管控。这些措施收紧了在岸向离岸市场的流动性补充渠道，而套利又使得离岸人民币回流在岸。通过前述交易工具，在离岸人民币明显缩小的资金池里左右腾挪来补充短期流动性显得更为困难，而在做空离岸人民币、做多美元的交易过程中，又需要补充短期CNH资金进行头寸轧平，直接导致CNH资金利率和掉期市场出现剧烈波动（如图7-6所示）。

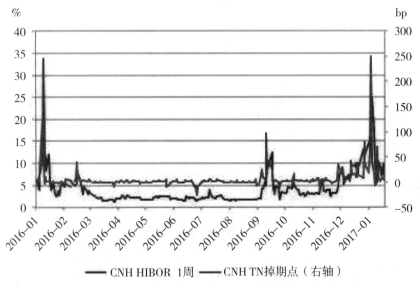

图7-6 离岸CNH HIBOR及TN掉期点的剧烈波动

二、CNH 利率大幅波动，影响离岸人民币市场货币创造与投资

（一）较高的漏损率和准备金率影响离岸人民币货币创造

一方面，在离岸市场贬值预期更强、USD/CNH 与 USD/CNY 存在较大汇差的情况下，境外人民币资金回流境内银行体系并划转至境内主体，构成离岸人民币市场的存款漏损，直接减少离岸市场基础货币。另一方面，离岸人民币资金利率波动剧烈，且成本较高，导致离岸市场的人民币贷款业务不活跃，影响存款派生。此外，中国人民银行下发《关于境外人民币业务参加行在境内代理行存放执行正常存款准备金率的通知》，并从 2016 年 1 月 25 日起对境外参加行存放在境内代理行等境内银行的 CNH 存款执行与境内相同的存款准备金率（如图 7-7 所示）。较高的存款漏损和存款准备金率，导致离岸人民币市场的货币乘数远远低于境内，进而影响离岸人民币的扩张能力。

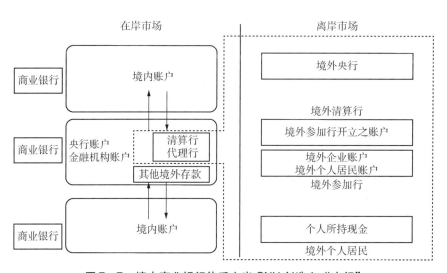

图 7-7 境内商业银行体系充当 CNH 创造之"央行"

（二）CNH 利率高波动影响投资市场发展

由于离岸人民币无论配置的是境内人民币资产还是离岸人民币债券

（点心债）、离岸人民币贷款，这些资产的交易均不活跃，也难以作为抵押品开展回购交易，因此一旦临近节假日或银行出现临时性流动性需求，都可能加剧 CNH 市场流动性的波动。

一方面，离岸人民币资金池萎缩，资金成本上升，以及在岸与离岸利差扩大，造成离岸债券市场的发行逐渐萎缩、二级市场不活跃，阻碍市场基准收益率曲线的形成，进而又使得基于此的浮息债和相关衍生品难以定价，制约离岸人民币投融资市场的深度和广度。另一方面，CNH 流动性的波动也对 CNH 外汇市场交易产生巨大影响，2017 年年初一度高企的资金成本，导致离岸人民币空头美元多头出现平仓踩踏，而由此催生汇率和利率的套利活动，还可能引发资本的无序流动，干扰境内 CNY 汇率和货币政策。

第五节　人民币离岸汇率与央行调控

2016 年 10 月 31 日，在岸及离岸人民币汇率收盘均跌破 6.97 的关键点位，此后中国人民银行干预离岸人民币汇率，离岸及在岸人民币汇率连续两日回升，11 月 2 日离岸人民币汇率收至 6.9002，在岸人民币汇率收至 6.8897。在资本账户尚未完全开放、人民币没有完全可兑换的情况下，离岸市场能够提供离岸金融业务，使持有人民币的非居民企业能够在这个市场上融通资金、进行交易、获得收益，从而促进人民币贸易结算的发展，推动人民币走向境外。离岸人民币市场自 2010 年开始快速发展，到 2015 年左右发展至顶峰后规模有所缩减。离岸人民币规模缩减背后的主要原因在于人民币贬值预期的上升。

离岸市场人民币的来源主要是非金融企业使用人民币进行跨境贸易结算、中国人民银行与境外央行签订的双边货币互换协议、境内银行业金融机构境外项目人民币贷款以及居民通过携带人民币现钞出境或在境外换汇。此外，人民币对外直接投资（ODI）、合格境内机构投资者（QDⅡ）、人民币合格境内投资者（RQDⅡ）也会影响离岸人民币的流动性。

一、央行通过离岸市场干预在岸汇率

离岸、在岸人民币汇率的联动效应是央行干预在岸汇率的基础,离岸与在岸人民币汇率主要受跨境贸易企业贸易结算、离岸与在岸人民币远期市场套利以及市场信心渠道的影响。中国人民银行可以动用外汇储备直接入市干预和货币互换,影响离岸人民币汇率,但"8·11汇改"之后,人民币贬值压力增加,中国人民银行和包括香港金管局在内的境外央行的货币互换大幅放缓。

2018年8月以来为缓解人民币贬值,中国加强跨境资本流动管理。8月16日中国人民银行要求上海自贸区各银行不得通过同业往来账户向境外存放或拆放人民币资金,压缩离岸人民币市场流动性。近期人民币兑美元接近7之后,央行通过指示中资银行购买人民币及发行央票等多种手段干预离岸市场人民币汇率。央行将于2018年11月7日通过香港金融管理局债务工具中央结算系统债券投标平台,招标发行2018年第一期和第二期中央银行票据,这是中国人民银行首次在离岸市场发行央票,预期效应有利于离岸人民币升值。央票发行会回收离岸市场人民币流动性,使利率相应走高,从而提高人民币空头成本,提升人民币的利差吸引力,支撑离岸人民币汇率。

二、央行如何通过离岸市场调控人民币汇率

2017年年初以来,人民币兑美元汇率出现较大幅度波动(如图7-8所示),在岸、离岸人民币兑美元最高升值超过10%;而自2018年4月初以来,在美元指数持续走高的情况下,人民币兑美元迅速贬值,在岸、离岸汇率贬值幅度均超过6%,10月31日,在岸及离岸人民币汇率收盘均跌破6.97的关键点位,在岸人民币汇率收至6.9734,创近十年来新低,离岸人民币汇率收至6.9742。此后,中国人民银行干预离岸人民币汇率,离岸及在岸人民币汇率连续两日均回升,11月2日,CNH隔夜HIBOR调升至2.09%,离岸人民币汇率升至6.9002,在岸人民币汇率也随之升至6.8897,中国人民银行通常通过调控离岸人民币汇率影响在岸人民币汇率,具体如下。

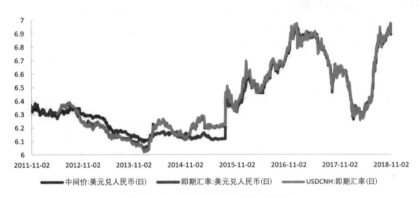

图 7-8 美元兑人民币汇率走势

（资料来源：Wind，新时代证券研究所。）

（一）人民币离岸市场快速发展

在资本账户尚未完全开放、人民币没有完全可兑换的情况下，离岸市场能够提供离岸金融业务，使持有人民币的非居民企业能够在这个市场上融通资金、进行交易、获得收益，从而促进人民币贸易结算的发展，推动人民币走向境外。

离岸市场人民币的来源有以下几个渠道。首先，最主要的来源是非金融企业使用人民币进行跨境贸易结算，使人民币从境内企业账户流出到境外企业账户；其次，中国人民银行与境外央行签订的双边货币互换协议，使得境内人民币通过央行流入离岸市场；再次，通过境内银行业金融机构向境外项目发放人民币贷款流入离岸市场；最后，居民通过携带人民币现钞出境或在境外换汇，令境内人民币流入境外个人账户。此外，人民币对外直接投资（ODI）、人民币合格境内投资者（RQDⅡ）也会影响离岸人民币流动性。

自 2004 年香港银行正式开办人民币业务以来，随着政策逐步放宽，资本账户逐渐开放，离岸人民币市场不断发展、规模不断扩大。在中国香港成为人民币离岸中心后，中国台湾、新加坡、英国、卢森堡的离岸人民币市场也相继发展起来。离岸人民币市场自 2010 年开始快速发展，到 2015 年左右发展至顶峰，当时最高合计规模超过 1.56 万亿元，但这之后规模有所缩减（如图 7-9 所示）。离岸人民币规模缩减背后的主要原因在于人民币贬值预期的上升，2015 年 8 月至 2017 年年初，人民币呈现贬值态势，离岸人民币贬值幅度往往更大跨境贸易企业倾向于在离岸市场以更低的美元价格买入人民币，而在在岸市场以更高的价格卖出人民币，使得境外人民币资金通过跨境贸易结算回流在岸市场。

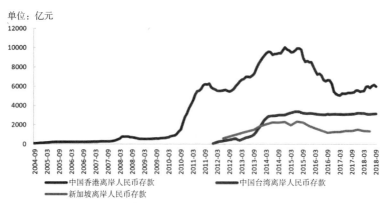

图7-9　离岸市场人民币存款

（资料来源：Wind，新时代证券研究所。）

截至2018年9月，香港人民币存款高达6003.29亿元，占离岸人民币总存款的一半以上；9月台湾人民币存款达到3155.15亿元；截至2018年6月，新加坡人民币存款达到1360亿元。由于香港离岸人民币存款、交易量均大于其他人民币离岸市场，中国人民银行基本是在香港人民币离岸市场调控汇率。

（二）离岸、在岸人民币汇率具有较强的联动效应

离岸、在岸人民币汇率的联动效应是央行通过离岸市场干预在岸汇率的基础。由于不受管制，离岸人民币汇率对经济基本面的变动更为敏感，受国际市场风险偏好变化的影响较大，加上两者的流动性有所差异，导致离岸和在岸人民币汇率有所差异。但离岸与在岸人民币汇率之间具有联动效应，因此两者的价差不会过大，大多数时间都在100 BP以内，截至2018年11月2日，离岸人民币汇率收报6.9002，较在岸人民币汇率高出105 BP。

离岸与在岸人民币汇率主要通过以下几种渠道相互影响：

首先，通过跨境贸易企业贸易结算渠道影响。跨境贸易企业出于自身利益考虑，在离岸和在岸市场中选择最优惠的市场进行交易，从而影响交

易地的人民币供需关系，使在岸、离岸人民币汇率趋同。当人民币贬值预期增加时，离岸美元兑人民币普遍要高于在岸美元兑人民币，1美元在离岸市场能够换取比在岸市场更多的人民币。当同样的美元能够在离岸市场换取更多的人民币时，企业更愿意选择在离岸市场进行交易，从而能够获得更多的人民币收入，这会促使离岸人民币升值。同时，进口商倾向于在在岸市场交易，这样，同样的美元，支付的人民币要少于离岸市场，促使在岸人民币贬值。最终，在岸、离岸人民币汇率价差收窄。

其次，通过离岸与在岸人民币远期市场套利渠道影响。无本金交割远期外汇市场交易（NDF）属于非交割远期合约，交易双方在签订时确定远期汇率、期限以及金额，在合约到期时直接将远期汇率与实际汇率的差额进行交割清算，无须对本金进行交割，因此不涉及本币与外币的直接兑换。远期结售汇（DF）是指交易双方签订远期结售汇协议，约定未来结售汇的币种、金额、期限及汇率，到期后进行现汇交割。由于NDF和DF两个市场的报价有差异，存在无风险的套利空间，因此在岸金融机构可以通过在岸人民币远期市场和NDF市场进行套利，离岸金融机构可以通过离岸人民币远期市场和NDF市场进行套利。随着套利交易的不断进行，套利空间不断缩小，在岸与离岸人民币汇率逐渐趋同。

最后，通过市场信心渠道影响。相较之下，离岸人民币市场与国际金融市场的联系更为紧密，因此全球风险偏好的变化对离岸人民币汇率影响较大。在国际金融市场遭受冲击，或经济基本面前景恶化的情况下，投资者风险偏好会发生变化，从而影响国际资本的流向，进而导致离岸人民币汇率波动，而当离岸人民币汇率受市场信心不足而发生贬值后，将导致在岸人民币市场信心下降，进而引发在岸人民币汇率的波动。

（三）央行可以多手段干预离岸人民币汇率

根据离岸人民币流动性的来源，中国人民银行可以通过多种手段影响离岸人民币汇率。

直接入市干预。中国人民银行可以作为参与者动用外汇储备直接入市干预，例如在离岸外汇市场卖出美元，买入人民币，改变人民币与美元供需关系，从而缓解人民币汇率的贬值压力。在这种直接干预的手段操作简便但也存在弊端，因为入市干预将直接消耗外汇储备，会使得外汇储备降低，并且此种操作手段难以长期执行；此外，直接干预还会对市场释放明显的信号，不利于预期的引导。有时中国人民银行会窗口指导在港中资银行在离岸市场购入人民币。这样的好处是，如果中资银行用的是自己存留的外汇，就暂时不会影响央行的外汇储备规模，但是中资银行的汇率风险增加。

货币互换放缓。货币互换是离岸人民币的重要来源之一。货币互换是为了便利双方的贸易和投资，虽然双方对货币互换的用途有规定，但还是不排除境外人民币空头通过这个渠道获得人民币。"8·11 汇改"之后，人民币贬值压力增加，中国人民银行和包括香港金管局在内的境外央行货币互换大幅放缓（如图 7-10 所示）。

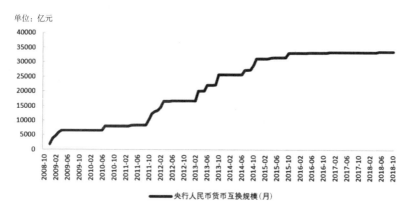

图 7-10　中国人民银行人民币货币互换规模

（资料来源：Wind，新时代证券研究所。）

此外，中国人民银行还曾通过暂缓 RQDⅡ等方式干预离岸人民币汇率。2014 年 11 月，RQDⅡ机制被正式推出，但是"8·11 汇改"之后，人民币贬值压力增加，2015 年年末，RQDⅡ业务被暂时叫停。为了加快资本市场双向开放，2018 年 5 月 RQDⅡ重启，同时加强了该业务的跨境资金流动宏观审慎管理。

2018 年 8 月以来，为了缓解人民币贬值，中国人民银行又加强对离岸人民币汇率的调控。8 月 16 日中国人民银行要求上海自贸区各银行不得通过同业往来账户向境外存放或拆放人民币资金，央行主动收紧离岸人民币供给，从而压缩离岸人民币市场的流动性。

在人民币兑美元汇率接近 7 之后，央行可能通过指示中资银行购买人民币以及发行央票等多种手段干预离岸市场人民币汇率。2018 年 9 月 20 日，中国人民银行与香港金管局签署《关于使用债务工具中央结算系统发行中国人民银行票据的合作备忘录》,以便中国人民银行在香港发行央行票据,自此,中国人民银行多了一个汇率调控工具。中国人民银行可以通过在香港发行离岸央票影响人民币供给,从而收紧离岸人民币的流动性,在一定程度上提升做空人民币的成本,从而稳定离岸人民币市场的汇率。由于央票的期限相对灵活,并且发行程序相对简便,便于中国人民银行更加灵活地调控汇率。

总之,中国人民银行调控汇率的手段有很多,离岸、在岸汇率的稳定具有一定的市场基础和政策基础。

◆思考讨论题◆

1. 请简述人民币汇率制度市场化进展。
2. 有哪些离岸人民币的价格形成因素?
3. 如何评价香港人民币离岸中心的建设成果?
4. 人民币离岸 NDF 价格、在岸远期价格与香港离岸远期价格如何相互影响?

第八章 人民币离岸市场与在岸市场的联动

虽然人民币离岸市场与在岸市场并没有完全一体化，但两个市场之间仍然存在相互影响及溢出，两个市场的金融资产价格呈现联动特征。离岸与在岸市场的人民币流动渠道包括跨境贸易、直接投资、金融市场、银行、官方、个人及自贸区等，通过这些渠道，离岸与在岸市场紧密关联，但由于两个市场的特征与差异存在较明显的分隔，也就存在离岸与在岸的价差，以及往返贸易套利、离岸账户套利、转口贸易套利等各种套利渠道。受宏观经济基础因素及市场条件、全球市场因素、政策性因素和投资者关注的影响，人民币离岸市场与在岸市场存在明显的价差。

第一节 人民币离岸市场与在岸市场间的流动渠道

图8-1描述了两个市场人民币流动的主要管道。概括地讲，人民币离岸市场与在岸市场之间的人民币流动管道从大的方面可以分为七个：跨境贸易渠道、直接投资渠道、金融市场渠道、银行渠道、官方渠道、个人渠道、自贸区渠道。

一、跨境贸易渠道

依据《跨境贸易人民币结算试点管理办法》，可以通过清算行或境内代理行办理贸易项下人民币跨境支付，通过跨境贸易人民币结算，人民币可以输出到香港等离岸市场，同时香港离岸市场也可以回流至在岸市场。

中国人民银行2011年发布的《中国人民银行关于明确跨境人民币业务相关问题的通知》，明确了贸易项下人民币跨境支付的细则，进一步规范和促进跨境人民币结算业务。在跨境贸易项下存在三种结算模式。

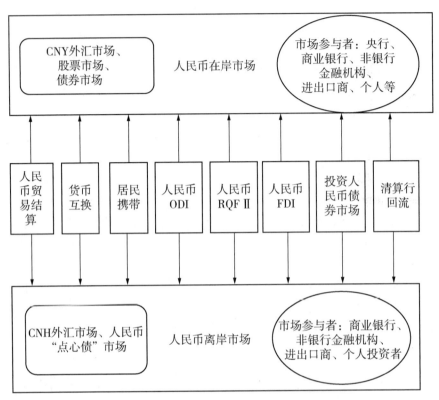

图8-1 人民币离岸市场和在岸市场之间的联系

第一,"清算行"模式。境外参加行在清算行开立人民币账户,人民币资金通过中国现代化支付系统(China National Advanced Payment System, CNAPS)完成从境外清算行到境内结算行间的跨境转移。2013年7月5日发布的《中国人民银行关于简化跨境人民币业务流程和完善有关政策的通知》规定,对于通过境内代理行的跨境行为,境外参加行可以直接和境内代理行进行相关人民币的划付,无须通过境外清算行。

第二,"代理行"模式。企业通过境外参加行在境内代理行开立的同业往来账户,间接同境内结算行进行结算,通过 SWIFT 完成人民币资金在境外参加行和境内代理行的跨境转移。

第三,"人民币 NRA 账户"模式。境外企业在境内开立境外机构境内外汇账户(NRA 账户)和境内银行结算,整个银行间清算链条完全处于境内。根据中国人民银行《跨境贸易人民币结算试点管理办法实施细则》,

参与跨境贸易人民币结算试点的境内结算银行可以向境外企业提供人民币贸易融资。在人民币进一步升值的背景下，人民币以输出到香港的居多，在岸市场人民币汇率、利率等价格都可能会影响跨境贸易人民币结算收付比。如果收付比小于1，意味着境外人民币供给大于需求；如果收付比大于1，意味着境外人民币需求大于供给。2016年11月29日，《中国人民银行关于进一步明确境内企业人民币境外放款业务有关事项的通知》印发，对人民币境外放款进行更明确的规定和更审慎的管理。

二、直接投资渠道

中国人民银行于2011年1月6日发布的《境外直接投资人民币结算试点管理办法》规定，跨境贸易人民币结算试点地区的银行和企业可开展境外直接投资人民币结算试点。2015年8月2日，央行再发新规，宣布正式启动境外直接投资以人民币结算。人民币在岸流入离岸的直接渠道主要为人民币对外投资（RMB-ODI）。相应地，离岸流入在岸的直接渠道包括人民币直接投资（RMB-FDI）、合格境外有限合伙人（QFLP）、人民币合格境外有限合伙人（RQFLP）。

第一，人民币直接投资（RMB-FDI），由商务部对项目和投资进行审核，中国人民银行对专用账户进行管理。2011年4月，国家外汇管理局出台《关于规范跨境人民币资本项目业务操作有关问题的通知》，将人民币FDI视为外币FDI进行管理。2011年10月，商务部发布规定，对人民币FDI规程予以明确，审批流程大幅简化。2013年12月16日，商务部发布公告对2011年的通知进行了修正，规定外商投资企业不得使用跨境人民币直接投资的资金在中国境内直接或间接投资有价证券和金融衍生品以及用于委托贷款。2011年10月13日，中国人民银行发布《外商直接投资人民币结算业务管理办法》，进一步扩大人民币在直接投资中的使用，规范银行和境外投资者办理外商直接投资人民币结算业务。为了进一步贯彻上述办法，2012年6月14日，《中国人民银行关于明确外商直接投资人民币结算业务操作细则的通知》颁布。从2011年10月人民币FDI启动到2011年12月，共有74项人民币FDI得到批准，投资额度达到165亿元人民币。根据商务部吸收外商直接投资月报数据，外商直接投资的实际使用金额和项目数额都呈增长趋势（见表8-1）。

表 8-1　商务部吸收外商直接投资数据

年（月）	实际使用外资金额/亿美元	项目数/个
2014 年	1195.6	23778
2015 年	1262.7	26575
2016 年	1260	27900
2017 年	1310.4	35652
2018 年	1349.7	60533
2019 年 1-11 月	1243.9	36747

第二，合格境外有限合伙人（QFLP）是证券市场 QFII 制度在股权投资领域的扩展，通过对外资机构投资者的资格审批，简化对外汇资金的监管，并允许在一定额度内以人民币结汇形式投资境内股权市场。对于境外投资人而言，QFLP 能够协助外资直达中国市场，在进一步深化改革扩大开放的中国获得回报。相较于一般的外商直接投资模式，QFLP 本身就体现了更强的投资属性。截至 2018 年年底，全国有六个城市颁布了 QFP 试点政策，分别为四个直辖市以及深圳和青岛。

第三，人民币合格境外有限合伙人（RQFLP）是持有离岸人民币的投资机构用人民币在试点地区（上海等地）设立外商股权投资企业。该试点是在合格境外有限合伙人（QFLP）的基础上参照 RQFII，创新性地推出来的，在申请的额度内，让合格的有限合伙人（LP）在合格的一般合伙人（GP）的管理下，能够用此额度把境外募集的人民币资金直接输入试点地区，进行各种私募股权投资。与 RQFII 只能投资股市、债市不同，RQFLP 可以投资未上市公司、上市企业的非公开交易股权、可转换债券、产业基金等。2012 年 10 月 25 日，上海银行与海通证券香港子公司海通国际签署合作备忘录，在港发行 RQFLP 基金产品。RQFLP 试点的启动，大大拓宽了境外资金，特别是离岸人民币资金投资中国内地市场的渠道。

三、金融市场渠道

人民币在岸流入离岸的金融市场渠道包括合格境内机构投资者（QDII）制度、港股 ETF、两地基金互认、"沪港通"与"深港通"等。离岸流入在岸的主要途径包括合格境外投资者（QFⅡ）制度、人民币合格境外机构投资者（RQFⅡ）、两地基金互认、"三类机构"投资债券市场、境内机构境外发行人民币债券回流、"沪港通"与"深港通"等。

合格境内机构投资者（QDⅡ）制度。境内金融机构可以通过合格的境内机构投资者（QDⅡ）制度进入离岸市场，但是只能以人民币购买外汇形式出境，QDⅡ利润汇回可以结汇成人民币，人民币资金实际上依托外汇流出。内地投资者投资境外证券市场，可以购买金融机构发售的QDⅡ产品。2013年国家外汇管理局统一整合各类QDⅡ机构外汇管理，淡化了资格管理要求。

2018年4月博鳌亚洲论坛年会期间，国家外汇管理局发文表示将同有关部门持续推进QDⅡ改革，重新开放QDⅡ额度，目前市场上QDⅡ基金共计143只，累计规模851亿元。在所有的QDⅡ里，股票型基金的数量最多，大约有132个，其次是债券类基金，剩下的混合型基金、房地产基金、大宗商品基金的数量和管理规模都比较有限。从规模来看，QDⅡ基金自2017年二季度末以来呈现下降态势，截至2018年一季度末，QDⅡ基金规模约为870亿元，2018年一季度的QDⅡ基金表现不尽如人意，一季度整体亏损31亿元。

2011年中国证监会推出港股组合交易型开放式指数基金（ETF），内地投资者可以购买此类产品投资香港证券市场。2012年7月首次发行相关产品，即易方达恒生H股ETF和华夏恒生ETF。截至2017年年末，沪深两市总计只有9只股票型跨境ETF，管理规模为125.4亿元，在全部股票型ETF中的规模占比约为5.8%。基于跟踪标的，上海证券交易所产品主要跟踪中国香港、美国、德国市场主要指数，其中有6只产品跟踪境外主流宽基指数，1只跟踪行业指数；深圳证券交易所产品主要跟踪中国香港指数和美国市场主要指数。内地有7家基金公司管理跨境ETF产品，其中易方达管理规模最大，规模占比超过60%，华夏次之。

两地基金互认。2015年5月22日中国证监会与香港证监会就内地与香港两地基金互认工作正式签署《监管合作备忘录》，同时发布了《香港互认基金管理暂行规定》，两地基金互认自2015年7月1日起施行。两地基金互认将扩大内地公募基金投资者的基数，而引入香港基金也为内地投资者分散投资提供了新的选择。同时，实现两地基金互认会形成内地基金市场对全球的开放。根据外汇管理局的数据，截至2018年6月30日，香港基金境内发行销售资金累计净汇出98.06亿元，内地基金香港发行销售资金累计净汇入5.19亿元人民币，差异明显。

"沪港通"及"深港通"。2014年4月10日，中国证监会和香港证监会宣布，在半年内推出"沪港股票市场交易互联互通机制"试点（简称"沪港通"）。2016年12月5日，又进一步启动"深港通"。"沪港通"下的港股通标的范围是恒生综合大型股指数的成分股、恒生综合中型股指数的成分股，以及同时在香港联合交易所、上海证券交易所上市的A+H股公司股票。"深港通"下的港股通股票范围是在现行"沪港通"下的港股通标的基础上，新增恒生综合小型股指数的成分股（选取其中市值50亿元港元及以上的股票），以及同时在香港联合交易所、深圳证券交易所上市的A+H股公司股票。同时，目前有不少境内居民在香港开户买卖港股，香港对于内地居民开户并没有限制。

合格境外投资者（QFII）制度。我国2002年开始合格境外投资者（QFII）制度试点，作为人民币没有实现完全可自由兑换、资本项目尚未完全开放的情况下，有限度地引进外资、开放资本市场的一项过渡性的制度。这种制度要求外国投资者若要进入一国证券市场，必须符合一定的条件，得到该国有关部门的审批通过后汇入一定额度的外汇资金，并转换为当地货币，通过严格监管的专门账户投资当地证券市场。

2011年12月16日，我国允许符合条件的基金公司、证券公司香港子公司作为试点机构开展RQFII业务。人民币合格境外机构投资者（RQFII）主要是指境外人民币在一定额度内通过在港中资证券及基金公司投资境内银行间和交易所市场债券和股票。该业务初期试点额度约200亿元人民币，2012年4月增加了500亿元，扩大到700亿元。新发行的500亿元可以用于发行人民币A股ETF产品，投资于A股指数成分股并在香港交易所上市。2012年11月，RQFII投资额度进一步增加20亿元人民币，香港RQFII总额度达到2700亿元，同时放开了申请主体的限制，境内金融机构香港子公司和香港本地的金融机构都可以申请。2013年，RQFII总额度在其他人民币离岸市场也逐步扩容。目前，RQFII总额度为1500亿美元，RQFII试点区域拓展至19个国家和地区，试点规模19400亿元人民币。

投资内地人民币债券市场。中国的债券市场主要包括银行间市场、交易所市场、商业银行场外市场。2010年8月，中国人民银行允许跨境人民币业务境外参加行、港澳人民币清算行和境外央行等"三类机构"运用人民币投资境内银行间债券市场。2013年"三类机构"在境内债券市场买入2093亿元债券，卖出只有294亿元，仍以买入为主。"三类机构"偏好政策性金融债、国债和央票等利率债券。表8-2是我国银行间市场可交易的债券，随后开放的范围再进一步扩大至QFⅡ、RQFⅡ、国际金融机构、主权财富基金等。进入银行间债券市场的境外央行类机构17家，境外商业类机构252家，总投资余额超过8000亿元。

表8-2 我国银行间市场可交易的债券

类别	发行机构	说明
中央政府债券	财政部	又称国债，大多数发行期为1～10年
地方政府债券	地方政府	2011年后中央允许部分地方政府发债
政策性银行债券	政策性银行	具有准国债性质
中央银行票据	中国人民银行	为实现货币政策目标发行的特殊债券
商业银行票据	商业银行	包括优先债、次级债、混合债
公司债券	非金融机构	包括企业债券和中期票据

境内机构在境外发行人民币债券回流。境内金融机构经中国人民银行和发改委批准可在港发行人民币金融债券，境内企业在境外发债有两种模式，一种是通过境内公司直接在境外融资，境外发债的管理由国家发改委和国家外汇管理局负责，但这种发债模式需要母公司承担负债压力，可能影响公司财务状况。另一种模式是境外子公司直接融资，境内母公司经商务部门批准在离岸设立子公司，由母公司出具担保在境外直接发债融资，这种安排规避在岸监管，只受离岸监管，较前一种发债模式更优。人民币"点心债"资金回流有三种方式，一是通过股东贷款，利用"投注差"向境内公司贷款；二是通过人民币直接投资；三是通过贸易项下回流。目前在香港发行的"点心债"已回流1000多亿美元。

四、银行渠道

人民币在岸流入离岸的银行渠道包括同业拆借、人民币担保（内保外贷）、人民币贷款。离岸流入在岸的途径包括境外结汇人民币流入、境外同业及联行拆入、人民币外债、人民币担保（外保内贷）、人民币贷款（前海试点）。

目前客户存款已经不是香港银行业人民币资金的唯一来源，香港银行与内地银行或者海外银行在人民币同业往来拆借也越来越多，随着伦敦、新加坡等其他人民币离岸金融中心的建立，同业拆借人民币将更加活跃。境外银行通过SWIFT系统将资金收付信息传至境内代理行，境内代理行通过同业拆借为境外银行拆出人民币资金。由于境内外利差倒挂，清算行和代理行以拆出为主，图8-2描述了跨境贸易人民币结算与银行跨境同业拆借的关系。

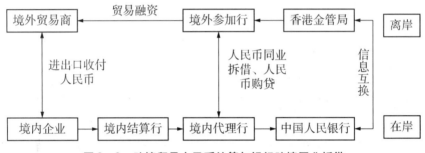

图8-2 跨境贸易人民币结算与银行跨境同业拆借

根据国家外汇管理局2014年5月颁布的《跨境担保外汇管理规定》，境内企业可以自行办理对外人民币担保，如果发生履约且债务未偿清，则会发生在岸人民币流向离岸。2011年，中国人民银行发布《境外直接投资人民币结算试点管理办法》，该办法第十五条规定"银行可根据有关规定向境内机构在境外投资的企业或项目发放人民币贷款"。工行、中行、国开行等银行进行了贷款试点。2013年，深圳前海地区试点跨境人民币双向贷款，有两家深圳银行向香港企业提供了62亿元贷款，但跨境贷款企业只能是在前海注册并经营的企业，其用途必须符合前海产业发展目录需求，不得用于投资证券、房地产、理财产品。

境内金融机构同时在两个市场充当做市商或者报价行，在两地开展针对客户需求的结汇购汇服务，成为流通的重要管道。以离岸、在岸人民币同业拆借市场做市商为例，中国银行、汇丰银行、渣打银行、中国建设银行、中国工商银行、交通银行、中信银行等七家银行在香港离岸市场和上海在岸市场同时充当做市商，成为两个市场资本流动最便利的渠道。如

2011年中国银行推出"人民币转收款"、中国建设银行推出"跨境结汇通"等服务,通过香港的分支机构为客户办理中转结汇服务,增加客户汇兑收益。由于香港的结汇价格更高,企业会选择在香港结汇再汇入境内,规避了内地的结售汇管理,但增加了跨境人民币流入。内地公司可以在"投注差"内借人民币外债,但与外汇外债不同,人民币外债无论短期还是中长期,均不实行余额管理,而是以发生额管理境外企业对内地企业的人民币担保,如果发生履约且债务未偿清,则离岸人民币流向在岸。2013年,中国人民银行深圳中心支行发布《前海跨境人民币贷款管理暂行办法实施细则》,1月28日,首批跨境人民币贷款项目在深圳签约,15家香港银行向注册在前海的企业签署总金额为20亿元的贷款协议,贷款利率为年息3%~5%。

五、官方渠道

人民币在岸流入离岸的官方渠道主要包括人民币清算行流出、中国人民银行与香港金管局货币互换。境外参加行可以通过在清算行开立人民币同业往来账户购买人民币,清算行通过在中国人民银行深圳市中心支行开立人民币清算账户获取人民币流动性。如果境外人民币市场不能满足人民币敞口,可以通过此渠道获得人民币流动性。图8-3描述了通过人民币清算行跨境拆借的流程。

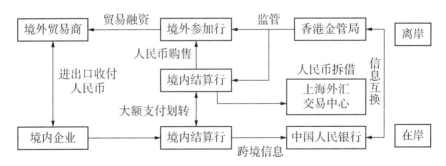

图8-3　香港人民币清算行结算模式

2009年1月,中国人民银行和香港金管局签署了2000亿元人民币的货币互换协议。2011年11月22日,中国人民银行与香港金管局续签3年期货币互换协议,规模扩大至4000亿元人民币。2012年6月,香港金管局宣布向在港参加行提供人民币流动资金,接纳合格的证券作为抵押品,向有关参加行提供7天人民币资金，结算日为 $T+2$，资金来源于两地货币互换协议。2013年1月，香港金管局宣布结算日缩短为 $T+1$。2013年7月，香港金管局提出运用自身的离岸人民币资金为参加行提供即日交收的隔夜流动资金，即结算日进一步缩短为 $T+0$。

人民币离岸流入在岸的官方渠道为人民币清算行回流，境外参加行可通过清算行卖出人民币，但境外清算行有总额度的限制，在跨境贸易结算项下中银香港的净卖出限额为80亿元人民币。

六、个人渠道

人民币在岸流入离岸的个人渠道包括香港居民兑换、内地居民携带现钞、地下汇兑等。香港居民通过香港持牌银行兑换人民币没有上限，持牌银行则可以通过清算行平盘。境内居民出境携带人民币，用于商务、旅游、探亲等小额支付，每次入港可携带2万元人民币现钞。2012年8月，香港首次对非本地居民开放人民币业务，即使只是赴港短期旅游的旅客也可以在香港银行开设人民币账户。此外，货币找换店、"地摊银行"、地下汇兑等也是在岸货币流向离岸市场的重要渠道。

人民币离岸流入在岸的个人渠道为非居民存款，香港、台湾地区居民将通过各种渠道取得的人民币收入存放于在岸市场的 NRA 账户，规模约有700亿元。

七、自贸区渠道

截至2017年年底，我国分三批共成立了11个自贸区。2014年2月20日，中国人民银行上海地区总部发布《关于支持中国（上海）自由贸易试验区扩大人民币跨境使用的通知》，使人民币跨境使用业务得以落地，并于2016年4月13—15日分别将此政策推广到了福建厦门、广东广州及福建福州自贸区，2016年11月4日，又推广至天津自贸区。

在岸人民币流到离岸市场的自贸区渠道包括人民币债券、人民币资金池、跨境电子商务结算。

第一，区内企业母公司可以在境内发行人民币债券，人民币资金跨境使用。

第二，自贸区内注册企业可开展集团内跨境双向人民币资金池业务，为集团公司提高境内外关联企业自有资金的集中调度和统一使用提供便利,并且没有额度上的限制。

第三,跨境电子商务结算为在岸人民币直接通过电子商务平台进行消费提供结算渠道。银联电子支付、快钱公司等第三方支付公司与商业银行合作开展跨境电子商务人民币支付结算服务。

离岸人民币流入在岸的自贸区渠道包括人民币贷款、人民币资金池、跨境电子商务结算。首先,向区内企业或非银行金融机构人民币融资,区内企业需要按照实缴资本乘 1 倍宏观审慎政策参数从境外融资,非银行金融机构按照实缴资本乘 1.5 倍宏观审慎政策参数从境外融入人民币。其次,按照人民币资金池业务要求,境外子公司将境外人民币划入区内资金管理方,资金来源要求为企业生产经营活动和实业投资活动的现金流。

第二节 人民币离岸市场与在岸市场的套利形式

离岸市场与在岸市场实施隔绝,尽管很大程度上有效,但依然无法阻止套利、套汇行为的发生。如出口商和进口商可以选择以最有利的利率在在岸或离岸市场进行人民币结算,使用人民币资本账户交易拓宽渠道寻找额外的套利机会。尽管如此,两个市场之间的套利仍然不完整,这两种汇率经常显著偏离。人民币国际化持续推进,让人民币离岸市场愈发活跃,离岸市场与在岸市场金融资产的价格往往存在差异,这种价差的存在也证明资本管制的有效性和套利的局限性。

一、离岸人民币汇率和在岸人民币汇率之间的套利机会

离岸汇率更多是由市场所决定,而市场决定离岸人民币升值还是贬值,主要取决于中国的经济数据,在岸汇率则较多受中国人民银行货币政策的影响而非市场预期,如此就会形成离岸汇率和在岸汇率的不一致,出现套利机会。人民币离岸、在岸的套汇过程如图 8-4 所示。

分阶段研究结果表明,"8·11 汇改"后两个市场联系更加紧密,相互作用程度加强。具体地,离岸人民币汇率对在岸人民币汇率的影响增大,离岸远期汇率在两个市场远期汇率水平的决定上占据着更重要的位置,在岸汇率对于离岸汇率的波动效应的传导变得显著。

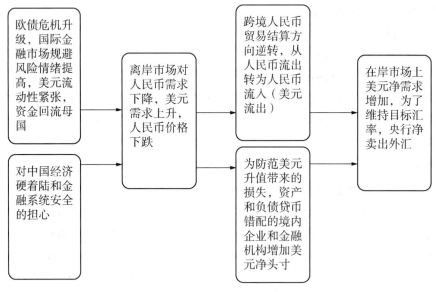

图8-4 人民币离岸、在岸的套汇

二、离岸人民币汇率和在岸人民币汇率之间的套利形式

人民币离岸市场和在岸市场套利模式基本上是利用两地的汇差、利差进行交易,主要存在往返贸易套利、离岸账户套利、转口贸易套利三种形式。

(一)往返贸易套利

根据刘利刚[①]的研究,往返贸易(香港将从内地进口而来的商品再出口到内地)是在岸和离岸市场金融套利的主要形式。由于内地海关统计的内地对香港出口数据与香港统计的香港从内地进口的数据经常存在较大差异,内地出口数据出现虚高,就说明存在贸易虚增和金融套利的情况。自2013年起,内地和香港间的贸易数据差异就十分明显,2015年12月,内地对香港出口额劲升10.8%,达460亿美元,创出近三年最高,自香港进口额同比暴增64.5%,而当月内地整体进口同比下滑7.6%,香港12月份进口同比下降4.6%,12月份出口同比下降1.1%,这背后的原因是

---

① 刘利刚:《金融套利导致贸易失真?》,载《新华月报》2014年第8期,第21~22页。

"货物空转"导入游资,通过往返贸易套利。[①]

出口商品的香港一日游和虚报出口报价是最为常见的两种形式。通过一些专业的公司,将一单货物在深圳与香港之间反复进出,最终境外热钱得以流入,而出口商也能成功套取出口退税。这一轮从贸易渠道流入的热钱更多采取"货物空转"的操作方式,货物一直在保税区仓储,没有流转,但所有进出口所需的出口合同、信用证等单据都一应俱全,这样左手倒右手的方式,没有真实交易,但表面上却完成了进口或出口。当香港一年期的存款利率与内地的一年期存款利率存在两个点左右的利差,游资入境后有些选择银行存款,有些则购买了银行的理财产品。如果考虑到人民币升值大环境,游资实际的获益应该更多。出口商通过虚假出口骗取出口退税的情况一直存在,但今年一季度的异常增长更多来自境外热钱流入的推动。内地和香港的利差已存在一段时间,但资金出现异动是因为游资陆续从美股、黄金、大宗商品中抽离,需要寻找新的标的,而内地相对高的利率和人民币升值的预期,给游资提供无风险套利的机会。

图8-5反映了往返贸易中的金融套利模式。①在岸公司将货物出口给离岸公司A,在岸公司获得美元货款;②在岸公司贸易结汇,用人民币购买高收益人民币理财;③离岸公司A从离岸银行获得低息美元贷款支付

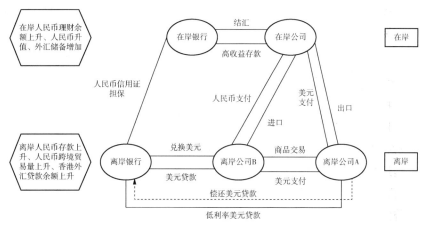

图8-5 在岸与离岸市场往返贸易中的金融套利及其效果

---

① 参见观察者网《内地和香港贸易中藏了多少猫腻》,搜狐网,https://www.sohu.com/a/56916190_115479。

货款;④离岸公司A将货物卖给离岸公司B获得美元货款,并偿还离岸银行美元贷款;⑤离岸公司B将货物再出口至在岸公司,在岸公司用人民币支付货款;⑥离岸公司B将人民币存入离岸银行,并从离岸银行获得美元贷款;⑦在岸银行开立人民币信用证支持跨境人民币贸易。

这种往返贸易带来的效果是多元化的,对于在岸而言,带来资本流入、人民币理财余额上升、人民币升值、外汇储备增加等效果;对于离岸而言,带来人民币跨境贸易量上升、人民币存款上升、外汇贷款余额上升。多个离岸公司和银行之间的互动,使得两地金融监管和资本流动的管控越来越难,贸易融资内保外贷和人民币信用证被更多企业采用以获得低利率和长时间融资。

由于大部分的国有或私营大型企业在香港离岸市场设有子公司,关联企业的交易完全合法,通过关联交易实现利用离岸人民币的折价或溢价套利变得容易。对有跨境贸易的企业能更方便将资金在两个市场转移获得比较优势。2013年,内地和香港往返贸易达到9550亿港元,比2009年的5000亿港元上升了91%;2014年12月,香港人民币存款规模突破1万亿元大关,而2015年,香港人民币存款余额则下降1524亿元,降至8511亿元,降幅达15.2%,成为香港人民币存款有史以来的首次全年下跌,而以上变化都与人民币汇率高度相关。

往返贸易实质是利用在岸市场和离岸市场的即期汇差和两地利差进行套利,当离岸人民币汇价比在岸存在明显升值时,在岸企业将人民币输出至香港关联企业,香港企业在离岸换成美元通过贸易支付在岸企业,在岸企业再将美元换成人民币实现汇差、利差套利。

(二) 离岸账户套利

利用离岸账户套利是另一种主要的套利模式。具体而言,在境内外存贷款利率倒挂背景下,离岸公司通过开立NRA账户或OSA账户,便利地完成跨境资金调度并坐享境内外利差收益。假如境外一年期美元LIBOR在1.22%左右,而境内NRA账户存款利率(执行一年期定期存款基准利率)在1.5%左右。离岸公司仅资金存入NRA账户即可赚取利差收益。

图8-6反映了离岸账户的关联交易套利模式。①在岸公司从离岸公司进口货物,在岸公司向在岸银行要求人民币全额质押进口保付;②在岸公司从在岸银行获得较高的人民币存款收益;③在岸公司在离岸设立的关

联公司凭借这笔应收账款从离岸银行申请低利率贸易融资;④在岸银行根据在岸公司要求向离岸银行发出保付电函;⑤离岸银行收到保付电函后向关联公司发出低利率美元贸易融资款;⑥合同到期后在岸公司购汇归还关联公司NRA账户;⑦关联公司偿还离岸银行美元融资。

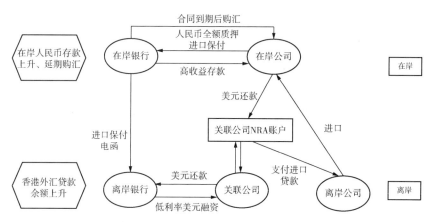

图8-6 在岸与离岸市场离岸账户的关联交易套利及效果

离岸账户套利的实质是利用两地利差套利。在岸公司在保付到期后支付人民币货款,境外出口商收到款项后在境外兑换为外币归还融资款。举例来说,套利者进口原油1亿美元,在岸的A公司与离岸的B公司和关联A公司签订三方合同,进口付汇时,A公司在境内银行办理3年期全额质押进口代收保付业务6.5亿元人民币,质押人民币存款利率4.25%,到期获得利息0.87亿元,关联A公司为境外收款方。关联A公司凭借应收账款在香港银行办理3年期美元/人民币贸易融资,融资利率为2%,融资款汇入NRA账户支付B公司进口货款。3年到期后,A公司将还款资金购汇或以人民币形式归还关联A公司,关联A公司归还香港银行贸易融资。整个过程中如果不计算银行融资成本,以美元融资A公司将获得境内外利差4400万元人民币,人民币NRA的设立由于人民币升值效应使得该套利模式获得的利益更大。

(三) 转口贸易套利

转口贸易又称中转贸易,指国际贸易中进出口贸易不是在生产国与消费国之间直接进行,而是通过第三国/地区易手进行的买卖。生产国与消费国之间并不发生贸易联系,而是由中转地区分别同生产国和消费国发生贸易。

转口贸易套利有以下运作模式：境内企业在境外设立关联企业做真实贸易、境内企业和境外企业联手构造虚假贸易、通过保税区的中转贸易。图8-7反映了转口贸易的套利模式：①在岸公司A从离岸公司进口货物，在岸公司A将货款付给了其在香港的关联公司A；②关联公司A将货款支付给在岸公司B；③在岸公司B将货款全部结汇进行人民币全额质押，在岸银行为该公司开立受益人为关联公司B的远期信用证；④离岸银行根据信用证为在岸公司B在香港的关联公司B办理票据贴现美元融资，关联公司B获得低利率美元融资；⑤关联公司B根据与关联公司A签订的进出口合同支付离岸公司货款；⑥在岸公司B获得高收益人民币存款并以人民币支付关联公司B货款；⑦关联公司B归还离岸银行美元贷款。

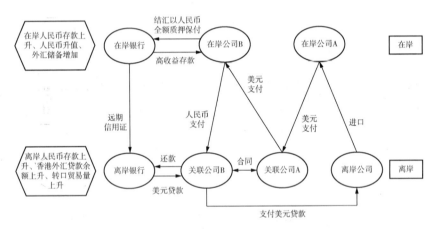

图8-7　在岸与离岸市场转口贸易融资套利及效果

转口贸易套利的实质是利用境内外交易的利差、汇差套利，通过延长境内企业付款期限赚取汇差，通过关联公司交易赚取境内外利差。与离岸账户套利的模式相似，操作方式一般为关联公司交易进口货物→人民币质押→进口远期贸易融资→境外融资代付。转口贸易具有无进出口报关行为、货物交割通过物权凭证转让、资金流与货物流分离、进口使用授信额度远期开证等特征。在岸公司利用其在离岸的关联公司，通过签订合同甚至是虚假合同进行无风险套利。在岸公司在离岸公司境外融资成功后，出于套利动机，容易进入新的循环开证操作，一旦出现利率、汇率波动或企业资金链断裂，会传导至在岸银行而引发系统风险。

三、离岸市场与在岸市场的套利机理

(一) 套利行为的决定因素

离岸与在岸的利率、即期汇率和远期汇率的差异是套利活动的市场基础,图 8-8 描述了离岸与在岸市场的利率、汇率差异及其影响。在岸、离岸套利本质上是因为离岸人民币贷款利率水平明显低于在岸,是一种企业和银行联手进行的息差、汇差套利,套利取决于以下三个方面。

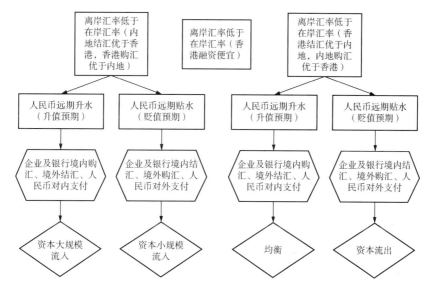

图 8-8 离岸与在岸利率、即期汇率、远期汇率的关系及影响

第一,境内外汇差。当离岸人民币(CNH)即期汇率低于在岸人民币(CNY)即期汇率,内地进口企业可以由外汇支付改为跨境人民币支付境外购汇实现套利,出现人民币进口大于出口现象。当 CNH 即期汇率高于 CNY 即期汇率,内地企业则在境内购汇,对外正常支付美元。当两地价差较小,则人民币收支平衡。

第二,人民币汇率预期。当离岸人民币远期汇率(CNH DF)和无本金交割远期外汇(NDF)出现升水,表示人民币出现升值预期,内地出口企业会选择见汇即结,以及延迟付汇。当人民币出现贬值预期,则会选择多购汇,延迟结汇。

第三,境内外利差。当境内利率高于境外利率,内地企业会选择人民币全额质押并获得境外外汇贷款支付货款，出现资产本币化、负债外币化。

如果具备以下因素，在岸和离岸之间的金融套利行为就将持续，人民币贸易结算为香港输入大量人民币；金融机构可以在CNH市场购入人民币；内地市场的外汇干预使得人民币保持单边升值预期，金融机构能以高出即期汇率价格卖出远期人民币，三者缺一不可。此外，在岸和离岸套利影响因素还取决于商业银行在两地汇款转账收取的手续费、两地结售汇的优惠程度，即境内外的银行给予老客户在结售汇价格上加减的点差、出口退税的方便程度等。

（二）套利行为的影响

在岸和离岸市场的套利有正面影响，也有负面影响，如张明[1]认为，跨境贸易人民币结算规模扩大和外汇储备同步上升，与政府推动人民币国际化降低外储的初衷相背离，与这种套利行为密不可分。在人民币对美元升值的情况下，鼓励外国居民用美元资产换取人民币资产会造成福利损失。这种观点有一定道理，但是在发展离岸市场的过程中，套利可能是不可避免的，传统的观点把套利等同于投机倒把、不劳而获，却忽略了套利在市场中价格发现和市场均衡的重要作用。正如罗伯特·希勒[2]在《金融与好的社会》中指出的，投机行为在当代经济运行中占据中心地位。市场所折射的信息和价格变动引发投机者的迅速行动使得投机行为在经济与金融中越来越重要。如果人们都极力避免投机，而是采取广泛分散风险的投资方式，那么市场中就没有一股力量将价格推向确实"有效"的水平。因此，辩证地分析在岸、离岸的套利行为，可以更好地理解发展离岸市场的重要意义。这种套利活动带来的影响包括：

第一，推动人民币快速"走出去"。在人民币接受程度不高的情况下，选择香港离岸人民币市场作为中转站购汇或结汇，或者在香港开设关联公司相互支付，有利于增加人民币的境外需求。

第二，有利于香港离岸人民币市场和国际金融中心建设。人民币资金在香港的沉淀和运用加强了离岸人民币市场的广度和深度，全球的人民币

---

[1] 张明：《人民币国际化：政策、进展、问题与前景》，载《金融评论》2013年第2期，第15～27页。

[2] 罗伯特·希勒：《金融与好的社会》，束宇译，中信出版社2012年版。

结算业务向香港靠拢，有利于香港成为离岸人民币市场的中心。

第三，企业获得收益的同时也蕴含着潜在风险。在金融市场逐渐走向开放成熟的过程中，由于离岸市场与在岸市场利率、汇率价格的差异，会给企业带来套利机会，这是金融改革必须付出的成本代价。短期、投机性的交易除了面临政策监管的风险，也会面临市场的风险。比如，2013年在香港人民币市场兴起的衍生人民币产品目标可赎回远期合约（target redemption forward，TARF）是一种押注人民币升值的杠杆产品，在人民币升值时每个月都有回报，一旦汇率下跌则亏损会迅速加大。2014年2月以来由于人民币汇率累计下跌近3%，该产品净值由2013年的3500亿美元跌至2014年3月的1500亿美元。

第四，加大跨境资金流动。延长融资期限和规避银行短期外债指标限制，境内关联企业以离岸企业作为中转融资环节，造成货物流与资金流的背离，以及更多的资本流动。当CNH对CNY升值时，企业会选择境内结汇、境外购汇，表现为美元流入，人民币流出。当CNH对CNY贬值时，企业会选择境内购汇，境外结汇，表现为人民币流入，美元流出。当人民币升值预期强烈时，企业倾向于采取展期、循环融资方式推迟购汇；当人民币贬值预期强烈时，企业则更会加快偿还外汇贷款。

第五，给市场带来潜在风险。在人民币单边升值预期强烈的情况下，人民币资产和美元负债之间的利差收益，导致离岸与在岸之间实现无风险套利的轻而易举，银行和投机者基于惯性思维押注人民币升值，积累大量的升值多头，一旦人民币波动率加大或出现贬值，买方不得不买入即期CNH对冲操作将会加剧外汇与市场波动，给离岸人民币市场带来更大的螺旋式风险。

第六，银行货币错配的风险上升。在跨境贸易人民币结算中，香港的商业银行不断借出美元贷款，与此同时，人民币存款不断上升。内地银行也有相类似的情况，形成了期限和币种的错配。

第三节 人民币汇率的离岸与在岸价差

现有文献表明，人民币在岸、离岸汇差存在自动收敛趋势，人民币在岸、离岸市场的一体化已经初具雏形，但一体化程度仍较低。研究离岸与在岸市场价差的问题具有重要的政策意义。一方面，即使存在中央银行，两个市场的不同定价信号所反映的价格不确定性也可能会增加在岸市场的波动性。另一方面，价格差异对金融稳定和货币政策传导具有重要意义。价差创造的套利机会导致跨境资金流动，中国的资本账户还没有完全自由化，这种流动通常采用非正式渠道，从而使得货币当局更难评估银行和非银行金融机构的货币状况和风险敞口，这显然会对货币政策造成影响，尽管中国在积极推进人民币国际化，但同时也希望避免过度的汇率波动。作为人民币国际化的重要内容，离岸人民币市场对发行国和全球经济都有根本性影响。① 因此，讨论离岸和在岸人民币市场价差（CNH – CNY pricing differential）对于推进人民币国际化有重要意义。

一、人民币离岸和在岸的汇率形成机制

长期看，在岸与离岸市场的汇率形成机制都由以宏观经济基本面为主的市场供求所决定，但从短期走势看，两者的差异较大，且离岸市场波动一般大于在岸市场，这种差异集中反映了本币可兑换程度及金融市场的开放程度。在岸市场上，市场供求以实体经济部门的跨境贸易、投资等实需交易为主。同时，企业根据本、外币利差或资产收益率的财务运作择机选择资产本币化、负债外币化或资产外币化、负债本币化，一定程度放大外汇交易规模和汇率波动，而在离岸市场，套保者、投资者、投机者等各类交易主体的进入使市场供求更加多样化，尤其是离岸市场对主权监管约束的极度弱化，使离岸人民币具有了较高意义的可兑换性。当然，对人民币资金从在岸市场获得的渠道和规模仍有一定限制，境外主体从全球资产配置角度使用和持有人民币，收支流量、资产存量、市场预期等多重因素使离岸汇率较在岸汇率调整更快、波动更大、弹性更高。

离岸与在岸市场的上述汇率形成机制的差异，使两个市场价格变动不同步、不同幅，因而会产生一定的价差，但价差不会无限放大，因为离岸与在岸的各种联系会形成稳态的自动调节机制。当离岸市场人民币相对在

---

① 参见 S. Maziad and J. S. Kang, "RMB Internationalization: Onshore/Offshore Links," *IMF Working Papers* 12, no. 133 (2012); J. Wang et al., "Cost-effectiveness analysis of multi-pollutant emission reduction in power sector of China," *Research of Environmental Sciences* 27, no. 11 (2014), pp. 1314～1322; C. Shu, D. He and X. Cheng, "One Currency, Two Markets: The Renminbi's Growing Influence in Asia-Pacific," *China Economic Review* 33 (2015), pp. 163～178。

岸市场大幅贬值时，将吸引部分出口企业选择多在境外结汇，从而推动人民币价格上涨，而进口企业则选择在境内购汇，推动人民币贬值，这样的综合效应会推动境内外人民币汇率相向而行，价差逐步收敛。近年来，境内外人民币汇率走势总体呈现出离岸汇率以在岸汇率为基础，在各种风险因素作用下双向波动（如图8-9所示）。

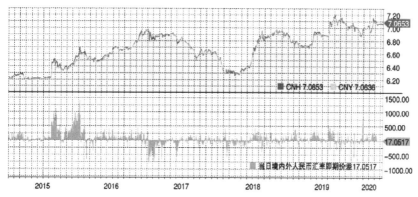

图8-9　离岸、在岸市场人民币兑美元即期汇率价差走势
（资源来源：Bloomberg。）

二、人民币汇率离岸与在岸价差的变动[①]

由于境内外人民币资金双向流通渠道尚未完全放开，因此境内外形成了不同的人民币汇率价格，境内一般称为CNY，境外称为CNH。须注意的是，CNH汇率指离岸人民币价格，受到香港、新加坡、伦敦等地市场的影响，但由于香港的离岸人民币市场规模最大，因此在CNH的汇率形成过程中影响也最大。

整体看，由于境外离岸人民币汇率不存在价格管制，对国际事件的反应更加敏锐，加之境外人民币资金池存量相对较小，因此尽管境内外人民币即期价格走势趋同，但境外人民币价格的波动往往大于境内人民币价格波动。由此出现了博取价差的套利空间，而套利空间的存在引导投资者在境内外两个市场上低买高卖，带动CNY与CNH价差在中长期上回归均衡

---

① 参见赵梓彤《在岸人民币与离岸人民币汇率价差探究》，中国建设银行网，http://www.ccb.com/cn/ccbtoday/jhbkhb/20180508_1525765936.html。

水平。但二者价差存在明显的大于0或小于0的阶段性走势,这一方面反映了市场预期,另一方面反映了官方态度,这反映在图8-10和图8-11。

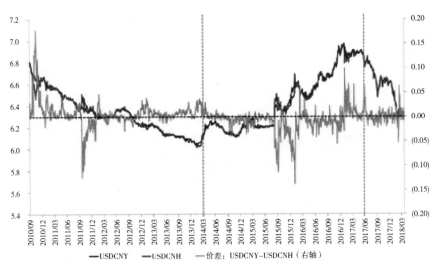

图8-10 离岸与在岸人民币汇率走势

(数据来源:Reuters。)

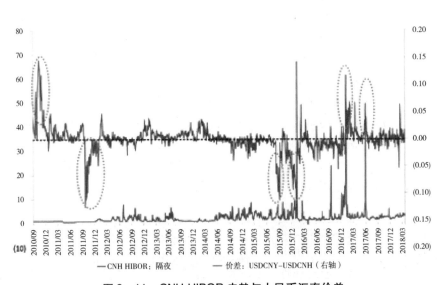

图8-11 CNH HIBOR走势与人民币汇率价差

(数据来源:Reuters,Wind。)

据图 8-12，人民币在岸、离岸汇差大致可以分为以下三种情形。

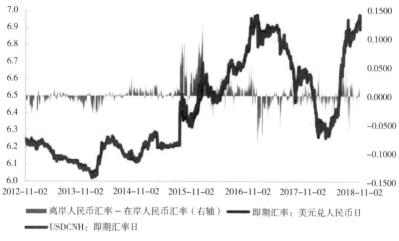

图 8-12 在岸、离岸人民币汇差

（资料来源：Wind，新时代证券研究所。）

（一）阶段一：CNY 与 CNH 价差大于 0

在 2010 年至 2014 年一季度期间，市场对人民币形成了强烈的单边升值预期。由于离岸人民币汇率管制较少，对市场情绪反应更加敏锐，因此离岸人民币汇率一直处于在岸人民币的升值方向，表现为 USDCNH 基本在 USDCNY 的下方波动，即 USDCNY 减去 USDCNH 价差大于 0。这一阶段香港离岸人民币隔夜 HIBOR 低位持稳，没有异常大幅走升。CNY 与 CNH 的价差很好地反映了市场的升值预期，基本未受调控影响。

但此阶段内，离岸人民币价格对在岸人民币价格曾出现过两次大幅偏离。第一次是在 2010 年 10 月间，USDCNY 大幅高于 USDCNH，二者价差最高曾接近 1800 点。当时离岸人民币市场建立初始，市场对人民币升值预期浓厚，境外投资者持有人民币动机强烈，但境外人民币资金池的规模较小，人民币资金需求远高于资金供给，受此影响，离岸人民币大幅上升。第二次大幅偏离发生在 2011 年 10 月间，USDCNY 大幅低于 USDCNH，价差最高曾超过 1000 点，主因是欧债危机的爆发，导致市场避险情绪迅速升温，具有避险属性的美元受到追捧，加之清算行中银香港的人民币贸易结算项下的兑换额度一度告罄，加剧了市场抛售离岸人民币兑换美元的需求，导致离岸人民币大幅走弱。

(二）阶段二：CNY 与 CNH 价差小于 0

2014 年第二季度起，人民币单边升值走势戛然而止，开启贬值周期，相应市场情绪发生改变。2015 年"8·11 汇改"后，人民币贬值预期愈发浓厚，2016 年年底市场上美元兑人民币汇率"破 7"的传言甚嚣尘上，2017 年年初美元大幅下挫，但人民币并未顺势走强，反而保持易跌难涨态势，直到 2017 年 5 月中国人民银行推出逆周期因子后，单边贬值预期才逐渐消散。因此，自 2014 年第二季度至 2017 年 5 月，市场对人民币汇率始终保有强烈的贬值预期，导致离岸人民币处于在岸人民币的贬值方向，表现为 USDCNH 与 USDCNY 价差整体小于 0。但期间，离岸人民币价格对在岸人民币价格出现过四次大幅偏离，其中后三次均受到调控影响。

第一次是 2015 年"8·11 汇改"后，USDCNY 大幅低于 USDCNH，二者价差最高达 1112 点。当时在岸人民币一次性贬值近 2%，导致市场对未来人民币持续大幅贬值的担忧急速升温，离岸人民币大幅走弱。当时 HIBOR 无明显异动，此次偏离主要是受市场情绪影响。

第二次是 2015 年 12 月至 2016 年 1 月初，USDCNY 大幅低于 USDCNH，价差最高达 1373 点。此次偏离也伴随着人民币中间价机制的调整，2015 年 12 月 11 日，央行在人民币汇率中间价机制中引入一篮子货币，强调要保持人民币对一篮子货币汇率基本稳定，试图减缓人民币兑美元的贬值速度。但当时离岸市场上人民币空头力量强劲，离岸人民币贬值压力仍旧较大，USDCNH 远高于 USDCNY。随后香港离岸人民币隔夜 HIBOR 大幅上涨至 66.82%，做空人民币成本明显提高，离岸人民币贬值压力暂缓，CNY 与 CNH 价差快速收窄。二者价差从扩大到收窄，反映市场预期和利率调控的综合影响。

第三次是 2017 年 1 月，USDCNY 大幅高于 USDCNH，二者价差最高达 992 点。2017 年年初市场对人民币贬值预期达到高点，USDCNY 理应低于 USDCNH。但当时香港隔夜 HIBOR 再次大幅上调，当局显露调控态度，不希望人民币继续贬值，打压市场做空力量。这导致离岸人民币逆转疲弱态势，相对在岸人民币走强，USDCNY 与 USDCNH 价差由负转正。

第四次与第三次情况相似，2017 年 5 月，USDCNY 大幅高于 USDCNH，价差最高达 641 点。当时中国人民银行再次调整人民币中间价定价机制，引入逆周期因子，意图缓解市场贬值预期。同时离岸人民币隔夜

HIBOR 涨至 42.82%，共同打击人民币空头，导致离岸人民币相对在岸人民币升值。后两次偏离均受到调控影响。

这一阶段内，离岸人民币整体上处于在岸人民币的贬值方向，表现为 USDCNY 与 USDCNH 价差为负，反映了市场的单边贬值预期，但在部分时点价差转正，这些时点均伴随离岸人民币 HIBOR 异常大幅调升，表明了官方对利率的调控超过市场预期占据主导地位。

（三）阶段三：CNY 与 CNH 价差围绕 0 上下波动

2017 年 6 月以来，人民币单边贬值预期逐渐消散，人民币兑美元开启双向波动格局。市场对于未来人民币汇率走势不再押注单边方向，跨境资本流动整体平衡，隔夜 HIBOR 也无明显异动，利率调控基本退出离岸人民币外汇市场。在此背景下，离岸人民币与在岸人民币走势趋同，二者价差在零附近上下波动。

综上，USDCNY 与 USDCNH 的价差一方面可以反映市场对人民币兑美元汇率走势的预期，另一方面可能受到当局调控的影响。在香港离岸人民币市场无明显干预迹象时，USDCNY 与 USDCNH 的价差仍是观察市场情绪的良好指标。

"8·11 汇改"前，在岸人民币汇率的中间价由中国外汇交易中心在开盘前参考银行间外汇市场做市商的报价计算的加权平均价得到，央行在某种程度上可以调控中间价。虽然理论上离岸市场远期汇率更加市场化，离岸汇率会引导在岸汇率的形成，但离岸汇率反映的市场供求变化传导到内地，很可能会部分被中国人民银行的汇率调控抵消、吸收。同时，在离岸人民币市场目前的广度和深度都不及内地的情况下，在岸市场作为离岸人民币的源头，资金的量级远超离岸市场。因此，离岸远期汇率还不能单方面对在岸远期汇率形成引导作用，而是表现为双向的均值溢出，汇率水平相互影响。

"8·11 汇改"后，做市商在提供报价时需要参考上一交易日的收盘汇率，这就导致每个交易日的中间汇率接近于上一交易日的收盘汇率，这在很大程度上消除了中间汇率与市场汇率的偏离，使得在岸人民币汇率更加接近市场化水平。随着官方对外汇定价机制的放松，离岸市场远期价格发现的优势使得在岸市场更容易受到离岸市场影响，在这种情况下，中国人民银行通过以前中间汇率和波动幅度等手段来调控汇率水平已不再有效，于是更多地通过离岸市场对在岸市场进行信息传递和引导，远期汇率存在离岸市场到在岸市场的单向均值溢出效应，离岸远期汇率在两个市场的汇率形成中发挥决定性作用。

另外，在岸外汇市场规模更大、流动性更为充裕，因此即期市场上仍存在双向的均值溢出效应。而对于波动溢出效应来说，远期汇率在"8·11汇改"前后均存在双向的波动溢出效应，但即期汇率由汇改前的单向溢出效应变为双向溢出效应。由于在岸汇率形成机制改变，在岸人民币市场的参与主体对信息的反应能够部分体现在汇率定价上，相比汇改前，在岸市场对外部冲击的反映更加敏感，因此其汇率变动也反映了更多的外部冲击因素，使得在岸汇率对离岸的波动溢出效应变得显著起来。

人民币离岸与在岸价差的水平和波动程度受到学者的关注。据现有研究，在岸和离岸价格之间的差异很大程度上反映对在岸外汇交易的限制和跨境人民币流动的障碍，放松这些限制往往会降低价差水平和波动性。离岸市场中流动性的增加及消除跨境流动对离岸市场的障碍，会降低离岸和在岸价格差异的波动性，而全球风险厌恶情绪的上升往往会增加这种差异的波动性。在政策方面，允许跨境人民币流出的措施具有特别明显的影响，能够降低两个市场之间价格差距的波动性。针对不同市场的自由化政策，对于离岸市场与在岸市场的统一也会产生不同的影响，针对离岸市场的自由化政策更为有效。例如允许跨境人民币资金从在岸市场流动到离岸市场的措施能够显著降低 CNH 与 CNY 价差的波动程度，相比之下，允许人民币资金回流到在岸市场的措施及对于贸易约束的放松等政策对于价差的影响效果很小。这些结果表明，在早期阶段的一系列促进离岸市场的发展、增加动性和离岸市场深化的政策，在促进在岸和离岸市场一体化方面发挥特别重要的作用。

二、离岸与在岸价差的影响因素

CNY 和 CNH 市场价差的持续存在和波动主要是对国内和全球条件下在套利渠道的不同反应而产生的，不同的市场反应可能由多个因素造成。第一，CNY 市场受到在岸参与者约束、中国人民银行干预和日常交易规则约束，而 CNH 市场是更加多样化的自由市场；第二，由于没有资本流动的限制，CNH 市场与全球市场联系更紧密，因此可能受到外部因素的影响。在中国内地，资本管制的存在导致了两个市场严重的分割，因而定价缺口不能轻易套利。近年来，中国出台一系列措施，促进离岸和在岸人民币市场的发展，一定程度上增加了两个市场之间的融合程度，也会对CNY和CNH市场价差产生影响。

人民币离岸市场与在岸市场的价差主要受到宏观经济基础因素及市场条件、全球市场因素、政策性因素和投资者关注的影响。

（一）宏观经济基础及市场条件

宏观经济的发展是汇率最基本的决定性因素之一。宏观经济数据的公布会导致汇率即时的调整性的波动，因为这些数据会引导市场参与者及时调整对经济前景的预期，进而调整投资组合。现有文献对于宏观经济公告对汇率的影响也有过充分的研究，认为汇率会由于对通胀的意外下降和高于预期的增长而产生波动。[1] 对于人民币市场，由于对同一条消息的不同解释，在岸和离岸市场的参与者对同一宏观经济数据的反应可能不同。此外，CNH市场相比于CNY市场缺乏货币干预和贸易限制，使得CNH市场的价格对同一信息做出的反应更强烈。

Funke 等[2]研究两类宏观经济基本面因素，第一类来自宏观经济预测调查，包括GDP增长、工业生产增长、采购经理人指数（purchasing managers' index，PMI）、通货膨胀和出口增长等市场最密切关注的指标，这些因素的预测指标与真实数据的差异会影响市场参与者对于这些宏观经济判断后的调整程度。第二类是股票指数，作为经济基本面的间接度量，香港和内地股票价格的比率可以捕捉离岸市场相对于在岸市场对宏观经济状况的影响。与在岸和离岸外汇市场的情况一样，内地和香港股市都有两家公司的双重上市，但由于内地现有的资本管制，它们也被隔离开来。同时，特定的外汇市场条件也是离岸与在岸人民币市场价差的重要推动因素。在岸人民币市场比离岸市场发展更成熟，流动性更强，但是离岸市场也在迅速发展中，这种流动性的差异及发展也会导致市场价格的变化。

---

[1] 参见 T. G. Andersen et al., "Micro Effects of Macro Announcements: Real-Time Price Discovery in Foreign Exchange," *The American economic review* 93, no. 1 (2003), pp. 38～62; Mario Marazzi et al., "Exchange rate pass-through to U. S. import prices: some new evidence," *International Finance Discussion Papers* 49, no. 833 (2005)。

[2] Y. F. Chen and M. Funke, "Greece's Three-Act Tragedy: A Simple Model of Grexit vs. Staying Afloat inside the Single Currency Area," *Open Economies Review* 28, no. 2 (2015), pp. 1～22.

(二) 全球市场因素

除国内宏观条件外，全球市场上的外部条件对于离岸和在岸人民币价差也会产生显著的影响。新兴市场的汇率普遍受到全球环境的影响，根据"Risk-on，Risk-of"循环，全球流动性和风险偏好可以影响资本流向新兴市场的方向和幅度，进而影响汇率。由于与全球金融市场的联系更为密切，这种外部条件对离岸市场的影响可能更大。在岸市场上的资本管制，一定程度上隔绝了外部冲击的影响。由此，全球金融市场上的冲击对 CNY 和 CNH 市场的价格会产生不同的影响，导致离岸与在岸市场的价差，这种全球市场因素的影响也可以用全球市场流动性等基础因素和投资者风险偏好来度量。

(三) 政策性因素

限制价格自由波动及增加两个市场分割的政策都会增加离岸与在岸市场的价差。因此，消除价格约束，促进人民币跨境流动的政策都会减少这种价差。有关的政策包括贸易限制、经常项目自由化、资本账户自由化和流动资金安排。

(1) 贸易限制。贸易限制的一种手段是控制在岸市场上的每日交易波幅，这限制了在岸市场上人民币汇率对经济和市场条件变化的反映程度。更大的汇率弹性将使人民币市场的价格更符合经济和市场的基本面以及情绪，同时在岸和离岸人民币市场的价格会以更一致的方式移动，从而减少二者之间的差异。对于离岸市场而言，当市场交易量很小时，转换配额构成市场发展初期约束，触及配额上限，将极大地影响市场流动性，扩大离岸和在岸市场的价差。

(2) 经常项目自由化。跨境人民币贸易结算。跨境人民币贸易结算试点于 2009 年 4 月推出，允许内地五个城市的进出口商与香港、澳门等地和东盟国家进行贸易结算，随后试点有几次增加。2012 年 3 月，所有对外贸易都能以人民币结算，这意味着完全取消人民币对经常项目交易的限制。从表面上看，贸易结算政策允许我国企业使用人民币结算跨境贸易交易，事实上，企业会利用内地与香港之间的资金渠道进行交易，并进行汇率套利。

(3) 资本账户自由化，人民币内外流动。从 2010 年下半年开始，我国出台一系列措施，鼓励资本账户下的跨境人民币流动。离岸人民币回流中国内地的渠道包括：①符合条件的离岸金融机构在内地银行间债券市场投资离岸人民币基金；②外国投资者在境外使用人民币直接投资中国内地；③合格境外机构投资者在内地股票和债券市场投资离岸人民币；④境内实体向境外募集人民币资金并将这些资金汇回中国内地。人民币流出渠道较少，其中包括内地企业利用人民币进行境外直接投资和内地银行向境内企业发放人民币贷款，以供境外经营。

（4）流动资金安排。根据离岸人民币市场的流动性状况，香港金融管理局于2012年中推出人民币流动资金安排。这一政策能够改善市场的流动性，相关境外人民币流动的政策能够提高离岸人民币市场的效率，从而降低离岸和在岸汇率价差的波动性。人民币贸易结算与人民币流出的政策有助于扩大离岸人民币市场、化市场。虽然促进人民币回流内地的政策可能会将资金从离岸人民币池中流出，但也能促进CNH市场的发展，人民币流动渠道的拓宽及资本账户交易也增加了套利机会。在更长的时间跨度内，跨境人民币流动更大，有利于两个市场的价格发现，使得离岸市场和在岸市场都能变得更加有效，因而这些因素都能够降低离岸与在岸价差的波动性。

（四）投资者关注

由于公告的经济数据与预期有差异，离岸和在岸市场对于经济数据的反映差异会导致价差的存在。但也有研究发现，即便没有经济数据等公告，有时也会发生剧烈的汇率变动，这表明许多突然的价格变动不能归因于经济基本面因素。[①] 一些吸引投资者关注的事件，例如上海香港证券交易所的公告——允许合格内地投资者和香港投资者进行双向跨市场股票投资，"8·11汇改"后市场化的报价机制改进，SDR篮子中包含人民币等，都表明传统经济变量并不足以反映出所有相关信息。此外，离岸市场的投资者不仅接受内地经济基本面的信息，也能够接受境外信息的影响。因此，投资者的行为因素在帮助我们理解两个人民币市场之间的信息鸿沟方面也能够起到一定的作用，投资者关注对于离岸和在岸市场的定价差异有重要影响。

投资者关注现有的度量指标包括极端收益、交易量、新闻报道、广告

---

① 参见 N. S. Balke, J. Ma and M. E. Wohar, "The contribution of economic fundamentals to movements in exchange rates," *Journal of International Economics* 90, no. 1 (2013), pp. 1～16。

支出、涨停限制、换手率等,但是这些变量具有明显缺陷,极端收益、交易量等还包含其他与投资者关注无关的信息,而新闻报道并不能保证投资者一定会关注到。基于以上不足,Da[①]提出了用基于 Google Trends 的搜索量指数,这种方法能更为直接、高频地反映投资者关注,搜索量可视为关注的外在表现,其大小可直接表示投资者的关注程度。此后,国内外学者都证明了以搜索量指数衡量的投资者关注确实对资产价格有一定影响。具体到离岸和在岸市场价差方面,根据 Han 等[②]的研究,投资者关注因素在较短的时间内对于在岸和离岸市场定价差异会有显著的影响。正向的投资者关注会导致正的 CNY - CNH 价差,当离岸汇率高于在岸时,投资者关注增加,由于离岸市场的反转效应,离岸汇率贬值幅度要小于在岸汇率,有利于缩小价差;而当离岸汇率低于在岸时,投资者关注则会增大价差。综上,投资者关注会使人民币贬值,但离岸与在岸市场自身的差异会导致贬值幅度不同,离岸市场的汇率价格更多地体现国际市场对人民币的供求关系,与此同时离岸市场规模较小、深度不够且不受政府管制,因此,离岸市场对投资者关注的变化反应更为灵活。

总之,对于人民币离岸与在岸市场价差的影响因素,宏观经济条件方面,人民币在岸市场和离岸市场流动性差异对人民币在岸和离岸汇差异水平和波动都会产生显著影响,香港离岸人民币外汇市场的流动性改善有助于减少 CNH - CNY 价差,减缓其波动。全球市场影响方面,美元走强和全球避险情绪高涨都会导致 CNH - CNY 差异及其波动增大,由于我国资本项目没有完全开放,相对于在岸市场,香港离岸人民币市场与国际金融市场联系更加紧密,更加容易受影响。政策方面,不同作用目标的政策产生的差异较大,促进人民币离岸市场扩张和深化、鼓励离岸人民币使用的政策措施会减少这种定价差异,促进两个市场的一体化。例如,允许人民币流出的政策有助于减小 CNH - CNY 差异,增加其波动,反之亦然。人民币的国际化有助于减少人民币在两个市场的定价差异,促进两个市场的趋同。投资者关注方面,投资者行为等非理性因素往往更能够对一些突发的、剧烈的价格波动进行解释。投资者对于一些事件的关注对离岸和在岸

[①] Zhi Da, Joseph Engelberg and Pengjie Gao, "In Search of Attention," *Journal of Finance* 66, no. 5 (2011), pp. 1461~1499.

[②] L. Han, Y. Xu and L. Yin, "Forecasting the CNY - CNH pricing differential: The role of investor attention," *Pacific-Basin Finance Journal* 49 (2018), pp. 232~247.

市场价差也存在显著的影响。

第四节　人民币离岸市场与在岸市场的联动

国内外学者对于离岸市场与在岸市场之间联动的研究分为理论探讨和实证证据,其中欧洲美元市场与美国境内相关市场是最具代表性的研究对象,离岸市场与在岸市场之间相互影响也会随离岸市场发展特点及阶段的不同而产生变化。研究结论通常是,离岸货币价格波动明显;离岸货币市场发展初期,价格引导关系表现为在岸价格引导离岸价格波动;随着离岸货币市场的发展,离岸价格引导在岸价格能力明显增强。在汇率自由浮动的情况下,离岸价格与在岸价格存在双向影响关系,而在固定汇率制下,离岸价格与在岸价格仅存在单向影响关系。此类成熟市场中的研究对人民币离岸及在岸市场之间的价格联动研究提供有力支持,2009 年香港建立人民币离岸中心后,人民币离岸市场逐渐发展,国内外学者对于人民币离岸与在岸市场联动的研究日渐丰富,人民币境内外价格联动的研究大多集中在衍生品市场与现货市场、离岸衍生品市场和在岸市场,以及各国利率、汇率和商品期货市场之间的联动关系方面。

一、理论机制研究

(一) 利率形成机制研究

离岸金融市场运行于宽松、成熟的市场环境,市场供求因素对离岸货币的价格形成有更为显著的影响。巴曙松、郭云钊[1]认为,在离岸金融市场上,离岸货币的利率是离岸货币资金供求平衡的结果。Giddy[2]、Kaen[3]

---

[1] 巴曙松、郭云钊:《离岸金融市场发展研究:国际趋势与中国路径》,北京大学出版社 2008 年版。

[2] I. Giddy, G. Dufey and S. Min, "Interest rates in the U. S. and eurodollar markets," *Weltwirtschaftliches Archiv* 115, no. 1 (1979), pp. 51~67.

[3] Fred R. Kaen, "Financial Management by Stephen H. Archer, G. Marc Choate, George Racette," *The Journal of Finance* 38, no. 5 (1983), pp. 1686~1688.

的研究发现,离岸美元对货币市场更敏感,能快速反映市场变动情况。李翀[①]发现,香港的人民币利率主要取决于内地人民币利率和香港的港元利率,并随着香港市场上的人民币资金供需状况而改变。李晓、冯永琦[②]认为,现阶段的香港人民币利率形成机制市场性不足,需要进一步改革现有的金融监管制度,让市场在香港人民币利率形成中发挥更大作用。冀志斌等[③]对离岸与在岸人民币预期的关系进行研究,发现离岸人民币利率预期的影响力更强。Maziad 等[④]研究发现,由于人民币利率及汇率并未市场化,香港与内地之间的人民币市场存在套利空间,两地之间的资金流通让香港市场化的人民币利率和汇率与内地市场相互影响。

(二) 汇率形成机制研究

西方学者主要在市场分割理论、金融市场一体化理论、供求理论、利率平价理论、国际收支平衡理论和预期理论等基础上,深入研究人民币离岸与在岸的套汇形成机制。Richard Levich 和 Ingo Walter 等[⑤]提出金融市场一体化理论,认为相同金融工具在不同金融市场上的价格趋于一致;贾彦乐等[⑥]证实人民币在岸与离岸市场的一体化已经初具雏形,但人民币在离岸市场一体化程度仍较低,存在大量的套利机会;Friedman[⑦] 提出一价定律,认为在同样的时点,不同市场能以同样的价格购买同样标的的资产,但由于一价定律有诸多限制,因此并不完全适用于人民币外汇市场问题。

(三) 利率与汇率形成机制的差异

在人民币还没有成为可自由兑换的国际化货币的情况下,利率和汇率

[①] 李翀:《论人民币区域化与人民币离岸金融中心的形成》,载《中国经济问题》2004 年第 6 期,第 3~9 页。

[②] 李晓、冯永琦:《香港离岸人民币利率的形成与市场化》,载《社会科学战线》2012 年第 2 期,第 91~103 页。

[③] 冀志斌、周先平、曲天遥:《境外人民币利率变动预期对境内利率的影响研究》,载《宏观经济研究》2015 年第 6 期,第 30~38 页。

[④] Maziad Samar and Kang Joong Shik, "RMB Internationalization: Onshore/Off shore Links," *IMF Working Paper*, 2012.

[⑤] Richard M. Levich, I. Walter and H. Lehment, "Tax-driven regulatory drag: European financial centers in the 1990s," Prepared for the Conference on Reforming Capital Income Taxation organized by the Institut fuer Weltwirtschaft and held at Kiel, Germany on December 7~8, 1989.

[⑥] 贾彦乐、张怀洋、乔桂明:《人民币在离岸汇差波动特征及影响因素研究》,载《新金融》2016 年第 8 期,第 21~27 页。

[⑦] M. Friedman, *Essays in Positive Economics* (Chicago: University of Chicago Press, 1953).

在离岸和在岸的形成机制存在一定差别。李翀认为,人民币离岸金融市场的市场经济成熟,利率价格的形成由市场的供给与需求共同决定,而在岸市场资本未开放情况下,人民币不能完全按照市场需求进行供给,因而在离岸利率形成因素中,需求占主导,其中包括消费、贸易以及投资需求。离岸人民币汇率价格的形成同样由国际市场对兑换人民币的需求与供给共同决定,而其中"管制价"是导致在岸与离岸汇率价格不同的一个非常重要的原因。李隽[1]指出,香港已经建立与美元兑换港元即期汇率定价机制相似的离岸人民币汇率定价模式,香港由于贷款市场并不活跃,在岸人民币资本项目开放程度较低,人民币在在岸与离岸间的回流机制受限,最终导致离岸人民币利率市场价格形成机制不够成熟。实际上,香港离岸人民币利率市场价格的形成与其市场的存贷款政策以及现实发展息息相关。初期,香港离岸人民币存款利率受到政策严格限定,人民币存款准备金为100%,随着香港离岸人民币市场的发展,为了顺应市场发展规律,逐渐放宽了政策要求,降低存款准备金要求,一直到现在香港离岸人民币市场在法律上不再对人民币存款准备金有要求了。曾之明[2]以欧洲美元市场为例,介绍离岸金融市场的形成机理,将美元离岸市场与在岸市场的价格形成机制进行对比,并提出香港人民币离岸市场作为特殊的离岸市场,其价格形成具有不同的特点。

二、实证研究

对于经历了长期发展的欧洲美元、欧洲日元等离岸市场来说,离岸市场与在岸市场的相互溢出经历了不同阶段,以20世纪90年代为分水岭,国内外学者的实证研究也有一些发展和变化,而对于人民币离岸市场与在岸市场之间价格联动关系的研究还处于起步阶段。

(一)利率联动

20世纪90年代以前的成果认为,在岸金融市场利率影响离岸金市场利率。Hendershott[3]研究发现,美国国债利率每变化一个基点会引起欧洲

---

[1] 李隽:《对我国商业银行金融创新风险防范的分析与探讨》,载《时代金融》2012年第23期,第64~64页。

[2] 曾之明:《人民币离岸金融中心发展研究》,中南大学博士学位论文,2012年。

[3] P. H. Hendershott, "The Structure of International Interest Rates: The U.S. Treasury Bill Rate and the Eurodollar Deposit Rate," *Journal of Finance* 22, no. 3 (1967), pp. 455~465.

美元存款利率 0.14～0.23 个基点的调整，这种调整存在一个月至一年的时间调整时滞，即美国国债利率引导欧洲美元利率变动，但调整周期较长。Giddy 等①通过对美国国内利率与欧洲美元利率的比较研究发现，相对于美国美元利率，欧洲美元利率对市场环境表现出更强的敏感性，且利率价格调整速度更快。Kaen② 对美元和英镑的研究发现，在布雷顿森林体系瓦解和资本管制取消后，国内货币市场利率和相应的欧洲货币利率常常表现为单向的价格引导关系，这是因为存在市场结构和交易成本的差异，使国内货币市场对经济与金融环境变化的反应快于离岸市场。Hartman③ 和 Swanson④ 研究发现，美国离岸市场利率受在岸市场利率的引导，美元利率价格信息是从境内传递到境外的，该结论表明，在国内外市场传递的美元利率，其价格发现是在美国国内的金融市场。Fung 和 Isberg⑤、Chan 和 Lee⑥ 考察 1983 年前后欧洲美元市场利率与美国在岸美元利率的价格引导关系发现，1983 年之前，离岸美元利率受在岸美元利率的单向价格传导影响，1983 年之后，离岸美元与在岸美元的利率变动即表现为双向传导关系。

20 世纪 90 年代以后，随着离岸市场的进一步发展，离岸利率的影响力增强，两者之间呈现出比较复杂的相互关系，并且这种关系会随市场变化而呈现不同的特征。Lo 等⑦研究 1990 年前后在岸日元利率与欧洲日元存款利率的价格传导关系，发现 1990 年之前，在岸的日元利率受 3 个月期的欧洲日元存款利率的单向价格变动传导影响，1990 年之后，在岸日

---

① I. Giddy, G. Dufey and S. Min, "Interest rates in the U. S. and eurodollar markets," *Weltwirtschaftliches Archiv* 115, no. 1 (1979), pp. 51～67.

② Fred R. Kaen, "Financial Management by Stephen H. Archer, G. Marc Choate, George Racette," *The Journal of Finance* 38, no. 5 (1983), pp. 1686～1688.

③ D. G. Hartman, "The International Financial Market and U.S. Interest Rates," *Journal of International Money & Finance* 3, no. 1 (1984), pp. 91～103.

④ P. E. Swanson, "Capital market integration over the past decade: The case of the US dollar," *Journal of International Money & Finance* 6, no. 2 (1987), pp. 215～225.

⑤ H. G. Fung, S. C. Isberg and W. K. Leung, "A cointegration analysis of the Asian dollar and Eurodollar interest rate transmission mechanism," *Asia Pacific Journal of Management* 9, no. 2 (1992), pp. 167～177.

⑥ Y. Song et al., "Recent advances in renal melatonin receptors," *Frontiers of hormone research* 21 (1996), pp. 115～122.

⑦ W. C. Lo, H. G. Fung and J. N. Morse, "A note on Euroyen and domestic yen interest rates," *Journal of Banking & Finance* 19, no. 7 (1995), pp. 1309～1321.

第八章 人民币离岸市场与在岸市场的联动

元利率与欧洲日元存款利率即表现为双向变动传导关系。Jinwoo Park[①]运用多元GARCH模型研究韩国在1997年前后的汇率制度改革,发现境内外韩元市场间的单向溢出效应与波动溢出效应,汇率制度改革对韩元NDF市场与即期市场间的相关关系存在显著影响。Yang等[②]研究1983—2002年美国和欧洲美元利率因果关系,发现1992年之前两种利率之间不存在长期协整关系,1992年以后表现出长期协整关系,表明随着离岸美元市场的发展,境内货币政策制定不能独立于境外离岸市场,对欧洲美元存款利率的研究还发现,20世纪80年代在岸美元市场利率受欧洲美元存款利率的单向价格传导作用。

关于人民币离岸、在岸利率联动的研究,在香港人民币离岸(CNH)市场建立之前,主要以人民币境内利率和与人民币无本金交割远期外汇(NDF)市场相关的利率之间的研究为主。巴曙松[③]指出,香港人民币离岸市场可以形成类似伦敦的LIBOR的完全市场化的人民币利率指标,反过来对内地的利率市场化起到积极作用。Ma和McCauley[④]在LIBOR、中美汇率和人民币NDF汇率价格基础上计算人民币资产的隐含回报,发现中国的资本管制还是有效的,这使得中国货币当局保留一定程度的货币自主权。刘亚等[⑤]运用二元GARCH模型研究人民币在岸利率与离岸利率之间的联动效应,发现境内外人民币利率之间总体上存在双向波动溢出效应,境外利率占有波动溢出优势,境内外利率之间的动态正相关关系不稳定。Yu和Zhang[⑥]利用远期汇率定价公式从NDF中计算出隐含利率,与

---

① J. Park, "Information flows between non-deliverable forward (NDF) and spot markets: Evidence from Korean currency," *Pacific-Basin Finance Journal* 9, no. 4 (2001), pp. 363~377.
② S. J. Yang, X. X. Liu and Q. L. Fang, "Empirical Analysis of Real Exchange Rate and Income Change Affecting the Trade between China and Euro area," First International Conference on Management Innovation, 2007.
③ 巴曙松:《香港:人民币离岸金融中心》,载《改革与理论》2002年第7期,第26~28页。
④ G. Ma and R. N. McCauley, "China's Saving and Exchange Rate in Global Rebalancing," in *New paradigms in monetary theory and policy?*, eds. Morten Balling and David T. Llewellyn (Vienna: SUERF, 2012), pp. 123~140.
⑤ 刘亚、李伟平、杨宇俊:《人民币汇率变动对我国通货膨胀的影响:汇率传递视角的研究》,载《金融研究》2008年第3期,第28~41页。
⑥ X. Yu and J. Zhang, "Empirical Research on the Dynamic Correlation between SHIBOR and NDF Implied Interest Rate," in 4th International Conference on Wireless Communications, Networking and Mobile Computing, 2008.

上海银行间同业拆放利率（SHIBOR）建立双变量 DVEC-GARCH 模型，结果显示两者的信息传递效应并不强，只有 3 个月期以上的 NDF 隐含利率对 SHIBOR 有显著的波动溢出效应。刘亚、张曙东、许萍[1]选取新的境外利率指标——境外人民币无本金交割利率互换（NDIRS），境内利率选取银行间人民币利互换价格、固息国债和政策性金融债利率三个指标，对 2007 年 3 月 5 日至 2009 年 6 月 8 日期间的 1、3、5 年期的数据进行实证分析，结果显示双方存在双向报酬溢出效应和波动溢出效应，离岸市场居于主导地位，但其选择的利率期限较长，对市场信息的反应能力有限，降低研究结果的可信度，另外，NDIRS 作为风险对冲的工具难以准确反映离岸市场上人民币的供需关系。在 CNH 市场建立后，严佳佳、黄文彬、黄娟[2]采用 2012 年 1 月 4 日至 2014 年 5 月 5 日 3 个月期以下 SHIBOR 和 CNH HIBOR 数据，运用 VAR-BEKK-GARCH 模型进行实证分析，结果表明离岸利率对在岸利率的影响正逐步增大，但主要限于中长期如 1 月、3 月期利率，而对隔夜、7 日、14 日期利率的价格发现功能还比较弱。周文婷、李淑锦[3]等研究认为，内地市场的利率水平对香港离岸市场的利率水平具有引导作用，而香港离岸人民币兑美元的即期汇率与境内人民币兑美元即期汇率之间存在双向联动关系。

（二）汇率联动

学者们对两个市场汇率的联动关系主要集中在人民币离岸与在岸市场的汇率联动上。由于香港离岸人民币市场出现较晚，早期不同人民币市场关系的研究主要集中在人民币 NDF 市场上，已有对香港离岸人民币市场的研究在数据有限的情况下，发现离岸人民币市场与境内市场即期价格无影响关系或影响关系较弱，部分研究发现人民币境内价格影响离岸价格。由于 CNY HIBOR 外汇市场发展时间较短，数据获得相对有限，境内对香

---

[1] X. Yu and J. Zhang, "Empirical Research on the Dynamic Correlation between SHIBOR and NDF Implied Interest Rate," in 4th International Conference on Wireless Communications, Networking and Mobile Computing, 2008；刘亚、张曙东、许萍：《境内外人民币利率联动效应研究——基于离岸无本金交割利率互换》，载《金融研究》2009 年第 10 期，第 94～106 页。

[2] 严佳佳、黄文彬、黄娟：《离岸与在岸人民币利率联动效应研究》，载《金融与经济》2015 年第 5 期，第 62～67 页。

[3] 周文婷、李淑锦：《香港离岸市场与内地在岸市场的联动关系分析》，载《商业全球化》2016 年第 4 卷第 2 期，第 37～46 页。

港人民币外汇市场、境内人民币即期外汇市场、境内人民币远期外汇市场以及境外人民币NDF市场之间关系的定量研究较少，仅有的研究得出的结论是，人民币境内外即期外汇市场价格无引导关系。

对于该问题的研究随着人民币国际化的进程逐步深入，2006年8月，美国芝加哥商品交易所（CME）推出人民币期货、期权合约，人民币NDF进入场内交易。国外学者大多从人民币NDF市场本身[1]、中国资本管制的有效性[2]以及人民币NDF市场与其他货币NDF市场之间的报酬和波动溢出效应[3]等方面进行研究，对境内市场和NDF市场的信息传递研究较少。国内学者对两个市场的收益和波动进行研究，得出的结论也不尽相同。黄学军和吴冲锋[4]运用Granger因果检验研究2005年汇改前后人民币远期汇率与NDF的信息传递关系，显示汇改之后两个市场的相互作用加强，在岸现汇市场成为信息中心。严敏和巴曙松[5]运用VECM模型、DCC－MV GARCH模型对2006年11月至2010年1月的数据进行分析，结果表明，在岸市场因设施落后和制度约束，境外NDF市场处于市场价格信息的中心地位。黄勇、文兰娇和陶建平[6]以次贷危机为界，将2006年8月至2009年11月的在岸市场和NDF市场数据分两个时段进行研究，结果显示，次货危机后短期限品种NDF汇率对境内人民币远期汇率的单向引导关系减弱，长期限品种NDF汇率对境内人民币远期汇率的引导关系不变，NDF市场是市场信息的中心。许祥云等[7]利用DCC－GARCH模型，实证

---

[1] 参见 H. G. Fung, W. K. Leung and J. Zhu, "Nondeliverable forward market for Chinese RMB: A first look," *China Economic Review* 15, no. 3 (2004), pp. 348～352。

[2] 参见 G. Ma and R. McCauley, "Fuller capital account opening in China and India: mind the gap 1," in National Institute of Public Finance and Policy and Department of Economic Affairs, Ministry of Finance of India, 3rd research programme meeting, 2008。

[3] 参见 R. Colavecchio and M. Funke, "Volatility transmissions between renminbi and Asia-Pacific on-shore and off-shore U. S. dollar futures-ScienceDirect," *China Economic Review* 19, no. 4 (2008), pp. 635～648。

[4] 黄学军、吴冲锋：《离岸人民币非交割远期与境内即期汇率价格的互动：改革前后》，载《金融研究》2006年第11期，第86～92页。

[5] 严敏、巴曙松：《人民币即期汇率与境内外远期汇率动态关联——NDF监管政策出台之后》，载《财经研究》2010年第2期，第15～25页。

[6] 黄勇、文兰娇、陶建平：《境内人民币远期与NDF汇率关系》，载《金融经济学研究》2011年第26卷第3期，第58～65页。

[7] 许祥云、朱钧钧、郭朋：《国际金融市场动荡和人民币NDF汇率的动态关系分析》，载《国际金融研究》2013年第6期，第69～79页。

分析国际金融市场动荡程度（VIX 指数、TED 利差）与人民币 NDF 汇率之间的动态关系，研究人民币 NDF 市场与宏观金融变量的关系，结果发现金融危机前，VIX 指数与 NDF 之间无明显关系，危机后其相关性迅速增加，TED 利差则在总体上与 NDF 相关性不显著，只在非常危急阶段才表现出一定的相关性。但这些研究或在香港人民币离岸市场建立之前，通常没有涉及离岸市场远期汇率，使得研究具有一定的局限性。

2010 年 7 月 19 日，中国人民银行与中国银行（香港）有限公司签署《香港银行人民币业务的清算协议》，这标志着香港人民币离岸（CNH）市场的初步建立，CNH 汇率开始进入学者的研究视野。对于 CNH，研究比较早的是 Qiao 等[1]，他们基于因果分析法的研究结果表明，CNH 即期与 CNY 即期之间不存在价格引导关系，CNY 即期与 NDF 之间存在价格引导关系，这反映早期 CNH 市场的引导作用较弱。贺晓博和张笑梅[2]采用当时的数据构建 VAR 模型，对 CNH 和 CNY 即期价格之间的关系进行研究，结果显示 CNH 对 CNY 影响有限，而 NDF 对 CNY 影响较大，这是国内较早将 CNH 纳入研究范围的文献，与 Qiao 等的研究结果基本一致。

Mazaid 和 Kang[3]发现，CNH 市场试运行后，不同时期价格信息传导机制发生了变化，前期均值溢出和波动溢出效应从离岸市场传导至在岸市场，而后期均值溢出效应变成从在岸市场传导至离岸市场，波动溢出效应没有变化。Cheung 等[4]加入 CNH 订单流变量，运用 VECM 模型进行研究，发现在岸和离岸即期汇率间的关系具有动态时变性，表现为在岸单向引导离岸向离岸单向引导在岸转变，人民币定价权正转向离岸市场，但没有将远期汇率纳入研究框架。阙澄宇和马斌[5]将 CNH、CNY 即期和远期汇率纳

---

[1] Z. Qiao et al., "Chern Number Creation in Graphene from Rashba and Exchange Effects," *Physical Review B* 82, no. 16 (2010), pp. 2635~2645.

[2] 贺晓博、张笑梅：《境内外人民币外汇市场价格引导关系的实证研究——基于香港、境内和 NDF 市场的数据》，载《国际金融研究》2012 年第 6 期，第 58~66 页。

[3] S. Maziad and J. S. Kang, "RMB Internationalization: Onshore/Offshore Links," IMF Working Papers 12, no. 133 (2012).

[4] William M. Cheung, James C. Lei and Desmond Tsang, "Does Property Transaction Matter in Price Discovery in Real Estate Markets?" *International Real Estate Review* 19, no. 1 (2016), pp. 27~49.

[5] 阙澄宇、马斌：《人民币在岸与离岸市场汇率的非对称溢出效应——基于 VAR‑GJR‑MGARCH‑BEKK 模型的经验证据》，载《国际金融研究》2015 年第 7 期，第 21~32 页。

入 VAR – GJR – MG ARCH – BE KK 模型，研究其均值效应、波动溢出效应和非对称效应。刘华、李广众和陈广[①]将研究对象拓展到国际市场，从报价溢出和波动溢出两个方面研究 CNH 汇率对亚洲国家货币汇率的信息传导，认为中央银行退出外汇市场的常规干预降低了在岸人民币市场的影响力，而离岸市场的影响力逐步增大。胡炳志、张腾[②]实证研究了远期外汇市场，认为远期汇率与有效市场汇率具有较强的关联性，利率平价机制对远期汇率也有较大影响，但比较而言，利率平价机制对境内人民币远期汇率的影响大于对境外人民币远期汇率的影响。

（三）微观结构与联动

Evans 和 Lyons[③]最早提出微观结构的方法，强调按订单流量确定的净需求力量在确定汇率中的作用。Evans[④]对于微观的汇率决定研究进行概述，包括局部均衡理论模型、微观结构研究的传统模型，以及在一般均衡条件下的宏观模型中，有关货币交易及宏观条件的研究，发现微观基础能够对宏观条件及政策下的汇率决定研究提供更深入的解释。King 等[⑤]同样研究了汇率问题的微观解释。Zhang 等[⑥]运用中国内地市场的人民币订单流数据研究发现，订单流、宏观因素和汇率之间存在长期协整关系。Chinn 和 Moore[⑦]研究发现微观结构方法与月度频率相关。除 CNH 订单流量数据之外，相关研究还运用限价指令订单数据。

---

① 刘华、李广众、陈广汉：《香港离岸人民币汇率已经发挥影响力了吗?》，载《国际金融研究》2015 年第 399 卷第 10 期，第 3～11 页。

② 胡炳志、张腾：《利率平价对人民币远期定价影响的实证分析》，载《统计与决策》2017 年第 2 期，第 156～159 页。

③ Martin D. D. Evans and Richard K. Lyons, "Time-Varying Liquidity in Foreign Exchange," *Journal of Monetary Economics* 49, no. 5 (2002), pp. 1025～1051.

④ Martin D. D. Evans and Dagfinn Rime, "Micro approaches to foreign exchange determination," *Working Paper*, Norges Bank, 2011.

⑤ M. R. King, C. L. Osier and D. Rime, "The Market Microstructure Approach to Foreign Exchange: Looking Back and Looking Forward," *Journal of International Money and Finance* 38 (2013), pp. 95～119.

⑥ Z. Zhang, F. Chau and W. Zhang, "Exchange rate determination and dynamics in China: A market microstructure analysis," *International Review of Financial Analysis* 29 (2013), pp. 303～316.

⑦ M. D. Chinn and M. J. Moore, "Order Flow and the Monetary Model of Exchange Rates: Evidence from a Novel Data Set," *Journal of Money, Credit and Banking* 43 (2011), pp. 1599～1624.

Yin-Wong Cheung 和 Dagfinn Rime[①] 运用专门的微观结构数据对 CNH 汇率的动态过程及 CNH 与 CNY 汇率的联动关系进行研究，发现 CNH 价格受到其外汇市场订单流和限价指令的不平衡性影响。在岸与离岸的联动关系方面，CNH 汇率对 CNY 汇率的影响越来越大，对官方人民币中间汇率有显著的预测力，尤其在样本后期，CNH 对于 CNY 短期动态产生显著影响，然而反之并不成立。CNH 订单流量以及 CNH 汇率也影响着人民币汇率和中间汇率，然而 CNY 汇率并没有发现类似的影响，同时上述各种相互作用随时间变化。每个交易都有供求双方，订单流通过区分主动交易方来评估需求方的力量，由于在岸交易受到严格管制，并且国际市场的参与者非常少，因此订单流对价格的影响作用于在岸交易时可能受到限制。综上，离岸货币的利率形成主要取决于离岸货币市场的供求，并与在岸货币利率互相影响。

上述对离岸货币利率形成机制的研究主要针对成熟离岸货币市场，由于中国金融市场化改革进一步加速，利率和汇率市场化取得重大进展，这些研究的时效性不足。同时，香港离岸人民币的汇率与利率市场定价随着离岸市场的发展而逐渐完善和成熟，香港离岸人民币市场与其他成熟的离岸货币市场相比还存在一定差别，相对其他成熟的离岸货币市场，香港离岸人民币的交易规模和市场需求有限。

三、人民币离岸与在岸市场研究新进展

（一）离岸市场对在岸市场的影响日益明显

离岸市场发展过程中，人民币汇率经历了单边上升、单边下跌、双向波动等各种形态的变化，对在岸市场主要有以下几个方面的影响。

一是影响在岸市场外汇供求。离岸市场发展壮大前，人民币交易几乎全部集中于在岸市场，在岸外汇供求具有高度的代表性。离岸市场出现后逐步打破了这种状况，部分跨国经营的境内主体可以根据价差选择跨境交易的结算货币（人民币或外币）和买卖外汇的交易地点（在岸或离岸），在岸市场不再具有唯一性。如果人民币单边升值时离岸人民币比在岸贵，主体可能选择境内结汇、境外购汇，如果人民币单边贬值，离岸人民币较

[①] Y. W. Cheung and D. Rime, "The offshore renminbi exchange rate: Microstructure and links to the onshore market," *BOFIT Discussion Papers*, 2014.

在岸便宜，主体可能选择境内购汇、境外卖汇，这种理性选择间接影响到境内的外汇供求水平。

二是影响在岸市场的本币汇率走势预期。理论和实践均表明，预期在汇率决定中具有重要的作用，尤其容易被市场的短期情绪所支配，引发"羊群效应"，形成预期的逐步自我实现。相对于在岸市场，离岸市场具有全球性、自由化、弱监管、广参与的特征，一些市场参与者，特别是中小微企业和个人，基于管制越少、价格可能越真实的片面认识，用离岸价格来锚定人民币汇率的价值中枢，反而容易被离岸市场的不理性交易所影响和牵制。

三是这种影响是人民币国际化进程的必然现象。一国货币成为国际货币后，汇率政策的灵活性必将受到一定约束，因为不稳定、易失衡的汇率表现，会弱化该货币的国际地位。在人民币国际化发展进程中，不宜以二元论将离岸与在岸市场简单对立，也不应存在汇率定价权由离岸市场控制的简单结论，而应适当看淡汇率政策而关注本币的利率政策。比如美元，美国境内人民币对美元交易并不发达，也可以说美国并没有人民币兑美元汇率的定价权，但美联储却可以通过对定期货币政策进行调整来影响人民币兑美元的汇率。

（二）离岸、在岸市场对于极端事件的反应

关于人民币离岸与在岸市场如何发展的文献较为丰富，但两个市场究竟谁影响谁，哪一个阶段谁占主导，这些问题尚未有定论。美元离岸与在岸的关系表明，两者之间没有绝对的主导关系，只是在某一阶段哪一个占上风而已。观察两个市场人民币价差与对敏感事件的反应可以发现，制度性调整的影响是最大的，关键还是要完善人民币汇率形成机制。

通过计量统计方法的"断点"观察，"8·11汇改"对两地汇差的影响很大，这种影响一直延续到2016年年初。"8·11汇改"前的汇差断点发生在2015年的7月21日，两地汇率各自的"断点"发生在2015年的8月7日，足以说明两地汇差有一定的预期性。由于2017年是国际"黑天鹅"事件频发的一年，国际争夺资本要素的竞争已经开始，有关部门要求严控跨境资金池业务的净流出，对资金池的流入、流出、净流入、净流出的数据进行调查，这属于常规性的抽样调查，是外汇局应该掌握的数据以便"精准监管"，因为人民币汇率形成机制改革还在过程当中，应避免受

到离岸市场过多的"国际政治因素"的干扰。随着"一带一路"倡议的继续推进，人民币在岸与离岸市场产品开发和互动还在继续深化，以应对今后更多的国际"黑天鹅"事件。满足中国跨国企业抗击不确定性风险的产品需求将越来越大，同时金融监管部门需要在"精准监管"上降低成本。

第五节 人民币 DF 和 NDF 汇率关系的检验

自从改革开放以来，人民币汇率市场化经历了长期的发展，DF 与 NDF 市场的套利空间是检验外汇市场有效性的一种方法，由于现行人民币汇率制度下，离岸人民币 NDF 与 DF 之间报价分歧较大，本节通过人民币 DF 和 NDF 关系的检验，探讨其对人民币汇率的影响。

一、NDF 与人民币在岸可交割远期汇率、人民币离岸可交割远期汇率的关系检验

本节在现有研究成果的基础上，分析 NDF 与人民币在岸可交割远期汇率（CNYDF）、人民币离岸可交割远期汇率（CNHDF）的协整关系和 Granger 因果关系，同时运用脉冲响应函数来分析 NDF 与 CNYDF、CNHDF 之间的相互影响，对 NDF 与 CNYDF、CNHDF 之间的关系进行剖析。

（一）数据选取及向量自回归模型建立

考虑到相关变量指标的时间连续性和数据的可获得性，本节选取离岸 NDF 汇率记为 NDF，选取香港离岸人民币 DF 汇率记为 CNHDF，选取在岸 DF 汇率记为 CNYDF，每个变量都有 1 个月期、3 个月期、6 个月期、9 个月期、1 年期的报价。数据样本区间为 2011 年 7 月 28 日至 2014 年 1 月 2 日，剔除因两地假日等因素无法比较的数据，单一变量有效数据样本共 635 个，数据来源为汤森路透数据库，构建 NDF 与 CNYDF、CNHDF 之间的 VAR 模型，模型表示如下：

$$y_{1t} = \alpha + \sum_{i=1}^{P} \beta_i y_{1,t-i} + \varepsilon_t$$

（二）NDF 与 CNYDF、CNHDF 序列的平稳性检验

本节选择 ADF 检验法对变量 $NDF1M$（表示 1 个月期 NDF，下同）、$NDF3M$、$NDF6M$、$NDF9M$、$NDF12M$、$CNHDF1M$、$CNHDF3M$、$CNHDF6M$、$CNHDF9M$、$CNHDF12M$、$CNYDF1M$、$CNYDF3M$、$CNYDF6M$、$CNYDF9M$、$CNYDF12M$ 进行平稳性检验，检验结果显示 $NDF1M$、$NDF3M$、$NDF6M$、$NDF9M$、$NDF12M$、$CNHDF1M$、$CNHDF3M$、$CNHDF6M$、$CNHDF9M$、$CNHDF12M$、$CNYDF1M$、$CNYDF3M$、$CNYDF6M$、$CNYDF9M$、$CNYDF12M$ 均是一阶单位根过程（见表 8-3、表 8-4、表 8-5）。

表 8-3 境外 NDF 单位根检验结果

变量	ADF 检验值	检验类型 (c, t, p)	5% 临界值	10% 临界值	结论
$NDF1M$	-1.6003	$(c, t, 0)$	-3.4179	-3.1314	不平稳
$\Delta NDF1M$	-3.4418	$(c, 0, 0)$	-2.8665	-2.5695	平稳
$NDF3M$	-1.7913	$(c, t, 0)$	-3.4179	-3.1314	不平稳
$\Delta NDF3M$	-24.2641	$(c, 0, 0)$	-2.8665	-2.5695	平稳
$NDF6M$	1.7253	$(c, t, 0)$	-3.4179	-3.1314	不平稳
$\Delta NDF6M$	-24.2320	$(c, 0, 0)$	-2.8665	-2.5695	平稳
$NDF9M$	-1.6148	$(c, t, 0)$	-3.4179	-3.1614	不平稳
$\Delta NDF9M$	-24.5594	$(c, 0, 0)$	-2.8665	-2.5695	不稳
$NDF12M$	-1.5294	$(c, t, 0)$	-3.4179	-3.1314	不平稳
$\Delta NDF12M$	-23.6403	$(c, 0, 0)$	-2.8665	-2.5695	平稳

[注：检验类型 (c, t, p) 中的 c 表示常数项，t 表示时间趋势项，p 表示滞后期。]

表8-4 香港DF单位根检验结果

变量	ADF检验值	检验类型 (c, t, p)	5%临界值	10%临界值	结论
CNHDF1M	-1.6441	$(c, t, 0)$	-3.4179	-3.1314	不平稳
ΔCNHDF1M	-25.6440	$(c, 0, 0)$	-2.8665	-2.5695	平稳
CNHDF1M	-1.4326	$(c, t, 0)$	-3.4179	-3.1314	不平稳
ΔCNHDF3M	-25.5457	$(c, 0, 0)$	-2.8665	-2.5695	平稳
CNHDF6M	-1.1779	$(c, t, 0)$	-3.4179	3.1314	不平稳
ΔCNHDF6M	-25.2260	$(c, 0, 0)$	-2.8665	-2.5695	平稳
CNHDF9M	-1.0369	$(c, t, 0)$	-3.4179	-3.1314	不平稳
ΔCNHDF9M	-24.6340	$(c, 0, 0)$	-2.8665	2.5695	平稳
CNHDF12M	-0.9350	$(c, t, 0)$	-3.4179	-3.1314	不平衡
ΔCNHDF12M	-25.2180	$(c, 0, 0)$	-2.8665	-2.5695	平稳

[注：检验类型 (c, t, p) 中的 c 表示常数项，表示 t 时间趋势项，p 表示滞后期。]

表8-5 境外DF单位根检验结果

变量	ADF检验值	检验类型 (c, t, p)	5%临界值	10%临界值	结论
CNYDF1M	-1.8504	$(c, t, 0)$	-3.4179	-3.1314	不平稳
ΔCNYDF1M	-24.6306	$(c, 0, 0)$	-2.8665	-2.5695	平稳
CNYDF3M	-1.8074	$(c, t, 0)$	-3.4179	-3.1314	不平稳
ΔCNYDF3M	-25.0578	$(c, 0, 0)$	-2.8665	-2.5695	平稳
CNYDF6M	-1.6674	$(c, t, 0)$	-3.4179	3.1314	不平稳
ΔCNYDF6M	-25.1594	$(c, 0, 0)$	-2.8665	-2.5695	平稳
CNYDF9M	-1.5638	$(c, t, 0)$	-3.4179	-3.1314	不平稳
ΔCNYDF9M	-25.5839	$(c, 0, 0)$	-2.8665	2.5695	平稳
CNYDF12M	-1.5138	$(c, t, 0)$	-3.4179	-3.1314	不平衡
ΔCNYDF12M	-26.2558	$(c, 0, 0)$	-2.8665	-2.5695	平稳

[注：检验类型 (c, t, p) 中的 c 表示常数项，表示 t 时间趋势项，p 表示滞后期。]

（三）NDF 与 CNYDF、CNHDF 关系的动态分析

基于建立的 VAR 模型，使用 Ganger 因果检验分析 NDF 与 CNYDF、CNHDF 之间的动态关系。

对 NDF、CNYDF、CNHDF1 个月期、3 个月期、6 个月期、9 个月期、1 年期分别进行 Granger 因果关系检验，检验结果见表 8-6 至表 8-10。

对于 1 个月期的 NDF、CNYDF、CNHDF 在 5% 的显著性水平下，存在 NDF 到 CNYDF 的单向 Granger 因果关系，说明 NDF 变动是 CNYDF 变动的原因，反之不成立。NDF 与 CNHDF、CNYDF 与 CNHDF 则存在双向 Granger 因果关系，说明 NDF 变动与 CNHDF 变动存在相互影响，CNYDF 变动与 CNHDF 变动存在相互影响。

表 8-6　1 个月期变量的 Granger 因果关系检验结果

原假设	F 统计量	概率 P	结论
$CNYDF1M$ 不是 $NDF1M$ 的 Granger 原因	2.00506	0.1356	接受
$NDF1M$ 不是 $CNYDF1M$ 的 Granger 原因	14.8321	0.0000	拒绝
$CNHDF1M$ 不是 $NDF1M$ 的 Granger 原因	3.51753	0.0303	拒绝
$NDF1M$ 不是 $CNHDF1M$ 的 Granger 原因	77.0994	0.0000	拒绝
$CNHDF1M$ 不是 $CNYDF1M$ 的 Granger 原因	8.21939	0.0003	拒绝
$CNYDF1M$ 不是 $CNHDF1M$ 的 Granger 原因	128.673	0.0000	拒绝

对于 3 个月期的 NDF、CNYDF、CNHDF，在 5% 的显著性水平下，存在 CNYDF 到 CNHDF 的单向 Granger 因果关系，说明 CNYDF 变动是 CNHDF 变动的原因，反之不成立。NDF 与 CNHDF、CNYDF 与 NDF 则存在双向 Granger 因果关系，说明 NDF 变动与 CNHDF 变动存在相互影响，CNYDF 变动与 NDF 变动存在相互影响。

表 8-7　3 个月期变量的 Granger 因果关系检验结果

原假设	F 统计量	概率 P	结论
$CNYDF3M$ 不是 $NDF1M$ 的 Granger 原因	5.84818	0.0031	拒绝

续表 8-7

原假设	F 统计量	概率 P	结论
NDF3M 不是 *CNYDF3M* 的 Granger 原因	11.2748	0.0000	拒绝
CNHDF3M 不是 *NDF3M* 的 Granger 原因	4.73940	0.0091	拒绝
NDF3M 不是 *CNHDF3M* 的 Granger 原因	64.3307	0.0000	拒绝
CNHDF3M 不是 *CNYDF3M* 的 Granger 原因	2.45318	0.0870	接受
CNYDF3M 不是 *CNHDF3M* 的 Granger 原因	119.307	0.0000	拒绝

对于 6 个月期的 NDF、CNYDF、CNHDF，在 5% 的显著性水平下，存在 NDF 到 CNHDF 的单向 Granger 因果关系，说明 NDF 变动是 CNHDF 变动的原因，反之不成立。同时，存在 CNYDF 到 CNHDF 的单向 Granger 因果关系，说明 CNYDF 变动是 CNHDF 变动的原因，反之不成立。NDF 与 CNYDF 则存在双向 Granger 因果关系，说明 NDF 变动与 CNYDF 变动存在相互影响。

表 8-8　6 个月期变量的 Granger 因果关系检验结果

原假设	F 统计量	概率 P	结论
CNYDF6M 不是 *NDF6M* 的 Granger 原因	6.73934	0.0013	拒绝
NDF6M 不是 *DNYD6M* 的 Granger 原因	4.78299	0.0087	拒绝
CNYDF6M 不是 *NDF6M* 的 Granger 原因	2.37637	0.0938	接受
NDF6M 不是 *CNHDF6M* 的 Granger 原因	76.3292	0.0000	拒绝
CNYDF6M 不是 *CNYDF6M* 的 Granger 原因	1.62068	0.1978	接受
CNDF6M 不是 *CNHD6M* 的 Granger 原因	113.781	0.0000	拒绝

对于 9 个月期的 NDF、CNYDF、CNHDF，在 5% 的显著性水平下，存在 NDF 到 CNHDF 的单向 Granger 因果关系，说明 NDF 变动是 CNHDF 变动的原因，反之不成立。同时，存在 CNYDF 到 CNHDF 的单向 Granger 因果关系，说明 CNYDF 变动是 CNHDF 变动的原因，反之不成立。NDF 与 CNYDF 则存在双向 Granger 因果关系，说明 NDF 变动与 CNYDF 变动存在相互影响。9 个月期的 NDF、CNYDF、CNHDF 之间的相互影响关系与 6

个月期的 NDF、CNYDF、CNHDF 之间的相互影响关系一致。

表8-9 9个月期变量的 Granger 因果关系检验结果

原假设	F 统计量	概率 P	结论
CNYDF9M 不是 NDF9M 的 Granger 原因	5.45947	0.0045	拒绝
NDF9M 不是 CNYDF9M 的 Granger 原因	5.64410	00037	拒绝
CNHDF9M 不是 NDF9M 的 Granger 原因	1.03473	0.3560	接受
NDF9M 不是 CNHDF9M 的 Granger 原因	70.4631	0.0000	拒绝
CNHDF9M 不是 CNYDF9M 的 Granger 原因	1.67539	0.1882	接受
CNYDF9M 不是 CNHD9M 的 Granger 原因	115.918	0.0000	拒绝

对于1年期的 NDF、CNYDF、CNHDF，在5%的显著性水平下，存在 NDF 到 CNYDF 的单向 Granger 因果关系，说明 NDF 变动是 CNYDF 变动的原因，反之不成立。同时，存在 NDF 到 CNHDF 的单向 Granger 因果关系，说明 NDF 变动是 CNHDF 变动的原因，反之不成立。同时还存在 CNYDF 到 CNHDF 的单向 Granger 因果关系，说明 CNYDF 变动是 CNHDF 变动的原因，反之不成立。

表8-10 1年（12个月）期变量的 Granger 因果关系检验结果

原假设	F 统计量	概率 P	结论
CNYDF12M 不是 NDF12M 的 Granger 原因	2.84375	0.0591	接受
NDF12M 不是 CNYDF12M 的 Granger 原因	8.67686	0.0002	拒绝
CNHDF12M 不是 NDF12M 的 Granger 原因	0.29727	0.7430	接受
NDF12M 不是 CNHD12M 的 Granger 原因	74.8215	0.0000	拒绝
CNHDF12M 不是 CNYDF12M 的 Granger 原因	1.90674	0.1495	接受
CNYDF12M 不是 CNHDF12M 的 Granger 原因	116.874	0.0000	拒绝

三、检验结果及启示

（一）人民币在岸即期汇率引导香港离岸即期汇率

实证研究表明，CNY 即期汇率单向引导 CNH 即期汇率，第 2 个时段比第 1 个时段效果更强，第 3 个时段比第 2 个时段效果更强。通过 Granger 检验，信息溢出的一方掌握定价的主动权，说明 CNY 即期汇率掌握了完全主动权。

在岸 CNY 市场对离岸 CNH 市场汇率形成具有主导作用，CNY 的价格主要是由四大国有商业银行、几十家商业银行和几家外资银行做市商组成，四大国有商业银行的外汇交易占市场交易总量的 90% 以上，是市场最大的卖方，而中国人民银行是最大的买方。政策限制和市场接受度低导致衍生品市场发展不足，CNY 价格是央行的意志和市场态度综合的反映。

也有学者认为，人民币长期单边升值造成升值预期的自我强化和自我实现，汇率失衡反映的是国内有效需求不足、投融资体制欠发达、要素价格扭曲、资本流出限制较多等深层次矛盾，① CNH 市场与 CNY 市场之间已存在自发的套利机制，使境内外汇率之间具有内在收敛性。基于现阶段境内有管理的汇率制度，CNH 价格以 CNY 价格为基础，在市场供求、本币外币利率、人民币风险偏好等因素作用下上下波动。

CNH 与 CNY 之所以仍存在差价，主要有三方面原因，一是 CNH 市场没有波幅限制，使得 CNH 价格在心理预期的作用下，变化速度快于 CNY 价格。由于 CNH 市场的高度开放性，离岸人民币在短期内可能摆脱 CNY 市场的牵制出现大幅波动。二是随着区域性和全球性投资者进入 CNH 市场，交易不再局限于贸易、投资等实体经济活动而更趋多元化，汇率、利率等各类人民币产品的丰富，也吸引更多的参与者进入市场并影响人民币供求。三是目前跨境资金流动仍仅限于贸易等经常项目和部分被允许的金融项目交易，CNH 和 CNY 之间的价格套利机制不能完全发挥作用。

（二）人民币离岸 NDF 价格引导在岸远期价格，在岸远期价格与香港离岸远期价格相互影响

从 Granger 因果关系看，1 个月期 NDF 单向引导 CNYDF，3 个月期

---

① 参见管涛《协调推进人民币离岸与在岸市场发展》，载《中国金融》2013 年第 17 期，第 28～29 页。

CNYDF 单向引导 CNHDF，6 个月期 NDF 单向引导 CNHDF，6 个月期 CNYDF 单向引导 CNHDF，9 个月期 NDF 单向引导 CNHDF，9 个月期 CNYDF 单向引导 CNHDF，1 年期 NDF 单向引导 CNYDF，1 年期 NDF 单向引导 CNHDF，1 年期 CNYDF 单向引导 CNHDF。总体看，NDF 对 CNYDF 和 CNHDF 的引导作用比较强，CNYDF 对 CNHDF 存在引导作用。

第一，NDF 市场的影响力很大，不仅在岸远期价格受其影响，香港离岸远期价格也受其影响，这与 NDF 市场发展时间长、市场交易量大有关。投资需求和政策宽松导致境外 NDF 市场发展迅速，自离岸人民币市场建立以来，得益于人民币资产的高收益率和汇率的低波动性，境外投资者持有人民币资产的意愿持续高涨，并大量利用衍生品进行套保和套利交易，推升 NDF 和 CNHDF 的交易量。相比在岸市场，离岸市场对外汇即期及衍生品交易无明显限制，市场参与者结构和产品结构方面更加完善，因此 NDF 价格在人民币汇率市场中的影响力很大，但随着 CNHDF 市场的崛起，NDF 影响力的效果在不断减弱，黄志龙①认为 CNHDF 汇率曲线最终会取代 NDF 汇率曲线，因为 CNHDF 是本金可交割的离岸市场，在国内资本项目开放和利率市场化的背景下，此市场形成的汇率曲线更加精准地反映人民币的真实融资成本，在境内外都有实体的大型中资企业可以在 CNYDF、CNHDF、NDF 三个外汇市场进行交易和对冲风险，拥有更多选择降低风险。随着 CNYDF 市场的发展，传统的 NDF 市场逐渐萎缩，CNYDF 和 CNHDF 市场对 NDF 市场的影响力也不断加强。

第二，CNYDF 汇率和 CNHDF 汇率相互影响。人民币汇率定价权在在岸市场，对离岸市场的影响力毋庸置疑，CNHDF 市场虽然成立时间较晚，但具有可交割性，参与者多、日均交易量大，发展很快。贺晓博、张笑梅（2012）认为香港离岸人民币可交割远期（CNHDF）价格已经对境内人民币远期（CNYDF）价格产生影响，在岸市场与离岸市场远期产品的相互影响力将越来越强。

◆思考讨论题◆

1. 你认为中国利率不断市场化会对人民币的离岸和在岸市场造成怎

---

① 黄志龙：《人民币离岸市场发展的趋势、影响与对策建议》，载《国际金融》2013 年第 6 期，第 36～38 页。

样的影响？请用相关理论进行阐述。

2. 国际收支调节理论的发展经历了哪些阶段，它们各自从什么角度出发进行分析？

3. 离岸市场与在岸市场的联动关系涉及四个渠道，你认为哪一个渠道最重要？请说明理由。

4. 在人民币离岸市场与在岸市场之间的流动渠道中，哪些渠道不容易受到政府管制？请说明理由。

5. 你认为人民币在岸和离岸市场的套利行为是利大于弊还是弊大于利？请说明理由。

第九章 人民币国际化：基于离岸市场的视角

货币国际化是货币的一部分或者全部职能，从一国或原使用区域扩展到周边国家、区域乃至全球，最终演化为区域货币乃至全球通用货币的动态过程。2008年全球金融危机爆发后，人民币国际化的呼声渐强，为顺应国际市场需求，2009年我国开启人民币国际化进程。人民币国际化发展程度整体呈现螺旋式提升态势，人民币在全球货币体系中的地位持续巩固、愈加稳定。但值得注意的是，人民币的国际地位仍低于中国在世界经济和贸易中所占份额，定价和价值储藏功能仍然有限，金融市场能够促进人民币国际化的进程，本章从离岸市场的角度，探讨人民币国际化的阶段、规律和路径。

第一节 人民币国际化的理论研究

一国货币实现国际化需经历漫长的历史时期，这既体现国际市场对一国货币的客观需求，同时也是一国政府货币供给的有效延伸。伴随着世界主要国际货币的交替更迭，货币国际化的相关理论也层出不穷，这为指导和推动人民币国际化的实践提供理论依据。

一、货币国际化程度的研究

货币国际化程度常用的度量方法是利用国际货币的价值储藏、支付手段、记账单位三大职能，通过选取三大职能的相关代理变量测算货币国际化程度。关于国际货币职能中价值储藏的度量，其他国家是否选取该货币作为本国的官方外汇储备是衡量一国货币国际化程度的关键，在三个职能中具有重要地位。目前使用最多的代理变量是国际货币基金组织公布的官方外汇储备货币构成（currency composition of official foreign exchange reserves，COFER）所提供的某国货币所占份额，如丁剑平和楚国乐①的研究。关于国际货币职能中支付手段的度量，大多数学者都选择基于国际清算银行（BIS）每三年发布一次的外汇交易数据计算得出的指标，如彭红枫和谭小玉②的研究，利用该货币外汇市场交易量占外汇市场交易总量的比重度量国际化程度中的支付手段职能。

关于国际货币职能中记账单位的度量，目前最常用的是国际贸易中计价货币的币种结构和计价货币的国际债券份额指标，但由于世界范围内暂时缺乏计价货币的币种结构数据，所以大部分研究选取国际清算银行中国际债券中的货币份额作为度量记账单位职能的代理变量，如白晓燕和邓明明③。

此外，越来越多的学者选择综合利用国际货币职能的相关代理变量，构建较为全面的度量货币国际化程度的指标，最具代表性的是李瑶④，赋予货币国际流通范围和数量以及官方外汇储备占比三个指标相同的权重构建"货币国际度指数"，李瑶构建的货币国际度指数具有一定的开创性，之后很多学者在李瑶的研究成果上进行修正和改进，以得到更为恰当的货币国际化代理指标，如人民币国际化研究课题组⑤，将指标增加到7个构建人民币国际化指数（RMB internationalization index，RII），这7个指标分别为货币境外流通范围指数、货币境外流通数量指数、货币在国际贸易中支付数量指数、货币在国际贷款市场计价数量指数、货币在国际债券市场计价数量指数、货币直接投资计价数量指数和货币在境外国家官方储备数量指数。

---

① 丁剑平、楚国乐：《货币国际化的影响因子分析——基于面板平滑转换回归（PSTR）的研究》，载《国际金融研究》2014年第12期，第35～46页。

② 彭红枫、谭小玉：《人民币国际化研究：程度测算与影响因素分析》，载《经济研究》2017年第52卷第2期，第125～139页。

③ 白晓燕、邓明明：《货币国际化影响因素与作用机制的实证分析》，载《数量经济技术经济研究》2013年第30卷第12期，第113～125页。

④ 李瑶：《非国际货币、货币国际化与资本项目可兑换》，载《金融研究》2003年第8期，第104～111页。

⑤ 人民币国际化研究课题组：《人民币国际化的时机、途径及其策略》，载《中国金融》2006年第5期，第12～13页。

罗斌等[1]运用熵权法确定各指标的币种，分别赋予官方外汇储备占比指标0.37、外汇市场交易占比指标0.36、国际债券市场占比指标0.27的权重来衡量货币国际化程度。彭红枫和谭小玉[2]基于货币的三大职能，将货币国际化所必备的因素分为经济基本面因素（经济实力、贸易规模和币值稳定）和结构因素（货币发行国政策支持力度、金融体制和金融市场开放程度等结构化因素），从绝对和相对两个角度，利用主成分分析法构建货币国际化衡量指标。绝对指标主要是经济基本面因素对货币国际化程度的贡献，相对指标是给定基本面因素下结构性因素的贡献。也有少数学者从其他角度提出其他的代理指标，如吴舒钰和李稻葵[3]认为，货币的价值储藏功能是建立在记账单位和支付手段基础之上的，衡量货币的价值储藏功能可以直接体现国际化程度。货币在金融和国际贸易中的可交易性是一国货币可以充当国际储备货币的前提，并且一国所拥有的外国投资存量相比流量更加稳定，可以通过测算非本国投资者所持有本币资产总量衡量货币国际化程度。

二、货币国际化影响因素的研究

（一）货币国际化影响因素的研究

众多研究表明，经济规模（包括国内生产总值和出口贸易额）、币值的稳定性（包括国内物价稳定和汇率稳定）、金融市场的发达程度和资本市场的开放程度、货币的网络外部性（或货币国际地位的惯性）四个方面对货币国际化影响显著，如李稻葵和刘霖林[4]的研究。Ito 和 Chinn[5]指出，经济实力是影响一国货币国际化程度的重要因素，但货币国际化程度与经

---

[1] 罗斌、何兴益、刘锦薇：《货币国际度评价模型及实证分析》，载《宏观经济研究》2015年第1期，第81~87页。

[2] 彭红枫、谭小玉：《人民币国际化研究：程度测算与影响因素分析》，载《经济研究》2017年第52卷第2期，第125~139页。

[3] 吴舒钰、李稻葵：《货币国际化的新测度——基于国际金融投资视角的分析》，载《经济学动态》2018年第2期，第146~158页。

[4] 李稻葵、刘霖林：《人民币国际化：计量研究及政策分析》，载《金融研究》2008年第11期，第1~16页。

[5] H. Ito and M. Chinn, "The Rise of the 'Redback' and China's Capital Account Liberalization: An Empirical Analysis on the Determinants of Invoicing Currencies," *La Follette School Working Paper*, 2014.

济规模并非一一对应，发行国币值稳定会促进货币国际化进程，金融市场的发达程度和开放程度也有着显著的正向影响。彭红枫等[1]认为经济实力是货币国际化的重要基础，货币惯性与汇率改革不可忽略，金融市场的成熟度与网络技术的作用日渐明显。

在上述四个影响因素的基础上，彭红枫和谭小玉[2]又加入政治稳定程度和军事实力因素，并选择世界银行公布的政治稳定系数和累积军费支出占GDP的比重指标进行衡量。罗斌和王雅楠[3]在加入军事因素之外，也加入了科技等因素，认为经济规模、金融市场等因素对货币国际化有直接影响，而军事因素和科技因素是直接影响与间接影响并存。丁一兵和钟阳[4]从双边贸易角度研究发现，双边贸易量对货币流通量具有正向作用，而两国之间的距离对货币流通量具有反向作用。姜晶晶和孙科[5]指出，货币发行国的财政越稳健越有利于货币国际化，汇率的波动程度对货币国际化程度有显著的反向作用，并且证实货币使用惯性的存在。此外，一些学者研究政治和军事因素对货币国际化的影响，例如Gao[6]认为去全球化趋势和贸易保护主义的兴起将会影响人民币的国际地位。

很多学者针对某一影响要素展开具体研究，如赵然[7]发现当一国成为经济大国后，经济规模对货币国际化的影响程度会较之前减弱，典型实例是"日元悖论"。王珊珊等[8]具体分析金融市场对货币国际化的影响，指

---

[1] 彭红枫、谭小玉、祝小全：《货币国际化：基于成本渠道的影响因素和作用路径研究》，载《世界经济》2017年第40卷第11期，第120～143页。

[2] 彭红枫、谭小玉：《人民币国际化研究：程度测算与影响因素分析》，载《经济研究》2017年第52卷第2期，第125～139页。

[3] 罗斌、王雅楠：《货币国际化的影响因素及其传导路径分析》，载《中国软科学》2018年第11期，第41～49页。

[4] 丁一兵、钟阳：《货币国际化的影响因素：基于交换结构矩阵的实证研究》，载《国际经贸探索》2013年第29卷第6期，第49～58页。

[5] 姜晶晶、孙科：《基于动态面板数据的国际储备币种结构影响因素分析——兼论人民币成为国际储备货币的前景》，载《金融研究》2015年第2期，第57～75页。

[6] Gao Haihong, "The RMB Internationalization and the Reform of the International Monetary System," *Global Economic Observer* 5, no. 1 (2017), pp. 113～117.

[7] 赵然：《汇率波动对货币国际化有显著影响吗？》，载《国际金融研究》2012年第11期，第55～64页。

[8] 王珊珊、黄梅波、陈燕鸿：《金融市场发展对一国储备货币地位的影响与人民币国际化——基于PSTR模型的实证分析》，载《重庆大学学报（社会科学版）》2018年第24卷第1期，第22～33页。

出金融市场规模与效率对货币国际化的非线性影响显著,且金融市场效率对货币国际地位的影响要大于金融市场规模。Zhang 和 Zhang[①] 认为跨境套利在人民币国际化的兴衰过程中发挥重要作用。

然而部分学者对惯性因素的重要性提出质疑,如赵然[②]通过一阶差分矩估计方法和系统矩估计方法分析货币国际化的影响因素,发现过往研究过分夸大货币惯性的影响力,由于现阶段国际金融市场高度发达,这在很大程度降低货币转换成本,从而降低货币惯性对货币国际化的影响程度。丁剑平和楚国乐[③]研究发现货币网络外部性、经济规模与净出口对货币国际化的影响都具有非线性特征,随着货币网络外部性和经济规模的不断扩大,货币网络外部性和经济规模对货币国际化的影响处于高体制水平,但超出一定水平时影响会向低体制转化,而净出口对货币国际化的影响则由低体制向高体制转化。

(二) 影响因素实证分析的研究

多数研究针对多个主要国际货币构建面板数据模型进行估计,代表性研究有彭红枫和谭小玉[④]等。还有学者分国别构建模型,针对单一币种进行分析,如丁一兵等[⑤]利用改进的空间面板模型,研究日元国际化的直接影响因素和空间溢出效应,货币使用国随日本双边贸易规模的扩大和金融市场的发展会增强该国用日元进行结算的偏好,同时金融市场越发达的货币使用国会带动周边国家使用日元。张志文和白钦先[⑥]探索澳元汇率波动与澳元国际化的关系,在假定其他条件不变的情况下,澳元兑美元汇率波动率每增加 1 个标准差,澳元货币国际化程度下降 1%。

---

① M. Zhang and B. Zhang, "The Boom and Bust of the RMB's Internationalization: A Perspective from Cross-Border Arbitrage," *Asian Economic Policy Review* 12, no. 2 (2017), pp. 237~253.

② 赵然:《汇率波动对货币国际化有显著影响吗?》,载《国际金融研究》2012 年第 11 期,第 55~64 页。

③ 丁剑平、楚国乐:《货币国际化的影响因子分析——基于面板平滑转换回归(PSTR)的研究》,载《国际金融研究》2014 年第 12 期,第 35~46 页。

④ 彭红枫、谭小玉、祝小全:《货币国际化:基于成本渠道的影响因素和作用路径研究》,载《世界经济》2017 年第 40 卷第 11 期,第 120~143 页。

⑤ 丁一兵、钟阳、赵宣凯:《日元国际化的直接影响因素及空间溢出效应——基于 OTC 交易量的空间面板模型研究》,载《世界经济研究》2013 年第 2 期,第 22~26、87 页。

⑥ 张志文、白钦先:《汇率波动性与本币国际化:澳大利亚元的经验研究》,载《国际金融研究》2013 年第 4 期,第 52~63 页。

在实证模型方面，He 等①构建引力模型，研究国际货币在金融市场地域的分布取决于货币发行国和货币使用国的特点，如果双边贸易和资本流动较大或者货币使用国经济规模较大，那么货币发行国货币在使用国被用来交易的可能性越大，并且使用国金融市场的发展水平和两国是否使用同一种语言是货币分布的重要影响因素，在此基础上指出要推进人民币国际化，就应增大在英国和美国金融市场的使用度。姜晶晶和孙科②通过引入惯性因素将静态模型扩展为动态模型，探讨经济规模、经常账户差额、财政稳健程度和货币惯性对货币国际化的影响。彭红枫等③从货币交易成本和信息成本角度，运用主成分分析法构建外汇储备货币选择的因素影响模型，进而分析货币国际化的影响因素和作用途径。王珊珊等④构建面板平滑转换模型（PSTR），分析金融市场的发展对货币国际化的影响程度。Xu 和 Cai⑤选择 PSTR 模型，并且通过 CCE（common correlated effects）方法，消除面板数据的截面相关性，探究不同金融市场发展水平下，资本账户开放对货币国际化程度的影响。

虽然研究货币国际化影响因素在实证方法和模型方面有所不同，但结论基本一致，主要影响因素有经济规模、对外贸易规模、币值的稳定性、金融市场的发达和开发程度、货币使用惯性、科技实力、军事实力、国际收支和财政稳健度等。现有研究对于影响货币国际化因素的影响程度与所占权重尚未准确分级，并且货币国际化是一个长期动态行进的过程，在各个阶段其显著影响因素会有所不同，现有研究大多都没有对其进行分阶段研究。

---

① Qing He et al., "The geographic distribution of international currencies and RMB internationalization," *International Review of Economics & Finance* 42 (2016), pp. 442~458.

② 姜晶晶、孙科：《基于动态面板数据的国际储备币种结构影响因素分析——兼论人民币成为国际储备货币的前景》，载《金融研究》2015 年第 2 期，第 57~75 页。

③ 彭红枫、谭小玉、祝小全：《货币国际化：基于成本渠道的影响因素和作用路径研究》，载《世界经济》2017 年第 40 卷第 11 期，第 120~143 页。

④ 王珊珊、黄梅波、陈燕鸿：《金融市场发展对一国储备货币地位的影响与人民币国际化——基于 PSTR 模型的实证分析》，载《重庆大学学报（社会科学版）》2018 年第 24 卷第 1 期，第 22~33 页。

⑤ Xu Guoxiang and Cai Wenjing, "The Influence of Capital Account Liberalization on Currency Internationalization under the Condition of Financial Development," *Studies of International Finance*, no. 5 (2018), pp. 3~13.

三、货币国际化的利益风险研究

大多数学者对货币国际化的利益成本分析从以下几个方面展开:

第一,从铸币税角度。部分学者认为货币国际化所带来的直接收益就是铸币税,如李翀[1],货币国际化后本国货币被其他国家视为"硬通货",可以直接提升该国货币的购买力。陈雨露等[2]从美元的铸币税收益和储备在其他国家的美元净收益,以及其他无法计量的超经济收益等方面,验证"美元作为国际货币为美国赚取超额利润"。但也有部分学者认为货币国际化带来的铸币税收益非常有限,如 Papaioannou 和 Portes[3] 研究发现,美元的铸币税大约只占美国 GDP 的 0.2%。宋芳秀和李庆云[4]指出美元所带来的铸币税收益高于美元国际化的成本,但对于货币国际化程度较弱的其他国家来说,很可能会出现铸币税的收益和其他间接收益小于维持货币国际化成本的情况。

第二,货币国际化对货币政策调控的影响。大部分支持货币国际化会减弱货币政策效果的学者认为,货币国际化后本币需求量难以确定,且政府运用利率手段实施货币政策调控经济很难达到效果,因此中央银行货币调控能力减弱。[5] 但也有学者对货币国际化减弱货币政策效果这一观点持相反意见,如 Papaioannou 和 Portes [6]分析美元国际化后美国实施货币政策的效果,结果无论是在货币需求量还是利率政策方面,都不能证明货币国际化会减弱货币政策效果。王鸿飞[7]认为,由于货币政策的溢出效应和利

---

[1] 李翀:《关于国际铸币税收益的探讨》,载《当代经济研究》2012 年第 8 期,第 68～72 页。

[2] 陈雨露、王芳、杨明:《作为国家竞争战略的货币国际化:美元的经验证据——兼论人民币的国际化问题》,载《经济研究》2005 年第 2 期,第 35～44 页。

[3] E. Papaioannou and R. Portes, "Costs and benefits of running an international currency," *European Economy*, *Economic Papers* 348 (2008).

[4] 宋芳秀、李庆云:《美元国际铸币税为美国带来的收益和风险分析》,载《国际经济评论》2006 年第 4 期,第 54～56 页。

[5] 参见 Siqi Xia, "Path Selection of Renminbi (RMB) Internationalization under 'The Belt and Road'(B & R) Initiative," *American Journal of Industrial and Business Management* 8, no. 3 (2018), pp. 667～685。

[6] E. Papaioannou and R. Portes, "Costs and benefits of running an international currency," *European Economy*, *Economic Papers* 348 (2008).

[7] 王鸿飞:《人民币国际化的现状、影响及未来货币政策取向》,载《科学决策》2013 年第 2 期,第 56～70 页。

率市场化，人民币国际化会对我国货币政策的独立性产生一定程度的冲击，货币国际化会在一定程度削弱准备金政策和再贴现政策效果，但会增强公开市场业务效果。马荣华[1]认为，人民币国际化会减轻国际收支平衡对我国财政政策和货币政策制定的约束，一个国家的货币在国际上越有话语权，政策制定者就越容易追求公共收益，而更加自由的财政政策和货币政策也会带来更大的收益。Chey 和 Li[2] 分析人民币国际化的案例，证实货币国际化不一定会降低央行的货币政策自主权，相反，对于一些货币政策自主性、独立性较低的中央银行，货币国际化可能会增强其自主权。梅建予和陈华[3]认为，人民币国际化会扩大汇率变动对国内经济的影响，应将汇率变动指标纳入货币政策的反应函数中。经实证和理论分析得知，人民币国际化对国内价格的有效性没有影响，对国内货币政策的有效性没有影响，对国内产出有效性的影响取决于国内经济结构。

第三，货币国际化对本国金融市场的影响。目前大部分学者倾向于货币国际化所带来的有利影响，Shen[4]认为货币国际化可以解决货币回流问题，促进一国金融市场的对外开放和金融产品的开发，有利于本国公司和金融机构跨国经营，还可以降低该国贸易中的交易成本和汇兑成本，增加货币发行国金融部门的佣金收益，同时货币发行国可以通过发行货币来弥补本国财政赤字，而货币使用国只能通过实行紧缩的财政政策来缓解财政赤字，但紧缩的财政政策会带来比如失业率增加等不利影响。Cohen[5]认为，随着一国货币国际化程度的提高，该国金融机构在通过中央银行进行金融交易时比外国机构拥有比较优势，从而能赚取较大利润，同时一国货币的国际化会以其他国家的损失为前提，来实现本国的潜在收入分配效

---

[1] 马荣华：《人民币国际化成本与收益的再思考》，载《现代经济探讨》2014 年第 2 期，第 33～37 页。

[2] Hyoung-kyu Chey and Yu Wai Vic Li, "Bringing the Central Bank into the Study of Currency Internationalization: Monetary Policy, Independence, and Internationalization," *National Graduate Institute for Policy Studies* (*GRIPS*) *Discussion Papers*, 2016.

[3] 梅建予、陈华：《人民币国际化对货币政策有效性的影响》，载《南方经济》2017 年第 4 期，第 1～18 页。

[4] Shen Jun, "Analysis on Revenue and Risk of Currency Internationalization," *Journal of Chongqing Three Gorges University* 26, no. 1 (2010), pp. 59～61.

[5] Benjamin J. Cohen, "The Benefits and Costs of an International Currency: Getting the Calculus Right," *Open Economies Review* 23 (2012), pp. 13～31.

应。Wang 等①基于 NOEM 模型分析得出美元国际化导致美元升值，短期和长期都没有出现汇率超调，短期刺激美国国内消费但长期受到抑制，短期国内产出水平下降但长期上升，贸易条件在短期内有所改善但长期恶化，福利在短期和长期都有所改善。

Bénassy-Quéré 和 Forouheshfar②认为人民币国际化会减少不对称贸易冲击对浮动汇率的影响，并减轻中国保持人民币钉住美元的扭曲影响，同时会一定程度放大贸易冲击对外国净资产头寸的影响。然而，一国货币的国际化很有可能会带来大量国外资本的流入，有可能引起金融市场的动荡，甚至成为金融危机的诱因。

除此之外，Zhu③从货币发行国的角度指出，一国货币充当国际货币会存在四个矛盾，供给与需求、流入与流出、增量与存量、汇率与利率，所以任何一个国家的货币都不可能永远充当国际货币。Cohen④重新梳理争论数十年的货币国际化成本收益问题，从经济和政治两个维度归纳五类收益和三类成本，减少交易成本，铸币税收入，提高宏观经济灵活性，政治杠杆（硬实力）和声誉（软实力），货币升值、外部约束和政策责任。Helleiner⑤对国际货币发行的成本与收益进行综述，认为货币国际化所带来的成本大于收益，指出未来可能会出现美元和人民币都不愿做货币领导者的局面。Chen⑥拓展一般的收益成本模型，按照货币国际化的不同阶段来分析收益和成本，在此基础上论述货币国际化的补偿机制。王国刚⑦指出，作为国际货币不能仅从自身利益出发，更重要的是负有协调各方面的

---

① Wang Xiaoyan, Lei qinli and Li Meizhou, "The Impact of Currency Internationalization to Domestic Economy," *Statal Research* 29, no. 5 (2012), pp. 23～33.

② Agnès Bénassy-Quéré and Yeganeh Forouheshfar, "The impact of yuan internationalization on the stability of the international monetary system," *Journal of International Money & Finance* 57 (2015), pp. 115～135.

③ 朱纯福：《主权货币国际化内在矛盾及其策略选择——兼论国际货币体系多元发展路线的历史逻辑》，载《世界经济研究》2011 年第 3 期，第 28～33、87～88 页。

④ Benjamin J. Cohen, "The Benefits and Costs of an International Currency: Getting the Calculus Right," *Open Economies Review* 23 (2012), pp. 13～31.

⑤ Eric Helleiner and Anton Malkin, "Sectoral Interests and Global Money: Renminbi, Dollars and the Domestic Foundations of International Currency Policy," *Open Economies Review* 23 (2012), pp. 33～55.

⑥ 陈小五：《货币国际化的收益成本分析》，载《上海金融》2012 年第 6 期，第 31～33、116 页。

⑦ 王国刚：《人民币国际化的冷思考》，载《国际金融研究》2014 年第 4 期，第 3～14 页。

责任，人民币国际化很可能会带来负向的铸币税收益，推进人民币国际化的目的，是作为一个发展中大国主动承担起维护国际秩序的责任，推进国际货币体系改革。马荣华[①]认为货币国际化会增加货币发行国的影响力，即名誉（软实力），这意味着我国要承担更多的责任，同时人民币国际化还会对地缘政治有所影响，一方面在争夺国际货币地位时会造成国际关系紧张，另一方面货币国际化会提高货币发行国的经济地位和政治地位，从而增强其他国家对该国货币的依赖度。

综上，货币国际化的收益可以归纳为三个方面：首先，带来铸币税的收益，这是普遍公认的货币国际化所带来的收益；其次，以往学者的研究普遍认为货币国际化会减弱货币政策的实施效果，但近几年的研究中有学者指出这种影响并无实证支持，同时货币国际化还有利于缓解财政赤字；最后，货币国际化还会减少交易成本，改善贸易条件，促进本国金融市场的发展，但为了有效避免货币国际化带来金融市场的动荡，国家需要加强监管，完善市场机制的建设。

关于货币国际化收益成本方面的研究仍存在很多不足，现有对货币国际化收益成本的研究主要停留在定性分析层面，对于货币国际化实际收益和成本的研究仍然存在很多误区和空白，并且由于金融市场相对复杂，各市场因素之间相互作用、相互影响，存在内生性问题，在定量分析方面仍有很长的路要走。

四、离岸/在岸型货币国际化的理论

离岸/在岸型（资产/负债型）货币国际化理论基石最早可寻源于美国经济学家罗伯特·特里芬在其《黄金与美元危机——自由兑换的未来》一书中提出的观点，"由于美元与黄金挂钩，而其他国家的货币与美元挂钩，美元虽然取得了国际核心货币的地位，但各国为发展国际贸易，必须用美元作为结算与储备货币，这样会导致流出美国的货币在海外不断沉淀，对美国来说就会发生长期贸易逆差；而美元作为国际货币核心的前提是必须保持美元币值稳定与坚挺，这又要求美国必须是一个长期贸易顺差国。这两个要求互相矛盾，因此是一个悖论"，这一内在矛盾称为"特里芬难

---

① 马荣华：《人民币国际化成本与收益的再思考》，载《现代经济探讨》2014 年第 2 期，第 33~37 页。

题"（Triffin Dilemma）。

美国居民得到的好处是提前消费，再以消费来拉动经济，同时可以通过美元贬值来赖掉债务。美国居民可以这样做的前提条件是美国市场规模大，然而当时以法国政府为代表的各国机构纷纷用手中的美元到美国兑换黄金，美国由此遇到麻烦，而随着美国海外投资的加剧，尼克松政府出于对资本外流的担心，颁布了Q项条例，由此美元的离岸市场兴盛起来。

"斯蒂格利茨怪圈"由2001年诺贝尔经济学奖获得者斯蒂格利茨提出的，关于亚洲国家和美国之间资本流动的奇特现象，表现为亚洲国家将本国企业的贸易盈余转变成官方外汇储备，并通过购买收益率很低的美国国债投资到美国资本市场。美国在贸易逆差的情况下，大规模接受这些"亚洲美元"，然后又以证券组合投资、对冲基金等形式，将这些亚洲美元投资在以亚洲为代表的高成长新兴市场获取高额回报。这实际是一种失衡的国际资本循环方式，反映的是一种离岸与在岸、资产负债的循环交替关系。

第二节 人民币国际化的路径

从一定角度看，要使人民币达到国际化的程度，无非要看它在跨境支付、外汇交易和投融资等领域扮演何种重要角色，国际货币基金组织（IMF）当年讨论是否把人民币纳入SDR货币篮子时，考虑的具体指标包括人民币外汇交易量、人民币跨境支付和贸易融资规模、人民币国际债券市场、人民币国际银行业负债以及人民币外汇储备资产等。推进人民币的国际化，其路径应该发展和开放人民币资本市场，构建人民币离岸市场，实现人民币的国际储备货币地位与中国经济、贸易和金融市场在全球的地位相匹配。

一、人民币国际化路径的相关研究

关于实现人民币国际化目标的路径（如图9-1所示）研究集中在以下三方面。

图 9-1 人民币国际化的路径

(1) 借鉴其他货币国际化的经验。李稻葵和尹兴中[1]指出,人民币的国际化路径与英美两国货币的国际化路径不同,英美两国货币的国际化是建立在强大的军事实力和强权政治基础上,而人民币要建立在强大的经济实力基础上。胡方和丁畅[2]基于凯恩斯货币境外需求动机理论,指出日元只是国际外汇市场的套利工具,并没有真正发挥国际货币功能,因而未能成为国际货币,而目前人民币也面临相同的境遇,此前人民币国际化程度的上升是建立在人民币不断升值的基础上,人民币的贬值会导致国际化程度的下降,这需要吸取日元的教训,积极调整应对战略,提高风险防范意识。

(2) 结合金融改革推进人民币国际化。从金融改革角度,李稻葵和刘霖林[3]认为人民币国际化应该采取双轨并行的路径,一方面鼓励贸易以人民币结算,稳步推进人民币可兑换,规范金融市场制度,提高我国金融市场运行效率;另一方面凭借香港成熟金融市场的优势,防范离岸人民币过度分散风险,进而带动发展我国金融市场。Xu 和 Zou[4]认为推动金融改革要促进人民币资本项目可兑换,扩大人民币结算范围,加快国际金融市

---

[1] 李稻葵、尹兴中:《国际货币体系新架构:后金融危机时代的研究》,载《金融研究》2010 年第 2 期,第 31~43 页。

[2] 胡方、丁畅:《外汇投机偏好对人民币国际化的冲击——基于日元衰退的实证分析》,载《经济与管理评论》2018 年第 34 卷第 2 期,第 94~108 页。

[3] 李稻葵、刘霖林:《人民币国际化:计量研究及政策分析》,载《金融研究》2008 年第 11 期,第 1~16 页。

[4] Xiaoling Xu and Yunqin Zou, "The Basis and Path Choice of Internationalization of RMB," in International Conference on Humanities and Social Science Research, 2016.

场建设。彭红枫等[1]通过构造外汇储备货币币种选择影响因素模型,发现我国两次汇改对推动人民币国际化起到的作用有限,并且强调汇率市场化是人民币国际化的重要前提,主张逐步完善金融市场机制建设,稳步开放资本账户,同时巩固香港在离岸人民币市场上的核心地位,发挥其领头作用。

(3)结合"一带一路"倡议推进人民币国际化。从国家战略角度,如配合"一带一路"倡议,建立和运营人民币离岸金融中心,推动人民币国际化进程。王晓芳和于江波[2]认为,在"一带一路"倡议的背景下,首先要在贸易合作机制和人民币嵌入机制的基础上推行贸易合作,推行人民币区域国际化突破;其次在贸易合作的前提下,加快人民币资本输出,推动金融合作,实现人民币区域国际化;最后在实体经济和虚拟经济相互融合并且达到成熟阶段时推动货币合作,实现人民币国际化的目标。陈雨露[3]认为以"一带一路"为契机,推动沿线国家进行大宗商品计价结算,在对外援助、项目贷款等方面提高人民币的使用率,鼓励使用人民币进行结算,以"一带一路"产业园区作为支撑扩大人民币在当地的需求和使用率,充分发挥电子商务的作用带动人民币在沿线国家的使用。鲁政委[4]认为,当前从贸易角度推进人民币国际化比较吃力,应该尝试新的方式,例如资本形式输出,特别要借助"一带一路"倡议,扎实拓展人民币的投融资功能。

此外,王慧和赵亚平[5]基于国际分工程度和市场运行效率的重要性,建议采用"跨国公司+国内金融改革"的路径来推动人民币国际化进程,他们认为跨国公司的发展与国际分工的演变相互促进,跨国公司是资本的载体,可以通过跨国公司来提升中国在国际分工中的地位。

利率制度的市场化和汇率制度的弹性是提高市场运行效率的关键,要

---

[1] 彭红枫、谭小玉、祝小全:《货币国际化:基于成本渠道的影响因素和作用路径研究》,载《世界经济》2017年第40卷第11期,第120~143页。

[2] 王晓芳、于江波:《丝绸之路经济带人民币区域国际化的渐进式路径研究》,载《经济学家》2015年第6期,第68~77页。

[3] 陈雨露:《"一带一路"与人民币国际化》,载《中国金融》2015年第19期,第40~42页。

[4] 鲁政委:《储备货币元年的人民币国际化之路》,载《金融时报》2017年4月20日,第2版。

[5] 王慧、赵亚平:《人民币国际化路径的回顾与反思》,载《经济问题》2013年第1期,第73~77页。

促进国内金融改革来提升市场交易效率。甄峰[①]认为推进人民币国际化需要从三个方向进行,着重国内金融体制改革,提升国际参与度,推进离岸市场建设,同时从货币职能角度出发,推进离岸市场建设,扩大商品或服务的人民币结算比例,利用香港金融市场的优势,逐步实现人民币的可兑换,提升我国国际地位与影响力,实现货币储备职能。

学者对人民币国际化实施路径的观点基本一致,主要包括参考其他国家货币国际化的经验或教训,强调国内金融市场改革的重要性,构建市场化的利率制度和有弹性的汇率制度,借助于成熟的香港金融市场防范风险,发展人民币离岸市场,努力实现人民币可兑换,结合"一带一路"倡议鼓励使用人民币结算。

二、人民币国际化指数

中国人民大学国际货币研究所发布《人民币国际化报告2016》,在中国经济运行平稳、资本项目跨境人民币业务政策进一步深化、人民币基础设施逐步完善、"一带一路"倡议有序推进等因素作用下,人民币国际化指数走强,5年增长逾10倍(如图9-2所示)。

人民币国际化指数是综合考虑人民币在贸易计价、国际金融计价和官方外汇储备的全球占比计算得出,取值范围为0~100,RⅡ数值不断变大,表明人民币发挥了更多国际货币职能,其国际化水平越来越高。报告显示,截至2015年年底,美元的国际化指数为54.97,欧元为23.71,日元为4.29,英镑为4.53。

人民币国际化指数走强的原因在于:①中国经济运行总体平稳、金融改革有序推进;②资本项目跨境人民币业务政策进一步深化;③人民币基础设施逐步完善,相关配套体系与国际接轨;④"一带一路"倡议有序推进,中欧经济金融合作掀起热潮;⑤在金融环境动荡、美元大幅走强的背景下,大宗商品领域人民币计价使用程度增强。

---

① 甄峰:《人民币国际化:路径、前景与方向》,载《经济理论与经济管理》2014年第5期,第22~31页。

图9-2 人民币国际化指数

三、人民币离岸/在岸型国际化的格局[①]

人民币国际化考虑采取离岸与在岸型国际化（如图9-3所示），这是在中国特殊历史发展的内外格局中形成的，也是那些加入 SDR 篮子货币曾经走过的路径。

由于中国资本项目的开放是渐进性的，因此必然产生离岸和在岸两种人民币汇率，其他 SDR 货币由于境内外税率的不同，历史上也存在过两种价格。由于处于不同的经济发展阶段，两种价格根据各自的规模来相互引导，货币的国际化也呈现出曲折路径，簿记的角度可以将离岸与在岸存量与流量当作资产与负债。若一国经济规模庞大，可以先从在岸交易开始，通过进口支付给非居民人民币，来开拓境外非居民持有人民币"权利"的欲望，但倘若国际收支逆差、境内外产业结构调整形成就业压力使得这种路径不可持续，这时候离岸市场可以作为"另一只脚"启动。当一

---

① 参见丁剑平《离岸与在岸人民币国际化路径研究》，载《中国货币市场》2017年第2期，第22～24页。

国产业结构调整将企业的视野引向世界市场，兼并和收购显示出资本全球"追逐利润"的本能。

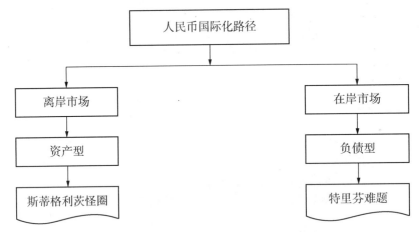

图9-3 人民币国际化的"两只脚"迈进

传统的货币国际化研究往往是考察货币的交易功能、支付/结算功能、储藏功能、网络外部性功能、世界货币功能等。实际上，以上的离岸与在岸、资产与负债背后的支持性要素是实体经济中商品的货币计价模式，最实质性要素就是计价货币功能，这是由该国在全球产业链中的地位决定的。传统的国际经济学教科书中，有生产者货币计价（producer currency pricing, PCP）、消费地货币计价（local currency pricing, LCP）和标准锚货币计价（vehicle currency pricing, VCP）三种模式，采用哪种模式取决于一国在国际市场上的议价地位。

离岸型（资产型）货币国际化的海外投资，除了资本实力之外，更主要的是该国出口产品在国际市场上的竞争能力，你无我有的"异质性"，这也体现在投资带动的产品出口中，例如中国"一带一路"的高铁建设等项目。在岸型（负债型）的货币国际化依赖本国市场规模，除了人均消费能力（收入较高）外，市场的外部性（一体化和标准化）程度是核心竞争力，在这点上中国和欧元区比日本强。

然而，无论是资产型还是负债型，其稳定性都不能与标准锚货币计价VCP相比，美元的VCP地位是靠着战后的制度性强制和军事性"霸主"获得的，并通过其全球金融市场深度确认了美元国际化地位，例如美国芝加哥和纽约等地的商品交易所把持着全球大宗商品计价货币地位，一旦形

第九章 人民币国际化：基于离岸市场的视角

成网络外部性使得其国际货币地位相对稳定。

第三节 人民币国际化的市场和机制基础

自从2005年汇改后，人民币国际化进程持续推进，这得益于中国经济与对外贸易规模的快速增长，同时人民币在2005—2014年对美元升值、市场及机制方面的安排也推动其国际化进程。2015年以后，受汇率贬值及经济增长减速影响，人民币国际化进程在市场层面有所放缓，人民币国际化水平低于中国经贸在全球的影响力。

在人民币汇率趋于稳定的背景下，在决策层面通过一些新的机制安排有助于稳定国际市场对人民币的信心，包括通胀目标制或对通胀控制的强化；在法律层面，人民币支付范围的法律规定可适当修订，以推进人民币国际化进程；在市场层面，可增强大宗商品交易的人民币定价权，适时考虑整合或者统一离岸、在岸市场等。

一、离岸市场和人民币的国际化

人民币国际化和世界主要国际货币一样，需要市场的基础。

第一，国际货币必须24小时交易。在伦敦、纽约的时区，须要有离岸市场的交易，让当地投资者和用人民币做贸易结算的企业有交易人民币的平台。

第二，国际货币通常会有大量第三方交易。第三方交易是中国以外的两个国家、两个企业或者两个人之间的人民币交易，美元的第三方交易至少占一半以上（甚至可能为2/3）。因此，如果人民币具有类似美元的地位，那么第三方交易有相当大的比重，而第三方交易一般倾向于使用离岸市场，而不是使用在岸市场。

第三，大量非居民要求在发行国的境外持有该国货币或者该国的货币资产，因为担心资产会在境内市场被冻结，70%的非美国居民所持有的美元投资均在美国境外的离岸市场。

第四，在为全球交易提供流动性方面，离岸市场可以通过乘数效应创造流动性，并较少对境内货币政策的冲击。现在离岸市场的美元，以及今后离岸市场的人民币都会有一个乘数效应，在境外创造新的流动性。

但中国人民银行对设立人民币离岸市场仍然有一些担忧。按国际惯例，离岸金融市场通常不受交易货币所在国金融当局的管辖，中国内地的利率尚未市场化，与香港市场利率的不同有可能带来风险，导致大规模套利行为并动摇人民币的稳定，在香港开展人民币业务将使人民币更容易受到市场波动的影响。

由于开办离岸金融市场业务的银行不需要向中央银行缴存准备金，不受法定存款准备金比率的约束，离岸银行的准备金略有增加就能创造大量的贷款，其货币创造乘数比内地银行高，因此有能力为客户提供利率更加便宜的贷款，不排除内地银行想方设法在香港购买人民币贷款，还有可能产生大量国际性人民币流动资产，造成央行信贷管理的困难和引发一些难以预料的后果。还有一种意见将美元离岸存款的增长与20世纪70年代的世界性通货膨胀相联系，认为离岸货币可能助长通货膨胀。同时，离岸银行的扩展减少了各国金融市场的分离，独立的国民货币通过离岸金融活动可逃避国内货币紧缩，造成货币流动的无管制，货币政策控制的效应因而降低，从而影响整个宏观经济。

2009年跨境贸易人民币结算试点开展以来，人民币离岸市场逐步发展壮大，根据国际清算银行2019年的调查，全球外汇市场上人民币的离岸市场交易量远超在岸市场。2020年境外持有境内人民币金融资产的总体规模上升，人民币作为国际货币的贮藏功能进一步增强。从支付功能看，人民币国际地位也有所上升，根据SWIFT的数据，2020年2月，人民币在全球支付货币中占比为2.1%，较2020年1月提高0.5个百分点，较2019年年底提高0.2个百分点，为2019年9月以来的新高，排名全球第五。

根据国家外汇管理局的数据，跨境收付中人民币占比33%，同比高10个百分点，为2009年跨境人民币计价结算以来的新高，离岸市场超过在岸市场是人民币国际化进程中必然结果。

一是境外主体使用和持有人民币必然产生本币对人民币交易的需求，正如境内有人民币对美元交易，离岸市场是顺应这种兑换需求的自然结果。二是即使在岸市场高度发达和开放，也无法集全球人民币需求于一地解决，这与市场参与者的地域性有关。

纵观G7货币，没有任何一种货币的交易全都发生在货币发行国境内，现有国际货币的外汇市场也呈现在岸小、离岸大的运行特征。国际清算银行2019年的调查显示，全球外汇市场中约71%的美元交易发生在美国境外，约 73% 的日元交易发生在日本境外。离岸市场发展较快也与在岸市场不完善有一定关系，如果在岸市场无法满足境内外主体的本币与外汇交易需求，一些境内主体就会被吸引到离岸市场，从而出现在岸市场被离岸市场压制的情况。

二、全球主要离岸金融中心人民币的交易比重

中国银行 2014 年 3 月 11 日向全球首发"离岸人民币指数"（BOC offshore RMB index，ORI）（如图 9-4 所示），这是中国银行继 2013 年推出"跨境人民币指数"（BOC cross-border RMB index，CRI）之后，向市场推出的又一综合反映人民币国际化水平的指数。

中行离岸人民币指数主要跟踪人民币在离岸金融市场上的资金存量规模、资金运用状况、金融工具使用等方面的发展水平，共设置五类指标，分别对应人民币行使价值储藏货币、融资货币、投资货币、储备货币及交易货币等五项国际货币职能，加权计算后反映人民币在国际金融市场上的综合发展水平。

中国银行发布的 2015 年二季度离岸人民币指数（ORI）。数据显示 2015 年二季度中国银行 ORI 指数为 1.37%，较上季度上升 0.1 个百分点，人民币在离岸金融市场的使用水平继续上升。数据显示，在相对平稳的利率汇率环境中，二季度离岸市场对人民币的各种内生需求得到较好释放，人民币在境外存款、贷款、债券、外汇交易、权益投资等多个市场的使用水平得到不同程度的提升，使本期指数较上期出现上涨。离岸人民币存款有所回升，离岸人民币债券发行有再度活跃迹象，离岸人民币贷款及融资增长放缓。第二季度末，离岸人民币存款约为 2.70 万亿元，较第一季度末回升 4%。离岸人民币债券发行额呈逐月提升态势，第二季度共计发行离岸人民币债券 529 亿元，同比下降四成，但较第一季度环比增长三成。离岸人民币贷款及融资余额较第一季度末增长 3%，同比增幅较上季度有所放缓。

国际货币格局持续调整，人民币在离岸市场使用份额继续提升。第二季度末，美元在离岸市场使用份额提升较为明显，而其他几种主要国际货币的使用份额则延续去年年末的下降趋势。美元、欧元、英镑、日元四种主要国际货币在离岸市场的使用份额合计达 87.82%，较去年末上升 1.7 个百分点。同期人民币在离岸金融市场使用份额提升 0.1 个百分点，使用份额稳步提升。

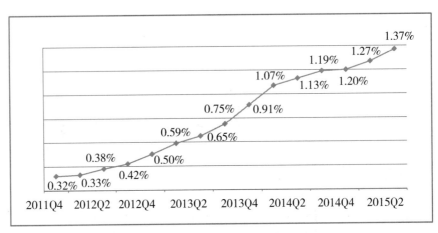

图9-4 中国银行离岸人民币指数（ORI）

三、市场和机制安排支撑人民币国际化发展

中国经济规模的长期快速稳定扩张，以及2001年加入世贸组织（WTO）带来的外贸高速增长，成为人民币国际化发展的经济基础。同时，人民币在2005—2014年对美元升值，市场及机制方面的安排，包括跨境贸易与投资便利安排，2008年年末以来的人民币流动性救助安排（本币互换协议），也推动着人民币的国际化进程。

总体来看，2015年上半年以前，人民币国际化处于加速发展进程中，跨境贸易结算、跨境投资及离岸市场规模均有所扩大。但随着近两年经济增长放缓，2015年8月至2016年年底人民币兑美元有所贬值，人民币国际化进程出现放缓（如图9-5所示）。但从机制角度看，2016年人民币加入国际货币基金组织（IMF）特别提款权（SDR），"一带一路"框架得到国际社会广泛接受和认同，以及"沪港通""深港通""债券通"的实施，都是近期加强人民币国际化的重要安排。

人民币国际化程度与中国经贸地位不匹配。从全球视角来看，用中国经济总量、对外贸易与人民币国际支付比例进行对比，图9-6与图9-7的横坐标是各国GDP及其贸易规模占全球总量的份额，纵坐标为各国货币在国际支付结算体系中的份额，可以看到，相较中国的经济体量与对外贸易在全球经济总量和贸易总量中占有15%与12%的份额，人民币在国际支付结算体系中占比仅为1%左右，远低于美国等主要发达经济体。

第九章 人民币国际化：基于离岸市场的视角

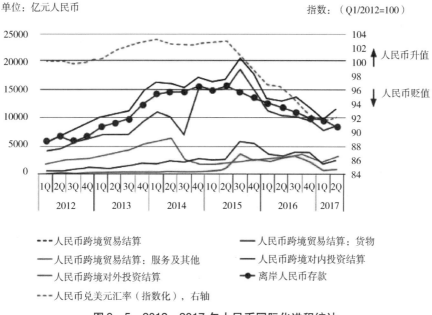

图9-5 2012—2017年人民币国际化进程统计
（数据资料：PBC，AMRO。）

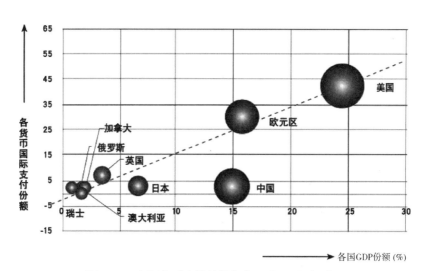

图9-6 各国货币支付份额与各国GDP份额对比
（数据资料：IMF，BIS，SWFT，AMRO。）

359

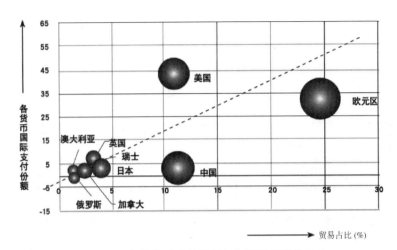

图9-7　各国货币支付份额与各国贸易份额对比

（数据资料：IMF，BIS，SWFT，AMRO。）

从国际储备的角度看，也可以得出相似的结论。据图9-8和图9-9，尽管中国的GDP及对外贸易分别占到全球经济总量和贸易总量的15%和12%，但中国人民币所占国际储备的份额只有0.9%。据图9-10，从各国货币在场外交易市场（over the counter，OTC）的交易占比看，人民币的份额也只有1%左右，同样与中国的GDP及对外贸易在全球份额中占比并不相称。

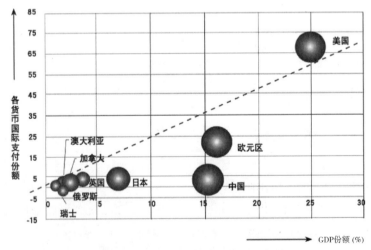

图9-8　各货币在外汇储备占比与各国GDP份额对比

（数据资料：IMF，BIS，AMRO。）

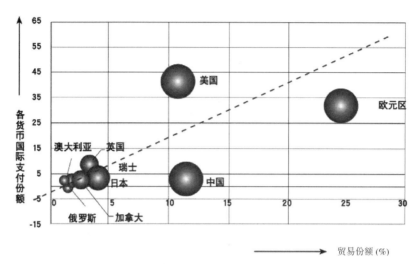

图9-9 各货币在外汇储备占比与各国贸易份额对比
（数据资料：IMF，BIS，AMRO。）

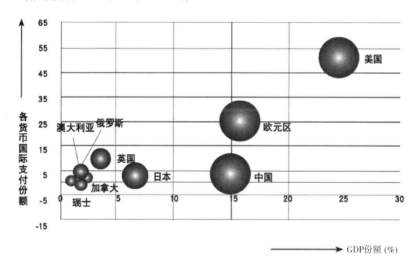

图9-10 各货币的OTC外汇交易份额与各国GDP份额对比
（数据资料：IMF，BIS，SWFT，AMRO。）

总体来看，人民币国际化取得了长足进展，但其国际化水平与当前中国在全球经贸中的地位仍不匹配，未来人民币的升值幅度难以超过2005—2015年的幅度，因而需要政府在市场和机制层面加强对人民币国际化的推动力量，补足较多依赖人民币升值推进人民币国际化的短板。在货币政策与立法层面，也应考虑相关制度安排促进人民币国际化。

市场层面,有两件事需要择机推动,一是尽快提升人民币参与大宗商品交易的力度,掌握定价权。中国是目前世界上最大的大宗商品消费国和进口国,但中国在相关方面却并不拥有人民币定价权,使得中国的大宗商品交易面临较大的汇率波动风险。二是相机整合或统一人民币离岸、在岸市场,向国际标准看齐。在 SDR 的所有篮子货币中,目前只有人民币在离岸、在岸两个市场的汇率、利率和定价机制各不相同。

在机制层面,"一带一路"倡议为人民币国际化提供了一种新的制度安排,强化了中国和其他国家的经贸与投资往来,促进人民币在全球更大范围的使用。

在货币政策上,通胀目标制或对通胀的强化控制有助于稳定市场对人民币的信心。一是通过稳定通胀水平,能够保持市场对房地产及金融资产价值稳定的预期,减少投机性行为。二是人民币成为 SDR 篮子货币,标志着人民币已经被正式承认为主要的国际储备货币,各国将不断增持人民币储备资产。在此情况下,中国应积极在国际上展示负责任大国的形象,明确承诺控制通胀,稳定国际上对人民币资产的信心。

从全球角度,包括 G20 在内的发达经济体多数实行的是通胀目标制,有助于增加政策的透明度与可预见性,稳定市场信心。从国内来看,通胀目标制并非全新事物,从 2005 年开始,每年的政府工作报告都会设定一个通胀水平的参考值。从制度安排角度,如果将这种参考目标升级为约束性较强的通胀目标安排,应没有太大困难。此前有人提出,通胀目标制的实现需要央行实现独立,但从目前实践看,央行与国务院的目标是一致的,对通胀的控制不会导致政府框架巨大的调整。

在法律层面,关于人民币支付范围的法律表述应适当修改以支持人民币国际化。目前关于人民币支付的立法表述来自 2003 年第十届全国人民代表大会通过的《中华人民共和国中国人民银行法(2003 年修正)》,其第十六条规定"中华人民共和国的法定货币是人民币。以人民币支付中华人民共和国境内的一切公共的和私人的债务"。可以看到,人民币的支付范围按法规限制在中华人民共和国境内。相较而言,美国《联邦储备法》第十六章规定:"联储票据(美元)为美国负债,所有的国家级银行、成员银行及储备银行必须接受。"换句话说,"美元是对所有公共及私人债务的法定货币"(This note is legal tender for all debts, public and private)。可见,对美元使用的条款并未限制其支付地域。有鉴于人民币已成为国际储备货币及全球主要支付货币，可考虑在立法层面取消人民币依法仅能在中华人民共和国境内支付债务的限制，推动人民币国际化进一步发展。

如果将人民币国际化比作一幢大厦，其重要的支柱建设包括市场和机制层面的八根支柱（如图9-11所示）。其中有些支柱已经建立或正在完善，包括市场方面的跨境贸易与投资，机制层面的人民币加入SDR，"一带一路"倡议及人民币救助安排（货币互换），画圈部分表示这里着重讨论的是未来应加强的市场与机制建设。当然，为推进人民币国际化而实施的各种安排，还需综合考虑中国整体宏观经济环境及现实情况，协调各方面的政策配合，从当前的环境看，实施这些安排的可行性正在逐步提高。

图9-11 人民币国际化需要的市场和机制基础

回顾从"8·11汇改"到中国人民银行引入一篮子汇率指数，再到在人民币汇率形成机制中引入逆周期因子，一系列改革使过去被动钉住美元带来的贬值压力得到释放，人民币有效汇率调整到相对均衡的位置。但参考一篮子货币只是完成"脱锚"后的第一步，未来人民币国际化还要建立基于国内基本面、兼顾全球责任的稳定机制，其规则也应更加清晰、透明，尤其应纳入更多反映基本面的宏观指标，在此基础上加强对汇率一致性预期的引导以及与市场的有效沟通等。

进一步地，纵观世界各国货币国际化推行的经验，本国的宏观经济和对外贸易是基础，抓住历史机遇政府主动推动是关键。应借人民币国际化发展的历史机遇期，进一步完善"以市场供求为基础，参考一篮子货币进行调节，有管理的"浮动汇率制度。一方面，可以为中国的经济增长提供有弹性且相对稳定的汇率环境；另一方面，中国应提升在全球货币金融体系中的地位，进一步发挥自身影响力及更好地维护自身利益。

第四节 设立离岸人民币在岸中心的构想[①]

一国货币的国际化是该国跻身世界经济强国、建立全球经济事务影响力和话语权的重要标志。随着一国经济的崛起，推进本国货币国际化，成为该国全面融入经济全球化和金融市场国际化的必由之路，成为该国走向大国经济、提升国际经济地位和竞争力的必要举措，也成为后金融危机时代健全国际货币体系、加强全球金融体系治理的必然选择。

一、离岸市场与在岸市场有序的对接

作为货币发行国，关键是引导离岸市场有序发展，完善离岸与在岸对接的通道和机制，促进离岸市场发展与在岸市场开放相互推动。

一方面，发达的离岸市场可以进一步推动本国货币国际化进程，使其在主要国际货币的竞争中赢得有利地位。国际经验表明，离岸金融市场的建立对一国货币的国际化具有重要推动作用，美元的国际化就是在境内IBFs市场和以伦敦为基地的欧洲美元市场的发展过程中不断演进的。目前，世界主要储备货币的国际使用主要是通过离岸市场实现的，离岸金融中心是财富集中地和金融活动交易地，世界货币存量的50%～70%通过离岸金融中心周转，世界银行资产的1/3、私人财富的30%～40%投资于离岸金融市场。

另一方面，离岸市场与在岸市场的有序对接，既有本国货币国际化的内在需求，又有世界实体经济全球一体化和金融市场国际化的外在压力。本国货币国际化的内在需求表现在经济全球化，金融市场国际化，加快一国货币离岸在岸对接、国际化发展和提高国际经济事务话语权的需求，在

---

① 参见陈云贤《设立离岸人民币在岸中心》，载《中国金融》2018年第19期，第19～21页。

岸管制的有效性受到挑战，在岸管制的成本难以承受。离岸在岸对接的外在压力主要体现在世界贸易组织和相关国际组织的推动，要求一国经常项目可兑换→资本项目可兑换→完全可兑换。因此，一国货币要实施国际化战略，就需要推动形成一个全球性的、离岸与在岸对接互动的本币金融市场。人民币国际化的进程应探讨设立人民币离岸业务在岸交易的结算中心（即"在岸中心"）。

目前，已初步形成中国香港、新加坡、伦敦三个人民币离岸业务中心，境内上海、深圳、珠海等地也开展了人民币离岸业务。作为货币发行国，关键是引导离岸市场有序发展，防止离岸本币对境内货币政策、金融稳定造成冲击，同时完善离岸与在岸对接的通道和机制，促进离岸市场发展与在岸市场开放相互推动。设立在岸中心是实现这一目标的有效手段，它有利于中国加快离岸金融市场发展进程，是中国现阶段发展人民币离岸金融市场、推进人民币国际化的必然要求，是多方共赢的理性选择。

渗透型离岸金融市场主要源于发展中国家，上海离岸金融市场作为发展中国家的市场之一，应该选择以分离为基础的渗透型模式，因为通常来说发展中国家实施外汇管制，这就排除了发展一体型离岸市场的可能性。发展中国家金融实力较薄弱，抗冲击能力较低，金融政策要保持较高的独立性，这决定了发展中国家的离岸业务和在岸业务的分离。然而外汇短缺是发展中国家普遍存在的问题，如果离岸市场的建立不能在一定程度上缓解这一问题，那它的意义就大打折扣。

鉴此，上海离岸金融市场应选择渗透型模式，其优点在于：

（1）便于保持我国金融政策的独立性。

（2）便于金融管理当局分别实施管理。

（3）搞活外汇市场，扩大利用外资。

（4）离岸市场上非居民外汇交易放开可以为以后我国取消外汇管制提供经验。

（5）外资金融机构带来的管理经验、先进技术和竞争有助于中资金融机构的成长，并走向国际化。

（6）在现行体制条件下发展上海国际金融中心。

以分离为基础的渗透型离岸金融市场，其管理难度较大，因为渗透型离岸市场本身具有一些灵活性，允许把离岸账户上的资金投放于境内企业，允许居民投资于离岸账户，允许离岸与在岸账户双向渗透，从而对汇兑市场所在国信用规模产生影响，并使外债管理难度加大，稍有不慎或监管不力便很可能对东道国的国际形象乃至整个金融经济活动造成巨大的损害。

通过对离岸金融中心形成路径的国际比较，我国建设离岸金融市场的背景与伦敦、纽约、新加坡等国家既有共同点，也有明显的不同之处。

（1）内外一体型模式不适用中国国情。我国建设离岸金融市场路径要综合考虑以下因素：一是结合我国金融体制改革的总体部署，有助于维持现有金融体制现状，不需要立即突破资本项目下的外汇管制，并且为资本项目下的完全开放进行尝试和探索。二是有助于弥补国内金融市场发展不足，利用外资实现经济发展战略，为实体经济发展提供支撑。三是有助于加快我国金融体制与国际接轨，金融产品创新能力的提高以及国际金融准则的对接都可以在离岸金融市场来先行先试。四是有助于国际金融人才的培养。因此，我国离岸金融市场不宜采用内外一体型模式。内外一体型需要金融业具有高度的经营自由，境内市场几乎完全开放，我国尚不具备相应的条件，仍实行外汇管制，资本项目下不能实行自由兑换。金融改革正在深化阶段，金融监管水平还有待提高，金融风险防范能力尚不足够。在这样一个较为薄弱的金融基础上建设"内外一体型"离岸金融市场，显然条件尚不成熟。

（2）单纯的避税型模式不适宜长远发展。特定区域避税型模式适合自身经济规模较小的小型国家或地区建立离岸金融。我国建立离岸金融市场的初衷是降低资金筹措成本，加强国际经济协作，促进国际贸易发展，推动我国市场经济发展的进程，但避税型离岸金融市场不具备资金集散和转口功能，它通常只起一个"记账中心"的作用，对本国经济发展缺乏推动作用。

（3）我国适宜采取划定区域、内外分离的路径，并通过税收优惠政策增强在国际市场上的吸引力。在区域的选择上，在上海、横琴等地划定区域开展离岸金融市场试点，逐步建设我国的离岸金融中心是切实可行的途径。

二、设计人民币离岸业务在岸交易结算中心

人民币离岸业务在岸交易结算中心模式探讨总体思路应坚持金融服务实体经济，坚持改革创新、先行先试，坚持风险可控、稳步推进，建立多

层次、国际化的在岸中心，引导人民币向外输出、有序回流、多币种交易，推动以人民币为主体的多样化金融产品的发展，促进人民币汇率形成市场化和资本项目可兑换，形成一个离岸在岸对接联动，覆盖亚洲、辐射全球、高度繁荣的人民币离岸金融市场，加快人民币区域化国际化进程，提升中国的贸易竞争力和经济影响力。

（一）基本框架

1. 区域布局

可考虑将广东或上海作为中国在岸中心试点区域之一。以广东为例，广东具备开展离岸人民币业务的经济与金融基础，经济体量大、外向度高，不但制造业发达，而且金融产业链条齐全，又有珠三角金融改革创新综合试验区政策优势。此外，广东是人民币国际化的重要桥头堡，2009年起即开展首批跨境贸易人民币结算试点，目前结算量占全国30%，人民币成为仅次于美元的第二大跨境收支货币。粤港共建全球人民币离岸市场有天然优势，设在广东的在岸中心又可与上海中国外汇交易中心分工合作、错位发展、交相辉映。

2. 服务内容

在岸中心作为服务离岸人民币用于非居民之间、居民与非居民之间贸易与投资的多币种结算中心，可在人民币与各币种间灵活汇兑，不受额度限制，但发展初期必须依托真实贸易和投资背景，而后逐步实现资本项目离岸可兑换。

3. 主要内容

一是推动企业在对外贸易和投资中使用人民币计价结算，营造人民币走出去和流回来的综合服务平台；二是开展跨境人民币业务和产品创新，建立服务实体经济、连接港澳、联通世界的跨境人民币投融资服务体系；三是引进境内外市场主体，在离岸与在岸人民币市场之间开展跨境交易，成为离岸与在岸人民币市场对接的主要枢纽；四是形成离岸人民币市场价格，成为人民币汇率形成的市场风向标。最终，各种可流动要素在此通过金融安排实现无障碍配置。

（二）制度设计

1. 核心制度

建议中国人民银行批准设立 CIBFs（China International Banking Facilities），允许境内金融机构（首批为外汇指定银行）建立CIBFs账户，率先在在岸中心（条件成熟后可扩展到其他地区）开展离岸人民币业务，吸引离岸人民币回归。CIBFs参照美国IBFs设立，不是一个独立的银行体系，也非特设的业务机构，而是金融机构专门处理离岸人民币业务的在岸资产负债账户。基本要素如下：境内银行等金融机构可使用其境内机构和设备，通过CIBFs吸收外币和境外人民币存款，不受国内法定准备金和利率上限等约束，也无须在存款保险基金投保；贷款可以向境内在岸发放，但必须用于境外离岸；CIBFs账户的人民币存贷款视同境外离岸人民币，与境内人民币账户严格分开管理；CIBFs的业务净收入是否缴税、缴税多少，视离岸人民币业务发展、竞争状况等而定。与IBFs有区别的是，居民也可以开设CIBFs账户，但必须用于离岸人民币和外币相关业务；非居民和居民只有开设CIBFs账户，才能在在岸中心以人民币进行贸易和投资，进行人民币与各币种的结算。简而言之，就是一套专门用来在中国境内在岸从事离岸人民币金融业务的资产负债账户及相关制度安排。

2. 定价体系

依托CIBFs开展离岸人民币与多币种交易结算，形成离岸人民币价格。可分阶段推进：第一阶段是建设多币种流通市场。仅面向实体经济交易主体，凭真实贸易和投资进行离岸人民币和多币种自由结算，人民币价格由交易主体参考银行挂牌价决定。第二阶段是建设银行间货币交易所。在中国人民银行的支持下，以中外资商业银行等为会员或做市商，建设离岸人民币与中国香港和中国澳门，以及东南亚等经济体货币交易的现货市场，在交易所内开展银行间交易，同时开设银行面向客户的场外交易。在交易所形成并发布人民币与周边国家货币的综合性汇率指数，并由此开发人民币与周边货币的衍生品交易和指数交易，确立离岸人民币的基准价格体系，与上海的在岸人民币汇率CNY相呼应。从更长远看，将来还可建立统一的货币交易所，即包括商业银行、非银行金融机构和合格的实体经济部门参与的场内交易市场，无须真实贸易投资背景即可进行人民币与外币的现货与衍生品交易，人民币汇率形成机制将更为市场化。

3. 配套措施

一是加强在岸中心所在区域的基础设施建设，优化投资发展环境，吸引金融机构和企业集聚。二是完善在岸中心的实体性、物理性交易设施以及与CIBFs账户系统配套的网络设施，建设高效、安全、稳定的数据系统和清算结算系统。三是引导区内金融机构设立数据备份中心等后台机构，支持开展离岸金融数据服务。四是吸引金融、法律、会计等领域的国际化人才，强化智力支撑。

三、离岸业务在岸交易结算中心与离岸市场互动共赢

首先，加强与香港离岸中心对接，粤港共建全球性的人民币离岸金融市场。设立在岸中心，是对香港国际金融中心建设的有力支持，而非此消彼长的替代关系。交易结算中心依真实贸易背景开展离岸人民币交易结算，形成人民币现货市场，和香港的人民币不可交割远期市场（NDF）不会形成冲突，实际上是在香港与内地之间、在人民币与港元之间形成一个缓冲地带。特别是在广东设在岸中心，就是为了推动粤港优势叠加，共建全球性人民币离岸金融市场。香港政府可深度参与在岸中心的发展，香港金融机构可开设 CIBFs 并成为做市商。粤港共建人民币离岸市场，应定位于成为全球离岸人民币的流动性聚集地、融资中心、定价中心、交易中心和财富管理中心，承担起人民币离岸业务的"批发"功能，提供多样化的人民币金融产品，并进行以离岸人民币直接标购以外币标值的资产、产权交易。新加坡、伦敦等其他离岸市场主要承担离岸人民币"零售"功能，发展成为区域性的人民币离岸中心。

其次，加强与新加坡离岸中心及东南亚金融市场的对接，推动东南亚地区成为人民币货币区。随着中国—东盟自由贸易区的如期建成，中国和东盟各国的贸易规模将持续扩大，人民币完全具备成为该区域主要支付和储备货币的可行性。新加坡作为东南亚人民币中心，应定位于成为为东南亚地区与中国贸易和投资提供人民币金融业务的平台，以及该地区投资人民币金融产品的重要区域市场。新加坡可通过在在岸中心设立 CIBFs，增强人民币流动性。在岸中心可通过与新加坡合作，辐射东南亚地区，特别是服务于中国向东南亚转移劳动密集型产业，促进以人民币投资、结算；还可以直接与东南亚主要经济体货币当局沟通，争取更多货币品种进入 CIBFs 交易，并引进当地金融机构和企业参与人民币汇率定价。

最后，加强与伦敦离岸中心的对接，促进人民币走向欧洲市场。伦敦应定位于成为人民币走向欧洲的"桥头堡"。短期内，伦敦对人民币的需求主要是对人民币产品的投资需求，这是因为伦敦聚集了全球对亚洲投资的大批机构投资者，且由于历史原因，伦敦和香港联系紧密，有利于香港

人民币产品在欧洲营销。中远期看，欧洲是中国最大贸易伙伴，但目前双边贸易的人民币结算量极低，伦敦将来可以为欧洲对中国的贸易和直接投资提供人民币金融服务，成为人民币在欧洲的主要离岸市场。中国要争取伦敦金融机构到在岸中心设立CIBFs，推动伦敦人民币离岸市场发展。

四、促进人民币国际化与本土企业国际化、银行国际化的协同推进

第一，重点推动资本项目下的人民币输出。推动本土企业"走出去"，以人民币对外直接投资（ODI），更多地发展人民币合格境内机构投资者（RQDⅡ）和High-tech QDⅡ；允许非居民在境内在岸通过发行债券、股票和贷款等方式融入人民币，扩大其在境内在岸发行人民币熊猫债券的规模，适时推出面向境外离岸投资者的国际板股票；培育境外离岸对人民币的需求，包括推动人民币金融产品和工具在香港等离岸中心交易，推动人民币用于跨境大宗商品交易的定价，推动第三方使用；推动人民币对外贷款，包括对发展中国家提供人民币无息贷款或援助。

第二，建立与实体经济发展相配套的跨境人民币投融资服务体系。为传统产业境外转移提供服务，配套建立与对外直接投资相关的人民币私募股权市场；在在岸中心设立人民币境外投资基金、出口信贷基金等，支持区内企业境外经营扩张；促进跨境人民币融资便利化。

第三，着力推动跨境服务贸易。把粤港共建人民币离岸市场与推进粤港服务贸易自由化和粤港澳大湾区建设结合起来，在在岸中心所在区域建设知识产权、技术、金融等服务贸易集聚区和跨境服务贸易中心，优化服务贸易发展环境，促进跨境服务贸易便利化。重点推动金融、保险、管理咨询、法律、会计等现代服务业加快"走出去"，以人民币进行跨境服务贸易和投资。

第四，设立国家标准碳现货期货交易所，推动形成"碳排放权交易—人民币结算"体系。可探索在在岸中心设立国家标准碳现货期货交易所，使人民币成为亚洲碳现货期货交易结算货币，为人民币货币区建设打开突破口。在此基础上形成"碳排放权交易—人民币结算"体系，作为对"石油交易—美元结算"体系的有力补充。

第五，推动中国国内银行加快提升国际竞争力。利用CIBFs账户发展国际银行业务；大力拓展境外市场，尤其是在中国香港、新加坡、伦敦等

地,积极开拓境外人民币客户,扩大人民币在境外的使用;更好地为本土企业"走出去"服务,加快形成对主要经贸地区的全覆盖,构建起全方位、全能化的服务链条,使机构设置、金融资源布局与企业"走出去"格局匹配。

总之,中国金融市场离岸在岸对接包括三个层次:信息交换(information exchange);部分协调(partial coordination),也称相机抉择的协调(discretion-based coordination);全面协调(full coordination),也称以规则为基础的协调(rule-based coordination)。通常我们会更多地选择全面协调,其主要着手于离岸、在岸实际对接中的四大方面联动,即结算体系联动、规则标准联动、法律条款联动和监督管理联动。中国实体经济逐步走向全球化,金融市场逐步走向国际化,根据国家发展实际,采取或运用不同类型、不同方式推动人民币离岸市场与在岸市场的有序对接互动,将能使中国更加有效地参与全球金融体系治理,促进全球经济和金融市场稳定发展。

◆思考讨论题◆

1. 人民币国际化会给我国带来哪些好处?
2. 你认为目前可以从哪些方向推进人民币国际化?
3. 简述影响国际货币区域分布的主要因素。
4. 简述人民币国际化的意义。
5. 简述离岸市场与人民币国际化的关系。

参考文献

中文文献

[1] 巴曙松,郭云钊.离岸金融市场发展研究:国际趋势与中国路径[M].北京:北京大学出版社,2008.

[2] 巴曙松.香港:人民币离岸金融中心[J].改革与理论,2002(7):26-28.

[3] 白晓燕,邓明明.货币国际化影响因素与作用机制的实证分析[J].数量经济技术经济研究,2013,30(12):113-125.

[4] 保罗·克鲁格曼,茅瑞斯·奥伯斯法尔德.国际经济学[M].4版.北京:中国人民大学出版社,1998.

[5] 曾之明.人民币离岸金融中心发展研究[D].长沙:中南大学,2012.

[6] 陈小五.货币国际化的收益成本分析[J].上海金融,2012(6):31-33,116.

[7] 陈秀梅,韦颜秋,仇立.国际金融实用教程[M].天津:南开大学出版社,2008.

[8] 陈雨露,王芳,杨明.作为国家竞争战略的货币国际化:美元的经验证据:兼论人民币的国际化问题[J].经济研究,2005(2):35-44.

[9] 陈雨露."一带一路"与人民币国际化[J].中国金融,2015(19):40-42.

[10] 池田信夫.安倍经济学的妄想[M].东洋经济新闻社,2013.

[11] 丁剑平,楚国乐.货币国际化的影响因子分析:基于面板平滑转换回归(PSTR)的研究[J].国际金融研究,2014(12):35-46.

[12] 丁一兵,钟阳,赵宣凯.日元国际化的直接影响因素及空间溢出效应:基于OTC交易量的空间面板模型研究[J].世界经济研究,

2013（2）：22-26，87.

[13] 丁一兵，钟阳.货币国际化的影响因素：基于交换结构矩阵的实证研究[J].国际经贸探索，2013，29（6）：49-58.

[14] 丁志杰.基于市场竞争视角的我国外汇市场发展历程与展望[J].清华金融评论，2018（12）：59-60.

[15] 杜金珉，郑凌云.利率平价理论对我国汇率决定的适用性探讨[J].学术研究，2001（3）：10-13.

[16] 管涛.汇率市场化改革的稳与进[J].金融博览，2017（9）：1.

[17] 管涛.协调推进人民币离岸与在岸市场发展[J].中国金融，2013（17）：28-29.

[18] 韩璞景.离岸人民币回流机制研究[J].金融经济，2016（2）：68-70.

[19] 贺晓博，张笑梅.境内外人民币外汇市场价格引导关系的实证研究：基于香港、境内和NDF市场的数据[J].国际金融研究，2012（6）：58-66.

[20] 胡炳志，张腾.利率平价对人民币远期定价影响的实证分析[J].统计与决策，2017（2）：156-159.

[21] 胡方，丁畅.外汇投机偏好对人民币国际化的冲击：基于日元衰退的实证分析[J].经济与管理评论，2018，34（2）：94-108.

[22] 胡再勇.我国的汇率制度弹性、资本流动性与货币政策自主性研究[J].数量经济技术经济研究，2010（6）：20-34.

[23] 黄学军，吴冲锋.离岸人民币非交割远期与境内即期汇率价格的互动：改革前后[J].金融研究，2006（11）：86-92.

[24] 黄勇，文兰娇，陶建平.Linkage Between Onshore RMB Foreign Exchange Forward Markets and Offer Shore NDF Markets[J].金融经济学研究，2011，26（3）：58-65.

[25] 黄志龙.人民币离岸市场发展的趋势、影响与对策建议[J].国际金融，2013（6）：36-38.

[26] 冀志斌，周先平，曲天遥.境外人民币利率变动预期对境内利率的影响研究[J].宏观经济研究，2015（6）：30-38.

[27] 贾彦乐，张怀洋，乔桂明.人民币在离岸汇差波动特征及影响因素研究[J].新金融，2016（8）：21-27.

[28] 姜晶晶，孙科.基于动态面板数据的国际储备币种结构影响因素分

析：兼论人民币成为国际储备货币的前景［J］. 金融研究, 2015 (2): 57-75.

[29] 李翀. 关于国际铸币税收益的探讨［J］. 当代经济研究, 2012 (8): 68-72.

[30] 李翀. 论人民币区域化与人民币离岸金融中心的形成［J］. 中国经济问题, 2004 (6): 3-9.

[31] 李稻葵, 刘霖林. 人民币国际化: 计量研究及政策分析［J］. 金融研究, 2008 (11): 1-16.

[32] 李稻葵, 尹兴中. 国际货币体系新架构: 后金融危机时代的研究［J］. 金融研究, 2010 (2): 31-43.

[33] 李静萍. 论国际汇率制度变迁的一般规律及启示［J］. 山西财经大学学报, 2003 (1): 63-67.

[34] 李隽. 对我国商业银行金融创新风险防范的分析与探讨［J］. 时代金融, 2012 (23): 64-64.

[35] 李晓, 冯永琦. 香港离岸人民币利率的形成与市场化［J］. 社会科学战线, 2012 (2): 91-103.

[36] 李瑶. 非国际货币、货币国际化与资本项目可兑换［J］. 金融研究, 2003 (8): 104-111.

[37] 李颖, 栾培强. 人民币汇率传导效果与传导机制分析［M］. 北京: 经济科学出版社, 2010.

[38] 刘丹. 上海离岸金融市场建设的模式及路径研究［J］. 宏观经济研究, 2010 (4): 32-37, 79.

[39] 刘华, 李广众, 陈广汉. 香港离岸人民币汇率已经发挥影响力了吗? ［J］. 国际金融研究, 2015, 399 (10): 3-11.

[40] 刘利刚. 金融套利导致贸易失真? ［J］. 新华月报, 2014 (8): 21-22.

[41] 刘亚, 李伟平, 杨宇俊. 人民币汇率变动对我国通货膨胀的影响: 汇率传递视角的研究［J］. 金融研究, 2008 (3): 28-41.

[42] 刘亚, 张曙东, 许萍. 境内外人民币利率联动效应研究: 基于离岸无本金交割利率互换［J］. 金融研究, 2009 (10): 94-106.

[43] 刘钟钦. 金融市场学［M］. 北京: 中国农业出版社, 2007.

[44] 鲁政委. 储备货币元年的人民币国际化之路［N］. 金融时报, 2017-04-20 (2).

[44] 罗斌,何兴益,刘锦薇.货币国际度评价模型及实证分析[J].宏观经济研究,2015(1):81-87.

[46] 罗斌,王雅楠.货币国际化的影响因素及其传导路径分析[J].中国软科学,2018(11):41-49.

[47] 罗伯特·希勒.金融与好的社会[M].束宇,译.中信出版社,2012.

[48] 马荣华.人民币国际化成本与收益的再思考[J].现代经济探讨,2014(2):33-37.

[49] 马小芳.人民币汇率制度选择研究[M].北京:国家行政学院出版社,2012.

[50] 梅建予,陈华.人民币国际化对货币政策有效性的影响[J].南方经济,2017(4):1-18.

[51] 潘大洋.境外人民币回流机制研究[J].宏观经济研究,2015(3):31-37,84.

[52] 彭红枫,谭小玉,祝小全.货币国际化:基于成本渠道的影响因素和作用路径研究[J].世界经济,2017,40(11):120-143.

[53] 彭红枫,谭小玉.人民币国际化研究:程度测算与影响因素分析[J].经济研究,2017,52(2):125-139.

[54] 阙澄宇,马斌.人民币在岸与离岸市场汇率的非对称溢出效应:基于VAR-GJR-MGARCH-BEKK模型的经验证据[J].国际金融研究,2015(7):21-32.

[55] 人民币国际化研究课题组.人民币国际化的时机、途径及其策略[J].中国金融,2006(5):12-13.

[55] 邵宇,陈达飞.把市场的交给市场:人民币汇率70年史(1949-2019)[EB/OL].(2019-09-02)https://forex.hexun.com/2019-09-02/198412326.html.

[56] 沈国兵,史晋川.汇率制度的选择:"不可能三角"及其扩展[J].世界经济,2002,25(10):3-9.

[57] 宋芳秀,李庆云.美元国际铸币税为美国带来的收益和风险分析[J].国际经济评论,2006(4):54-56.

[58] 宋海.汇率制度的选择[M].北京:中国金融出版社,2012.

[59] 孙华好."不可能三角"不能作为中国汇率制度选择的依据[J].国际金融研究,2004(8):11-16.

[60] 孙华妤.传统钉住汇率制度下中国货币政策自主性和有效性：1998～2005 [J].世界经济，2007，30（1）：29-38.

[61] 托马斯·A.普格尔.国际金融 [M].15 版.沈艳枝，译.北京：中国人民大学出版社，2014.

[62] 王国刚.人民币国际化的冷思考 [J].国际金融研究，2014（4）：3-14.

[63] 王鸿飞.人民币国际化的现状、影响及未来货币政策取向 [J].科学决策，2013（2）：56-70.

[64] 王慧，赵亚平.人民币国际化路径的回顾与反思 [J].经济问题，2013（1）：73-77.

[65] 王珊珊，黄梅波，陈燕鸿.金融市场发展对一国储备货币地位的影响与人民币国际化：基于 PSTR 模型的实证分析 [J].重庆大学学报（社会科学版），2018，24（1）：22-33.

[66] 王晓芳，于江波.丝绸之路经济带人民币区域国际化的渐进式路径研究 [J].经济学家，2015（6）：68-77.

[67] 王义中，金雪军.人民币汇率定价机制研究：波动、失衡与升值 [M].杭州：浙江大学出版社，2012.

[68] 王元龙.人民币国际化的难点及突破口 [J].理论参考，2009（10）：37-40.

[69] 王重润.金融市场学 [M].北京：高等教育出版社，2014.

[70] 文轩.中国汇率制度的选择 [M].北京：中国金融出版社，2006.

[71] 吴舒钰，李稻葵.货币国际化的新测度：基于国际金融投资视角的分析 [J].经济学动态，2018（2）：146-158.

[72] 伍戈，杨凝.离岸市场发展对本国货币政策的影响：一个综述 [J].金融研究，2013（10）：81-100.

[73] 悉尼·霍默，理查德·西勒.利率史 [M].北京：中信出版社，2010.

[74] 项俊波.我国本外币政策协调问题探讨 [J].金融研究，2007（2A）：1-11.

[75] 爱德华·肖.经济发展中的金融深化 [M].邵伏军，等，译.上海：三联书店，1988.

[76] 徐珊，罗旸洋，赵政.货币国际化的国内外研究现状分析 [J].经济

研究参考，2019（11）：49-58.

[77] 许祥云，朱钧钧，郭朋.国际金融市场动荡和人民币 NDF 汇率的动态关系分析［J］.国际金融研究，2013（6）：69-79.

[78] 严佳佳，黄娟.在港人民币回流机制研究［J］.福建金融，2013（12）：4-10.

[79] 严佳佳，黄文彬，黄娟.离岸与在岸人民币利率联动效应研究［J］.金融与经济，2015（5）：62-67.

[80] 严敏，巴曙松.人民币即期汇率与境内外远期汇率动态关联：NDF 监管政策出台之后［J］.财经研究，2010（2）：15-25.

[81] 杨爱民.人民币国际化的政策难点及对策建议［J］.中国货币市场，2011（7）：4-7.

[82] 杨承亮.人民币离岸市场与在岸市场联动关系研究［M］.北京：中国金融出版社，2014.

[83] 野口悠纪雄.日本的反省：依赖美国的罪与罚［M］.贾成中，黄金峰，译.北京：东方出版社，2010.

[84] 叶蜀君.国际金融［M］.北京：清华大学出版社，2014.

[85] 易纲，汤弦.汇率制度"角点解假设"的一个理论基础［J］.金融研究，2001（8）：5-17.

[86] 余永定.资本项目放开应当缓行［J］.财经，2007（18）：38.

[87] 张礼卿，尹力博，张燕生.人民币国际化：离岸市场及其影响［M］.广州：广东经济出版社，2019.

[88] 张明.人民币国际化：政策、进展、问题与前景［J］.金融评论，2013（2）：15-27.

[89] 张晓莉.货币篮设计、汇率适度弹性：人民币汇率机制研究［M］.北京：经济科学出版社，2013.

[90] 张亦春，郑振龙，林海.金融市场学［M］.4 版.北京：高等教育出版社，2013.

[91] 张志文，白钦先.汇率波动性与本币国际化：澳大利亚元的经验研究［J］.国际金融研究，2013（4）：52-63.

[92] 赵然.汇率波动对货币国际化有显著影响吗？［J］.国际金融研究，2012（11）：55-64.

[93] 甄峰.人民币国际化：路径、前景与方向［J］.经济理论与经济管

理，2014（5）：22-31.
[94] 中国人民大学国际货币研究所.人民币国际化报告2014：人民币离岸市场建设与发展［M］.北京：中国人民大学出版社，2014.
[95] 周文婷，李淑锦.香港离岸市场与内地在岸市场的联动关系分析［J］.商业全球化，2016，4（2）：37-46.
[96] 周宇.人民币汇率机制［M］.上海：上海社会科学院出版社，2007.
[97] 朱纯福.主权货币国际化内在矛盾及其策略选择：兼论国际货币体系多元发展路线的历史逻辑［J］.世界经济研究，2011（3）：28-33，87-88.
[98] 朱孟楠.国际金融学［M］.厦门：厦门大学出版社，2013.
[99] 左连村，王洪良.国际离岸金融市场理论与实践［M］.广州：中山大学出版社，2002.

外文文献

[1] ADOLFSON M, LASEEN S, LINDE J, et al. Evaluating an Estimated New Keynesian Small Open Economy Model［J］. Journal of Economic Dynamics and Control, 2008, 32（8）：2690-2721.

[2] ADRIAN T, ETULA E, SHIN H S. Risk Appetite and Exchange Rates［R］. FRB of New York Staff Report, 2010.

[3] AFALION A. Monnaie, "prix et change: Expériences récentes et théorie"［M］. Paris: Recueil Sirey, 1927.

[4] AIZENMAN J, GLICK R. Sterilization, Monetary Policy, and Global Financial Integration［J］. Review of International Economics, 2009, 17（4）：777-801.

[5] AIZENMAN J, HAUSMANN R. Exchange Rate Regimes and Financial-Market Imperfections［R］. NBER Working Paper, 2000.

[6] AIZENMAN J. Trilemma and Financial Stability Configurations in Asia［R］. Macroeconomics Working Papers, 2011.

[7] ALEXANDER S. Essays in International Finance［M］//The Princeton University Library Chronicle, 1968.

[8] ALIBER R Z. The Integration of the Offshore and Domestic Banking System［J］. Journal of Monetary Economics, 1980, 6（4）：509-526.

[9] ALQUIST R, CHINN M D. Conventional and Unconventional Approaches to Exchange Rate Modelling and Assessment [J]. International Journal of Finance & Economics, 2008, 13 (1): 2-13.

[10] ALTMAN O L. Foreign Markets for Dollars, Sterling, and Other Currencies [J]. Staff Papers, 1961, 8 (3): 313-352.

[11] ALVAREZ F, ATKESON A, KEHOE P J. Time Varying Risk, Interest Rates, and Exchange Rates in General Equilibrium [J]. Review of Economic Studies, 2009, 76 (3): 851-878.

[12] ANDERSENA T G, BOLLERSLEVB T, DIEBOLD F X, et al. Micro Effects of Macro Announcements: Real-Time Price Discovery in Foreign Exchange [J]. The American Economic Review, 2003, 93 (1): 38-62.

[13] APERGIS N. Domestic and Eurocurrency Yields: Any Exchange Rate Link? Evidence from a VAR Model [J]. Journal of Policy Modeling, 1997, 19 (1): 41-49.

[14] AUER R, CHANEY T. Exchange Rate Pass Through in a Competitive Model of Pricing to Market [J]. Journal of Money, Credit and Banking, 2009, 41 (1): 151-175.

[15] AVDJIEV S, DU W, KOCH C, et al. The Dollar, Bank Leverage and Deviations from Covered Interest Parity [J]. American Economic Review: Insights, 2019, 1 (2): 193-208.

[16] BACCHETTA P, VAN WINCOOP E. Infrequent Portfolio Decisions: A Solution to the Forward Discount Puzzle [J]. American Economic Review, 2010, 100 (3): 870-904.

[17] BALKE N S, MA J, WOHAR M E. The Contribution of Economic Fundamentals to Movements in Exchange rates [J]. Journal of International Economics, 2013, 90 (1): 1-16.

[18] BANSAL R, SHALIASTOVICH I. A Long-run Risks Explanation of Predictability Puzzles in Bond and Currency Markets [J]. Review of Financial Studies, 2013, 26 (1): 1-33.

[19] BENASSY-QUERE A, FOROUHESHFAR Y. The Impact of Yuan Internationalization on the Stability of the International Monetary System [J].

Journal of International Money & Finance, 2015, 57: 115 – 135.

[20] BERG K A, MARK N C. Third Country Effects on the Exchange Rate [J]. Journal of International Economics, 2015, 96 (2): 227 – 243.

[21] BERGIN P R, GLICK R, WU J L. The Micro-macro Disconnect of Purchasing Power Parity [J]. Review of Economics and Statistics, 2013, 95 (3): 798 – 812.

[22] BERMAN N, MARTIN P, MAYER T. How do Different Exporters React to Exchange Rate Changes? [J]. Quarterly Journal of Economics, 2012, 127 (1): 437 – 492.

[22] BINDER M, HSAIO C, PESARAN M H. Estimation and Inference in Short Panel Vector Autoregressions with Unit Roots and Cointegration [J]. Econometric Theory, 2001, 21 (4): 5 – 69.

[23] BLACK F. Banking and Interest Rates in a World Without Money: The Effects of Uncontrolled Banking [M] //Business Cycles and Equilibrium. Updated Edition. Wiley, 1970.

[24] BLACK S W. Exchange Policies for Less Developed Countries in a World of Floating Rates [R]. International Finance Section, Dept. of Economics, Princeton University, 1976.

[25] BORDO M D, FLANDREAU M. Core, Periphery, Exchange Rate Regimes, and Globalization [R]. NBER Chapters, 2003.

[26] BORDO M D, SCHWARTZ A J. Why Clashes Between Internal and External Stability Goals End in Currency Crises, 1797 – 1994 [R]. NBER Working Papers, 1997.

[27] BREEDON F, RIME D, VITALE P. Carry Trades, Order Flow, and the Forward Bias Puzzle [J]. Journal of Money, Credit and Banking, 2016, 48 (6): 1113 – 1134.

[28] BRIMMER A F. Euro-Dollar Flows and the Efficiency of U. S. Monetary Policy [R]. presented before a Conference on Wall Street and the Economy, New School for Social Research, 1969.

[29] BURNSIDE C. The Cross Section of Foreign Currency Risk Premium and Consumption Growth Risk: Comment [J]. American Economic Review, 2011, 101 (7): 3456 – 3476.

[30] BYRNE J P, KOROBILIS D, RIBEIRO P J. Exchange Rate Predictability in a Changing World [J]. Journal of International Money and Finance, 2016, 62: 1-24.

[31] CALVO G A, REINHART C M. Fear of Floating [R]. NBER Working Papers, 2000.

[32] CALVO G A, REINHART C M. When Capital Inflows Come to a Sudden Stop: Consequences and Policy Options [R]. MPRA Paper, 2000.

[33] CALVO G A. Capital Market and Exchange Rate [J]. Journal of Money, Credit and Banking, 2000, 33 (2): 312-334.

[34] CARVALHO C, NECHIO F. Aggregation and the PPP Puzzle in a Sticky-price Model [J]. American Economic Review, 2011, 101 (6): 2391-2424.

[35] CASSEL G. Money and Foreign Exchange After 1914 [M]. New York: Mac Millan, 1922: 35-96.

[36] CHEN N, JUVENAL L. Quality, Trade, and Exchange Rate Pass through [R]. Journal of International Economics, 2016, 100: 61-80.

[37] Chen Y C, ROGOFF K S, ROSSI B. Can Exchange Rates Forecast Commodity Prices? [J]. Quarterly Journal of Economics, 2010, 125 (3): 1145-1194.

[38] CHEN Y F, FUNKE M. Greece's Three-Act Tragedy: A Simple Model of Grexit vs. Staying Afloat Inside the Single Currency Area [J]. Open Economies Review, 2015, 28 (2): 1-22.

[39] CHEN Y, TSANG K P. What Does the Yield Curve Tell Us about Exchange Rate Predictability? [J]. Review of Economics and Statistics, 2013, 95 (1): 185-205.

[40] CHEUNG W M, LEI J C, TSANG D. Does Property Transaction Matter in Price Discovery in Real Estate Markets? [J]. International Real Estate Review, 2016, 19 (1): 27-49.

[41] CHEUNG Y W, CHINN M D, FUJII E. The Illusion of Precision and the Role of the Renminbi in Regional Integration [J]. Neurologist, 2007, 13 (2): 73-78.

[42] CHEUNG Y W, RIME D. The Offshore Renminbi Exchange Rate: Micro-

structure and Links to the Onshore Market [R]. BOFIT Discussion Papers, 2014.

[43] CHEY H-K, LI Y W V. Bringing the Central Bank into the Study of Currency Internationalization: Monetary Policy, Independence, and Internationalization [R]. National Graduate Institute for Policy Studies (GRIPS) Discussion Papers, 2016.

[44] CHINN M D, FRANKEL J A. Will the Euro Eventually Surpass the Dollar as Leading International Reserve Currency? [R]. NBER Working Paper, 2005.

[45] CHINN M D, MOORE M J. Order Flow and the Monetary Model of Exchange Rates: Evidence from a Novel Data Set [J]. Journal of Money, Credit and Banking, 2011, 43: 1599 – 1624.

[46] CHINN M D, QUAYYUM S. Long Horizon Uncovered Interest Parity Reassessed [R]. National Bureau of Economic Research, 2012.

[47] CHRISTOPHER A S. Macroeconomics and Reality [J]. Econometrica: Journal of the Econometric Society, 1980, 48 (1): 1 – 48.

[48] CLARK J. China's Evolving Managed Float: An Exploration of the Roles of the Fix and Broad Dollar Movements in Explaining Daily Exchange Rate Changes [R]. Federal Reserve Bank of New York Staff Reports, 2017.

[49] COHEN B J. The Benefits and Costs of an International Currency: Getting the Calculus Right [R]. Open Economies Review, 2012.

[50] COLACITO R, CROCE M M. International Asset Pricing with Recursive Preferences [J]. Journal of Finance, 2013, 68 (6): 2651 – 2686.

[51] COLAVECCHIO R, FUNKE M. Volatility Transmissions Between Renminbi and Asia-Pacific On-shore and Off-shore U. S. Dollar Futures [J]. China Economic Review, 2008, 19 (4): 635 – 648.

[52] COUDERT V, DUBERT M. Does Exchange Rate Regime Explain Differences in Economic Results for Asian Countries? [J]. Journal of Asian Economics, 2004, 16 (5): 874 – 895.

[53] CURDIA V, WOODFORD M. Credit Spreads and Monetary Policy [J]. Journal of Money, Credit and Banking, 2010, 42 (6): 3 – 35.

[54] DA Z, ENGELBERG J, GAO P J. In Search of Attention [J]. Journal of

Finance, 2011, 66 (5): 1461-1499.

[55] DELLA C P, SARNO L, SESTIERI G. The Predictive Information Content of External Imbalances for Exchange Rate Returns: How much is it Worth? [J]. Review of Economics and Statistics, 2012, 94 (1): 100-115.

[56] DORNBUSCH R, PARK Y C. Flexibility or Nominal Anchors [R]. Exchange Rate Policies in Emerging Asian Countries, 1999.

[57] DORNBUSCH R. Expectations and Exchange Rates Dynamics [J]. Journal of Political Economy, 1976, 84 (6): 1161-1176.

[58] DU W, TEPPER A, VERDELHAN A. Deviations from Covered Interest Rate Parity [J]. Journal of Finance, 2018, 73 (3): 915-957.

[59] DUBAS J M, LEE B J, MARK N C. Effective Exchange Rate Classifications and Growth [R]. NBER Working Papers, 2005.

[60] DUFEY G, GIDDY I H. The International Money Market [M]. Hoboken, New Jersey: Prentice-Hall, 1978.

[61] EICHENGREEN B, HAUSMANN R. Exchange Rates and Financial Fragility [R]. NBER Working Paper, 1999.

[62] EICHENGREEN B. Chinese Currency Controversies [R]. CEPR Discussion Papers, 2003.

[63] EICHENGREEN B. International Monetary Arrangements for the 21st Century [R]. Center for International and Development Economics Research (CIDER) Working Papers, University of California-Berkeley, Department of Economics, 1993.

[64] EINZIG P, YEAGER L B. International Monetary Relations: Theory, History and Policy [J]. Economic Journal, 1966, 76 (304): 893.

[65] EINZIGP. Floating Rates Between Currency Areas [M] // The Case against Floating Exchanges. London: Palgrave Macmillan, 1970.

[66] EINZIG P. The Theory of Forward Exchange [M]. London: Macmillan Press, 1937.

[67] EVANS M D D, LYONS R K. Time-Varying Liquidity in Foreign Exchange [J]. Journal of Monetary Economics, 49, 2002 (5): 1025-1051.

[68] EVANS M D D, RIME D. Micro Approaches to Foreign Exchange Determination [R]. Working Paper, Norges Bank, 2011.

[69] EVANS M, LYONS R K. Time-Varying Liquidity in Foreign Exchange [J]. Journal of Monetary Economics, 2002, 49 (5): 1025 – 1051.

[70] FORSSBCK J, OXELHEIM L. On the Link Between Exchange—Rate Regimes, Capital Controls and Monetary Policy Autonomy in Small European Countries, 1979 – 2000 [J]. World Economy, 2006, 29 (3): 341 – 368.

[71] FRANKEL J A. Experience of and Lessons from Exchange Rate Regimes in Emerging Economies [R]. IDEAS Working Paper Series, 2003.

[72] FRANKEL J A. Foreign Exchange Policy, Monetary Policy and Capital Market Liberalization in Korea [R]. CIDER Working Papers, 1993.

[73] FRANKEL J A. Foreign Exchange Policy, Monetary Policy and Capital Market Liberalization in Korea [R]. CIDER Working Papers, 1993.

[74] FRANKEL J A. No Single Currency Regime is Right for All Countries or at All Times [R]. NBER Working Paper Series, 1999.

[75] FRANKEL J, POONAWALA J. The Forward Market in Emerging Currencies: Less Biased than in Major Currencies [J]. Journal of International Money and Finance, 2010, 29 (3): 585 – 598.

[76] FRANKEL J. On the Renminbi: The Choice Between Adjustment under a Fixed Exchange Rate and Adustment under a Flexible Rate [R]. Working Paper Series, 2004.

[77] FRATZSCHER M. The Euro bloc, the Dollar bloc and the Yen bloc: How much Monetary Policy Independence can Exchange Rate Flexibility Buy in an Interdependent World? [R]. European Central Bank Working Paper Series, 2002.

[78] FRIEDMAN M. Essays in Positive Economics [M]. Chicago: University of Chicago Press, 1953.

[79] FRIEDMAN M. The Case for Flexible Exchange Rates [M] //Exchange Rate Economics. Chicago: University of Chicago Press, 1953.

[80] FRIEDMAN M. The Euro-dollar Market: Some First Principles [R]. The Morgan Guaranty Survey, 1969.

[81] FRIEDMAN M. The Euro-dollar Market: Some Frist Principhes [R]. Morgan Guaranty Survey, 1969.

[82] FRY M J, LILIEN D M, WADHWA W. Monetary Policy in Pacific Basin

Developing Countries [M] //CHENG H S. Monetary Policy in Pacific Basin Countries. Netherlands: Springer, Dordrecht, 1988.

[83] FRYDL E. The Debate over Regulating the Eurocurrency Markets [R]. Federal Reserve Bank of New York Quarterly Review, 1979.

[84] FUNG H G, ISBERG S C, LEUNG W K. A Cointegration Analysis of the Asian Dollar and Eurodollar Interest Rate Transmission Mechanism [J]. Asia Pacific Journal of Management, 1992, 9 (2): 167–177.

[85] FUNG H G, LEUNG W K, ZHU J. Nondeliverable Forward Market for Chinese RMB: A First Look [J]. China Economic Review, 2004, 15 (3): 348–352.

[86] GABAIX X, MAGGIORI M. International Liquidity and Exchange Rate Dynamics [J]. Quarterly Journal of Economics, 2015, 130 (3): 1369–1420.

[87] GAO H H. The RMB Internationalization and the Reform of the International Monetary System [J]. Global Economic Observer, 2017, 5 (1): 113–117.

[88] GHOSH A R, GULDE A M, OSTRY J D, et al. Does the Exchange Regime Matter for Inflation and Growth? [M]. International Monetary Fund, 1997.

[89] GIBSON W E. Eurodollars and U.S. Monetary Policy [J]. Journal of Money, Credit and Banking, 1971, 3 (3): 649–651.

[90] GIDDY I, DUFEY G, MIN S. Interest Rates in the U.S. and Eurodollar Markets [J]. Weltwirtschaftliches Archiv, 1979, 115 (1): 51–67.

[91] GOHS K, MCNOWN R. Examining the Exchange Rate Regime-monetary policy Autonomy Nexus: Evidence from Malaysia [J]. International Review of Economics and Finance, 2015, 35: 292–303.

[92] GOLDSTEIN M. Adjusting China's Exchange Rate Policies [R]. Working Paper Series, 2004.

[93] GOPINATH G, ITSKHOKI O, RIGOBON R. Currency Choice and Exchange Rate Pass through [J]. American Economic Review, 2010, 100 (1): 304–336.

[94] GOPINATH G, ITSKHOKI O. Frequency of Price Adjustment and Pass through [J]. Quarterly Journal of Economics, 2010, 125 (2): 675–727.

[95] GOSCHEN G. The Theory of the Foreign Exchange [M]. New York: Aron Press, 1861: 65-106.

[96] GOURINCHAS P O, REY H. International Financial Adjustment [J]. Journal of Political Economy, 2007, 115 (4): 665-703.

[97] GRAHAM B, ROWLANDS D. Does IMF Conditionality Signal Policy Credibility to Markets? [R]. SCIES Working Paper, 1999.

[98] GREENAWAY-MCGREVY R, HAN C, SUL D. Estimating the Number of Common Factors in Serially Dependent Approximate Factor Models [J]. Economics Letters, 2012, 116 (3): 531-534.

[99] HABERLER G. Incomes Policies and Inflation: An Analysis of Basic Principles. With a Prologue on the New Economic Policy of August 1971 [R]. American Enterprise Institute for Public Policy Research, 1971.

[100] HAN L, XU Y, YIN L. Forecasting the CNY-CNH Pricing Differential: The Role of Investor Attention [J]. Pacific-Basin Finance Journal, 2018, 49: 232-247.

[101] HARTMAN D G. The International Financial Market and U. S. Interest Rates [J]. Journal of International Money & Finance, 1984, 3 (1): 91-103.

[102] HE D, Mccauley R N. Transmitting Global Liquidity to East Asia: Policy Rates, Bond Yields, Currencies and Dollar Credit [R]. BIS Working Papers, 2013.

[103] HE Q, KORHONEN L, GUO J J, et al. The Geographic Distribution of International Currencies and RMB Internationalization [J]. International Review of Economics & Finance, 2016, 42: 442-458.

[104] HELLEINER E, MALKIN A. Sectoral Interests and Global Money: Renminbi, Dollars and the Domestic Foundations of International Currency Policy [J]. Open Economies Review, 2012, 23: 33-55.

[105] HELLER G. Reflections on the Economics of International Monetary Integration [M] //BICKEL W. Verstehen und Gestalten der Wirtschaft. Tubingen, 1978.

[106] HENDERSHOTT P H. The Structure of International Interest Rates: The U. S. Treasury Bill Rate and the Eurodollar Deposit Rate [J]. Journal of

Finance, 1967, 22 (3): 455-465.

[107] HEWSON J, EISUKE S. The Euro-Dollar Deposit Multiplier: A Portfolio Approach [R]. IMF Staff Papers, 1974.

[108] HUTCHISON M M, NOY I, WANG L. Fiscal and Monetary Policies and the Cost of Sudden Stops [J]. Journal of International Money & Finance, 2010, 29 (6): 973-987.

[109] HUTCHISON M, SENGUPTA R, SINGH N. Estimating a Monetary Policy Rule for India [J]. Economic and Political Weekly, 2010, 45 (38): 67-69.

[110] IIDA T, KIMURA T, SUDO N. Regulatory Reforms and the Dollar Funding of Global Banks: Evidence from the Impact of Monetary Policy Divergence [R]. Bank of Japan, 2016.

[111] ILUT C. Ambiguity Aversion: Implications for the Uncovered Interest Rate Parity Puzzle [J]. American Economic Journal: Macroeconomics, 2012, 4 (3): 33-65.

[112] IMBS J, MUMTAZ H, RAVN M O, et al. PPP Strikes Back: Aggregation and the Real Exchange Rate [J]. Quarterly Journal of Economics, 2005, 120 (1): 1-43.

[113] INGRAM J C. Comment: The Currency Area Problem. Monetary Problems of the International Economy [M]. Chicago: The University of Chicago Press, 1969.

[114] ITO H, CHINN M. The Rise of the "Redback" and China's Capital Account Liberalization: An Empirical Analysis on the Determinants of Invoicing Currencies [R]. La Follette School Working Paper, 2014.

[115] ITO H, KAWAI M. Determinants of the Trilemma Policy Combination [R]. ADBI Working Papers, 2014.

[116] IVASHINA V, SCHARFSTEIN D S, STEIN J C. Dollar Funding and the Lending Behavior of Global Banks [J]. Quarterly Journal of Economics, 2015, 130 (3): 1241-1281.

[117] JANSEN W J. Inside the Impossible Triangle: Monetary Policy Autonomy in a Credible Target Zone [J]. Macroeconomics, 2008, 26 (2): 216-228.

[118] JEWELL T, LEE J, TIESLAU M, et al. Stationarity of health Expendi-

tures and GDP: Evidence from Panel Unit Root Tests with Heterogeneous Structural Breaks [J]. Journal of Health Economics, 2003, 22 (2): 313-323.

[119] JIAN Z H, SHUANG L I, JUAN L U. Money Supply Mechnisiam and Multiplier Effects of Fiscal Expenditures: A DSGE-based Analysis [J]. Chinese Journal of Management Science, 2011, 19 (2): 30-39.

[120] JOHNSON H G. The Case for Flexible Exchange Rates, 1969 [R]. Federal Reserve Bank of St. Louis Review, 1969.

[121] KAEN F R. Financial Management by Stephen H. Archer, G. Marc Choate, George Racette [J]. The Journal of Finance, 1983, 38 (5): 1686-1688.

[122] KAMADA K, TAKAGAWA I. Policy Coordination in East Asia and Across the Pacific. International Economics and Economic Policy, 2005, 2 (4): 275-306.

[123] KENEN P B. The Optimum Currency Area: An Eclectic View [M] // MUNDELL R, SWOBODA A. Monetary Problems of the International Economy. Chicago: University of Chicago Press, 1969.

[124] KEYNES J M. A Tract on Monetary Reform [M]. London: Macmillan, 1923: 75-139.

[125] KING M R, OSIER C L, RIME D. The Market Microstructure Approach to Foreign Exchange: Looking Back and Looking Forward [J]. Journal of International Money and Finance, 2013, 38: 95-119.

[126] KLOPSTOCK F H. Money Creation in the Euro-Dollar Market [J]. Review of the Federal Reserve Bank of New York, 1970, 52 (3): 51-68.

[127] KRUGMAN P R. Target Zones and Exchange Rate Dynamics [J]. Quarterly Journal of Economics, 1991, 106 (3): 669-682.

[128] LARDY N R. Exchange Rate and Monetary Policy in China [J]. Cato Journal, 2005, 25 (1): 41-47.

[129] LEAN H H, Smyth R. Do Asian Stock Markets Follow a Random Walk? Evidence from LM Unit Root Tests with One and Two Structural Breaks [J]. Review of Pacific Basin Financial Markets & Policies, 2007, 10

(1): 15-31.

[130] LEE B E. The Euro-Dollar Multiplier [J]. Journal of Finance, 1973, 28 (4): 867-874.

[131] LEVICH R M, WALTER I, LEHMENT H. Tax-driven Rgulatory drag: European Financial Centers in the 1990s [C]. The Conference on Reforming Capital Income Taxation Organized By the Institut Fuer Weltwirtschaft and Held at Kiel, Germany on December 7-8, 1989.

[132] LEVY-YEYATI E, STURZENEGGER F. Classifying Exchange Rate Regimes: Deeds vs. Words [J]. European Economic Review, 2005, 49 (6): 1603-1635.

[133] LEVY-YEYATI E, STURZENEGGER F. Exchange Rate Regimes and Economic Performance. Mimeo, Universidad Torcuato Di Tella [J]. IMF Staff Papers, 2001, 47.

[134] LEVY-YEYATI E, STURZENEGGER F. To Float or to Fix: Evidence on the Impact of Exchange Rate Regimes on Growth [J]. The American economic review, 2003, 93 (4): 1173-1193.

[135] LIZARDO A, MOLLICK A V. Oil Price Fluctuations and US Dollar Exchange Rates [J]. Energy Economics, 2010, 32 (2): 399-408.

[136] LO W C, FUNG H G, MORSE J N. A Note on Euroyen and Domestic yen Interest Rates [J]. Journal of Banking & Finance, 1995, 19 (7): 1309-1321.

[137] LOTHIAN J R, WU I. Uncovered Interest-rate Parity over the Past two Centuries [J]. Journal of International Money and Finance, 2011, 30 (3): 448-473.

[138] MA G, MCCAULEY R N. China's Saving and Exchange Rate in Global Rebalancing [M] //BALLING M, LLEWELLYN D T. New Paradigms in Monetary Theory and Policy?. Vienna: SUERF, 2012: 123-140.

[139] MA G, MCCAULEY R. Fuller Capital Account Opening in China and India: Mind the Gap 1 [C]. National Institute of Public Finance and Policy and Department of Economic Affairs, Ministry of Finance of India, 3rd Research Programme Meeting, 2008.

[140] MACHLUP F. The Eurodollar System and its Control [C]. International

Monetary Problems, Papers and Proceedings of a Conference, 1972.

[141] MAKIN J H. Identifying a Reserve Base for the Euro-Dollar System [J]. Journal of Finance, 1973, 28 (3): 609 - 617.

[142] MAKIN J H. The Problem of Coexistence of SDRs and a Reserve Currency [J]. Journal of Money Credit & Banking, 1972, 4 (3): 509 - 528.

[143] MARAZZI M, SHEETS N, VIGFUSSON R, et al. Exchange Rate Pass-Through to U. S. Import Prices: Some New Evidence [R]. International Finance Discussion Papers, 2005.

[144] MASERA R S. The Term Structure of Interest Rates: An Expectations Model Tested on Post-war Italian data [M]. Oxford: Clarendon Press, 1972.

[145] MAZIAD S, KANG J S. RMB Internationalization: Onshore/Offshore Links [J]. IMF Working Papers, 2012, 12 (133).

[146] MCKINNON R I. Optimum Currency Areas [J]. The American Economic Review, 1963, 53 (4): 717 - 725.

[147] MEESE R, ROSE A K. Exchange Rate Instability: Determinants and Predictability [J]. Proceedings, 1996: 183 - 205.

[148] MISHKIN F S. Lessons from the Asian crisis [J]. Journal of International Money and Finance, 1999, 18 (4): 709 - 723.

[149] MOLODTSOVA T, PAPELL D H. Out-of-sample Exchange Rate Predictability with Taylor Rule Fundamentals [J]. Journal of International Economics, 2009, 77 (2): 167 - 180.

[150] MOLODTSOVA T, PAPELL D. Taylor Rule Exchange Rate Forecasting During the Financial Crisis [R]. National Bureau of Economic Research, 2012.

[151] MUNDELL R A, ROBERT A. A Theory of Optimum Currency Areas [J]. American Economic Review, 1961, 51 (4): 657 - 665.

[152] MUNDELL R A. What the Euro Means for the Dollar and the International Monetary System [J]. Atlantic Economic Journal, 1998, 26: 227 - 237.

[153] NARAYAN P K, NARAYAN S. Estimating Income and Price Elasticities of Imports for Fiji in a Cointegration Framework [R]. Economic Modelling, 2005, 22 (3): 423 - 438.

[154] NIEHANS J. Open Economy Macroeconomics. Rudiger Dornbusch [J]. Journal of Political Economy, 1982, 90 (3): 658-660.

[155] NIEHANS J. The Theory of Interest by Friedrich A. Lutz, C. Wittich [J]. Econometrica, 1971, 39 (1): 189-191.

[156] NILSSON K, NILSSON L. Exchange Rate Regimes and Export Performance of Developing Countries [J]. World Economy, 2000, 23 (3): 331-349.

[157] NURKSE R. International Currency Experience [M]. Geneva: League of Nations, 1944.

[158] OBSTFELD M, ROGOFF K. The Mirage of Fixed Exchange Rates [R]. Journal of Economic Perspectives, 1995, 9 (4): 73-96.

[159] OBSTFELD M, SHAMBAUGH J C, TAYLOR A M. Monetary Sovereignty, Exchange Rates, and Capital Controls: The Trilemma in the Interwar Period [J]. IMF Staff Papers, 2004, 51 (S1): 75-108.

[160] OBSTFELDM. The Renminbi's Dollar Peg at the Crossroads [R]. Institute for Monetary and Economic Studies, Bank of Japan, 2007.

[161] PAPAIOANNOU E, PORTES R. Costs and Benefits of Running an International Currency [J]. European Economy, Economic Papers, 2008, 348.

[162] PARK J. Information Flows Between Non-deliverable Forward (NDF) and Spot Markets: Evidence from Korean Currency [J]. Pacific-Basin Finance Journal, 2001, 9 (4): 363-377.

[163] PARKER J, SUL D. Identification of Unknown Common Factors: Leaders and Followers [J]. Journal of Business: Economic Statistics, 2016, 34 (2): 227-239.

[164] PERRON P. Trends and Random Walks in Macroeconomic Time Series: Further Evidence from a new Approach [J]. Journal of Economic Dynamics and Control1, 1988, 12 (2-3): 397-332.

[165] POLLITZER E, HAENSEL V, HAYES J. New Developments in Reforming [R]. Federal Reserve Bulletin, 1971.

[166] QIAO Z, YANG S A, FENG W, et al. Chern Number Creation in Graphene from Rashba and Exchange Effects [J]. Physical Review B,

2010, 82 (16): 2635-2645.

[167] REINHART C M, ROGOFF K S. The Modern History of Exchange Rate Arrangements: A Reinterpretation [J]. Quarterly Journal of Economics, 2004, 119 (1): 1-48.

[168] REISEN H, YÈCHES H. Time-varying Estimates on the Openness of the Capital Account in Korea and Taiwan [J]. Journal of Development Economics, 1993, 41 (2): 285-305.

[169] ROSE A K, SPIEGEL M M. Offshore Financial Centers: Parasites or Symbionts? [R]. Working Paper Series, 2006.

[170] ROUSSAKIS E N, DANDAPANI K, PRAKASH A J. Offshore Banking Centres: Prospects and Issues [M] //GHOSH D K, ORTIZ E. The Changing Environment of International Financial Markets. London: Palgrave Macmillan, 1994.

[171] SEN A. On Unit-Root Tests When the Alternative Is a Trend-Break Stationary Process [J]. Journal of Business & Economic Statistics, 2003, 21 (1): 174-184.

[172] SHAW E S. Financial Deepening in Economic Development [M]. New York: Oxford University Press, 1973.

[173] SHEN J. Analysis on Revenue and Risk of Currency Internationalization [J]. Journal of Chongqing Three Gorges University, 2010, 26 (1): 59-61.

[174] SHU C, HE D, CHENG X. One Currency, Two Markets: The Renminbi's Growing Influence in Asia-Pacific [J]. China Economic Review, 2015, 33: 163-178.

[175] SONG Y, LEE P, CHAN C, et al. Recent Advances in Renal Melatonin Receptors [J]. Frontiers of Hormone Research, 1996, 21: 115-122.

[176] STANLEY F. Exchange Rate Regimes: Is the Bipolar View Correct? [J]. Journal of Economic Perspectives, 2001, 25 (2): 3-24.

[177] STEINBERG D. The Biggest Big Money Fight [N]. Wall Street Journal Eastern Edition, 2015.

[178] STEINER A. Central Banks and Macroeconomic Policy Choices: Relaxing the Trilemma [J]. Journal of Banking & Finance, 2015, 77:

283-299.

[179] SWANSON P E. Capital Market Integration over the Past Decade: The Case of the US Dollar [J]. Journal of International Money & Finance, 1987, 6 (2): 215-225.

[180] SWOBODA A K. Credit Creation in the Euromarket: Alternative Theories and Implications for Control [J]. Vestnik Oftalmologii, 1980, 124 (5): 35-39.

[181] TAYLOR J B. The Financial Crisis and the Policy Responses: An Empirical Analysis of What Went Wrong [R]. NBER Working Papers, 2009.

[182] VERDELHAN A. A Habit based Explanation of the Exchange Rate Risk Premium [J]. Journal of Finance, 2010, 65 (1): 123-146.

[183] WANG J, WANG Z G, ZHAO B, et al. Cost-effectiveness Analysis of Multi-pollutant Emission Reduction in Power Sector of China [J]. Research of Environmental Sciences, 2014, 27 (11): 1314-1322.

[184] WANG X Y, LEI Q L, LI M Z. The Impact of Currency Internationalization to Domestic Economy [J]. Statal Research, 2012, 29 (5): 23-33.

[185] WARD H P. How Do Countries Choose Their Exchange Rate Regime [J]. IMF Working Papers, 2001, 46 (1).

[186] WHALEN E L. A Rationalization of the Precautionary Demand for Cash [J]. Quarterly Journal of Economics, 1966, 80 (2): 314-324.

[187] WILLIAMSON J. Exchange Rate Regimes for Emerging Markets: Reviving the Intermediate Option [M]. Washington, DC: Peterson Institute Press, 2000.

[188] WILLIAMSON J. The Crawling Peg [R]. Princeton Essays in International Finance, 1965.

[189] Williamson J. The Exchange Rate System [M]. Institute of International Economics, 1985.

[190] XIA S Q. Path Selection of Renminbi (RMB) Internationalization under "The Belt and Road" (B & R) Initiative [J]. American Journal of Industrial and Business Management, 2018, 8 (3): 667-685.

[191] XU G X, CAI W J. The Influence of Capital Account Liberalization on Currency Internationalization under the Condition of Financial Develop-

ment [J]. Studies of International Finance, 2018 (5): 3-13.

[192] XU X L, ZOU Y Q. The Basis and Path Choice of Internationalization of RMB [C].2016年人文科学、管理和教育技术国际学术会议论文集. Pennsylvania, Lancaster: DEStech Publications, 2016.

[193] YANG S J, LIU X X, FANG Q L. Empirical Analysis of Real Exchange Rate and Income Change Affecting the Trade Between China and Euro Area [C]. First International Conference on Management Innovation, 2007.

[194] YOSHITOMI M, SHIRAI S. Policy Recommendations for Preventing Another Capital Account Crisis [R]. Asian Development Bank Institute, 2000.

[195] YU H. Impacts of Macroeconomic Forces and External Shocks on Real Output for Indonesia [J]. Economic Analysis & Policy, 2012, 42 (1): 97-104.

[196] YU X, ZHANG J. Empirical Research on the Dynamic Correlation Between SHIBOR and NDF Implied Interest Rate [C]. 4th International Conference on Wireless Communications, Networking and Mobile Computing, 2008.

[197] ZHANG M, ZHANG B. The Boom and Bust of the RMB's Internationalization: A Perspective from Cross-Border Arbitrage [J]. Asian Economic Policy Review, 2017, 12 (2): 237-253.

[198] ZHANG Z, CHAU F, ZHANG W. Exchange Rate Determination and Dynamics in China: A Market Microstructure Analysis [J]. International Review of Financial Analysis, 2013, 29: 303-316.

[199] ZIVOT E, ANDREWS D W K. Further Evidence of the Great Crash, the Oil-price Shock and Theunit-root Hypothesis [J]. Journal of Business and Economic Statistics, 1992, 10 (3): 251-270.

后　记

作为老师，我们清楚地知道教材会影响学生读者，教材的编写需要长期的教学实践和研究积累。本书的编写是很大的挑战。作为"国家金融学"系列教材之一，《国家金融内外联动》的体系和框架都不是现成的，如何安排章节，如何突出与"国家金融学"的关系，确实让我们纠结了很久。好在本书是我们尝试汇编的教材，而不是自己一孔之见的理论，能给出教材的大致框架，能通过数据、资料、文献，引导读者深入思考，那也算达到了我们编写本书的目的。

目前国内的金融学教材涉及国家金融层面的理论，缺乏对于国家金融行为取向的研究和教学。如果不创设这类课程，不进行宏观金融思维的训练，金融专业的同学今后在开展国家金融的理论研究和实践管理时会比较困难，也难以适应当今国际金融形势发展的要求。鉴于此，我们探索将本书内容纳入"国家金融学"的框架之中。"国家金融学"包括五个层面的内涵，我们编写本教材的目的是展开和丰富第三层面的内容，如果能够了解和掌握本书的内容，那么将有助于深入、系统地学习和理解国家金融学的内容。

本书的编写基于《国家金融学》教材的相关章节，但从系统性、完整性的角度来说，学生阅读本书，更容易了解、掌握国家金融内外联动的有关问题。书中的大部分资料来源于现有相关教材和网络，设计的思考讨论题则希望能引发读者对相关问题更深入的思考。

我们这本教材的有关内容曾经在中山大学国际金融学院的本科生、金融专业硕士生的国家金融学课程中使用过，曾得到许多同学的批评与指正。当然，这里还得向我的硕士研究生王凯月（2019级）、刘亦轩（2019级）、赵晨雨（2019级）、高启桓（2019级）、刘智超（2019级）等表示谢意，他们为我整理了相关资料，制作了书中的部分图表。

　　由于时间仓促，搜集整理的资料不够完善，书中难免会出现一些错误，敬请批评指正；如有发现引用失当或遗漏标注，敬请联系编著者，以便在后续版本中修正，谢谢！

周天芸

2021 年 3 月